福建省哲学社科规划青年项目（FC2015C196）成果之一
中央高校基本业务科研基金资助成果（20720161026）之一

现代汉语文化词研究

赵 明 ◇ 著

中国社会科学出版社

图书在版编目(CIP)数据

现代汉语文化词研究/赵明著.—北京：中国社会科学出版社，2016.12
ISBN 978-7-5161-8292-5

Ⅰ.①现… Ⅱ.①赵… Ⅲ.①汉语—现代词汇—文化语言学—研究 Ⅳ.①H136

中国版本图书馆 CIP 数据核字(2016)第 119103 号

出 版 人	赵剑英
责任编辑	熊　瑞
责任校对	王　斐
责任印制	戴　宽

出　　版	中国社会科学出版社
社　　址	北京鼓楼西大街甲 158 号
邮　　编	100720
网　　址	http://www.csspw.cn
发 行 部	010-84083685
门 市 部	010-84029450
经　　销	新华书店及其他书店
印　　刷	北京君升印刷有限公司
装　　订	廊坊市广阳区广增装订厂
版　　次	2016 年 12 月第 1 版
印　　次	2016 年 12 月第 1 次印刷

开　　本	710×1000　1/16
印　　张	30.25
插　　页	2
字　　数	505 千字
定　　价	108.00 元

凡购买中国社会科学出版社图书，如有质量问题请与本社营销中心联系调换
电话：010-84083683
版权所有　侵权必究

目　　录

序 ··· 1
引言 ·· 1
 第一节　缘起 ·· 1
 第二节　研究对象 ·· 4
 第三节　语料和研究方法 ·· 10
 第四节　研究问题 ·· 12
 第五节　研究意义 ·· 13
 第六节　研究目标 ·· 23

第一章　文化词研究的理论基础及其概述 ······························ 25
 第一节　文化词概念提出的理论基础 ································ 25
 第二节　文化词研究概述 ·· 34
 第三节　小结 ·· 52

第二章　现代汉语文化词的界定及鉴别标准 ···························· 57
 第一节　前贤的观点略要回顾 ······································ 57
 第二节　文化影响词汇的五个主要方面及文化词研究在其中的归属 ··· 62
 第三节　词的文化意义的概念及其特性 ······························ 67
 第四节　现代汉语文化词的两种基本类型、定义及鉴别标准 ········· 97
 第五节　容易与文化词相混淆的几个概念 ·························· 142
 第六节　小结 ·· 158

第三章　现代汉语文化词的类别及特点 ………………………… 159

- 第一节　前贤的观点略要回顾 …………………………………… 159
- 第二节　分类学缘起及文化词分类的多重性 …………………… 169
- 第三节　现代汉语文化词分类的语言维度 ……………………… 171
- 第四节　现代汉语文化词分类的文化维度 ……………………… 230
- 第五节　小结 ……………………………………………………… 249

第四章　面向 TCSL 现代汉语常用文化词的提取 ……………… 251

- 第一节　引言 ……………………………………………………… 251
- 第二节　常用词已有的研究成果及借鉴 ………………………… 252
- 第三节　现代汉语常用文化词的提取原则 ……………………… 256
- 第四节　现代汉语常用文化词的提取步骤 ……………………… 258
- 第五节　"面向 TCSL 现代汉语常用文化词提取"的总体建构模块 …… 261
- 第六节　"面向 TCSL 现代汉语常用文化词提取"的研究方法 …… 262
- 第七节　研究流程图 ……………………………………………… 269
- 第八节　文化词筛选过程 ………………………………………… 269
- 第九节　面向 TCSL 现代汉语文化词资源表的构建 …………… 283
- 第十节　面向 TCSL 现代汉语常用文化词表的构建 …………… 283

第五章　面向 TCSL 现代汉语常用文化词应用存在的问题 …… 291

- 第一节　词汇大纲文化词应用存在的问题 ……………………… 291
- 第二节　教材文化词释义存在的问题 …………………………… 305
- 第三节　学习词典文化词应用存在的问题 ……………………… 324
- 第四节　TCSL 文化词应用存在问题的成因 …………………… 335
- 第五节　小结 ……………………………………………………… 339

第六章　面向 TCSL 现代汉语常用文化词应用的改进建议 …… 341

- 第一节　关于词汇大纲文化词应用的改进建议 ………………… 341
- 第二节　关于教材文化词释义存在问题的改进原则与建议 …… 347
- 第三节　关于学习词典文化词释义的改进建议 ………………… 363

结语 ……………………………………………………………… 369
参考文献 ……………………………………………………… 377
附录导读 ……………………………………………………… 391
    附录1 面向 TCSL 现代汉语常用文化词资源表 ………… 393
    附录2 面向 TCSL 现代汉语常用文化词排序表 ………… 434
    附录3 重要术语索引 ……………………………………… 470

序

　　语言是文化的载体，文化是语言的内涵。从某种程度上说，学习一种语言就是掌握一种文化。外国人在学习汉语的过程中，自始至终伴随着中华文化的学习，汉语学习过程实际上就是不断体验与认识中国文化的过程。汉语与西方语言在类型学上存在较大差异，中华文化源远流长，又有其自身的特点，这些对汉语学习者都是十分陌生的。学习者在学习汉语的过程中，不断接触到汉语词汇及表达中所隐含的文化内容，以及体现在汉语运用过程中的民族思维模式，独特的文化视角，乃至人们的文化心理和价值观念，这些虽为学习带来一些困难，却也为学习者打开了一扇窗口，接触并了解到不同于自己母语的另一种文化，从而开阔视野，感受世界文化的多元性。

　　不同的语言有各自不同的话语体系，一个词的意义及其语义功能，都不是孤立存在的，它只有在所依附的特定的话语体系中才能显现，才有意义。而依附于词中的特殊文化意义，更是国际汉语教育中不容忽视的教学内容。了解词的文化含义，用对了词，说对了话，才能跨越文化的隔阂，达到沟通与交际的目的，这是汉语作为第二语言教学中十分重要的问题，应该引起我们极大的重视。

　　赵明博士中国文化学养深厚，在从事对外国人的汉语教学工作中，一直潜心研究有关文化词的教学问题，收获颇丰。我与赵明博士曾多次在学术会议上相遇，后又有幸参加他的博士论文开题与预答辩，其后作为答辩委员会主席主持了其论文的答辩，委员们对论文均给予好评。此后，彼此不断探讨汉语教学与研究问题，过从渐密，遂成忘年。

　　赵明笃学深思，多年来一直关注教学和教材中的文化词问题，不断有研究心得发表。早在 2007 年，有关学术杂志便已得见其相关论文，至今已在国内外语言类杂志上发表汉语教学与研究论文20余篇。他曾在德国语言学杂志 Chinese as a Second Language Research（《汉语作为第二语言研究》）上发表 Cultural Interpretation of Words in Textbooks of Chinese as a Second Language 一文，在海内外均获一定反响。此次赵明的书稿《现代汉语文化词研究》完成，可说是他在博士论文的基础上多年研究成果的汇总，是一部凝聚多年研究心得的力作。该书不但理论性强，论述细密，全面系统地总结并阐释了汉语文化词的研究，而且内容丰富，结论可靠，可以说是目前关于汉语文化词研究的最新成果，在词汇学与对外汉语词汇教学理论方面具有重要推进作用。

　　什么是文化词？本书基于语言与文化之间有可融性与词汇之间既有对应性又有差异性的理论，将文化词的界定置于词汇语义学视角下，从文化对词义的系统影响出发，为纷扰的文化词做出明确的规定。

　　文化词的核心概念来自词的文化意义，作者为现代汉语文化词确立了两种基本类型——概念空缺词与特殊文化含义词，并对这两种文化词的定义及鉴别标准做出科学的界定，进一步澄清了文化词与非文化词的区别。从事对外汉语教学的教师都会遇到汉语中一些有特殊意义的词，在教学中解释清楚这些词的含义，是很不容易的，因为这些词往往涉及很深的文化内涵。比如北方的"炕"，生活中常说的"喜糖"、"红娘"，医生说的"上火"，中国人讲的"面子"、"风水"，妇女与婚姻中的"半边天"、"倒插门"，哪怕是一顶"帽子"也有外国人难以理解的文化意义。这些词均可分别纳入本书所确立两类文化词的"概念空缺词"和"特殊文化含义词"之中。从理论上厘清了文化词和非文化词，不仅是教材与教学上的需要，对文化词意义的理解，更关涉到跨文化交际，要使交际顺畅达成，理解并掌握文化词是不容忽视的。

　　全书从语言维度与文化维度两个层面将现代汉语文化词再分为不同的类别，并对不同类别的文化词的特点进行了细致分析，从而构建起现代汉语文化词的基础理论体系，为文化词在汉语作为第二语言教学中的具体应用研究做出可靠的理论铺垫。不唯如此，书中还运用词汇计量学原则，对汉语作为第二语言教学的现代汉语常用文化词的提取，进行科学设计，制定提取步骤，从汉语教学实际出发，提取出《现代汉语常用文化词资源表》及《现代汉语常用文化词排序表》，这两个凝聚本书研究成果的列表，为对外汉语教学的教材编写与课堂教学提供了可靠而实用的依据，很有参考价值。

序

　　关注汉语文化词的教学与研究，是本书作者赵明始终不渝的研究方向。赵明深思好学，孜孜以求，在攻读博士学位期间，成绩优异，曾多次获奖。举其荦荦大者，如他曾获教育部博士研究生国家奖学金、北京大学学术创新奖，毕业前又获北京大学第十五届研究生学术十杰称号。所有获奖成果的科研依据，都来自于他在汉语词汇研究特别是汉语文化词研究中所做出的贡献。毕业后，在厦门大学工作，所从事的依然是与汉语词汇有关的研究。我们希望赵明沿着这条路，秉持科学精神，执着坚定地走下去，相信他会做出更大的贡献。

　　是为序。

赵金铭

2015.12.22

时为冬至

引　言

第一节　缘起

瑞士语言学家索绪尔（Ferdinand de Saussure）曾指出："语言是'词的语言'，词决定着其他语言单位，是'语言的机构中某种中心的东西'。"（高名凯译，1980：233）英国语言教育者威尔金斯（D.A.Wilkins）说过："没有语法人们表达的事物寥寥无几，而没有词汇人们则无法表达任何东西。"（伊秀波译，2004：9）中国语言学家也指出："词汇的教学与研究是对外汉语教学中的薄弱环节"（赵金铭，1996），"语（词）汇教学的重要性是怎么强调都不会过分的"（胡明扬，1996）。可见词汇与词汇教学研究的重要。

根据权威部门的统计，一般语言的通用词语数量都在数万个或者数十万个之间。现代汉语的语文性词语在 11 万个左右（李宇明，2006）。作为中型词典的《现代汉语词典》（第 6 版）全书收录了现代汉语通用词语约 69000 个[①]，基本上反映了目前现代汉语词汇的面貌。这样大的词汇量，别说是外国人，就是母语为汉语的人也不可能全部掌握。

然而，在任何一种语言中，并不是所有的词都有对应的概念。有的词在另一种语言能找到相应的说法，比如桌子（desk）、椅子（chair）、水（water）、空气（air）、血小板（bloodplatelet）、糖尿病（diabetes）、拘泥（be a stickler for）、二氧化碳（CO_2）等，但总有一些词相对于外语词来说，只能基本找到等价物。这些词几乎在任何场合（口语或书面语等）被不同语言的人们所使用。事实证明，各种语言的词汇虽然不下数十万个，但共有词的数量

[①] 参考《现代汉语词典》（第 6 版）前言。

却相当有限。这是因为相对于其他词语，这些词的概念与外语一样，学习者的"心理词库"（mental lexicon）里有这些词，在第二语言教学中用"语法翻译法"基本可以解决。实词的差异性主要体现在诸如"阴"、"阳"、"气"之类的词，这些词在外语中无法找到与之相对应的概念，自然成为外语词汇教学的重点与难点。

下面是一段中国人日常生活中的对话：

A：小李，你的事儿这次八九不离十（儿）了吧？什么时候吃你的<u>喜糖</u>啊？
B：哪儿呀，八字还没一撇呢。
A：你们班那位不错嘛，有门儿吗？
B：哎，还是八竿子打不着呢。老是这么当王老五，我都矮半截儿了。
A：老弟，别急，我来当<u>红娘</u>怎么样？
B：老兄要当了<u>月下老儿</u>，我一定请你喝<u>喜酒</u>。
A：那到时候你可别一退六二五哇。
B：哪里，哪里，<u>君子</u>一言，快马一鞭嘛。

这段对话虽然不长，但却出现了众多的影响交际的、包含汉民族特殊文化内涵的词语。如果教师不从文化视角加以阐释，学生无论如何也不能准确理解上述词语所隐含的真正含义。

本书认为，类似"喜糖、君子、喜酒、红娘"等词语在汉语词汇中具有特殊性。外国人或者对这些词语的概念没有感性认识，很难理解这些词语的含义，或者对词义的理解出现偏差。

对于上述词语，语言学界早已注意到，但是赋予其不同的术语，如国内的"文化词"（张永言，1982：93；陈建民，1999：27）、"文化局限词"（王还，1987）、"文化词语"（许国璋，1988）、"国俗词语"（王德春，1994）、"不等值词"/"不完全等值词"（周小兵，1995）、"社区词"（田小琳，1996、2004）、"民俗词语"（戴昭铭，1996）/"国情词"（戴昭铭，2013）、"特有词"（林宝卿，2000：32），国外的 focal or pivotal words（Firth，1957：43）、cultural words（Nida，1967：32）、empty words/cultural words（Newmark，1969：45）、cultural keywords（William，1973：15）、social cultural keywords（Stubbs，1996、2001），而无论术语如何，人们无

法从根本上提出一个可操作的方案,将其与一般词汇相区分并从词汇系统中剥离。换言之,人们目前对这类词语的认识仍然是一点"皮毛"。

在汉语作为第二语言教学当中,这类词汇承载着中华民族独特而厚重的文化内涵,是外国人学好汉语和了解中国文化的关键之处,更是学习汉语词汇的重点和难点。比如我们曾收集到以下误例:

(1)我与同学20年好久没见了,这次我们共享<u>天伦之乐</u>。
(2)这些<u>红娘</u>朋友也可以成为我们聚点,一起旅游,度过晚年,这是很开心的事。
(3)所以你得尊敬老师,喜欢他们<u>孝顺</u>他们。
(4)世上所有的事,<u>中庸</u>最好的。
……

上述误例说明了外国汉语学习者的确不太容易掌握上述词汇。学习者可能很想使用该类词语令其汉语表达更加地道,可并不能很准确地掌握它们。

造成这种现象的原因是什么?我们不仅要在教学(应用领域)中寻找缘由,同时也需要考虑本体方面的因素。因为目前学术界对这类词的本体与应用研究均不到位。比如,如何界定这类词?这类词与一般词的区别是什么?又具有什么样的特点?如何从文化角度对该类词进行分析?现代汉语词汇中有多少这样的常用词?上述问题本体领域并未能给出令人信服的回答。在 TCSL 中是否有专门的词表供学习者掌握这类?目前 TCSL 中该类词的应用现状是什么?如何对该类词应用存在的问题进行改进?应用领域的相关研究不但有的是空白,而且研究的深度与系统性也远远不够。而本体领域的缺憾正是应用领域研究"捉襟见肘"的一个根源。

可以看出,文化词教学研究是对外汉语词汇教学研究的重要内容之一,因而亟待加强研究。关于这一点,已有专家(赵金铭,2006:381)从词典编纂的角度加以论述,即对外汉语教学发展半个多世纪以来,面向外国学生的汉语学习词典的编纂工作一直是一个非常薄弱的环节,这种理论研究的薄弱性直接制约了对外汉语词汇教学的进展。主要体现在:

第一,面向不同母语背景的学习者的汉外词典不多;
第二,面向不同等级水平的汉语词典几乎还没有开发;
第三,汉语各类不同词语的分类词典尚未构成系统;

第四，用汉语最低限度的词汇来解释汉语词语的词典还没有得到应有的重视；

第五，体现汉语词汇特有文化价值的"汉语国俗词语词典"还没有完成。

在上述五个薄弱环节中，第五个环节目前学术界尚未引起充分的重视。要想实现第五个环节的突破，就必须要对文化词（国俗词）的概念、类别、特征进行充分研究，在此基础上，进一步提炼出面向汉语教学的常用文化词表。只有在以上工作充分开展的基础上，才可能推动对外汉语词汇教学取得新的进展。

有鉴于此，本书以"现代汉语文化词研究"为题，力图在本体与应用层面对现代汉语文化词的多方面展开研究。这是因为汉语词汇与对外汉语词汇教学是"体"和"用"的关系。只有理论问题说清楚了，在应用领域方不至于出差错，才能真正推动对外汉语词汇教学取得进展。

第二节　研究对象

一　文化词

文化词（cultural words）是词汇与文化交叉研究的对象之一。关于文化词的研究，翻译学、文化语言学、语言国情学等领域的学者曾做过有益的探索。

翻译学家奈达（Nida，1964：32—33）率先从翻译对等的角度将英语中的名词分成三类：a. 对应词（corresponding equivalent words）；b. 特殊文化含义词（culturally-loaded words）；c. 文化限制词（cultural-bound words）。Nida（1964）称 b、c 为文化词。

国内学者陈建民（1999：13）在《中国语言与中国社会》中提出："文化词语指蕴含特殊文化含义的词语。"张公瑾（2004：114）认为，文化词指"被使用该语言的民族赋予某种特殊内涵的词语"，或指"反映某个时代、某个事物、某个事件的代名词"，比如"小皇帝"、"大锅饭"等。

语言国情学学者维列夏金（Верещагин）和科斯托马罗夫（Костомаров）合著的《语言与文化：语言国情学》采用"国俗词语"这一术语，他们将"国俗词语"定义为反映独特国俗语义的词语，具体包括无等值词、有背景意义词、有文化感情色彩词、成语典故、名言警句、客套用语六种（Верещагин、Костомаров，1971：5）。

通过这几个定义，我们看出文化词的一个重要特征：蕴含特殊民族文化含义。换言之，文化词的"文化"仅仅限定在词义上，而不延伸到词构、词源，而且一般限定在共时范畴。比如下面的例子均不是文化词。

（5）桌子
（6）婚姻
（7）妇人
（8）丈母娘
（9）父子
（10）善恶

"桌子"的得名之由是人们认识到桌子"卓"（"高"）的特性，但"桌子"对应的概念在外语中存在，因此不是文化词。

"婚姻"这个词的得名之由源于"婚"和"姻"。"婚"词源义为"黄昏"，"姻"则含有寻求依托之义。"妇人"则暗含有"女子服从男人"的存在于中国几千年封建社会的"男尊女卑"思想。二者均是从词源探求文化信息，且"婚姻"、"妇人"在外语中均有对应词，因而不是文化词。

"丈母娘"是一种汉语俗称，特指妻子（夫人、老婆、爱人、太太）的母亲。中国大部分地区有"丈母娘爱郎（女婿），小孩爱糖"之说法。但是丈母娘的共时词义并不包含以上文化内容，"丈母娘"这种概念在外语中不存在空缺。

"丈母娘"的得名之由是什么？我们可以在典籍中找到佐证。《尔雅》："妻之父为外舅，母为外姑。今无此称，皆曰丈人、丈母。柳子厚有祭杨詹事丈人、独孤氏丈母，则知唐已如此。"北齐颜之推《颜氏家训·风操》："中外丈人之妇猥俗呼为丈母。"王利器集解引钱大昕《恒言录》三："是凡丈人行之妇，并称丈母也。"《资治通鉴·唐德宗贞元二年》："滉曰：'滉力可及，弟宜早入朝。丈母垂白，不可使更帅诸妇女往填宫也。'"胡三省注："诸父执谓之丈人行。韩滉与刘玄佐结为兄弟，则礼其父为丈人行，故呼其母谓之丈母也。"

"丈母"是从"丈人"原来的意思泛生出来的，也就是说"丈母"是指"丈人"的妻子，这是"丈母娘"的得名之由。"丈母娘"以上文化信息也是从词语语源中获取的，因而不是文化词。

从词语的构造形式也可以考察出文化信息。如近代发展出的汉语复合词长期受汉民族尊卑（长幼、主从、先后、好坏）为序等观念的影响，双音复合词中联合式语素排列次序是有规律的。我们不说"子父"而说"父子"（长幼为序），我们不说"恶善"而说"善恶"（好坏为序）。类似的还有：师生（尊卑为序）、本末（主从为序）、首尾（先后为序）。从"父子、善恶"等词语形式中考察出的文化信息并不存在于词义系统中，因而不是文化词。

本书采用术语"文化词"，而不采用学术界更为常用的术语"文化词语"。这主要是考虑到汉语的词不同于英语的 word，如何判定汉语词是一个老大难题。汉语字词之间存在着复杂的关系，理论上关于什么是"词"这一语言单位，学界并没有达成共识。50 年代初，王力先生指出："必须承认，词和仂语（相当于词组）之间没有绝对的界限。"（王力，1953）自此，从"语言的最小的意义单位"（王力，1953）到"语言的最小的独立运用的意义单位"（吕叔湘，1954：2），词的界定是从理论到实践都还没有彻底解决的问题。葛本仪（2004：30）从"辨认与划分"的角度来对什么是词作出了是否式的判断，更将词的类型列出达 10 种之多。

什么是一个"词"，不仅在汉语，就是在普通语言学中也是一个难以解决的问题（冯胜利，2001）。给"词"下一个准确的定义是很难的。借鉴印欧语系用书写形式来定义词的做法在汉语中是行不通的。赵元任（1975）指出："印欧语系 word 这一概念在汉语中并没有对应物。"胡明扬（1999）认为，"就现代汉语而言，什么是'词'一直是一个没有解决的问题。调查表明，普通人的'词感'跟专家大不相同，他们是'从合不从分'，认为双音节、三音节的组合大部分是'词'。"语言教学中的"词"实质是"词语"[①]。而《汉语水平考试与汉字词汇等级大纲》也把"开玩笑"、"画蛇添足"、"聚精会神"、"农贸市场"、"能歌善舞"、"千方百计"等"语"收录于其中，甚至辞书界极为权威的《现代汉语词典》（第 6 版）虽命名为"词典"，但也收录一部分"语"。本书在本体领域研究的是共时层面的文化词，在应用领域主要研究面向 TCSL 的文化词，因而用"词"而不用"词语"。

[①] 在本书的后续写作中，参照胡明扬（1999）、甘瑞瑗（2006）关于"词"和"词语"在语言教学中不硬性区分的观点，出于汉语音节、韵律的考虑，所提到的"词"也包括少量"词语"。

本书所说的"文化词"相对应的英文术语是 cultural words。国外的语言学家或翻译学家常用的对应词是 culturally-loaded words、cultural-bound words 或 empty words。Peter Newmark 在 A Text book of Translation 一书中认为，"文化词"也指 empty words。国内大部分学者把 cultural words 或 culturally-loaded words 翻译成"文化词"。还有的学者受苏联语言国情学的影响，采用"国俗词语"这一术语。另外还有"民俗词语"、"社区词"等多种说法。

从以上的学者对以上术语的使用来看，"文化词"与以上术语并没有实质的区别。采用科学而统一的术语，会进一步推动本领域的研究取得进展。本书之所以用 cultural words 这一术语，主要是认为 cultural words 涵盖了 culturally-loaded words（特殊文化含义词）与 conceptual-vacant words（概念空缺词），即文化词有两种，特殊文化含义词与概念空缺词。

二　汉语文化词

文化词在哪种语言中都存在，汉语文化词（Chinese cultural words）概念的强调是为了彰显汉文化对词语影响的特性。

比如，"すし"（"寿司"）是日语文化词，"GRATEAI"（"人妖"）是泰语文化词，"gazpacho"（"西班牙冷汤"）是西班牙语文化词，"김치"（"泡菜"）是朝鲜语文化词，"biergarten"（"露天啤酒馆"）是德语文化词，"Thanksgiving Day"（"感恩节"）是美国英语文化词。上述词语的文化身份标签都很明显。汉语文化词主要指在汉民族文化背景下产生的，区别于外来文化背景产生的词汇。因此，我们的研究对象是与汉民族文化背景密切相关的"阴阳"、"五行"、"三教"、"九流"、"上山下乡"、改革开放"等词汇。外语文化词不在我们的研究范围之列。

三　现代汉语文化词

现代汉语文化词（modern Chinese cultural words）指的是与当下中国人生活密切相关、经常使用的文化词。我们之所以要用"现代"限定，主要是为了与古代相区别。古代汉语文化词是训诂学研究的重要内容之一，我们所研究的对象不延伸到古代汉语文化词。比如，中国饮食文化源远流长。仅以周代为例，周代贵族所使用的铜制食器、酒器名目繁多。在铜制酒器中，存酒器有"尊"、"壶"、"卣"、"彝"、"罍"、"瓿"、"缶"，饮酒器有"爵"、"角"、"觯"、"斝"、"觚"、"觥"等（转引自白寿彝，1990：311）。以上古代汉语文化词，即便是当代中国人也未必能十分透彻地了解其文化意义，所以上述词语不是我们研究的范围。

同时，我们研究现代汉语文化词有频次的考虑。因为，在不同的历史阶段，人们对一种语言中的文化词的使用频次是很不一样的。有的文化词使用频次较高，有的则基本不使用或很少使用。比如"诞瓦"、"弄瓦"、"梦凶"、"弄璋"、"悬弧"等词语反映了中国古代封建社会的"重男轻女"思想，但在现代中国社会中，人们对以上词语的使用频次极低。尤其是对汉语作为第二语言教学而言，以上词汇基本不太可能出现在语言类教材之中。相比较而言，"红娘"、"月老"等词汇人们使用的频次较高。外国学生如果对以上词汇的文化意义不了解，就很容易造成跨文化交际失败。

词汇变动的系统性极强，一些词语的产生只是受制于特殊的文化背景，反映的只是某个时代的特定生活，如"红宝书"、"红卫兵"、"串联"、"走资派"、"臭老九"、"公社"、"文斗"、"武斗"、"打倒"、"大跃进"、"右派"、"小资情调"、"干校"、"老三篇"等，以上词汇是典型的概念空缺词。虽然以上词语不可能短期在现代汉语词汇系统中消失，但外国人学习中国文化必须要掌握的词语绝不是这些，况且以上词语仅仅是特定时代的特殊词汇，在当代中国社会使用频次也不高。以上词语肯定不是常用的文化词。

因此，本书所研究的现代汉语文化词是在当下日常生活口语语料与书面语料中使用频次较高、适用范围较广的那部分文化词。

在研究对象部分，本书还需对 TCSL 做一点儿说明。TCSL 全称是 Teaching Chinese as a Second Language（汉语作为第二语言教学）。本书之所以放弃了传统的"对外汉语教学"与新兴的"国际汉语教学"，主要是因为这两个术语虽然界限较为明确，但是容易引起争议，均不如"汉语作为第二语言教学"更能一语中地地揭示学科的本质。虽然有的学者（吴勇毅，2005）强调"汉语作为第二语言教学"不如"汉语作为外语教学"科学，而目前汉语教学界的专家、学者使用较多的仍是"汉语作为第二语言教学"的术语，根据语言使用中"约定俗成"的规律，我们没有必要改变术语的名号。还有的专家建议用"汉二语教学"，这一术语又过于简括。较新的《现代汉语词典》（第 6 版）收录了一部分字母词，本书认为，恰当地使用字母词可以言简意赅地传情达意。因此，本书用 TCSL 这个字母词在应用部分来限定本书研究对象的范围。

现代汉语文化词正是 CSL 词汇教学的重要内容之一。CSL 要教授的显然是在日常生活中出现率较高的、让学习者学了之后能与中国人顺利打交道的那部分文化词。面向 TCSL 现代汉语常用文化词的有多少？我们显然不能以语感作为判别的标准，因为语感并不客观。尤其需要注意的是，面向 TCSL 常用文化词的选取要从二语教学实际出发，重点从汉语教学语料中选取，其次方可从现代中国人使用的语料中加以补充。而一般的语文性辞书（如《现代汉语词典》等）或语文教材虽然收录了一些文化词，但多不能适应二语教学实际需要。因此，本书研究的面向 TCSL 的现代汉语常用文化词首先从当下使用面较广、影响较大的汉语教材与各类词汇大纲中选取，其次从中国人日常生活中的语料进行补充，在此基础上构建面向 TCSL 现代汉语文化词料库。

综合上述，本书以英语为参照系，研究对象是现代汉语中使用频次较高的、最能体现中华文化特质的、外国人学习中国文化必须要掌握的那部分汉语文化词，包括概念空缺词和特殊文化含义词两种类型。概念空缺词主要指一个民族文化中具有特有的事物与概念在词汇语义上的呈现。特殊文化含义词主要指在不同语言中概念意义相同，但因文化差异而造成文化意义相反或有较大差异的词。文化词的界定是学术界公认的一大难题，也是理论研究的一个必要条件。本书第二章专门提出了现代汉语文化词的界定与鉴别标准，力图攻克学术界这一难题。

为什么选择这样的研究对象？原因有两个：一是为了缩小范围。词汇与文化的关系纷繁复杂，人们对文化词有多种理解。不进一步确定本书要研究的文化词的定义和类型，恐怕很难找到规律，也不是一本专著可以解决的任务。二是本书研究的目的是为汉语作为第二语言教学服务，从已有研究成果来看，汉语作为第二语言学习者掌握特殊文化含义词的难度略高于概念空缺词（Ming Zhao，2012），而且特殊文化含义词最容易引发文化冲突。因此，从第二语言教学角度出发，特殊文化含义词也值得深入研究。

值得说明的是，本书并非基于现代汉语常用文化词的封闭性定量研究。目前学术界并未给出"现代汉语常用文化词"的范围，我们无法直接利用这一研究成果。因此，在科学、合理制定现代汉语文化词定义、分类标准的基础上，提取现代汉语常用文化词正是本书要完成的重要工作。

本书采用现代汉语词汇学、文化语言学、跨文化交际学、汉语作为第二语言教学、语料库语言学、计算语言学、对比语言学等多学科的观察视角，力求在已有文化词研究方面取得进一步的突破。

第三节　语料和研究方法

一　语料

本书研究目标考虑到面向 TCSL，因此本书选取现代汉语文化词的语料包括了来自 TCSL 第一手的资料，还有补充语料。

TCSL 第一手的资料主要指编写水平较高的系列教材与 TCSL 词汇大纲。

补充语料主要是指当代中国人经常使用的口语与书面语语料中的词汇表。

本书选取了《博雅汉语》、《发展汉语》、《成功之路》作为教材语料来源，《汉语水平词汇与汉字等级大纲》、《汉语国际教育用音节与汉字等级划分》、《高等院校汉语进修长期大纲》作为大纲语料来源，《现代汉语常用词表》作为补充语料。具体选择上述语料的原因笔者在第四章中有详细论述，此处不赘。

二　研究方法

本书的研究方法主要是：

（一）基于语料库的定量与定性分析相结合

从研究方法上看，前人的研究大都局限于一种研究范式。一是基于语料定量分析（张仕海，2012）。二是定性研究（苏新春，1995；苏宝荣，1996；杨德峰，1999；李大农，2000；张高翔，2003；吴平，2005；常敬宇，2009；等等）。总体来看，这两种方法均有利有弊，但目前定量研究远远少于定性研究。关于定量与定性研究的方法，桂诗春、宁春岩（1998：99—102）认为："定量方法较适合于研究那些较稳定的、较一致的事物，定性方法较适合于研究那些处于变化和发展过程中的事物。"定量分析可以发现新的事实与结论，从而发现新的控制因素或与新的控制因素之间的制约关系。定性研究则能客观描述词汇中的文化现象。遗憾的是，目前文化词的研究较少能将定量分析与定性研究结合起来，实际上基于语料库的文化词定量与定性分析也尚未充分展开。本书希望比较两种研究方法的长处，从教材语料出发，试图将定量与定性分析研究结合起来，宏观研究与微观分析结合起来，对此问题的研究有所推进。

（二）对比研究法

现代语言学发展的一大进步就是对比的方法被广泛运用。在西方，跨语研究（cross-linguistic study）或对比研究（contrastive study）已经成为现代语言学理论的一个重要组成部分（转引自诗桂春等，1997：34）。Lado（1957）的《跨文化比较语言学》进一步推进了对比语言学的发展，并提出"迁移"等概念为第二语言教学提供了实际参考。吕叔湘先生（1977）也大力提倡比较方法，他说："一种事物的特点，要跟别的事物对比才能显示出来。……要认识汉语的特点，就要跟非汉语比较……"而跨文化研究的一个根本方法也是对比（毕继万，2009：13；林大津，2006：7）。王力（1947）在《中国语法理论》导言中指出："一切语法的规律，对于本国人，至多是'习而不察'的，并不是尚待学习的。但是，我们并不因为它容易就略而不谈。我们的书虽不是为外国人而著，却不妨好像教外国人似的，详谈本国的语法规律。譬如有某一点，本国人觉得平平无奇的，而外国人读了，觉得是很特别的，那么，正是极值得叙述的地方。甲族语所有而乙族语所无的语法事实，正是甲族语的大特征。"同样，要想认识汉语词汇的独特文化特征，也需要以一种语言作为参照系进行对比。比如汉语中的"黄"含有"至尊、至贵"义，而英语中的 yellow 就没有。因此，本通过汉英词义位对比来确定文化词，可以帮我们更好地认识民族文化独特的部分在汉语词语中显性与隐性的反映——文化词，并进一步丰富对比语言学理论。

本书需要对文化词的语义进行细致分析，还涉及与英语对应词进行语义对比。因此，本书还将主要参考以下语料库：

1. 北京大学中文系现代汉语语料库，约 8 亿字。

http：//ccl.pku.edu.cn：8080/ccl_corpus/jsearch/index.jsp?dir=xiandai

2. 北京大学汉语语言学研究中心汉英双语语料库。包括 600 万汉字，近 400 万个英文词，既有汉译英，也有英译汉。内容涉及社会文化、艺术、电影、经济、政治、科技等多方面。

http：//ccl.pku.edu.cn：8080/ccl_corpus/bicorpus/index.jsp?dir=chen

3. 英语国家语料库（British National Corpus，BNC）

http：//www.natcorp.ox.ac.uk/

第四节　研究问题

本书力图从理论与实践两方面对面向 TCSL 现代汉语常用文化词进行系统研究，试图回答以下五个问题：

第一，文化词在词汇与文化关系之中的归属是什么？如何对现代汉语文化词进行界定？如何将现代汉语文化词与一般词进行区分与划界？（标准）

第二，现代汉语文化词包含哪些类别？每类文化词的特点又是什么？（类别）

第三，面向 TCSL 的常用文化词有多少？如何提取 TCSL 常用文化词？如何研发出"面向 TCSL 现代汉语文化词资源表"与"面向 TCSL 现代汉语常用文化词表"？（数量）

第四，目前在 TCSL 中，现代汉语常用文化词应用现状是什么？TCSL 词汇大纲与汉语教材中文化词处理中有哪些不容忽视的问题？（应用）

第五，应如何对目前 TCSL 现代汉语常用文化词应用中存在的问题进行改进？如何科学处理教材、词表中的文化词？（改进）

上述五个问题的内部逻辑可以概括为"标准—类别—数量—问题—改进"。

本书共分六章：

引言主要介绍选题缘起、研究对象、研究方法、研究意义与研究目标。

第一章为相关研究综述。本章从不同的语言学流派出发，较详尽地梳理了文化词研究现状。较全面地总结了文化词研究取得的成绩与不足，并指出汉语文化词研究的进一步发展空间。

第二章着重探讨现代汉语文化词的定义和操作，并从理论方面构建文化词科学、严谨的界定体系。

第三章着重从不同的视角探讨现代汉语文化词的分类及每类文化词的特点。

第四章先探讨常用词提取与现代汉语常用文化词提取的基本理论，然后构建出较大规模的面向 TCSL 现代汉语文化词料库，然后依据词频统计与专家干预，得出面向 TCSL 现代汉语常用文化词表。

第五章主要探讨目前 TCSL 现代汉语常用文化词的应用现状，具体包括 TCSL 词汇大纲与汉语教材中文化词应用中存在的问题。

第六章主要对 TCSL 中现代汉语常用文化词的科学应用进行设计。在本章中，对本书第五章中现代汉语常用文化词应用存在的问题有针对性地提出了改进建议。

结论主要总结本书的重要发现与进一步研究的空间。

第五节　研究意义

词汇本体与应用研究是相互促进的关系。本书研究的理论部分是指导应用的坚实基础，从应用层面也可检视出理论的构建是否牢固。正因为这样，有学者指出，"第二语言教学研究是本体研究的试金石"，"本体研究能在二语教学研究发现出新的规律与特点。"（陆俭明，2007）理论语法与教学语法之间是如此。文化词既然是文化语言学在汉语词汇里的主要研究对象（黄金贵，1995），而文化语言学是隶属于理论语言学学科大背景下的一门语言学分支（叶蜚声、徐通锵，2010：3），其本体研究成果自然也有其应用的价值。因此，本书不仅有应用方面的意义，更有理论方面的意义。

一　理论意义

本书理论方面的意义主要体现在三个方面：

第一，有助于人们进一步探索词汇与文化之间的关系。

20 世纪 80 年代，来自西方的文化人类学、社会语言学、跨文化交际学等理论影响了中国语言学界，研究者们开始思考汉语与中国文化的关系。从 80 年代中后期到 90 年代中后期，中国语言学界掀起"文化语言学中国潮"。人们开始自觉思考语言与文化之间的关系，其中更严谨的说法之一是"语言是文化的凝聚体而并非载体"（张公瑾，1994：5）。而在语言要素内部，哪种语言要素文化凝聚得最为丰富？同语法、语音相比，词汇与文化之间的关系最为密切。在这一点上，现代语言学家已有充分的认识（Sapir Edward，陆卓元译，1964：66；恩伯，1988：139）。词汇蕴含着最为丰富的文化因素，是记录文化的"活化石"。很多文化的遗迹、观念的变迁、传统的物态、制度文化，都可以在一种语言的词汇中找到验证。一些学者甚至提出了"对外汉语教学中的文化主要体现在词汇上"的论断（孙德金，2006：3）。这种观点虽然未必会被从事跨文化交际研究的大多数人所承认，但其积极意义在于肯定了词汇对文化的凝聚作用，明确了在语言要素内部进行文化因素教学的重要途径之一便是通过词汇这个凝聚体。然而对词汇与文化关系的研究仅仅停留在"我认为是"（认为词汇蕴含着丰富的文化因素）是远远不够的，因为这种停留并不能推动这个领域的研究取得长足进展。迄今为止，人们对词汇与文化之间关系的重要概念的定义、重要概念的适用范围尚未进行系统的理论构建，在理论构建不够牢固的前提下，在应用领域的探讨自然会捉襟见肘，无法做到科学、合理、有效。而文化词是词义与文化关系中最重要的概念，对文化词本体研究的探讨，一定会深化并丰富这个领域的研究。

第二，有助于进一步夯实文化语言学学科的理论基础。

文化词语是文化语言学在词汇领域的主要研究对象（黄金贵，1993）。20世纪80年代末，中国语言学界曾经出现了一股"文化热"，这种"文化热"促使学者们纷纷关注语言与文化之间的关系，并写出了一系列的学术著作，如《方言与中国文化》（周振鹤、游汝杰合著，上海人民出版社1986年版）、《语言文化社会新探》（陈建民著，上海教育出版社1989年版）、《语言文化论》（陈保亚著，云南大学出版社1993年版）。以研究语言与文化之间的关系（邢福义，1999：3）的语言学分支之一——文化语言学"应运而生"并经历了一番学术上的"热闹"。邵敬敏（1991）将中国文化语言学分成三大流派：其一是双向交叉文化语言学，主要研究语言与文化相互的渗透及其关系，以游汝杰为代表；其二是社会交际文化语言学，主张文化语言学研究中要注重交际与社会的结合，侧重于进行共时的变异研究，以陈建民为代表；其三是全面认同文化语言学，认为应从广阔的文化背景中去探索中国语言规律，以申小龙为代表。但是，如今中国文化语言学在语言学界的影响甚微，与80年代的"热闹"形成了鲜明的反差。这种现象形成的原因之一便是文化语言学研究的基础工作不够扎实。邢福义（2000：78）曾批评了这种浮躁的研究风气：（文化语言学）"应该把更多的精力放在具体事实的发掘和研究上面，既把一个个具体事实分析清楚，又从众多具体事实中生发出理论。否则，依靠浮想式的理论框架的建构，或者依靠对事实的一些零星的、不成系统的研究，都无法使文化语言学排上较高的学术座次。"

黄金贵（1995：2）认为："文化词语是词汇的大宗。"他通过对《尔雅》、《说雅》、《郑雅》、《楚辞通话》四书的考察统计，发现文化词语与通义词语之比竟是2:1。现代词汇大率亦此比数。黄金贵（1995：2）

指出:"文化词语在词汇语义研究中应占重要地位,更是文化语言学在词汇领域的主要研究对象。"虽然"现代词汇大率亦此比数"的说法还值得进一步商榷,但由于现代汉语词汇由古代汉语单音节词演变而来居多,现代汉语词汇中文化词的比率绝不会少。文化词作为现代汉语词汇的组成部分理应被纳入到词汇的划分体系之中,因此,采用科学、严谨的方法进行现代汉语文化词研究,应该会推进词汇研究的深入,为词汇研究开拓一片新的天地。同时,这一领域的研究也有助于进一步夯实文化语言学的研究基础,同时有利于帮助人们转变对文化语言学学科的偏见,使其排上较高的学术座次。

第三,有助于深化、完善、丰富词汇语义学研究。

语义(semantics)涉及人类思想意识深处最为抽象的部分,不具备形式那样易描写的特质,因此一直是语言研究中不容易研究的部分。而词是语言要素中最重要的组成部分之一,词的核心是词义。因此,词义在语义学中的地位非常重要。近年来,语义学的研究"遍地开花",在逻辑语义学(logical semantics)、心理语义学(psychological semantics)、形式语义学(formal semantics)、模糊语义学(fuzzy semantics)、结构语义学(structural semantics)、认知语义学(cognitive semantics)等方面都取得了可喜的进展,但从文化角度进行的专门的词汇语义研究却是少之又少。语义与文化密不可分,文化词的基础理论研究主要涉及的是文化对词汇语义的复杂影响,因此,文化词的理论研究有助于人们进一步发现词义与文化之间的交互作用和规律,从而进一步完善、丰富词汇语义学研究。

二 应用意义

本研究在应用领域(主要指 TCSL)中具有如下重要意义:

第一,文化词的研究成果可以直接帮助汉语学习者进一步扩大词汇量,从而使学习者更"地道"、"得体"地运用汉语。

20 世纪 90 年代,词汇教学在对外汉语研究中最薄弱。专家们撰文指出:"语汇教学的重要性是怎么强调都不过分的。也正因为如此,加强语汇研究和语汇教学成了当务之急。"(胡明扬,1996)经历了近 20 年的"字本位"、"词本位"和"语素本位"的激烈争辩,这种词汇研究的薄弱状态有所缓解,但人们似乎把注意力都集中在普遍词汇上,对于与文化密切相关的那部分词汇——文化词虽然有所论及,但研究大多浅尝辄止,并不深入。

实际上，文化词的掌握程度关乎二语学习者"地道"、"得体"运用语言能力的高低，是二语词汇教学所不容忽视的。为什么我们下这样的断语？因为衡量二语学习者语言表达得是否"地道"，除了要看所表达的语句有没有语法错误外，一个重要的指标就是能否使用接近本族语人（native speaker）惯有的表达方式（Winstorn Brembeck，1982：13）。目前国内英语教学中出现的 Chinglish（中式英文）就说明目前国内二语教学对语言表达的地道性关注不够。文化词是本族语人惯有的表达方式在词汇层面的重要体现，因而是衡量二语学习者语言表达是否地道的重要指标之一。

美国二语教学专家温斯顿·布瑞姆拜克（Winstorn Brembeck，1982：9）曾认为："采取只知语言而不懂文化的教法，是培养语言流利的大傻瓜的最好方法。"这种看法肯定了文化在第二语言学习中的重要性。但二语学习者不懂文化并不代表着他们的语言就会很流利。因为文化很多是以语言这种凝聚体的形式存在的，语言与文化很难绝对地拆开。所以温斯顿·布瑞姆拜克（Winstorn Brembeck，1982：9）所说的"文化"，不仅仅指"得体"，在使用的时候不出错，同时也包含了"地道"的成分。比如，学习者想表达某种文化上的概念，却不知道用什么文化词，因而用了母语文化模式的表达法。这种表达法在目的语中往往形成为语言上的粗鲁、冒犯，甚至是一种对语言不得体的使用。如：

【生肖】shēngxiào 名 代表十二地支而用来记人的出生年的十二种动物，即鼠、牛、虎、兔、龙、蛇、马、羊、猴、鸡、狗、猪。如子年生的人属鼠，丑年生的人属牛等。也叫属相。

西方文化中没有"生肖"的概念。在学习汉语的过程中，他们似是而非地了解了中国的生肖文化，但是他们不知道"生肖"这个词怎么说。于是，他们按照脑海里固有的文化模式造出了这样的句子：

你女朋友<u>是</u>什么<u>动物</u>？

海外汉语教师陈申（2008）也曾举其儿子学习外语的误例来说明文化词对学习者使用语言得体性的影响。

（儿子接电话）爸爸明天要到<u>衙门</u>去选举。（×）

陈申儿子想表达的意思是"爸爸明天要到市政大厅去选举"。

《现代汉语词典》（第6版）对"衙门"的解释如下：

【衙门】名 旧时官员办公的机关。

《柯林斯高阶英汉双解学习词典》对 Town Hall（"市政大厅"）的解释如下：

> Town Hall：a government building that houses administrative offices of a town government

"衙门"是中国封建官僚体制背景下的汉语文化词，Town Hall（市政大厅）是欧美议会选举制背景下的英语文化词，二者产生的文化背景殊异。对于陈申家庭这样一种在英属联邦——澳大利亚生活的华裔移民，用错文化词显然会造成"词不达意"——不仅不"得体"，更不"地道"。

同时，文化词的学习也能让外语学习者更"地道"地使用一种语言。如：

a. 孩子这么惯下去，我真担心他们将来会成为无能的人。

a_1. 孩子这么惯下去，我真担心他们将来会成为八旗子弟。（转引自杨德峰，2012：43）

b. 也许你的另一半是通过亲戚的介绍认识的，可我觉得通过所谓的"婚姻介绍人"介绍，你也许根本都不知道什么是恋爱的滋味吧。

b_1. 也许你的另一半是通过亲戚的介绍认识的，可我觉得通过所谓的"红娘"介绍，你也许根本都不知道什么是恋爱的滋味吧。（来自HSK动态作文语料库）

c. 她判断能力强，很聪明。

c_1. 她料事如神，犹如女中诸葛亮。

在上面的例句中，后者（a_1、b_1、c_1）要比前者（a、b、c）相对"地道"些，因为学习者恰当使用了汉语文化词。这充分说明，外语学习者渴求使用更贴近目的语的文化词，避免语言表达中出现"不地道"（nonnative-likeness）的现象。

相反，学习者若不能恰当地使用汉语文化词，在语言表达上不仅谈不上"地道"，而且会出错：

12月20号，玛丽准备去西安参观<u>秦代皇帝</u>的<u>解放军</u>。（×）

在这个病句中，学习者很想使用"兵马俑"这个词，但显然没有掌握"兵马俑"这个物态文化词，同时又对"解放军"这个文化词有个似是而非的印象，但却不明了"解放军"的具体语义所指，因而造出了上述病句。同时，学习者也不知道文化词"秦始皇"怎么说。

第二，文化词研究成果可以应用于中高级阶段汉语作为第二语言教学中文化的教学。

"文化语言学中国潮"[①]直接波及汉语作为第二语言教学领域的必然结果就是：对外汉语教学中也出现了关于文化教学的大讨论。在这里我们只关注文化教学内容的讨论结果。总体而言，正如毕继万、张德鑫（1994）总结的关于对外汉语教学中文化教学内容的两点代表性看法，对外汉语教学中文化因素教学的重要内容是：其一，（认为主要是）探索和介绍词语的文化背景。如王德春（1994）列出七种反映我国特有事物和概念的词语或具有特殊民族文化含义的词语。其二，从跨文化交际角度出发，采用汉外对比的方法揭示对外汉语教学中的文化因素。可以看出，介绍词语文化仍然是对外汉语文化教学的重要研究内容之一。遗憾的是，迄今为止，人们对这一领域的研究并未取得深入成果，在相关概念的确立与辨析方面更不够科学、严谨。

而从文化因素教学的阶段分配来看，吕必松（1996）认为："初级阶段交际文化因素主要反映在有关生活习俗范畴。到了中高级阶段交际文化因素就转入'具有浓重文化色彩的词语'为主的范围。"姑且不论"交际文化因素"这种提法是否科学，从吕必松（1996）的认识来看，掌握一定数量的文化词的确是让汉语作为第二语言学习者学习中国文化的必由之路。本书认为，初级阶段应让学习者接触到的应该是浅显、容易掌握的词语，中高级学习者想了解中华文化，必须要涉及文化词的学习问题。同时，从学习者的兴趣出发，外国学生对文化词一般很感兴趣，很希望使用它，因为文化词的使用能使其汉语表达更地道，但他们也容易用错文化词（赵明，2011）。文化词不仅是中高级汉语学习者学习的重点，也是教学的难点。在如何使学生更好地学习、教师准确精练地讲解、教材与词汇大纲等科学地收录与编排方面，二语教学界的研究仅仅是刚刚起步。仅以教材文

---

① 提法见邵敬敏（1993）。

化词注解为例,便可以看出汉语作为第二语言教学领域内文化词研究的一些问题。如:

  馄饨 húntun
  太极拳 tàijíquán Tai Chi Chuan
  阴 yīn epilepsy

  以上注解用"一对一"的方式根本无法让学生了解词义所蕴含的文化信息。
  再如某教材中关于词语"愚公移山"的释义:
  愚公移山(yúgōng yíshān) lunkhead, a foolish old man who removed the mountain—do things with dogged perseverance and fear no difficulty.
  "愚公移山"的英文释义"愚蠢的老人想搬山——做事情有毅力而不怕困难"不能完全解决学生的困惑,而且可能让学生造成对中华文化的误解,使其认为"中国人迂腐,不懂得变通"。以上分析表明,汉语作为第二语言教学中文化词课堂教学、教材词汇编排等均需要有专门的研究成果来指导,从而促使文化词的教学质量得到提高。
  第三,文化词研究有助于培养汉语作为第二语言学习者的跨文化能力。
  随着对语言与文化关系的认识不断深入,以及跨文化交际研究的迅速发展,语言教学领域也认识到了跨文化层面的重要性。"跨文化交际能力"或"跨文化能力"逐渐进入人们的视野。尤其值得注意的是,欧美两个第二语言教学的权威性纲领性文件对二语学习的跨文化能力的培养尤为重视。2006 年,美国外语教师协会(ACTFL)出台《21 世纪外语学习标准》,提出了"5C"标准,其中重要一条就是 Culture(文化理解体验能力);2014 年,ACTFL 对旧标准进行了修订,并改名为《全球外语学习标准》(*World-Readiness Standards For Learning Languages*),"5C"中的 Culture 得以保留,并进一步提升了地位;《欧洲语言共同参考框架》更是把"跨文化知识、意识及技巧"作为"多元化交际的通行证",从而把"培养跨文化知识、意识及技巧"提升到了更新、更重要的高度。可以看出,西方两个权威的语言教学指导纲领均明确把跨文化能力作为外语教育的培养目标。因此,在国际汉语教学视域下,具备跨文化能力,是二语教师的一项必备素质。

二语学习者的跨文化能力应如何培养？我们注意到，《全球外语学习标准》中 5C 的另一个 C（Comparison）的要求有两条：

> 比较（比较）：形成对语言与文化性质的深入认识（比较语言文化之特性）
> 标准 1：学生通过比较所学语言与自身语言，展示对语言性质的理解。（比较语言）
> 标准 2：学生通过比较所学文化与自身文化，展示对文化概念的理解。（比较文化）

本书认为，在比较项的子标准 2 下，"学生通过比较所学文化与自身文化，展示对文化概念的理解"主要就是涉及对文化词的一种——"概念空缺词"（诸如"仁、忠、恕、孝"等文化概念）的理解。什么是"孝"？什么是"义气"？什么是"仁"？以上空缺概念不仅存在于语言层面，在中国人的思维中更是根深蒂固的，并直接制约、影响着中国人的行为方式。对于外国汉语学习者来说，这些空缺概念无疑是跨文化交际的"导火索"与沟通理解的"绊脚石"。

美国语言教育学者克拉姆契（Claire Kramsch，2005）也认为，语言教学中的跨文化层面也应该在语言要素教学中予以重视。而英国的学者拜勒姆（Byram）提出的"跨文化能力"的构成要素之一便是了解不同语言词义文化的差异（Byram，2005）。尤其是概念义相同、文化义有较大差异的文化词（即本书所说的特殊文化含义词），极有可能使外语学习者在语言学习过程中产生跨文化交际障碍，甚至是文化冲突。赵明（2013）共列举了四个由文化词引发跨文化冲突的案例。这里仅列举一例：

> 案例 1：
> A：昨天我去小店买衣服，老板问我喜欢什么颜色，我说蓝色，可是商店没有蓝色，他给我一紫色的，说我穿紫色好看。
> B：这个老板不好！

这个案例由赴巴西的汉语教学志愿者提供，冲突发生的双方是巴西学生与汉语志愿者教师。巴西文化忌讳紫色，葡萄牙语中"roxo"（紫色）代表悲伤的色调，"roxo"在葡语中是个特殊文化含义词。而汉语教师不了解

"roxo"的特殊文化含义，汉语教材中又恰恰出现了"紫色"这一的词汇，于是他们造出了上述对话。

下面的案例则是以"老外"的亲身感受为基础总结出的经验教训。

案例2：
一位美国官员在中国旅行时，为了表示友好，每到一地就发放<u>绿色的棒球帽</u>，结果无人领情。

"绿帽子"从字面义看是绿色的帽子。受世界范围内环保运动兴起的影响，世界很多语言中的"绿色"都含有"环保的、象征生机的"含义，但汉语中的"绿帽子"还有一个特殊文化含义：妻子与别人偷情。这位美国官员不了解汉语"绿帽子"的特殊文化含义，从而造成了跨文化交际失败。

可以看出，研究文化词，正是培养第二语言学习者跨文化交际能力的重要需求之一。第二语言教师与学习者应该能懂得文化词在跨文化交际双方语言里的不同文化含义，明确文化词的文化冲突点，从而有效扼制"文化冲突"的发生。

文化词的研究对应用语言学的其他领域如学习辞典编纂、中文信息处理、翻译、传播学等领域也具有重要的指导意义。

第四，文化词研究成果可以为双语学习词典编纂提供借鉴。

只要有语言的使用，就必然会涉及对文化词的求解。因此，辞典编纂必然要收录一定的文化词。而如何收录文化词？其标准与范围是什么？是否有必要专门编纂这样的词典？我们的工作做得还不够，而西方的"汉学家"却早已编纂出这样的词典——博伊·拉菲特·德蒙特（Boye Lafayette De Mente）的《中国文化词词典》（*NTC's Dictionary of China's Cultural Code Words*，1996）。书中介绍该书编写的目的是"介绍中国人确信无疑而外国人难以理解的基本词语和应对方法"（Boye Lafayette De Mente，1996：1），全书共分为10大类，300多个文化词，但是这本书的文化词解释充满了政治色彩，对中国文化的解释具有太多的主观判断。正如书中前言所说："中国人总是认为在任何交往关系中都必须按照他们的文化要求去做。"仅举几例来说明：书中将"门卫制"解释为"比监狱好不了多少对人们控制的方法"（Boye Lafayette De Mente，1996：34），将"诚"解释成"判断你的真诚"（Boye Lafayette De Mente，1996：31），将"分配"解释成"强制安排工作"（1996：51），将"哪里，哪里"解释成"回避社交义务"

（Boye Lafayette De Mente，1996：149）。因此，该辞典有诸多牵强附会之辞，尤其体现在词典的文化词注解方面。这种不负责的注解不仅谬误百出，而且极有可能令西方人对中国文化的认识产生偏差、误解，甚至是冲突。因此，从文化交流的角度出发，本书认为汉语文化词词典编纂这个工作是需要中国人做的，而且是迫切需要进行的。

第五，文化词研究有助于中文信息处理两种语言中词汇的解码。

将来，中文信息处理是应用语言学研究的一个热门领域。中文信息处理指用计算机对中文的音、形、义等信息进行处理和加工，是自然语言信息处理的一个分支，是一门与计算机科学、语言学、数学、信息学、声学等多种学科相关联的综合性学科（冯志伟，2006：91）。中文信息处理最为理想的状态之一便是实现两种语言的机器翻译（冯志伟，2006：102）。而在两种语言的词汇转换上，最为棘手的问题之一就是文化词。因为无论是特殊文化含义词还是概念空缺词，它们与外语词语均不具备直接对应性。文化词的跨语言转换，需要专门进行两种语言的编码与解码。比如，"风水"一词我们只有在对其进行研究的基础上方可将其进行翻译转换，否则外国人难以理解"风水"所涵盖的实质文化信息。因此，深入研究文化词本体与应用规律，对解决两种语言机器翻译的"瓶颈"问题有不可低估的实用价值。

第六，文化词研究成果可以直接指导翻译。

翻译领域是文化词的发源地，文化词也是翻译最为棘手的部分。对于"文化词"的翻译，"目前比较现实的做法是用汉语拼音拼写、加注或是增译、音译和译借"（王德春，1994），以便保留词语的民族文化内涵。本书认为，这一办法是可行的，因为从过去到现在很多汉语文化词的翻译都被西方人接受了，并收入了他们的词典。英译汉亦然，例如，David Camp 就译成"戴维营"，而没有按含义译成"美国总统度假村"，ostrich belief 就译成"自欺欺人"，并没有译成"鸵鸟式行动、鸵鸟般的人"。但是，这样的工作还需要继续进行，因为目前词库翻译远远达到不了我们对词语使用的需求。从这个意义上说，"文化词"的研究可以互通有无，丰富两种语言的表现力，从而为翻译工作带来便利。

第七，文化词的研究还有助于中华文化的传播。

文化词不仅仅是语言符号，也是文化知识与精神宝库。探索合适的文化传播方略，也是文化词研究的重要组成部分。尤其是我国近年来提出了

"中国文化走出去"的发展战略,具体指出,要"推动中国文化走向世界"[①]。本书认为,中华文化要走出去,无法离开它的重要载体——汉语。中华文明历经几千年而绵延不绝,这说明它有强大的生命力。而随着西风东渐,我们的传统文化面临着非常大的挑战。一些体现中华传统文化观念的文化词如"仁"、"义"、"礼"、"己所不欲,勿施于人"、"愚公移山"、"中庸"、"恕",它们所体现的文化是中华文化的精髓。遗憾的是,我们中国人也有相当一部分对这些词语的文化含义不理解,在对外国人的讲授中也无法做到精准、科学。以上词语形成为一类为本族语者所普遍认同的文化观念,其本身的意义的就是一个不确定的动力系统,实质是"观念词"。比如"中和"、"中庸"、"忠"、"恕"等词语的解释,如果不能将文化观念解释清楚,极有可能以讹传讹、遗祸无穷,让外国人误解,以为"中和"就是"和事佬、好好先生","中庸"就是"中等、中不溜、平庸、没有才能","忠"就是"不背叛","恕"就是"原谅"(转引自杨大方,2006)。这并非危言耸听。

此外,文化词的研究有助于深化对现代汉语词汇系统的认识。对各种实用词库建设以及第二语言词汇习得的相关研究也有很好的借鉴意义。深入研究文化词本体及应用领域的特点,对进入21世纪全球化浪潮下的第二语言教学显得尤为重要。

第六节 研究目标

文化词不容易研究,本书从汉语作为第二语言视角出发,综合多学科的研究方法,力图在这个领域取得深入的突破。其中较为重要的有:

第一,提取出较为合理的现代汉语文化词界定标准,证明文化词是客观存在的,而且是可以与一般词语划界的。

第二,进一步划分现代汉语文化词的类别,阐释文化对词汇的不同影响,系统地从文化的角度对词汇语义进行研究并设立术语。

第三,依据教材语料作为统计现代汉语常用文化词的材料,从第二语言教学的角度直接提取出现代汉语常用文化词的定量数额。

---

① 具体见第十七届六中全会通过的《中共中央关于深化文化体制改革推动社会主义文化大发展大繁荣若干重大问题的决定》。

第四，调查目前 TCSL 现代汉语常用文化词的应用现状，指出目前存在的相关问题及成因。

第五，从存在的相关问题出发，系统总结 TCSL 现代汉语常用文化词应用的改进建议，直接为 TCSL 提供参考。

总之，本书的研究将有助于进一步揭示现代汉语文化词的本质，有助于人们进一步认识文化词的特点。从第二语言教学的角度出发，现代汉语常用文化词研究直接有助于汉语作为第二语言词汇教学。

第一章 文化词研究的理论基础及其概述

第一节 文化词概念提出的理论基础

文化词概念的提出是建立在人们对语言与文化的关系,尤其是词汇与文化关系认识的基础上的。两种理论——语言与文化之间的可融性理论、词汇的对应性与差异性理论为文化词概念的提出奠定了坚实的基础。

一 理论基础1:语言与文化的关系——语言与文化的可融性

首先,必须承认语言是文化的一部分,但这种认识的得出是建立在对语言的文化性质(the cultural nature of language)认识基础上的。语言的文化性质指的是语言本身是一种文化,与文字、哲学、宗教、历史、地理、法律、风俗等共同构成人类文化的有机组成部分,并对文化的进步起着推动作用。语言和文化是部分和整体的关系。由于语言存在,人类的文化才得以传承。从这个角度来说,不存在没有语言的文化,也不存在没有文化的语言。

本书的研究对象——文化词中的文化则侧重于从语言的文化价值(the cultural value of language)角度进行分析。语言的文化价值是指语言包含着丰富的文化内容,是体现和认识文化的一个信息系统。语言与文化是形式和内容的关系(张公瑾等,2004:12)从这个意义上说,每种语言承载着丰富的文化信息,学习一种语言,同时也是在学习一种新的文化、新的世界观。语言是文化最重要的载体。人们得出这样的认识，应首先归功于人类语言学家。

有几个原因，使得今人把威廉·冯·洪堡特（Wilhelm von Humboldt，1767—1835）视为人类语言学的先行者：他的研究综合起哲学、历史、社会、文化、民族、语言等多种视角；他通过亲验实证获得巴斯克民族语言的一手材料，很早就采用了现代所谓"田野工作"法探讨过美洲印第安语言，提出的"语言世界观"一说影响了美国人类语言学家博厄斯、萨丕尔、沃尔夫等人（转引自胡翠娜，2006）。威廉·冯·洪堡特认为，一个民族的语言与思维密不可分，不同民族语言结构的差异影响着民族精神发展（姚小平，1995）。洪堡特进一步指出："语言仿佛是民族精神的外在表现。"（转引自洪堡特，伍铁平译，1980）洪堡特有一句名言，"民族的语言即民族的精神，民族的精神即民族的语言"（姚小平，1995）。洪堡特认为，语言是人类民族最大的特征，民族的差异主要体现在语言上；一个民族的语言与该民族的精神特性密不可分，语言随着民族的成长而发展。它是民族精神的外在表现，同时它又承载着民族的历史和文化（姚小平，1995）。

先行者洪堡特的上述理论如同一把智慧钥匙，从多方面开启了研究语言与外部关系的大门。他的理论"打破以往只关注语言内容、只关注形式研究的传统，第一次从理论上触及了语言与社会、语言与历史、语言与文化、语言与思维、语言与世界观等诸多关系问题，给第二语言教学带来诸多启示"（张英，2009）。

博厄斯（Boas，1858—1942）是近代美国人类学、民族学的奠基人，被人们尊称为人类语言学之父。他对洪堡特的理论或多或少有所继承。博厄斯"强调文化的丰富性"（Alan Barnard，2006），主张对"原始民族"进行考察，主张自然地将语言、种族及其文化结合起来研究。博厄斯尤其调语言与文化的心理层面。他认为，特定的语言只能部分表达头脑中的部分概念，而不同的语言会选择头脑中的心理意象，文化格局中的词是沟通语言与文化心灵之关键（Boas，1940）。

索绪尔（Ferdinand de Saussure，1857—1913）虽然没有直接研究语言与文化的相关性，但是他在建立结构主义语言学体系时，发现了语言的规律和变化除了内部要素以外，还有外部要素。索绪尔第一次从语言结构的角度，阐明了语言学研究的对象或任务，不仅仅是语言内部，还包括语言与外部的关系。所谓语言与外部关系，就是语言与社会、语言与文化等的相关性及其规律。比如，在语言与风俗习惯的关系方面，他说："一个民族的风俗习惯常会在它的语言中有所反映，另一方面，在很大程度上，构成民族的也正是语言。"索绪尔关于"内部语言学"与"外部语言学"的区分，为研究语言与文化之间的关系打开了大门（转引自张英，2009）。

梅耶（Meillet, Antoine, 1866—1936）在《历史语言学研究中的比较方法》（梅耶著，岑麒详译，2008：32）中指出，词义与文化密不可分。通过一种语言的词义能够探寻出民族精神。通过对某种语言词汇语义的研究，可以深入了解这种语言的民族或国家的政治、历史、文学、民俗、习惯等有关文化的各个方面。

洪堡特、博厄斯、梅耶等学者的语言研究，并非为了语言而研究语言，而是把语言研究看成是"人的研究"的一部分，具有较强的人文主义色彩。他们的研究观点的积极部分，为后世研究语言重视文化因素与文化背景、为第二语言教学研究"就语言而教授语言"的尴尬处境的改变，奠定了坚实的理论基础（张英，2006）。

随着人们对语言与文化关系认识的深入发展，人们逐渐认识到，语言是文化的载体这一说法并不十分准确，因为，语言与文化的关系不仅仅是承载，更多的是凝聚（转引自张公瑾，1994：5）。二语文化教学理论的先行者与实践者莫兰（Patrick R. Moran, 2001：15）直接提出了 language-and-culture（语言及文化）这一术语表示语言与文化可融的特性（the integral nature of language and culture）。这种理论强调语言与文化是"水乳相融"、"血肉相依"的关系。文化并不是脱离于语言而存在的，而是与语言密不可分的，也可以说是"你中有我，我中有你"（转引自戴昭铭，1996：13）。文化语言学对语言与文化关系的争辩也认为，语言与文化不是两张皮，而是一张皮。任何将语言与文化融合的天然属性相隔离的做法都是不明智的。

在语言构成的各要素（语音、语法、词汇等）中，文化更多是由什么所凝聚的？语言学家们进一步认识到，文化对语言的影响是不均等的。同语法、语音等相比，词汇所蕴含的文化因素最为丰富。每种语言中都有一些特定的词汇，这些词汇成为记录文化的"活化石"（Sapir Edward，陆卓元译，1964：66；常敬宇，1995：3）。"语言的词汇多多少少忠实地反映出它所服务的文化"（Sapir Edward，陆卓元译，1964：196），同其他语言要素相比，词汇最能反映文化因素在社会中的变迁（邵敬敏，1995）。文化对语汇（甚至包括文字）的影响最为浓烈、明显、突出、集中，而对语音、语法的影响比较清淡（邵敬敏，1992）。词汇的重要地位在于，它是语言的建筑材料，与社会生活的关系最为密切，所以最能反映社会生活的变化，人们的生活习惯、思维方式、文化差异等，都在词汇中得到了体现。因此，凝聚文化的任务主要是由词汇，特别是实词词汇承担。博大精深的中华文化，便蕴藏在浩如烟海的汉语词语中。从词语层面发掘文化因素，是从语言层面发掘文化的一条重要途径。

可以看出，人们对语言与文化的关系的认识经历了一个逐渐细化的过程。学者们先是注意到了外部因素在语言研究中的重要性，以进一步揭示语言与文化的内在关系，然后注意到了语言与文化的可融性，接着注意到这种可融性在词汇层面体现得最为明显。以上认识构成了文化词研究的坚实理论基础。当然，对于进一步揭示文化词的本质特征及与一般词语的差异性方面，这些认识还不足以完全解决问题。但是，以上认识为我们进一步揭示文化词在词汇中的独特性及为我们更好地认识这类词语铺平了道路。而这种语言与文化相融合的特性，也为我们在第二语言教学强调语言教学与文化教学的融合奠定了理论基础。国际汉语教学的深刻内涵，正在于语言教学与文化教学密不可分（转引自赵金铭，2012）。而如何实现这个目标？以文化词作为第二语言词汇教学中的研究对象无疑是词汇层面实现语言教学与文化理解兼得的重要途径。

二 理论基础 2：对比词汇学理论——词汇的对应性与差异性

关于词汇的对应性与差异性（the corresponding and vacancy of words）理论，现代语言学学者已经有了一些初步的认识，并积极地提出一些新见解（Lado，1957；Stubbs，1986；Ю. А. Сорокин 等，1989：103—104；徐通锵，1991；Werner Koller，1992；等等），该理论主要是针对语言学的实词来说的。词汇的对应性主要指"普遍词汇"（common words），词汇的差异性主要指"空缺词汇"（vacantwords）。

如果从两种语言对比的角度看词汇的对应性的话，我们会发现每种语言中都存在最基本、最常用的一部分词，它们是不同语域、不同语体的言语交际的词汇共核部分（common core）部分，可以视为每种语言的"普遍词汇"（common words），如"沙发"、"床"、"电视"、"图书馆"、"电脑"、"糖尿病"、"血小板"、"天空"等。以上词语在现代文明社会的哪种语言里几乎都存在，而且几乎不带文化色彩（culture-free）（Stubbs，1986）。徐通锵在《历史语言学》中也认为："基本上所有语言的词汇都应该包含二百多个词语；而另一方面，只要认识这二百多个词语，就可以利用该种语言作最基本的沟通"（徐通锵，1991：239）。从第二语言教学的角度出发，初级到中级水平学习者实词学习的任务主要集中在这些词上，因为这些词在哪种语言里都存在，所以用"语法翻译法"基本就可以解决问题。换言之，第二语言学习者的心理词库（mental lexicon）里有这些词，学习者从心理词库里可以成功提取这些词。翟颖华（2012）的博士论文专门研究现代汉语中的"普遍词汇"，并且从汉语作为第二语言教学的角度出发，提取出了现代汉语普遍词汇表，供初级汉语学习者学习词汇使用。

可随着学习者语言水平的提高，尤其是进入了更高级的学习阶段，词汇的差异性便更容易凸显出来。这里的词汇的差异性主要指"概念空缺词汇"，即由于语言与文化的密切作用，在某种语言中的词，在外语中根本没有相应概念，或者仅仅是一个似是而非的概念，比如：

【炕】kàng ❶ 名 北方一些地区用土坯或砖砌成的睡觉用的长方台，上面铺席，下面有孔道，跟烟囱相通，可以烧火取暖：～洞｜～沿。❷〈方〉动 烤：白薯还在炉子边上～着呢｜把湿褥子在热炕上～一～。

【气】qì ⓭ 名 中医指人体内能使各器官正常发挥功能的原动力：元～｜～虚。⓮ 名 中医指某种病象：湿～｜痰～。

在以上两个汉语词汇中，"炕"❶表示的是一个物态文化概念，"气"⓭、⓮表示的是中医文化概念。如以英语为参照系，二者在以英语为母语的学习者的脑海中不能顺利激活相应的词汇知识。心理语言学把这种大脑中对词汇知识的长久记忆称为心理词库。心理词库理论认为，人脑的词汇记忆就像一本词典，其中含有很多词汇条目，每个词条包括发音、写法、语义、语法功能以及语用等项目（Treisman, 1960）。"炕"❶、"气"⓭、⓮等概念，在完全没接触过汉文化的母语为英语者的心理词库中显然是语义空白，因为英语中没有这样的概念，英语学习者也就无法从心理词库里准确提取这两个词汇的语义知识。因此，这类词汇的学习依靠不能靠字义来推知词义的办法，而必须从文化背景的角度加以解释。

再如：

【hippie】a person who rejects the way that most people live in western society, often having long hair, wearing brightly-colored clothes and taking illegal drugs. The hippie movement was most popular in the 1960s.（据《牛津高阶英汉双解词典》）

英语"hippie"的意思是"嬉皮士"。"嬉皮士"的特征是"常留长发、穿着艳丽、吸毒"。这个词汇与20世纪60年代盛行在西方的"性与解放运动"密不可分。如果不了解当时的社会文化背景，也就无法准确掌握这个词的含义。

另如"Tower of Babel"在汉语中经常被翻译为"巴别塔"。西方研究汉语的学者白乐桑在学术辑刊《对外汉语教学与研究》（南京大学出版社）2011年第1期上发表了题目为《汉语教学应告别巴别塔的诅咒》的论文。可如果仅仅通过这个题目，不加任何文化注释信息，我们并不能准确了解"巴别塔"的意思，也就是说"巴别塔"在我们母语为汉语者的心理词库中属于"空缺"。要想了解"巴别塔"的准确含义，必须从文化的视角去探寻。

"巴别塔"这个词语的产生同基督教文化密切相关。

基督教文化在说英语的国家里影响深远。《圣经》又是基督教的重要理论著作。对于不熟悉《圣经》的人，Tower of Babel在其脑海里根本无法形成一个清晰的概念。Tower of Babel这个词出自《圣经·创世记》第十一章，Babel为《圣经》中的城市名，后为古代巴比伦王国的首都巴比伦（Babylon），诺亚（Noah）的后代拟在此建造通天塔，上帝对他们异想天开的狂妄计划甚为恼怒，于是变乱建塔者的语言，形成交流障碍而无法合作，最后通天塔因此而没有建成。现在，Tower of Babel成为"不同语言间的混乱与障碍"的同义语。

因此，以上两个英文词汇"hippie"与"Tower of Babel"在汉语中并没有相应的概念与之对应，英语学习者如果想准确掌握这两个词汇的含义，必须紧密联系英语的社会文化、基督教文化。因此，类似"炕"、"气"、"hippie"、"Tower of Babel"的词汇属于空缺词汇，是语言差异性在实词层面上的重要体现。

可以看出，空缺词汇根植于特殊文化背景之中，反映着特殊的文化内容。对于一个非本族人来说，这种词汇因为表达的概念在他的本族文化中并不存在。因此，空缺词汇也被一些学者称为"语言缺项"（lexical vacancy）或"词汇空缺"（zero of equivalent word）（参见 Lado, 1957; Ю. А. Сорокин 等, 1989: 103—104; Werner Koller, 1992）。换句话说，空缺词汇概念的设立，就是为了说明两种语言间词汇的对应性与差异性的关系。

人们对"空缺词汇"的认识同样也经历一个过程。

1957年，对比语言学学者拉多（Lado）在《跨文化语言学》一书中从词汇空缺的角度对比俄语和英语时，从文化的角度开创性地提出"词汇空缺"这一概念。拉多（Lado，1957）提出的"词汇空缺"，不单指概念上的空缺，还包括词项上的空缺。比如，英语中 uncle 在汉语中对应"叔父、伯父、舅舅"等多个词汇，"舅舅"在英语中没有专门的对应词的情况即属于"词汇空缺"。拉多（Lado，1957）对"词汇空缺"的认识仅仅是个雏形，其理论的严谨性还需要进一步发展。

捷克语言学学者拉迪斯拉夫·兹古斯塔（L. Zgusta）于1983年在词典编纂实践中也充分认识到了"空缺词汇"。拉迪斯拉夫·兹古斯塔（L. Zgusta）在其主编的《词典学概论》中提出："具体语言中词的所指内容的组成有差异，以及语言间存在着其他不同的特点，即使是一般外行人也最容易注意到的，是所谓文化局限词。例如说，仅在通行原语的地区内而不是在译语通行的地区内生长着某些植物、存在着某些东西，在这种情况下，在译语中就没有现成的完全对应的词汇单位。"（L.Zgusta，1983：404）

俄罗斯语言学学者 Ю. А. Сорокин 等（1989：103—104）进一步指将词汇空缺分为：（1）民族心理空缺或主体空缺，反映属于不同语言文化共同体交际者的民族文化特征，包括性格空缺、情感空缺、思维能力空缺；（2）交际活动空缺，反映各种交际活动的民族文化特点，包括思维方式空缺、行为空缺；（3）文化空间空缺，反映不同语言文化共同体对文化空间、活动场景的不同评价，包括认识感知空缺、文化贮备空缺、民俗空缺。Ю. А. Сорокин 等（1989：103—104）对词汇空缺的概括更多地涉及概念及文化层面。

德国翻译学家沃纳·克勒尔（Werner Koller，1992）进一步发展了词汇差异性理论，对拉多（Lado，1957）和 Ю. А. Сорокин 等（1989：103—104）的词汇差异性理论做了进一步补充；其谈到词汇意义的等值存在着五种关系：一一对应关系、一多对应关系、多对一关系、一对部分关系和一对零关系。一对零关系就是空缺关系。空缺关系包括两种，概念空缺和词项空缺。

值得注意的是，沃纳·克勒尔（Werner Koller，1992）还从跨文化交际的角度指出，空缺词汇是在文化交际过程中的"寻衅之物"，即"倒刺"。跨文化交流学学者关世杰（1996）翻译并借鉴了沃纳·克勒尔（Werner Koller，1992）的研究，在《跨文化交流学》一书中认为不同语言之间的词汇主要有以下类型：（1）重合词汇；（2）平行词汇；（3）全空缺词汇；（4）半空缺词汇；（5）冲突词汇。这种分类虽然存在一定的问题，比如

（5）冲突词汇其实与（1）、（2）、（3）、（4）不能构成同一范畴的关系，但是这种分类对我们进一步理解词汇的差异性与对应性具有指导意义。

我们为什么要重视（尤其要在第二语言教学中）空缺词汇的学习？主要原因在于语言中的空缺项目向来是学习者理解语言的"绊脚石"。

方言区的人学习普通话时，学不会的音就是普通话有而方言没有的音。比如江浙人学习 zh、ch、sh 非常困难，重要原因就是江浙话里没有 zh、ch、sh，因此 zh、ch、sh 是江浙人学习普通话语音的重点（转引自王宁，2011）。这是"语音空缺"。

外国人学习汉语的语法时，学不会的语法项目大多是母语里没有的，如把字句、量词等（转引自戴庆厦、关辛秋，2002）。目前学术界对汉语第二语言教学中的把字句做了大量研究，原因就在于此。这是"语法空缺"。

同样，外国人学习汉语词汇，学不会的词汇也大多是母语心理词库没有的，或者是与母语词汇似是而非的。下面是一段发生在儿子与爸爸之间的对话：

（儿子不停地吃腰果）
爸爸：别再吃腰果了，吃多了<u>上火</u>。
儿子：爸爸，<u>上火</u>用英语怎么说？（转引自刘颂浩，2013）

上述对话中的"上火"是一个汉语的特殊中医文化概念，爸爸即便作为一个语言学的教师，被要求解释这样的词汇也会发蒙。对于外国汉语学习者来说，理解这类词汇无疑更加难。

再如，"红人"按照母语为英语者的理解，极有可能被理解为"挑衅的人"。因为汉语里的"红"与英语的"red"文化意义大相径庭。外国人恐怕也不能理解"这个人很讲义气"中的"义气"究竟是什么。"义"这个在中国人心中存活了几千年的文化概念至今在现代汉语中经常被使用。因此，像"上火"、"义"这类词是词汇概念上的"空缺"。

所以，怎样把这些特殊概念研究透，加强汉语教与学的效率，是摆在汉语词汇教学面前的一个十分重要的课题。

到了 20 世纪 90 年代末与 21 世纪初，伴随着世界范围内语言学与第二语言教学事业的兴盛与学科的发展，"空缺"现象的讨论更是引起更多研究者的极大兴趣；随之，空缺词汇也有了其他的称呼，如"词汇空位"、"文化词语"、"词汇空白"、"特征词"、"国俗词语"或者"文化负载词"。虽然我国外语学术界和对外汉语教学界的学者对词汇空缺的研究是从不同的角度加以阐释、定义，但是我们应该明确三点：

第一，无论运用什么样的术语，词汇的差异性（空缺）是确定日后"词汇空位"、"文化词语"、"词汇空白"、"文化负载词"等研究的理论基础。

第二，空缺包含概念空缺与词项空缺两种。词项空缺错综复杂，而且几乎每类词都存在词项空缺的情况，正如同德意志哲学家戈特弗里德·威廉·莱布尼茨（Gottfried Wilhelm Leibniz）的哲学命题"世界上没有两片完全相同的树叶"。概念空缺则指某词的词义在外语中不存在这样的概念，从而在母语者的心理词库不能顺利提取。该词的语义不能在学习者的脑海里被顺利激活，而是要借助文化背景才可以达到理解。词汇空缺与概念空缺是两个不等同的术语。一些词语在外语中没有相应的等价词，但并不代表没有相应概念。

第三，从第二语言教学的角度出发，初级学习者学习的大多是"普遍词汇"，对于中高级学习者，他们要涉及"概念空缺词"的学习问题。"概念空缺词"的学习很重要，是语言学习者得体、地道表达语言的重要基础。

值得注意的是，词汇概念空缺也是由文化独特性造成的。文化既有普世价值，梁山伯与祝英台，罗密欧与朱丽叶是东西方两个不同的爱情故事，但却能引起东西方观众的共鸣，足以验证文化的普世性。文化又有独特价值，每个民族都会有一些独特的文化因子，在语言、哲学、艺术、建筑等诸层面反映每种文化的独有魅力。文化词正是文化独特性在词汇层面的重要投射。

三　小结

综合上述，文化词研究的理论基础如下：

文化词研究的理论基础
- 语言与文化可融的特性
- 词汇的差异性与对应性理论

图 1-1　文化词研究的理论基础

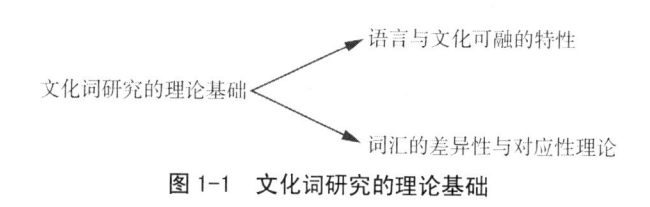

以上两种理论，对文化词概念的提出及日后研究的开展起到了奠基的重要作用。

第二节 文化词研究概述

文化词是人们研究词汇与文化之间的关系时必然要注意的一种词语类聚,很多应用语言学的分支学科,尤其是注重"外部语言学"的学科,如社会语言学、语言国情学、文化语言学等对此都有过研究。本小节即按照以上语言学分支学科中文化词提出的时间顺序扫描文化词的研究概貌,重点对其文化词研究取得的成就、不足及研究方法展开述评。

一 社会语言学对文化词的研究

到底什么是"社会语言学",从这个学科兴起到现在,人们一直对这个问题争论不休。随着各种专著、教学用书及学术文章的发表,这个问题不但没有解决,反而越来越呈现出大家"各执一词"的趋势。在20世纪70年代初,人类学家及语言学家戴尔·海姆斯(Dell Hymes,1972)就曾说过:"对于不同的人来说,'社会语言学'一词有着各种各样的理解,因此当然不会有谁对其定义拥有专利。"而被认为是社会语言学的创始人威廉姆·拉波夫(William Labov)也仅将社会语言学划定为语言学范畴而不建议使用"社会语言学"这一术语。威廉姆·拉波夫(1972:31—33)说:"如果没有必要和完全脱离社会环境的语言研究相对比,我宁愿说这(社会语言学)就是语言学。根本不承认研究语言跟社会的关系及其相互影响的语言学是语言学,这当然是一种偏见,可是这种语言学却在一个时期在世界范围内影响了很多人对研究社会跟语言的关系及其相互影响的语言学的看法。结果,在不少人的心目中,语言学就和结构主义语言学画了等号,语言就不再是一种社会现象,语言的社会理论就不再是语言学理论。"

而在拉波夫与海姆斯之前,通常被认为是结构主义代表人物的索绪尔其实也非常重视外部语言学。索绪尔非常重视语言与社会之间的互动研究,他在《普通语言学教程》中说:"语言无论什么时候都是个人的事情,它流行于大众之中,为大众所用,所有人都整天使用着它。语言是社会力量的产物,又是社会集团为了使个人有可能行使这机能所采用的一整套必不可少的规约。"(索绪尔,1916,高名凯译 1980:30)从这个意义上说,社会语言学学科并不是拉波夫的专利品,而是在索绪尔时代便已露出端倪。

既然社会语言学密切关注"语言与社会的互动关系"(转引自陈原,1998:3),那么那些富于社会意义的词语自然就成为社会语言学学者所关注的对象。在这方面做出突出贡献的是弗斯（Firth）、威廉姆（William）与塔布斯（Stubbs）等学者。

（一）弗斯的"焦点词"（focal or pivotal words）研究

众所周知，作为伦敦学派的创始人之一，弗斯（1890—1960）在词汇搭配、词义学、语料库语言学方面有着杰出的成就。弗斯在语言学上有两项独特见解：一是根据语言背景和上下文来寻求意义，二是用一套新方法来描写语言节律。他坚持谈语言不能不谈人生和文化，分析语言不能撇开意义。换言之，弗斯的词汇学研究是在社会文化语境下进行的，他主张将词汇、文化、行为视作一个整体。因此，弗斯并不赞同传统语义学中由英国学者奥格登（Ogden）和理查兹（Richards）所提出的"语义三角"（sematic triangle）。弗斯甚至否决了"符号、意义和客观事物之间处于一种相互制约、相互作用的关系之中"（Ogden，Richards，1923）的看法。弗斯明确主张词汇研究要关涉词语所生成的外部世界，强调词义与社会行为的密切关联。在这样的语言学思想指导下，他对词汇关注的对象自然是那些富于社会文化意义的词语，他将这些词汇称为"focal or pivotal words"（焦点词），提出词汇研究的要义之一是要考察"焦点词"的详细语境分布信息以及它们在具体语境下的使用（转引自卫乃兴，2011：48）。

弗斯（1957：43）进一步提出具体的建议，诸如"宣传、娱乐、自尊、自私"等词语的研究必须联系社会文化背景与语境。因为，词义是表示社会行为的模式，最值得从词义方面来研究语言和社会的关系（1957：3）。弗斯（1957）的词义学说特别强调语义与人类社会生活和文化历史的密切联系。弗斯（1957）明确指出："语言不单纯是与文化平行的过程，而是它的一个组成部分。"（Henson 1974：66）语言学家在对语言词汇进行具体分析以前，就要"在社会学的平面上弄清语言材料的社会现实性"。（Firth，1957：17）

虽然弗斯（1957）本人并没有直接论述"焦点词"的界定标准，但是弗斯（1957）在社会文化语境下研究词汇的主张及将词汇研究与社会的政治、经济形态、价值观念、人们的生活等结合研究的建议，是弗斯语言学思想的一个重要方面，这种语言学思想在今天仍然具有一定的理论意义。弗斯（1957）主张将词语、思想和行动视作一个整体，参照社会语境进行研究，从根本上否决纯粹形式主义的词汇结构研究，将词汇研究的视野扩大到外部社会条件对词汇衍生、发展与消亡的机制上去。从这个意义上讲，弗斯（1957）从社会语言学角度研究"焦点词"的主张为我们抛出了"砖"，对我们今天在文化词汇研究时如何引出"玉"仍有重要的启发价值。

（二）威廉姆的"文化关键词"（cultural keywords）研究

威廉姆的研究深受弗斯的影响，他（1973：15）提出了"文化关键词"的概念，并在 Keywords: a Vocabulary of Culture and Society 这本书中对"文化关键词"的概念进行了描述与认定，他的语料来源主要是20卷本的《牛津大词典》（Oxford English Dictionary）所提供的释义及例证。

威廉姆研究"文化关键词"（cultural keywords）的具体做法是：依据《牛津大词典》（Oxford English Dictionary）所提供的词语、利用英国经典文学作品作为语料，详细观察它们在语料库中的出现频数、搭配组数。威廉姆（1985）还曾利用英国煤矿工人大罢工的文本资料，研究了法律与秩序（law and order）、社区（community）等词语的含义（转引自卫乃兴，2011：92）。

威廉姆（1973、1976、1985）的"文化关键词"（cultural keywords）研究深具特色。威廉姆不仅调查了"文化关键词"的搭配行为，而且对"文化关键词"的意识形态蕴涵也进行了深度研究。不足之处是他的"文化关键词"的操作定义不够明确，他主要依靠个人的经验来确定"文化关键词"，而个人的经验却是主观的。因此，他所列举的词例也不可避免地受到主观条件的限制。但是，威廉姆的研究证实了"文化关键词"研究的价值。他的研究表明："文化关键词"（cultural keywords）主要为具有特殊文化蕴涵的固定或半固定的短语。这些固定或半固定的短语不但具有丰富的社会文化意义，而且可以揭示出一个民族、某个群体的特殊思维方式、行为活动与价值体系，因而具有语言学与人类学的双重意义。

（三）塔布斯基于语料库的"社会文化关键词"（social cultural keywords）研究

与威廉姆的研究方法相比较，塔布斯（1996、2001）的研究更多地采用了现代语言学的研究方法（尤其是数理统计的研究方法）。塔布斯（1996）首次开展了基于较大规模语料库的"文化关键词"的定量研究。他的研究有两个显著特色：第一，塔布斯主要从社会性进行文化关键词的筛选，这是词的社会语言学研究所必需的条件。他筛选的一些词语在我们今天看来并不是"文化关键词"，但他的研究成果一定会为后续研究所借鉴。第二，塔布斯并不排斥形式成分（formal component）。换言之，他较好地做到了语言学研究形式与意义的结合。在词语的社会文化意义考量方面，塔布斯

（2001）既有文化意义的历时考量，也注重文化意义的共时讨论。塔布斯（2001）认为，从 high employment，mass unemployment 等固定和半固定的词组中可以分析出词的社会文化含义。以上词和短语均为外语中有而另一种语言所无，或两种语言中名同实质不同的两类词语。在形式方面，我们注意到塔布斯的重要特征是采用语义韵的方式来研究文化关键词，如本段中所举词例。他沿用洛（Louw，1993）的界定，将文化关键词的语义韵分为三类：积极语义韵、消极语义韵和中性语义韵。

塔布斯（1996、2001）采用基于语料库研究的方法是文化关键词研究的新方向，成为同类研究极有价值的方法参照标准，在语料库的支撑下，很多弗斯的想法都成为现实。而且，塔布斯（1996、2001）采用形式与社会成分相结合的研究模式，也可以为面向国际汉语教育背景下汉语文化词的定量研究课题的开展提供借鉴。国内学者周光庆（2009）号召对"中华文化关键词"，特别是其核心观念词和价值系统的传承词进行深度研究，遗憾的是，目前国内这方面的研究远远未能引起重视。而国外威廉姆与塔布斯的"文化关键词"研究，可以为我们提供有益的借鉴。

（四）社会语言学对文化词研究的小结

从弗斯到威廉姆，再到塔布斯，我们看到英语社会文化关键词的研究从提出想法到实践，从分类到经验式的研究，再到定量式的研究，这个领域已经取得了一定的成绩。无论支持和反对该领域研究的学者都无法否定这一命题的发展是渐进的，从而无法抹杀这一领域的研究。以上拓荒者主要从社会成分与形式成分的制衡关系考察"社会文化词"研究的必要性与可行性，虽未得出一致的结论，但是其拓荒精神是值得肯定的。在 21 世纪的语言学全球化大背景下，近 20 年来，中国学者注意到词汇与文化的关联并开展的一些文化词研究，也证明了词汇文化研究的价值。但是，"文化词"研究早有源头，并非中国学者的首创。

从上述研究来看，欧美学者们对于词汇文化重要性的认识存在着渐进性。就观察的角度而言，有的从社会与语言共变的角度进行观察，也有的从翻译的实用角度对词汇中的文化因素进行处理。从研究的方法看，从开始意识到词汇文化的重要性，到明晰"社会文化关键词"的概念并逐渐采用定性分析，最终采用语料库语言学的方法对"社会文化关键词"进行筛选，研究方法伴随着现代语言学理论的发展而不断更新。而在研究方法发展的过程中，也会存在不同方法之间的调整。总体来看，欧美语言学界对文化词汇的研究说明人们已自觉关注文化因素与文化背景，是一种有条件的自觉行为，而研究的不足在于如何揭示并描写"社会文化关键词"，基于语料库的研究最终能达到什么样的目的，以上研究并没有做出进一步的解答。

二 翻译学对文化词的研究

1940年后的翻译学深受跨文化交际学的影响（转引自林大津，2006：13）。两本专著——博厄斯（Boas）的《种族、语言与文化》与霍尔（Hall）的《无声的语言》，使"跨文化交际学"作为一门学科正式登上了学术研究的舞台（转引自林大津，2006：13）。

跨文化交际学在翻译学层面的深远影响主要是使人们注意到了词汇层面的文化因素的交际价值。正如扎雷（Lorand B. Szalay）和费舍（Glen H. Fisher）于1979年所指出的那样："交际过程中涉及到信息传递中最重要的过程就是信息的编码与解码，这看似是很简单的，可事实上并非如此。说话人所说出的词能否顺利完成交际功能，重要一点要看词在听话人心理中的反应。如果听话人对听到的词语能顺利激活其在心理词库中的主观意义，那么交际就会获得成功。但更多的情况是，说话人在表达某个概念时，听话人对词语所赋予的文化含义和说话人原来的文化含义总是存在一定程度的差异，有的词汇所反映的文化含义在听话人的心理中完全是一片语义空白或盲点、甚至相反。在这种情况下，双方的交际只能达到部分的成功。"（转引自胡文仲，1994：51）

在这样的学术背景下，翻译学开始关注文化词所蕴含的文化因素对交际双方编码与解码的影响。在这方面做出贡献的学者是尤金·A. 奈达（Eugene A. Nida）与彼得·纽马克（Peter Newmark）。

（一）尤金·A. 奈达的"文化限制词"（culture-bound Words）研究

尤金·A. 奈达主要从事跨文化交际学、翻译学、语言学研究，最有影响的是1964年出版的《翻译的科学探索》（*Toward a Science of Translating*），在该著作中，奈达提出了著名的"功能对等"理论，目的是准确地再现源语文化和消除文化的差异。也正是在这部著作中，奈达率先从词汇对等的角度将英语中的名词划分为三类：（1）两种语言中具有对应词的词语，如 man（人）、tree（树）、flower（花）等；（2）特殊文化含义词（culturally-loaded words）——两种语言中概念对应、文化内涵有较大差异的词语，如 west wind（西风）在英语中具有特殊的文化含义，指美好的新生事物；（3）文化限制词（culture-gapped words），即只为某一民族所特有的词汇，如 igloo

（爱斯基摩人的雪屋）等。奈达（1964：32）认为，对于（2）、（3）类词汇，在翻译过程中最容易出现跨文化交际障碍，因此（2）、（3）被奈达（1964：32）划入文化词汇之列。

奈达（1964：32）等人提出"文化限制词"、"文化词汇"等概念，首次用"文化词汇"概念从文化的角度考察语言学中的词汇问题。虽然以现在的眼光来，奈达（1964：32）等人对"文化限制词"、"文化词汇"的界定、分类还存在界定不够完善、分类不够严密等弊端，但是奈达（1964：32）等人的举例验证了词汇是文化的"活化石"之称号（Sapir Edward，陆卓元译，1964：95），并第一次以"文化词汇"的旗号，试图将语言学中的词汇从文化对其影响角度分为一般词汇与文化词，这种开创精神是值得肯定的，而且对后来这个领域的发展有重要的开创作用。因此，应用语言学家奈达（1964：32）可以被认为是文化词汇研究的"鼻祖"，在这个领域具有"首创之功"。

（二）彼得·纽马克的"文化词"（cultural words/empty words）研究

彼得·纽马克是 20 世纪英国主要的应用语言学家之一。他的 *A Textbook of Translation*（《翻译问题探讨》）聚集了他多年的翻译实践经验，曾获得 1988 年英国应用语言学协会奖，在西方语言学界和翻译理论界引起过很大反响。

纽马克赞同奈达对词汇的文化考察视角，正是在他的这部 *A Textbook of Translation*（1969：45）中，他明确提出了"文化词"（cultural words）的概念：

> The word（phrase）that carries the meaning of a cultural trait particular to a certain socio-cultural community, that is, whose referent is a unique thing or conception, and therefore that has no corresponding equivalent in other communities, when it is used in cross-cultural communication, is called word of cultural uniqueness, cultural word or empty word.

纽马克（1969：45）认为，文化词因其包含着独特的文化信息，在外语中不能简单地对译或找到等值词，从而在跨文化交际中容易引起障碍。纽马克（1969：45）进一步将文化词细化为物质文化、社会文化、机构、生态、风俗、活动、程序、观念、举止和习惯等类别。纽马克（1988：46）所列举的词例有：

（1）物质文化：

zabaglione（意大利菜肴）；

anorak（严寒地带人所穿带风帽的厚夹克）；

kampong（马来西亚之乡村）；

moulton（莫尔顿住所名称）；

（2）社会文化：

raga（拉格，印度教的一种传统曲调）；

reggae（雷盖摇摆乐：一种牙买加流行音乐）；

（3）生态：

selva（热带雨林）；

（4）风俗、程序和观念

dharma（达摩，古印度圣僧）；

karma（印度教和佛教信仰的"业"，因果报应）

（5）举止和习惯，

cock a snook（表示嘲笑，只限定于儿童，动作如图1-2所示）

图1-2 cock a snook 的动作

纽马克（1969：46）进一步细化了奈达（1964：32）关于文化词的分类，在词语所反映的文化范畴方面也采用了新的分类标准，虽然纽马克对文化词的分类项也有不少重合、交叉之处，但是他在这个领域又迈出可贵的一步，他的分类标准也为以后汉语文化词的分类提供了一定的借鉴。

（三）翻译学对文化词研究的小结

翻译学对文化词的研究取得了一定的成绩，也存在一定的问题。其主要成绩是第一次认识到了文化词对交际双方编码解码的重要作用，并从理论层面加以概括。

在奈达（1964：32）与纽马克（1969：46）的理论框架下，许多学者对文化词的翻译策略进行了探讨（李国林 1997；陶振孝，2006；王祥兵 2002；潘克栋、曾剑平 2009）。可以说，翻译学文化词的研究是以跨文化交际框架下奈达（1964：32）与纽马克（1969：46）对文化词的研究为基础的。不足是对文化词的划分和界定还不够严谨。另外，二者对文化词的交际价值的发掘仅仅是一点皮毛，并不深入。而一个词所体现的文化背景含义和价值观念的确是跨文化交际中冲突、障碍的重要导火索，值得进行更加深入的研究。

三　语言国情学对国俗词的研究

受 20 世纪 70 年代初诞生的"语言国情学"与其后续发展学科"语言文化学"两门在俄罗斯语言学占据话语权学科的影响，俄罗斯语言学分别在"国俗词语"与"文化观念词"方面形成了自己的特色。在这方面做出突出贡献的学者是维列夏金（Верещагин）、科斯托马罗夫（Костомаров）和沃罗比约夫（Воробьёв Владимир Васильевич）等学者。

（一）维列夏金和科斯托马罗夫的"国俗词语"研究

俄语的"国俗词语"研究伴随着俄语作为第二语言教学对词汇文化的重视而诞生。对于词汇蕴含着丰富文化因素的现象，现有的俄语研究已经做出了不少理论性的阐释，从而使"语言国情学"（Лингвострановедение）成为在俄语语言学界占据话语权的显学。1969 年，国际俄语教师协会第一次代表大会在莫斯科召开，会上认识到，对外俄语教学不能仅仅教授语音、语法、修辞、词汇，同时必须将文化因素与背景作为对外俄语教学的第五个方面的因素进行研究（丁昕，1997）。因此，语言国情学的研究实质是语义，尤其是文化语义问题。换句话说，"语言国情学"的主要任务就是揭示词汇中的民族文化语义。维列夏金和科斯托马罗夫合著的《语言与文化：语言国情学》一书被俄语第二语言教学界奉为对该学科进行最"权威与科学"的阐释的专著，俄罗斯语言学界也将该学科捧为对外俄语教学法中"最有前途的分支"。维列夏金和科斯托马罗夫将语言中所反映出的文化因素分为七类：（1）无等值词；（2）有背景意义词；（3）有文化感情色彩词；（4）成语典故；（5）名言警句；（6）客套用语；（7）非有声语言。维列夏金和科斯托马罗夫认为，对于（1）—（6）的内容，可以称为"国俗词语"，是最应该重点揭示国俗语义的词语，也是俄语作为第二语言词汇教学的主要研究对象（1971：5）。

客观地说，"语言国情学"的诞生与苏联的政治气候有一定的关系，强调意识形态与国情背景，正是当时俄语国际推广之所必需。而"语言国情学"这门学科的贡献是：它突破了"就词汇形式研究词汇形式"的狭小空间，而将词汇本体与应用研究的视野扩展到了影响词汇发生、发展与消亡的时代社会背景上，并从第二语言教学的角度加以阐释，因而该学科对第二语言教学法的贡献是不可低估的，至今仍在我国外语教学界（主要指俄语作为第二语言教学、英语作为第二语言教学）存在一定的影响。王德春（1994）曾将"语言国情学"引入到外语教学，开创"国俗语义学"，并编有《汉语国俗辞典》（河海大学出版社 1990 年版）。同中国的文化语言学研究相比，在文化语言学"大热"时期，相当一部分关注词汇文化研究的论文也曾受到"语言国情学"的影响。比如，梅立崇（1993）、蔡振生（1997、1999）曾专门探讨了汉语国俗词语与国俗语义的界定、分类问题。"语言国情学"以对外俄语教学为重要旨归，以具有特殊文化内涵的词语为研究对象，用描写语言学的方法对词汇进行文化阐释与分析。这种研究与 20 世纪 80 年代中期在中国兴起的文化语言学确有"不谋而合"之处：两门学科共同探讨了词汇文化内涵研究对外语教学、语言翻译、历史文化考证等方面的价值，而两门学科今天在学术界的地位却"大异其趣"。"语言国情学"由于理论构建比较扎实，并得到了学科的话语权，至今俄语语言国情学的影响还很厚重，并在此基础上有了深入的发展——"俄语语言文化学"；而文化语言学虽然也经历了一番学术上的"热闹"，并也曾引起"文化语言学中国潮"（邵敬敏，1995），可由于该学科理论基础构建不牢固，后期因为一些个别原因，"文化语言学"这个队伍的人员在减少，期刊版面在缩小，与今天俄罗斯"语言国情学"的发展不可同日而语。

（二）沃罗比约夫（Воробьёв Владимир Васильевич）等的"文化观念词"研究

正如前述，诞生于 20 世纪 70 年代的"语言国情学"在俄罗斯语言学界逐渐发展壮大了自己的研究阵营，到了 20 世纪 90 年代发展成为一门新的语言学学科——语言文化学（Лингвокультурология）。语言文化学作为一门独立的学科兴起于 20 世纪 90 年代，该学科把人、世界、文化看作一个在语言中融合的整体，以阐释为方法、以理解为目的，将通过语言表达、保存、传承的文化信息为研究对象，其目的是揭示民族文化和民族精神的本质特征。这方面的代表研究是沃罗比约夫等的"文化观念词"研究。可以这样说，语言文化学吸取了语言国情学的理论与精华，而语言文化学又在语言国情学的基础上建立了一套完整的术语体系，其中重要的一条便是在"国俗词语"的基础上创制了"民族文化关键词"这一概念。俄罗斯学者越来越多地将对语言与文化关系的关注点放到民族文化观念词（судьба）上。民族文化观念词不是某一事物的具体等价物，而是"语言创造活动在发明词语的某个特定时刻所做出的理解，不同文化的观念即可在语词身上找到验证"（转引自杨秀杰，2007：7）。语言文化学重点在"观念"，以"观念"为本位统筹第二语言文化教学，这是非常正确的，反观当前汉语作为第二语言文化教学对文化观念的忽视，我们可以进一步发现该学科的理论价值（赵明，2013）。什梅廖夫指出，"关键词"这个概念本身已经给出了明确的答案。本书认为，如果某个词是理解该民族观念的关键所在，那么这个词就是观念关键词（转引自杨秀杰，2007：95）。比如俄语中"личность"是一个使用频率很高的关键词，俄罗斯人很看重这个词，无论该词是以单个词出现在文学或科学专著中，还是在俄罗斯人口头上、潜在的意识里、价值观里，它均以独特而广泛的意义被作家、社会学家、文化学家和语言学家等所引用，借以阐发种种新的衍生含义。从字面上看，"личность"可以作"个性"、"个人"、"身份"等意思解释，俄语中还有"人身攻击"等含义，另外值得注意的一点是该词的宗教含义——特指神。"личность"的观念是深藏并制约该词语词义引申的深层密码，找到这个观念，便有助于从宏观文化的角度整体地把握语言。因此，语言文化学结合俄罗斯人特定的心理背景和思维模式研究词语，这种思路是值得我们借鉴的。

（三）语言国情学对国俗词语研究的小结

可以看出，俄罗斯学者对词语文化内涵研究的探索，已经由"国俗词语"迈向"民族文化关键词"，由词汇蕴含的浅层文化向词汇蕴含的深层文化过渡，由物态、制度文化向观念文化过渡。通过对俄罗斯"民族文化关键词"的研究，我们看出俄罗斯语言学界在词汇文化内涵的探索方面已经迈出了不小的距离，同时也确立"语言文化学"一整套的术语来严谨地、科学地构建该学科体系。同他们相比，我们中国文化语言学也诞生了一些学科分支，如文化语义学。马清华（2000：1）从语言学本体和文化学研究两个方面探讨了这个问题。他认为："文化语义学的建立，是进一步加深和完善语义学本体研究的需要……渗透于语义中的基本文化结构还可以使文化学者得到启发，为还原一个民族或语言集团的文化图景寻找资料，从而深化文化人类学研究。"但是，从整体上看，马清华（2000：1）构建的"文化语义学"缺少术语。从中国整个文化语言学理论体系来看，文化语言学的理论基础构建并不牢固，基本术语界定并不严谨，研究系统还十分零散。同俄罗斯语言文化学相比，我们这方面的研究还有一段很长的路要走。

四 文化语言学对文化词的研究

20世纪80年代末，在中国语言学界曾经兴起了一股语言研究的"文化热"，这股文化热终于衍生出发源于中国本土的语言与文化交叉学科——文化语言学。关于语言与文化的关系，我国语言学界的前辈学者，如赵元任、罗常培、王力等都有精辟的论述，尤其是罗常培的《语言与文化》（北京出版社1950年版）虽然篇幅不长，然而讨论范围却涉及古今中外的语言与文化，可以说是中国文化语言学的先驱之作。但是，正式提出"文化语言学"的却是我国方言学学者游汝杰（1985）。文化语言学与社会语言学、语言国情学、跨文化交际学等学科有着千丝万缕的联系，又有着显著的区别。这里的"联系"指文化语言学与其他诸学科都将语言研究的视角放在了外部世界，而摒弃了纯结构的、内部自给自足的研究传统，这里的"区别"是文化语言学并非舶来品，而是发源于中国土生土长的学科（转引自游汝杰，1985；吕叔湘，1988）。因此，真正意义上的汉语文化词研究应该发生在文化语言学学科诞生之后。有学者预言，汉语文化词的相关研究会成为语言学界研究的一个热点问题（齐沪扬，2006：3）。

可令人感到遗憾的是，文化语言学视域下的汉语文化词研究呈现出十分零散而不专注的特点。许多研究者未能在吸收已有研究成果的基础上更进一步，从而扩大汉语文化词研究的学术影响。因此，在本小节中，笔者在列举汉语文化词研究的代表人物时，也附带其他学者的研究，力求能呈现出汉语文化词的研究概貌。在这个领域研究的代表人物主要有常敬宇、陈建民等。

（一）常敬宇的"汉语文化词汇"研究

1995年，常敬宇的《汉语词汇与文化》由北京大学出版社出版，书中正式提出"文化词汇"的概念，指出"文化词汇"是"特定文化范畴的词汇，是民族文化在语言词汇中直接或间接的反映"。作者认为，文化词汇与一般词汇的区别主要有以下两点：一是文化词汇本身载有明确的文化信息，并且隐含着深层的民族文化含义。文化词汇的另一特点是它与民族文化（包括物质文化、制度文化和心理文化）有各种关系，有的是该文化的直接反映，如"龙"、"凤"、"华表"等；有的则是间接反映，如汉语中的"红"、"黄"、"白"、"黑"等颜色词及"松"、"竹"、"梅"等象征词语；有的和各种文化存在着渊源关系，如来自文化典籍的词语及来自宗教的词语（1995：2—3）。按照以上理论，书中各章节为"汉语词语表达的辩证观念"、"汉语词语表达的伦理观念"、"反映中庸和谐委婉意识的词语"、"反映汉民族心态特征的词语"、"典籍文化词语"、"宗教文化词语"、"饮食文化词语"、"数词表达的文化含义"、"颜色词的文化含义"、"汉族人的姓名与文化"、"地名文化"。除前两章（"汉语词语表达的辩证观念"、"汉语词语表达的伦理观念"）外，后十章全部被作者纳入到汉语文化词研究的框架之内。2009年，该书再版并更名为《汉语词汇文化》。除了原有的文化词研究体系外，作者进一步补充了"民俗文化词语"、"中国传统节日及其词语"、"礼俗词语"、"形象词语"、"象征词语"、"饮食文化词语"、"茶文化及其词语"、"酒文化及其词语"、"店名文化及其词语"、"中国玉文化及其词语"、"柳竹梅文化及其词语"等多个部分。

　　常敬宇（1995、2009）的汉语文化词研究，举出了很多词汇事实，并从文化角度对词汇进行分门别类的分析，从而开辟了一条汉语词汇与文化密切结合研究的新路子。但常书的缺点也是不容忽视的。首先，常书对已有研究的借鉴不够。文化词汇在国外早有研究，但常书完全没参考国外研究的成果。其次，常书的理论分析不够。我们在研究汉语词汇与文化的关系时，不但要分析词汇反映出那些文化因素，还要揭示文化对汉语词汇的衍生、发展及流变产生了哪些影响，这是一个双向互动的命题，而常书仅仅满足于前者。尤其重要的是，在汉语文化词的鉴别标准上，作者既然指出文化词汇与一般词汇不同，那么就要揭示二者的区别是什么。但作者仅仅给出了一个模糊的概念，作者指出文化词汇是"特定文化范畴的词汇，是民族文化在语言词汇中直接或间接的反映"（常敬宇，1995：2），这样的说法太含糊，无法令读者举一反三地区分文化词汇与一般词汇，因此解释力较弱。而且作者提供的文化词的大量例证无法在"是"与"不是"之间做出准确判断。当然，常书是外国人学汉语而编写的（绪论将书定位为"供外国人学习汉语词汇和汉文化的参考书"），不是专门讨论词汇文化的理论著作，这是造成以上缺失的重要原因。

　　正如前述，"反映了本民族文化的词语就是文化词"的说法既含糊又笼统，无法准确概括文化词的特征并将其从词汇中相分离。每个词之所以成词，文化都扮演了一定的角色。甚至可以不夸张地说，每个词都是一部"文化史"。可文化语言学学科在文化词定义没有解决得很好的前提下，已经展开了关于文化词的大讨论。有相当多人按照这个思路来界定文化词。比如"文化词语是在特殊文化背景下产生的词语"（杨德峰，1999：34）、"文化词语是蕴含特殊文化内容的词语"（王国安，1996）。而蕴含独特文化内容的范围实在太广，以这种思路来界定，只能给一些人以口实，让人指责文化词是无法界定的。这种研究的不严谨性也是文化语言学的学科通病之一。

值得注意的是，一些学者提出了比前人更进一步的观点。他们的思路是从词汇语义学出发界定文化词，首先提出了词的文化意义的概念。所谓词语的文化意义，是指"社会赋予词或短语的感情色彩、风格意义、比喻意义、借代意义以及特有的概念意义"（孟子敏，1997：322），文化意义的产生是"同一个民族的独特的思维方式、心理活动和表述形式紧密结合在一起的"（王国安，1996：402）。然后他们根据词的概念意义和文化意义的对应关系来界定文化词（苏宝荣，1996；王国安，1996；王光汉，1996；孟子敏，1996、1997：322；陈建民，1999：36），这样的思路可以为我们进一步确定文化词提供借鉴。

（二）陈建民的"文化词语"研究

正如前述，根据词的概念意义和文化意义的对应关系出发对汉语文化词进行界定是汉语文化词确立方法的一种进步。中国文化语言学的代表人物之一、社会交际文化语言学学派的创始人、已故学者陈建民先生[①]（1999）在《中国语言与中国社会》中将现代汉语词汇分为三类：一是只有概念意义的广义词语，如"刀"、"质量"，二是只有文化意义的词语，如"下海"、"上山下乡"等；三是同时蕴含概念意义与文化意义的词语，如"后门"。与苏宝荣（1996）观点不同的是，陈建民（1999：36）认为，汉语文化词语"当指后两种，它们在古今汉语词汇系统里约占总数的1/3左右"。陈建民（1999）的看法第一次从文化的角度审视了现代汉语词汇的来源问题，即我们以往对汉语词汇学的研究容易忽略词汇赖以生存、发展的文化背景。如果我们从文化的角度来审视现代汉语词汇，现代汉语词汇有三种

---

① "社会交际文化语言学"的说法来自邵敬敏（1992）发表在《语言文字应用》上的论文《说中国文化语言学三大流派》。在这篇论文里，邵敬敏（1992）将陈建民称为"社会交际文化语言学"的创始人。

来源：来源于句法、来源于古代汉语单音节词、来源于文化，后者长期被忽视。

与陈建民观点相类似的有黄金贵（1993：2）、孟子敏（1996、1997：322）。黄金贵（1993：2）认为，根据语言反映文化的不平衡性，词语蕴含的文化意义有强弱之分，作为全部词语总和的词汇，根据文化意义的强弱可分为两类：文化词语与通义词语。"有不同程度文化意义者，为文化词语；弱而至无者，为通义词语。"孟子敏（1996）认为："文化词语是指在某一语言文化中具有一定文化附加义（文化意义）的词语。"可以看出，以陈建民为首的学者的观点形成为一派，即一种广义的文化词界定——具有文化意义的词语就是文化词。这派学者的观点根据词语是否蕴含文化意义，将整个现代汉语词汇系统一分为二：一般词与文化词。这是首次从文化的角度对现代汉语词汇进行的分类，如同词按照语法功能的角度可以分为实词和虚词一样。因此，这种观点具有极大的前沿性。如果这种看法成立，那么汉语词汇类别的划分又多了一种文化视角。

可这种看法也有一定的问题，主要在于词语文化意义的判定是较难的。正如周祖谟（1995）所言，词的文化义与非文化义，一涉及具体问题，可能就是"仁者见仁，智者见智"的。孟子敏（1997：322）虽然给出了词的文化意义的概念——文化意义"是指社会赋予词或短语的感情色彩、风格意义、比喻意义、借代意义以及特有的概念意义"，但根据这种标准，我们仍然无法进一步区分文化义与非文化义。因此，若采用陈建民等对汉语文化词判定的标准，我们必须首先解决词的文化意义鉴别标准问题。词的文化义并不是泛泛的概念，可以把词的比喻义、借代义、色彩义、风格义、象征义都纳入其中，而必须有一套严格的判别机制，来证明这种词义与词的比喻义、象征义、借代义、色彩义等有所不同而有其存在的可能性。当然，陈建民先生仅仅提出了观点，在他逝世之后并未能对其观点做深一层的解释。如果能找到词的文化义的判别标准，可能成为文化词界定的一个突破口。

还有的学者（苏宝荣，1996；王光汉，1996）认为，只有像"大锅饭、铁饭碗、'三农'问题"这样具有文化意义、不具有概念意义的词语才是文化词。苏宝荣（1996）认为，词的概念意义和文化意义的关系有三种情况：一是有些词语只有概念意义，没有文化意义，属非文化词语，如"山、水、鸟、虫、椅、桌、门窗"等；二是一些词语一开始便是在特定文化背景下产生的，只有文化意义，没有概念意义的，属文化词语，如"闱"、"秦晋"、"赋闲"等，文化词语是"专门为表示文化意义而创制的词语"；三是既有概念意义又有文化意义的词语，如"黄"。而"具有文化意义的词语亦可分为两类，一类是文化词语，另一类是一般词语"（王光汉，1996）。

可以看出，以苏宝荣为首的一派学者所提出的是一种狭义的文化词界定——具有文化意义的词不一定是文化词。但是他们（苏宝荣，1996；王光汉，1996）的看法也有一定的问题。因为，"大锅饭"、"三农"也有概念义，"大锅饭"是对分配方面存在的平均主义现象的一种形象比喻，"三农"指中国农村、农业和农民问题。不过"大锅饭"这样的概念一般在外语中找不到对应物，因此其概念就是一种特殊的文化。

可以看出，陈建民等从词汇语义学的角度出发，把对文化词判定的焦点集中在"具有文化意义的词是不是文化词"身上，这种观点比起单纯地认为"反映了本民族文化的词语就是文化词语"（常敬宇，1995、2009；王国安，1996）来说，是一种可贵的进步。词汇语义问题本身就难以研究，主要原因在于语义本身不像形式那样好把握。而从文化视角进行词汇语义专题研究的更是少之又少。因此，从这种思路出发来确定文化词，不仅有助于发现文化在词汇语义学中的位置，也有利于找出科学界定文化词的方法。遗憾的是，上述学者对"词的文化意义"判定着力甚少，而这实质是个前提性的、关键性的问题。因为只有能进一步判定词的文化义，方能确认设立这一词义术语的必要，从而为进一步确定文化词打下基础。

常敬宇（1995、2009）与陈建民（1999）两位学者对汉语文化词的研究较具有代表性。除了他们之外，还有相当一批学者（杨德峰，1999、2012；王国安，1996；张高翔，2003；孟子敏，1996、1997）在专著的某几页或论文中零星地提出过关于文化词的界定与分类的看法，但总体上，仍未能超过以上两位学者的论述。

（三）文化语言学对文化词研究的小结

文化语言学对文化词的研究主要集中在判定标准上，遗憾的是，这个问题解决得并不好。造成这种局面的重要原因之一是文化语言学学科自进入 21 世纪后就很少被人提起，导致文化词研究出现断档，许多研究者仅仅是十分零散地或在期刊、或在专著中提出其对于文化词界定与分类的看法，研究的系统性不强；另外一个重要原因是中国研究者对世界范围内文化词研究成功的借鉴工作做得不好，一些研究者仍在重复别人的研究结论，有"炒冷饭"之嫌。

文化语言学对文化词研究的主要功绩是：一些学者提出了较为精辟的关于文化词界定的见解，可以为我们进一步提出文化词的鉴别标准提供参考。总体来看，文化语言学对汉语文化词的界定研究可以说"见仁见智"。但应该明确的是，文化词不简单地是"反映文化的词语"。文化词的鉴定应该放置于词汇语义学视角下，根据词的概念意义和文化意义的对应关系进行判定。语义学视角下的文化词界定主要纠缠在"具有文化意义的词语是不是文化词"上，而这种争论的实质无非是文化词概念有广狭之分。而学者们容易忽视的一个更重要的问题是：什么是词的文化意义？词的文化意义应该如何判定？这似乎是更重要的。纵观学者们的研究，他们对词的文化意义的区分与判定论述还不够。在明确"什么是词的文化意义"及"具有文化意义的词是不是文化词"这两个关键问题后，我们便可以在具体的研究中采用某一个标准，积极探讨在应用领域中（主要指第二语言教学领域）如何将成果转化的问题。

关于文化词的分类我们应进一步明确文化词分类的视角及在分类过程中避免交叉项。

总体来看，文化语言学对文化词的研究既有成就，又有不足。可以这样概括，文化语言学对文化词的研究尚未充分开展，研究未形成较大的学术反响，也未形成自己的研究特色。但该类研究已经初步引起了人们的注意，并有逐渐"升温"的趋势。进入 21 世纪后，随着汉语国际教育形势的迅猛发展，文化语言学的研究理论可以为汉语国际教育补充新的生机，这一契机可以促使我们在第二语言教学中对文化词进行更加深远的研究。

五 对外汉语教学对文化词的研究

已故语言学大师王力先生（1984）曾指出："对外汉语教学是一门科学。"同年，国家教委的专业目录中正式列入了对外汉语这门学科。1998年，在国务院学位办的博士招生目录里，对外汉语教学作为语言学及应用语言学专业下的一个研究方向在北京语言文化大学正式获得招生资格。随着对外汉语教学作为一门学科与"国家和民族的事业"的发展，外国人学习汉语文化词的需求日益旺盛，近 30 年内对外汉语教学领域内文化词的研究取得了初步进展，但研究十分零散。

目前对外汉语教学对文化词的研究主要表现在以下四个方面：

第一，对文化词在对外汉语教学中重要性的认识（梅立崇，1993；陈建民，1999：34，李泉，2003：148）。

第二，文化词的教学方法与策略研究（李大农，2000；张高翔，2003；吴平，2005；李晓钰，2010；王衍军，2013；赵明，2012）。

第三，汉语教材中文化词的处理研究（赵明，2010a、2010b、2011）。

第四，汉语学习者文化词习得研究（张仕海，2012）。

总体来看，对外汉语教学领域内文化词的研究成果还不是很多，研究也并不十分深入，但研究的重要意义是毋庸置疑的。可以这样认为，对外汉语教学作为一门学科的发展以及汉语国际教育作为一门事业的兴盛是推动对外汉语教学对文化词进行研究的重要外在条件，而在对外汉语教学中对文化词进行研究更具有直接指导对外汉语词汇与文化教学的双重意义。因为，面向对外汉语教学的词汇教学研究理应实现语言与文化的"沟通"（陈绂，2010），而对文化词的研究，正是实现语言与文化"沟通"的重要内容之一。

因此，可以这样认为：文化词教学是对外汉语文化因素教学的重要途径之一。胡明扬（1993）在《对外汉语教学中的文化因素》一文中总结出六种最有可能直接影响语言的教学和使用的文化因素："受特定的自然地理环境制约的词汇；受特定的物质条件制约的词汇；受特定的社会和经济制度制约的词汇；受特定的精神文化生活制约的词汇；受特定的风俗习惯和社会心态制约的表达方式；受特定的认识方式影响的语言习惯。"在上述六种文化因素中，其中四种与词汇相关，胡明扬先生（1993）虽然未把四种词汇定义为文化词，但显然上述四种词汇与文化密切相关。可以看出，文化词在对外汉语教学研究中具有重要的理论与现实意义。

对外汉语教学对文化词的研究难以系统开展的重要原因首先是文化词的确定的标准没有得到很好的解决，这是文化词本体研究不足留给应用的缺憾，我们在今后的文化词应用研究中应尽量避免此类问题。另外就是研究的实证性不强，一些论文过于依靠主观经验，采用"文化阐释"的方法对文化词进行分析与描写，从而使研究结论的科学性存在一些问题。

六 其他研究

除了社会语言学、翻译学、语言国情学、文化语言学、对外汉语教学等语言学学科外，对比语言学、汉语方言学等学科也对文化词研究进行过初步探索。

（一）对比语言学对文化词的研究

对比语言学是应用语言学的一个分支。对比语言学主要为了解决教学或翻译问题而对比两种语言的异同（连淑能，1993：11）。戴卫平、斐文斌（2008）的专著《英汉文化词语对比研究》即是顺着上述思路进行对比研究的。戴、斐（2008）通过对英、汉语的称谓、数字、植物、颜色、歧视语、人名、地名、品牌命名、新词新语、隐喻、方位词、人体词、汉英借词、委婉语等词语来解读中国和英美国家的社会与文化差异，不过，戴卫平、斐文斌（2008）的著作没有一个明晰的文化词定义，实际对比的内容是文化，似乎叫"英汉词语文化对比研究"更为合适。

（二）汉语方言学对文化词的研究

李如龙先生（2000、2001a）指出，文化词研究是方言研究的重要课题，应从以下四类文化词进行研究：第一，景观词（例如珠江三角洲的"涌"、"滘"、"愁"、"碰"、"沥"多与河网地区的开发有关）。第二，风物词（例如北方有名目繁多的面食品及制作过程、饮食习惯的名称，如"神面"、"拉面"、"刀削面"、"烙饼"、"花卷儿"等）。第三，习俗词（例如婚丧喜庆也有许多繁文缛节，包括有关的委婉语、忌讳语、秘密语、行话，可谓层出不穷）。第四，观念词（例如在古越国的金华一带，称说空话不办实事的人为"伯豁"）。其中观念词是最深沉也是最重要的文化词（李如龙，2000）。麦耘（2006）则具体考释了两组广州方言文化词："荷兰"与"红毛"，通过对词语的考释，揭露出荷兰人在西南太平洋海域活动的历史。

汉语方言学研究中的一些文化词例证其实采用了更加宽泛的界定标准，因而一些例证是否为文化词还值得进一步探讨。但是在方言领域进行文化词研究有重要意义，这主要是从语言与文化的关系角度来说的。语言是文化的凝聚体，方言是地域文化的表现形式。在宏观方面，方言是许多地域文化现象的表达形式，例如民间传说、谣谚、地方戏曲等；在微观方面，通过文化词可以考察出凝固在词语内部的许多地域文化内容。因此，文化词是考察方言地域文化特征的必由之路。研究方言中的文化词（风物词、习俗词、观念词、谚语等）以考察地域文化特征，在国外，这是语言人类学的重要命题,语言人类学是人类学的四大分支之一,它对于了解国情、民情、社情等都有重要的意义。如今,这是汉语文化语言学的重要研究内容之一,而这些研究方法还处于摸索阶段,亟待深入研究,"如果做得好,一定能得到社会的欢迎"(李如龙,2001a)。遗憾的是,方言研究阵营相对较小,加之这方面的研究未能引起充分的重视。因此,汉语方言学中文化词的研究应该更加充分地展开。

第三节 小结

文化词研究的兴起可以说是语言研究注重文化发展的必然,这个领域的发展经历了这样一个发展过程:学者们逐渐注意到了词汇对文化的特殊蕴含,开始提出了"文化词"这个概念,并明晰了概念提出的理论价值(对词汇与文化关系的理论探索)与应用价值(在翻译、语言教学等应用领域的重要功效)。学者们不仅以自己的理论自觉探讨文化词研究的基本问题(界定与分类),而且引介了多种理论(对比、认知等)对这个领域加以更加深入的探讨。

可以看出,不同的学科从不同的视角对文化词研究的主要成绩及问题如表1-1所示。

表1-1 文化词研究取得的主要成就与问题

学科	学科诞生时间	研究代表人物	所用术语	定义	主要成就	主要问题
社会语言学	1960年	弗斯(1957)	焦点词	富于社会文化意义的词语。	1. 初步提出了系列术语,来探索词汇与社会文化之间的关系。2. 研究方法从分类式,到经验式,再到定量式,最终将定量与定性分析相结合,可资后续研究借鉴。	"焦点词"、"文化关键词"、"社会文化关键词"的鉴定标准仍不明确,词例选取具有研究者的主观色彩。
		威廉姆(1973、1976、1985)	文化关键词	凸显的文化与社会密切相关、传递着话语社团的价值观和思维方式的词语。		
		塔布斯(1996、2001)	社会文化关键词	具有社会成分、传递着丰富社会文化的词语。		

续表

学科	学科诞生时间	研究代表人物	所用术语	定义	主要成就	主要问题
翻译学		奈达（1964）	文化词语	两种语言中概念对应、文化内涵有较大差异的词语与空缺词汇。	1. 首次从词汇的"对应性"与"非对应性"理论确定文化词语。 2. 指出了文化词语概念的确立在翻译、语言教学、跨文化交际研究中的重要意义。	同"社会语言学"。
		纽马克（1969）	文化词	因包含着独特的文化信息、在外语中不能简单对译或找到等值词，从而在跨文化交际中引起障碍的词汇。		
语言国情学	1969年	维列夏金和科斯托马罗夫（1971）	国俗词语	具有特殊国俗语义的词汇。	1. 首次从第二语言教学法的角度认识到"国俗词语"研究的必要性，从而带动了第二语言教学法注重词汇文化的历史变革。 2. 将文化词语研究的视角转向深层观念，使观念范畴成为文化词语研究最难突破也是最有魅力的研究领域。	1. 同"社会语言学"。 2. 过于强调意识形态在二语教学中的作用（与苏联的政治气候有关）。
		沃罗比约夫（1990）	文化观念词	具有语言创造活动在发明词语的某个特定时刻所做出理解的、可以在语词身上找到这种理解的词汇。		

续表

学科	学科诞生时间	研究代表人物	所用术语	定义	主要成就	主要问题
文化语言学	1985年	陈建民（1999）、常敬宇（1995）、苏宝荣（1996）、苏新春（1996）、梅立崇（1993）、黄金贵（1995）等	文化词语	两种视角：1. 语义学（具有文化意义的词语是/不是文化词语）。2. 文化学（反映了独特民族文化内容的词语是文化词语）。	拓展了文化语言学在词汇领域的研究内容，有利于进一步夯实文化语言学的学科基础，以进一步揭示词汇与文化之间的内在关系。	1. 同"社会语言学"。2. 研究十分零散，与文化语言学的学科命运有关。
对外汉语教学	1984年	李大农（2000）、张高翔（2003）、吴平（2005）等	文化词语	采用文化语言学对"文化词语"的定义。	1. 在对外汉语教学领域对文化词语的国别教学、教材进行探索，以求进一步探索词汇教学中文化因素的教学策略。2. 研究结论具有提高对外汉语词汇与文化教学的双重意义，同时也是培养学生汉语表达地道性与得体性的重要需求之一。	1. 同"社会语言学"。2. 低水平重复论文较多。

一　文化词研究取得的成绩

可以这样认为，文化词研究至少取得了以下成绩：

第一，学术界从文化对词汇的影响程度试图将词语分为一般词与文化词，明确了文化词研究是语言学、文化学、社会学、人类学、民俗学的多种研究命题，从而使文化词研究呈现出多学科、交叉性的特点。

第二，在文化词本体与应用领域均进行了大量探索。在本体领域注重构建词汇与文化之间的理论体系，在应用领域的探索对语言教学、翻译等具有较大的指导价值。

第三，在方法论层面，研究者从初期的经验式研究逐渐过渡到量化统计，并注重定量与定性分析相结合。一些论文的研究方法体现出较高的科学性，其结论也较有说服力。

第四，学术界出版了一批专门收录文化词的辞书，如《汉语国俗词典》、《朗文英语与文化词语词典》、《香港社区词词典》等。一些辞书在词汇处理时也专门注意到了文化词的特殊性，如《全球华语词典》。以上辞书的编纂对于人们进一步认识文化词的特殊性及提高对文化词的重视程度有着重要的意义。

二 文化词研究存在的不足及本书的突破点

同时，我们也应该看到，目前文化词研究也存在一些不足之处：

第一，从研究对象方面来看，文化词的鉴定标准仍不够明确。无论是社会语言学、跨文化交际学，还是语言国情学、文化语言学等，均没有牢固地构建出文化词扎实的界定与分类体系，从而在应用领域（如对外汉语教学等）在文化词筛选时没有明确的标准。关于文化词的界定、范围、分类等问题一直纠缠不清，这不仅是文化词本身研究的任务，而且是关系今后文化词研究质量的重要问题。这正是本书要解决的重中之重。

第二，从研究方法来看，文化词研究仍存在一些不容忽视的问题。比如，一些论文采用了定性分析（"质"的研究）的方法，这种研究方法应该有充足的语料来说明问题，并且研究结论应该随着研究的进展而逐渐形成。但有些汉语文化词研究的文章，往往在研究开始之时就有了一个固定的想法，即一种"经验式"的研究，尤其是没有利用语料来支撑其所得出的结论，或者语料不充足，因此研究结果势必要受到人工干预。因此，这样的研究结论是否可靠便值得商榷了。另外，目前的文化词研究定量分析（"量"的研究）很少，而现代语言学发展的一大趋势是应用计算机手段建立多种用途的语料库，并运用概率统计处理语言。许多情况下，通过总结有限的实例确立某个规律，其结论常常缺乏客观依据。相反，可靠的结论往往是依据大量事实,是量的研究与质的研究相结合的产物。因此,本书的文化词研究有以语料库和数据统计为依托,希望能弥补这一不足。

第三,从研究内容的系统化来看,与国外文化词研究所不同的是,中国国内文化词研究显得较为零散,较少有学者专门关注这一命题,研究内容的系统性较差。就研究内容而言,本书认为,汉语文化词研究的突破口,应该是研究内容的系统化。因为,汉语文化词所反映的文化是成系统的,在有限的集合内部,有很多成系统规律性的特点。若能对常用汉语文化词情况作一系统描写,将能全面指导理论研究和实际应用。而研发 TCSL 现代汉语文化词表正有利于我们加强现代汉语文化词这一词汇类聚的系统认识。

第四,从研究成果的转化性来看,能直接为应用语言学所"用"的研究仍然很少。在教学领域研究文化词的目的是真正提高文化词教与学的效率。如何将研究成果运用到教学实践(课堂教学、教材编写等)中去,让我们的研究真正发挥其应有的作用,体现其实践意义,实现其应用价值,这是一个前瞻性的课题,也是我们今后的努力方向。因此,研究者应主动地寻找汉语文化词本体研究与教学实践的接口,使两者成为相互促进的关系,这才是在教学领域开展文化词研究的初衷。语言事实的发掘与研究成果的转化是密不可分、相依相存的关系,二者缺一不可。以目前文化词的研究成果来看,一些论文仍以描写、分析为主,重在对语言事实的发掘,而不注意研究成果的转化。而另外一些论文没能确定什么是文化词、没弄清文化词的本质特点就开始了应用方面的研究。这两种研究倾向都是不足取的。因此,我们强调理论构建与实用指向相依相存、辗转相生。唯有如此,才能真正研发出为应用语言学(第二语言教学)直接所用的研究成果。

总之,文化词研究作为汉语词汇与文化密切接口的重要组成部分,是一个很有发展前景、大有可为的领域。本书希望能从理论与应用两方面对文化词做出更好的解释,在以上几个方面取得进一步的进展。

第二章　现代汉语文化词的界定及鉴别标准

本章专门讨论现代汉语文化词的界定问题。在文献综述中，本书已回顾了学术界对文化词界定的难点和分歧所在。本章进一步指出汉语文化词界定之所以成为学术界的老大难题的根本缘由——对文化影响词汇的各个方面没有厘清。随后，本章给出文化词定义操作的核心概念——词的文化意义，接着详述现代汉语文化词的两种基本类型——概念空缺词与特殊文化含义词的定义及鉴别标准，最后论述了文化影响词汇的其他术语，进一步澄清了文化词与非文化词的区别。

第一节　前贤的观点略要回顾

推动文化词在应用语言学领域做出更加深远的研究的一个首先要解决的问题是：哪些词是文化词？文化词与一般词的区别是什么？而目前学术界对汉语文化词的定义看法不一，这是制约文化词在应用语言学领域研究取得进展的一个"软肋"。为此，我们需要先总结概括前人的研究成果。目前有关现代汉语文化词的代表性定义如表2-1所示。

表 2-1 有关汉语文化词界定的代表性观点

界定的视角	人物	出处	采用术语	定义
着眼于词语所反映的文化内容（文化学视角）	梅立崇	《汉语国俗词语刍议》，《世界汉语教学》1993年第1期。	国俗词语	一个民族文化中独具的部分体现在词汇系统中就是国俗词语。所谓国俗词语，就是别的语言中无法对译的词语，或者说是别的语言中很难找到与之完全对应的"非等值词语"。如"太极拳"、"四合院"、"饺子"、"旗袍"、"京剧"等。
	王德春	《国俗语义学与〈汉语国俗词典〉》，《辞书研究》1991年第6期。	国俗词语	所谓国俗词语，就是指与国俗、民情密切相关的词语。如"独生子女"、"一孩化"、"小太阳"、"牛鬼蛇神"、"阿Q"等。
	常敬宇	《汉语词汇与文化》，北京大学出版社1995年版；《汉语词汇文化》，北京大学出版社2009年版。	文化词汇	文化词语是民族文化在语言词汇中直接或间接的反映。如"龙"、"凤"、"华表"、"松"、"竹"、"梅"。
	周小兵	《对外汉语教学中的跨文化交际》，《中山大学学报》1996年第6期。	不等值词	表示汉民族特有的事物，在许多语言里没有对应的词。如"气功"、"功夫"、"点心"、"饺子"、"华表"、"鼎"。
	杨德峰	《汉语文化与交际》，北京大学出版社1999年版；《汉语文化交际》，北京大学出版社2012年版。	文化词语	所谓文化词语，是指在一定文化背景下产生的词语，或与某种特定文化背景相联系的词语。如"思想工作"、"放卫星"、"拉锯"等。
	林宝卿	《汉语与中国文化》，科学出版社2000年版。	特有词	所谓特有词，即特别的、与众不同的词。这里的特别，指的是汉民族特有的，能翻译汉民族独特文化、独特民俗风情的词。
	张高翔	《对外汉语教学中的文化词语》，《云南师范大学学报》（对外汉语教学与研究版）2003年第3期。	文化词语	除了那些具有固定文化含义，不能直接从字面上了解其含义的词语外，那些隐含着丰富文化内涵、具有特殊文化内容的词语也当归属于文化词语。如"道"、"仁"、"理"、"赋"、"无明"、"三清"、"穿小鞋"、"对台戏"、"小白脸"、"走后门"等。

续表

界定的视角		人物	出处	采用术语	定义
着眼于词语概念意义和文化意义的对应关系（词汇语义学视角）	狭义的（具有文化意义的词语不一定是文化词语）	苏宝荣	《词的语言意义、文化意义与辞书编纂》，《辞书研究》1996年第4期。	文化词语	没有文化意义的词语（如山、水、鸟、虫、椅、桌、门窗等）属于非文化词语，一开始就在特定文化背景下产生的、只有文化意义而没有一般概念意义的词语（如"闯"、"秦晋"、"赋闲"等）是文化词语。既有一般的概念意义，又有文化意义的词语（如"黄"）属于非文化词语。
		王光汉	《论典故词的词义特征》，《古汉语研究》1996年第4期。	文化词语	只具有文化意义、不具有概念意义的词语是文化词语。具有文化意义的词语亦可分为两类，一类是文化词语，另一类是一般词语。文化词语如"沙堤"、"而立"、"胯下走"、"竹化龙"等。
	广义的（具有文化意义的词语就是文化词语）	黄金贵	《论古代文化词语的训释》，《天津师范大学学报》（社会科学版）1993年第2期。	文化词语	根据语言反映文化的不平衡性，词语蕴含的文化意义有强弱之分，作为全部词语总和的词汇，根据文化意义的强弱可分为两类：文化词语与通义词语。有不同程度文化意义者，为文化词语；弱而至无者，为通义词语。文化词语如"蹴鞠"、"面缚"、"杼"、"饕餮"等。
		王国安	《论汉语文化词和文化意义》，载《中国对外汉语教学学会第五次学术讨论会论文选》，1996年。	文化词	本身载有明确的文化信息、含有文化意义的词语是文化词，如"小康"、"阴阳"、"五行"；而一般的词汇如"天"、"地"、"桌子"则只具有表层的概念意义。文化意义的产生是同一个民族的独特的思维方式、心理活动和表述形式紧密结合在一起的。如"华表"、"禅让"、"仁"、"菩萨"、"罗汉"等。

续表

界定的视角	人物	出处	采用术语	定义
	孟子敏	《文化依附与对外汉语教学》，《语言教学与研究》1996年第6期；《对外汉语教学中的文化词语》，陈建民、谭志明主编《语言与文化多边研究》，北京语言学院出版社1997年版。	文化词语	文化词语是指在某一语言文化中具有一定文化附加义（也可称为文化意义）的词语。文化意义"是指社会赋予词或短语的感情色彩、风格意义、比喻意义、借代意义以及特有的概念意义。"如"后门"（开后门、走后门）、"手"（好手、老手）、"胡闹"、"小人"、"大师"等。
	陈建民	《中国语言与中国社会》，广东教育出版社1999年版。	文化词语	现代汉语词汇有三类：一为只有概念意义的广义词语，如"刀"、"质量"，二为只有文化意义的词语，如"下海"、"上山下乡"等；三为同时蕴含概念意义与文化意义的词语，如"后门"。汉语文化词语"当指后两种，它们在古今汉语词汇系统里约占总数的1/3左右"。
社会学视角	田小琳	《社区词》，《第五届国际汉语教学讨论会论文选》，北京大学出版社1996年版。	社区词	社区词指反映本社区的社会制度、政治、经济、文化的词，多半只在本社区流通。如"打工皇帝"、"夹心阶层"、"八卦杂志"等。
民俗学视角	戴昭铭	《中国东北的婚丧习俗和民俗词语》，《汉语学习》1996年第6期。	民俗词语	民俗词语是民俗事象中用以指称一定民俗形式的特殊词语。如"保媒"、"头茬礼"、"二茬礼"、"走轿"、"离娘肉"、"吃宽心面"等。
	谭汝为	《民俗文化语汇通论》，天津古籍出版社2004年版。	民俗文化语汇	民俗语汇不是"民俗"与"语汇"的简单相加或者一般合成，而是经约定俗成的、获得广泛认知的、习用的、涵化有民俗要素的语汇材料，是民俗语言的主体。如"大水冲了龙王庙——一家人不认识一家人"、"正月十五贴门神——晚了半个月"、"太岁头上动土"等。

第二章 现代汉语文化词的界定及鉴别标准

在上述表格中，无论是采用国俗词语、不等值词、文化词汇，还是采用文化词语、文化词、特有词、社区词、民俗词语、民俗文化语汇，它们在实质上是一致的。而采用文化词语这一术语的学者仍占较大比例。可以看出，目前汉语文化词的界定研究并未能使我们达到在具体的研究中采取一个标准的程度，我们有必要对汉语文化词的定义作进一步的分析与探讨。而正如笔者在文献综述中所述，汉语文化词的定义之所以出现"仁者见仁、智者见智"的情况，关键在于研究者的视角有所不同。

可以看出，目前汉语文化词界定研究主要有四种视角：

第一，从词语是否反映出一定文化内容的视角对文化词进行界定（梅立崇，1993；王德春，1994；常敬宇，1995、2009；周小兵，1996；杨德峰，1999、2012；林宝卿，2000：32；张高翔，2003）。

第二，从词汇语义学视角出发对文化词进行界定（苏宝荣，1996；王光汉，1996；黄金贵，1993；王国安，1996；孟子敏，1996、1997：322；陈建民，1999），其中又包含两派观点：狭义的——具有文化意义的词语不一定是文化词（苏宝荣，1996；王光汉，1996）；广义的——具有文化意义的词语就是文化词（黄金贵，1993；王国安，1996；孟子敏，1996、1997：322；陈建民，1999）。

第三，从社会学视角出发对文化词进行界定（田小琳，1996）。

第四，从民俗学视角出发对文化词进行界定（戴昭铭，1996；谭汝为，2004）。

在这四种界定的视角当中，从词语是否反映出一定文化内容的视角对文化词进行界定的学者占了大部分比例（梅立崇，1993；王德春，1994；常敬宇，1995、2009；周小兵，1996；杨德峰，1999、2012；林宝卿，2000：32；张高翔，2003）。而"蕴含独特文化的词就是文化词"这种看法显然存在一定的问题，也是汉语文化词界定的难点所在。理由有两点：首先，文化本身的定义就难以把握，现存定义有500余种（转引自张英，2004）。其次，语言本身就是一种文化现象，具有文化性质（转引自张公瑾，1994：5）。从这个意义上来讲，从词源、词形、词义中可以挖掘出无穷无尽的文化信息，任何词（包括其演变）都是一部"文化史"，不存在不反映文化的词。因此，从文化学视角出发界定文化词会令人觉得文化词的定义不好把握。文化词不简单地是"蕴含文化的词语"。那么，文化词究研竟在词汇文化研究中处于一个什么样的位置？明确这一点是界定文化词的首要前提。

为此，我们有必要系统梳理文化影响词汇的主要方面并明确文化词研究在其中的归属。

第二节 文化影响词汇的五个主要方面及文化词研究在其中的归属

"语言是文化的符号，文化是语言的管轨"（邢福义，2000：1）。探求语言与文化之间的互动关系，正是文化语言学研究的中心课题。文化词概念的设立，则是为了探索词汇与文化之间的互动关系。但是长期以来，人们对文化词概念界定的先决条件没有思考清楚，即学者们在界定文化词时，应该明确文化对词汇的影响是多方面的，文化词只是文化对词汇影响的其中一个方面。如果不进一步厘清这一点，人们就容易形成这样的误解，认为只要蕴含文化的词就是文化词。而实际上，没有词不反映一定的文化。如果按照这个思路来思考，我们的确不可能将文化词从词汇中剥离。因此，我们在界定文化词时一定要考虑一个先决条件：文化对词汇的影响是多方面的，文化词只是文化作用于词汇的特殊一环。

为了进一步说明文化词的界定，我们需要对文化影响词汇的各个方面进行分析归纳。本书认为，文化对词汇的系统影响主要体现在词构、词源、词义、语用、编码度等方面，文化词界定应在上述方面寻找自己的归属。

一 词构方面的文化因素

所谓词构方面的文化因素，指从词语的构造形式方面可以发掘出的文化因素。陈光磊（1999）认为，语言要素教学中的文化因素包含语构、语义、语用三种。单以词汇而言，陈光磊（1999）所说的语构就相当于本书所说的词构。

以双音复合词为例，近代发展起来的汉语双音复合词，其构词形式受汉民族伦理观念、哲学思想的影响更为显著，如复合词中联合式的语素排列次序，可以说是一种尊卑有别、长幼有序的等级观念的表现，如：

尊卑为序：君臣、主仆、官兵、师生、男女
长幼为序：父子、老少、兄弟、婆媳、子孙
主从为序：天地、主次、本末、公私、城乡
先后为序：古今、朝夕、秦汉、前后、首尾

好坏为序：利害、得失、善恶、美丑、奖惩

汉语四字格的词语的语素排列顺序，多多少少也表现了中国传统文化中这种等级、伦理、秩序的观念，如：

先天后地：天长地久、天翻地覆、天时地利
先男后女：男婚女嫁、男尊女卑、男耕女织
先上后下：七上八下、上下一心、上行下效
先前后后：前呼后拥、前赴后继、前仰后合

可以看出，从"君臣"……"前仰后合"等词语考察出的"尊卑"、"长幼"、"前后"等伦理文化信息，属于从词语的构造形式中挖掘出的文化因素，我们不可能将以上词语认为是文化词。①

二 词源方面的文化因素

所谓词源方面的文化因素，指在某词得名之初，文化给予某词理据方面的影响。我们在绪论部分已经列举了"妇人"、"桌子"等词源方面的文化信息。再如：

"椅子"得名的由来是因为古人认识到了椅子可倚靠的功用，这一点可以从"依"、"倚"、"輢"的同源关系中看得更清楚。

《说文》："依，倚也。"《诗·商颂·那》："依我磬声。"毛传注："依，倚也。"《国语·晋语二》："未有所依。"注："依，倚也。"

《说文》："倚，依也。"《广雅·释诂四》："倚，依也。"《易·说卦》："参天两地而倚数。"释文引马注："倚，依也。"《史记·屈原贾生传》："福兮祸所依。"《正义》："倚，依也。"

《说文》："輢，车旁也。"段注："輢者，言人所倚也。……旁者倚之，故曰輢。"輢亦作椅，《战国策·赵策三》："今王乃憧憧，乃辇建信以与强秦角逐，臣恐秦折王之椅也。"鲍彪曰："本作輢。"《说文》："依，倚也。从人衣声。"

"依"、"倚"、"輢"是同源词。"依靠"是三者共同的词源义。輢（椅子）是人倚靠的，此义后借"椅"字来表示。这正是椅子的得名之由。

从词源上考证词语文化上的命名之由，会使文化词的范围无限放大，从而使文化词的定义变成"任何词都是文化词"的谬论。

---

① 常敬宇（2009：54）认为类似的词例是文化词，我们认为这种看法不甚恰当。

三　语用方面的文化因素

所谓语用方面的文化信息，指的是一个词在使用条件方面所涉及的文化。

外国汉语学习者对中国人习以为常的寒暄形式"吃了么？"不容易理解，有的时候还会误解中国人要请自己吃饭，而且经常容易出错。对于这一形式的语言表达，张英（2012）指出，只要告诉外国人这一语言形式的"时间条件"（饭点前后）、"处所条件"（吃饭场所附近）、"人际条件"（熟人之间相遇使用），那么这一语言形式就不容易被用错。从"吃了么"发掘出其使用的"时间"、"处所"、"人际"等方面的文化，属于从语用层面发掘的文化信息，属于语用方面的文化。

外国学生在使用词语时经常会出现错误，主要原因是对词汇语用方面的文化信息不甚了解。他们经常能造出"老师，你是光棍儿么"（转引自赵明，2013），或"我们的老师是个寡妇"（转引自丁崇明，2012），又或"老师，你今天穿得像个妖精"（转引自孟柱亿，2012）这样不敬的句子。

另如一些社交用语、禁忌语等，如"你好"、"慢走"、"贵庚"、"哪里哪里"等，均有一些使用的文化场景限制。以上词语所使用的文化环境限制，均属于词汇语用方面的文化。

四　词义方面的文化因素

我们这里所说的词义文化，只限定在共时范围之内。主要原因是本书的研究目的是面向汉语作为第二语言教学。虽然古代汉语文化词是训诂学研究的重要内容之一（黄金贵，1993、1995），但汉语作为第二语言/外语教学教授的语言主要是现代汉语。这是本研究词义文化限定在共时范围的一个重要原因。

共时词义方面的文化信息主要包含两类：

一是独特的民族文化渗透于词义系统，使该类词语在外语中无法简单对译、没有对应概念。比如汉语中的"阴阳"、"太极拳"、"下海"、"锅贴儿"、"春运"等。这类词语的词义一开始就是独特的、在特殊文化背景下形成的。这类词语是独特文化作用于汉语词义系统的显性反映。

二是因文化差异而造成两种语言的共同概念在内涵所指上有较大差异。比如汉语中的"帽子"、"乌龟"、"扫帚星"（彗星）等。这类词语的概念在外语中也都存在，但是由于文化的作用，使其除了有概念义外，还有一个特殊的内涵义。这种内涵义因受文化的影响，使其与外语中概念的词义有较大差异，从认知方面没有什么必然性可谈。这类词是文化作用于词义系统的隐性反映。

这两类由文化作用于共时词义系统形成的词是我们所说的现代汉语文化词。

五　编码度方面的文化因素

"编码度"（codability）的概念来自语言相对论。萨丕尔（Sapir, 1921）提出，不同民族语言在组织现实的方式上是不同的，沃尔夫（Wolf）从 1925 到 1941 年在一系列文章中发展了萨丕尔的观点，米勒等（Miller, 1976）对"编码度"作了界定：编码度指"语言中用词汇表达某方面经验的精细程度"。不同的语言描写或命名具体事物（things）、事件（events）、经验（experience）和状态（state），其提供词汇的分类程度有所不同（参见王宗炎，1988：54；王寅，1993：43；张志毅、张庆云，2001：78；解海江等，2008），这种词汇的分类程度就是编码度。例如，英语中区别 blue 和 green 两种颜色，而有些语言描写这一颜色范围却只用一个词。英语和其他语言在这个语域的编码度就是 2∶1。

再如，汉英长辈亲属称谓编码度的对比如表 2-2 所示。

表 2-2　汉英母系长辈亲属称谓编码度对比

汉	英	编码度
母亲	mother	1∶1
岳母	mother-in-law	2∶1
婆婆		
伯母	aunt	5∶1
叔母		
姑母		
舅母		
姨母		

汉英母系长辈亲属词汇编码度不同的重要原因是中国长期的宗族观念和伦理道德的作用，这种曲折繁复的人伦等级秩序导致了汉语中需要用 5

个不同的词汇表示英语中的一个概念，但"伯母"、"叔母"、"姑母"、"舅母"、"姨母"等均能在英语中找到相应的概念。英语中只用 aunt 一个词表示汉语的概念，但是我们不能说"伯母、叔母、姑母、舅母、姨母"就是文化词，因为"伯母"、"叔母"、"姑母"、"舅母"、"姨母"在外语里所反映的概念存在。因此，两种语言词汇编码度所造成的文化差异属于"词汇空缺"（lexical vacancy），不一定是"概念空缺"（conceptual vacancy）。因此，因词汇编码度造成的差异有的是文化词，有的不是文化词。

另如，在居住在美国西南部墨西哥州的印第安人的语言中，红和黄之间的色彩不多，但其他色彩领域的词共有 50 多个（转引自陈保亚，1993：56）。那么，这种语言里在其他色彩领域的词汇编码度就比较高。

因此，文化词应该明确其在词汇文化研究中的定位——文化作用于词是多方面的，与文化词相关的部分仅仅是词义文化。出于本书的研究目的，现代汉语文化词研究只与共时层面的词义文化有关。之所以要厘清文化对词影响的五种类型，主要目的是明确文化词在词汇文化研究中的归属。如图 2-1 所示。

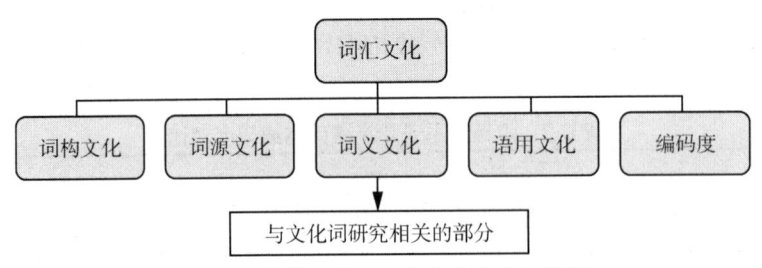

图 2-1　文化词在词汇文化研究中的归属

因此，携带文化因素的词汇是有层次的，词汇蕴含的文化因素并不都在一个层面，这个问题迄今为止学术界尚未做过系统分析。文化词不简单地是"蕴含（或携带）文化的词"，而是需要在"蕴含（携带）文化的词"中从共时词义的层面进行重新分析的那部分词。"文化词"与"词文化"二者并在一个层面上，"文化词"与"蕴含丰富文化信息的词"的关系是前者从属于后者。如果对后者进行具体分析，我们会发现前者仅仅是后者理论体系的一个具体表现。纵观以往的研究，学术界大多将二者混为一谈。而只有明确了二者的关系，才可能谈得上文化词的界定问题。

第三节 词的文化意义的概念及其特性

既然明确了文化词的"文化"主要是蕴含在词汇语义系统里，我们便可从词汇语义学的角度对文化词进行界定。在这一点上，苏宝荣（1996）、陈建民（1999）的看法与本书是一致的。苏宝荣（1996）主要认为只有一开始便是在特殊文化背景下产生的、只有文化意义、没有一般的语言意义[①]的词才是文化词，比如"赋闲"、"上山下乡"等。本书认同苏宝荣（1996）、陈建民（1999）两位学者的看法，认为根据词的概念意义和文化意义的对应关系对文化词进行界定是科学而合理的，理由主要有两点：一是本书先前得出的结论——文化词的文化主要涵盖在词义系统之中，而不涉及词源、词构、语用等多个方面；二是文化词本来就是文化语言学在词汇语义学里的主要研究对象（黄金贵，1993），从词汇语义学视角出发对文化词进行界定可以使文化词的概念更具有操作性。而苏宝荣（1996）、陈建民（1999）两位学者的看法的分歧主要集中在"具有文化意义的词是不是文化词"身上，他们争论的焦点无非是文化词定义的广狭之分。而学术界忽略的更要害的问题是：什么是词的文化意义？词的文化意义与其他的词义种类如比喻义、色彩义、象征义、情感义、语体义存在什么关系？为了解决这个问题，有必要对词的文化意义——文化词操作的核心概念进行重新分析。

一 汉语词汇学对词义的分析

现代汉语词汇学作为一门学科正式建立，数本专著——符淮青的《现代汉语词汇》（北京大学出版社1985年版）、刘叔新的《汉语描写词汇学》（商务印书馆1990年版）、葛本仪的《现代汉语词汇学》（山东人民出版社2001年版）和武占坤与王勤的《现代汉语词汇概要》（内蒙古人民出版社1983年版）功不可没，五位学者的理论建树对汉语词汇学学科的发展起到重要的奠基作用。然而，美中不足的是，受时代的局限，这四本重要的词汇学著作未能进一步从文化视角对汉语词汇做进一步的拓展，这可以从五位学者对词义类别的分析及词义分析方法的分析两方面看出来。如表（2-3）所示。

[①] 本书认为苏宝荣（1996）所指的词的语言意义其实应为词的概念意义。

表 2-3　传统汉语词汇学著作关于词义的分析

著作	词义类别		
《现代汉语词汇》 (2004: 39—58)	概念义	对象特征	
^	^	适用对象	
^	附属义	形象色彩	
^	^	感情色彩	
^	^	语体色彩	
《汉语描写词汇学》 (1990: 182—217)	词汇意义（限于实词、感叹词、呼应词）	理性意义	主要义素
^	^	^	次要义素
^	^	表达色彩	感情色彩
^	^	^	态度色彩
^	^	^	评价色彩
^	^	^	形象色彩
^	^	^	风格色彩
^	^	^	格调色彩
^	^	^	语气色彩
^	语法意义（限于虚词）		
《现代汉语词汇学》	词汇意义		
^	语法意义	词类聚合	
^	^	造句功能	
^	色彩意义	语体色彩	
^	^	感情色彩	
^	^	形象色彩	
^	^	风格色彩	
^	^	……	
《现代汉语词汇概要》	词汇意义	理性意义	
^	^	色彩意义	形象色彩
^	^	^	感情色彩
^	^	^	风格色彩

著作	词义类别	
《现代汉语词汇概要》	语法意义	语法形式
		语法关系
		语法功能

后继的词汇学学者苏新春在其论文集《词义文化的钩沉探赜》（广州出版社1997年版）与著作《文化的结晶——词义》（吉林教育出版社1994年版）、《当代中国词汇学》（广东教育出版社1995年版）为后人对词义与文化关系的进一步讨论与深化起到了抛砖引玉的作用。这个领域还有一些关键问题值得深入探讨。

词汇研究尤其是词义研究真的与文化没有任何关系吗？答案显然是否定的。早在20世纪50年代，我国著名语言学家罗常培先生在其语言学专著《语言与文化》中对词汇与文化的互动研究起到了开创性的作用，王力先生对这本专著的评价是"继往开来"。罗常培在后记中也说："假如我这一次尝试能有些许贡献，那就可以给语言学与人类学之间搭起了一个桥梁。"可惜，后来兴起的中国文化语言学由于某些原因，并未在这座桥梁的沟通上发挥其应有的效应，使得传统词汇学对文化的忽视仍然很突出。实际上，词汇与文化的联系，尤其是词义与文化的联系十分密切。每种语言中都有反映某种特定文化的词汇，这些词汇成为记录文化的"活化石"（Sapir Edward，陆卓元译，1964：66）。"语言的词汇多多少少忠实地反映出它所服务的文化"（Sapir Edward，陆卓元译，1964：196）。语言中的词好比是现代人通往古代文化彼岸的小舟，在没有桥的时候，唯有它可以通过。因此，传统词汇学对文化研究的缺失是需要弥补的，任何过分重视纯形式而忽略文化的词汇研究都是不全面的。

值得注意的是，西方语义学研究并不排斥文化研究，而是把文化研究看成语义研究不可或缺的一个重要部分。这一点我们可以从利奇（G. Leech）的语义学专著中可以看出。

二 西方语义学对词义与文化关系的分析

20世纪70年代中期，西方研究语义学最著名的学者利奇在他的《语义学》（1987：13—33）一书中从语义和人类交际关系的角度将语义划分为七种不同的类型——词的"逻辑意义"（或曰"概念意义"）、"内涵意义"、"社会意义"、"情感意义"、"反映意义"、"搭配意义"和"主题意义"，其中并没有设立文化意义一项，但其中的若干意义类型与文化相关。如表 2-4 所示。

表 2-4　利奇的语义分类与文化的关系

利奇的语义分类

语义分类		定义	举例
概念意义		关于逻辑、认知或外延内容的意义。	man：an adult male（男人：具有雄性特征的成人）
联想意义	内涵意义	通过语言所指的事物传递的意义。	dog：faithful，affable（狗：忠实、可亲）
	社会意义	关于语言运用社会环境的意义。	husband：formal（丈夫：正式的书面语体） hubby：oral（老公：较为亲密的称呼语）
	情感意义	关于讲话人或写文章的人的感情和态度的意义。	statesman（政治家：中性） politicion（政客：贬义）
	反映意义	通过与同一词语的另一个意义的联想来传递的意义。	friday：unlucky（星期五：不吉利）
	搭配意义	通过经常与另一词同时出现的词的联想来传递的意义。	heavy（重）一词的在不同词组里搭配意义有"大"、"多"、"忧愁"、"排得很紧"等不同含义。 heavy box：很重的盒子 heavy storm：大暴雨 heavy smoker：烟抽得多的人 a heavy crop：大丰收 heavy news：令人忧愁的消息 heavy schedule：排得很紧的日程

续表

利奇的语义分类		
语义分类	定义	举例
主题意义	组织信息的方式（语序、强调的手段等）所传递的意义。	Mrs Fields owns more than 200 cookiesshops in North America and Asia. a.费尔兹女士在北美和亚洲拥有两百多家饼店。 More than 200 cookie shops in North America and Asia belong to Ms Fields. b.北美和亚洲两百多家饼店属于费尔兹女士。 例a强调人，例b强调物。可以看出，主题意义是从句法层面分析意义，与文化的关联不甚紧密。

在利奇所划分的三大类词义、七小类词义中，与文化相关的是概念意义与联想意义。其中概念意义与文化显性相关，联想意义中内涵意义、社会意义、反映意义、搭配意义、情感意义与文化隐性相关。但是利奇又没有分出词义的新种类进一步说明词义与文化的内在关系。

是否存在一种与文化密切相关的词义新种类呢？其实相关学者（Sapir，1949；Lado，1957；John Lake，1959；Nida，1964：36）已论述过词的概念相同、文化内涵却有较大差异的词义现象，只是未加以系统总结并正式设立词的文化意义这样一种术语来进行词义分析。1975年，日本学者中村敬在其著作《文化语义学初探》中提出"文化语义学"这一术语，但目标仅仅限定到汉日语言文化差异对比的层次上，并不是一本词义学专著。2000年，吴国华与杨喜昌编写的《文化语义学》与马清华所著的《文化语义学》都试图系统建立"文化语义学"理论体系，但是他们的研究基点都不是词，而是扩展到了动词、词组及句子层面。而就词而言，什么是词的文化意义这个术语并未得到很好的解决。换言之，人们对词的文化意义仅仅有个模糊的印象，但这种印象仅仅停留在"我认为是"（"我认为词具有文化意义"）的层面是远远不够的，必须有一整套的理论体系来区分词的文化意义术语设立的必要性、与其他词义种类的区别，以及如何分析词的文化义。

实际上，很多词在概念之外的语义与文化密切相关。比如：

表 2-5 west wind 与西风的对比

词	west wind	西风
义项	❶a wind blows from the west ❷something new and hopeful （来自《牛津高阶英汉双解词典》）	❶指从西方吹来的风，特指秋风 ❷指西洋风俗，文化等 ❸比喻日趋没落的腐朽势力

英语中有如下例子：

（1）Then Iephyr, the west wind, blew away the clouds so that Apollo, the sun god, could shine and made this flower bloom.

（随后，西风之神吹散了云朵，太阳神阿波罗得以照耀它并使它开花。）

（2）I thought that a man might be an enemy of other men, of the differing moments of other men, but never an enemy of a country; not of fireflies, words, gardens, streams, or the west wind.

（我心想，一个人可以成为别人的仇敌，成为别人一个时期的仇敌，但不能成为一个地区、萤火虫、文字、花园、水流和西风的仇敌。）

英语"west wind"从概念指称上看是指"从西方刮来的风"，而在概念意义之外的语义则是指"美好的新生事物"。这种含义来自英国诗人雪莱（Shelly）的《西风颂》（Ode to the West Wind）。汉英地域文化的差异导致"西风"与"west wind"的内涵所指并不相同。英国是个地处大西洋的岛国，每当大西洋刮起西风时，在英伦诸岛上正是春暖花开之际，"west wind"指"美好的新生事物"来源正在于此。而汉语中的"西风"却截然相反，一指西洋风俗（如"西风东渐"），二指"日趋没落的保守势力、萧条的景象"（如"东风压倒西风"、"古道西风瘦马"），汉语"西风"在概念之外形成的两个意义也深受社会文化的影响，我们运用利奇所划分的三大类词义、七小类词义的类型，并不能解释"西风"与"west wind"的文化内涵差异。

因此，有必要划分出词义的新种类——词的文化意义来解释传统词义学所解释不了的词义现象。该术语设立是为了进一步解释词义与文化的交织关系。词的文化意义是一种与词的概念义、内涵义、情感义、社会义、语法义等密切相关但又有所不同的新的词义种类。它往往与字面相距较远，词义理据往往要从民族文化背景中找寻。

三　词的文化意义的界定

词的文化意义是研究者从语言与文化的关系视角划分出的新的词义种类。

（一）词的概念意义

概念（denotation）指词语对客观对象的概括，即词语所指的客观对象。词的概念意义即基于事物概念本身的词义，一些学者也认为是以概念为核心的词的基本意义及由语言本身因素所形成的派生义（苏宝荣，1996）。

比如"猪"，《现代汉语词典》（第 6 版）对它的解释是："哺乳动物，头大，鼻子和口吻都长，眼睛小，耳朵大，四肢短，身体肥，生长快，适应性强。肉供食用，皮可制革，鬃可制刷子和做其他工业原料。"

猪的上述特点是基于"猪"动物本身因素所形成的语义，这种特征在哪种语言里都大同小异，因此是"猪"的概念意义。

再如，"天空"这一概念在哪种语言中都存在，可以说"天空"在哪种语言中都有概念意义。而"豆包"、"中医"只有在汉民族的语言中有这种概念，在英语中并不存在。因此，"中医"、"豆包"在英语中没有概念意义。

词的概念意义具有如下特性：

第一，词的概念意义不同于词的语言意义。

苏宝荣（1996）称概念意义为语言意义，本书认为这种看法不甚准确，因为词本身是语言的结构要素，词的语言意义也就是词义，具有民族性、模糊性等多种特性（王宁，2011）。词的语言意义从各种视角分类也会得出不同的类型，词的概念意义只是词的语言意义的构成种类之一，与词的语言意义应该是下位与上位的关系。比如，从语言与文化的关系视角对词义进行分析，词义可以分为概念意义与文化意义。而如果我们采取其他的视角，词义又可分为语法意义、色彩意义等（葛本仪，2004：15）。

第二，词的概念意义是静态的。

词的概念意义是在词典中储存的，一般不因为语境而改变。比如上文中所举的"猪"的例子是基于"猪"本身具有的实际意义。这种意义是凝固在语言词汇系统中不变或变化不大的语义，是词汇语义中最本质、最基础的核心意义。它不是附着的，而是本来的，它不会因语境而变（张业菊，2001）。

而"猪狗不如"、"猪卑狗险"中的"猪"便被赋予了"蠢笨"、"懒惰"特点及中国人对"猪"厌恶的态度等语义特征，这种词义便不是词的概念意义。

第三，词的概念意义具有模糊性。

词义具有模糊性。好与不好、难与不难都没有一个绝对客观的标准，词的概念意义也是如此。世界上没有两片相同的叶子，也没有词义特征完全相同的两个词。每种语言中都有相应的概念，不代表这种概念在每种语言中的细小特征完全相同。在共有的概念里，仍会有一些小的差异。比如桌子作为"上有平面、下有支柱、可以在上面放东西或做事情"的一种常用家具在文明社会的哪种语言里都存在，可是，不同语言里的"桌子"仍会有细小的差别。汉语中的"桌子"最典型的是八仙桌，西方文化中的"桌子"长方形的较多，圆形与方形的较少，但这只是细小的差异，我们无法否认"桌子"的概念意义在中西方语言中的存在。类似地，"女人"、"天空"在每种语言中的特征也是有差异的。在肤色上，中国女人是黄皮肤、黑眼睛的，德国女人却大多白皮肤、蓝眼睛的；在同一时期的不同地点，天空表现出来的特征也有较大差异：2013年1月11日中国北京的天空是有雾霾的，而同一日期中国海南海口的天空却是蔚蓝的。但不可否认的是，"桌子"、"女人"、"天空"是每种语言中共有的概念。

（二）词的文化意义

关于词的文化意义，已有学者作出了一定的论述。比如黄金贵（2001：3）认为："凡是显性或隐性反映语言之外某种文化背景、事物、现象、因素的词义均属于词的文化意义，词的文化意义是语言反映、承载文化在词义上的集中体现。"孟子敏（1997：322）认为："文化意义是社会赋予词或短语的感情色彩、风格意义、比喻意义、借代意义以及特有的概念意义。"王国安（1996：402）强调词的文化意义的产生是与"同一个民族的独特思维方式、心理活动和表述形式紧密结合在一起的"。苏宝荣（2000）认为，"词的文化意义是在特定文化背景下产生的，凡是因文化背景而形成的词语的比喻义、象征义、引申义、色彩义等均属于词的文化意义"。苏新春（1996）认为："由词语构造形式反映出的文化因素也属于词的文化意义研究的范畴。"

以上学者的看法各有一定的道理，然而有关词的文化意义的本质特征，即文化义与非文化义的区别是什么仍有待于进一步商榷。词的文化意义是指因不同民族文化（包括一个民族独特的物态、制度、行为、心态文化等在内）对词义产生了直接与间接的影响而形成的新的语义类型。它既不是一个各种附加义（如比喻义、借代义、象征义、色彩义等）的大杂烩，也不是一个词义的敞口袋子，使各种类型的词义都可以装入其中。词的文化意义与文化密切相关，是文化在词义上的集中体现。但我们必须厘清词义中文化的性质与范围。换言之，词义中的"文化"必须有一个尺子来衡量、分析，以便进一步说明"文化"对词义的复杂影响，从而能进一步说明什么是词的文化义。

首先，词的文化意义中的"文化"指语言要素中的"文化"，并非指语言作为一种文化现象的"文化"。之所以这样限定，主要原因在于文化自身的定义难以把握，这个问题可以称得上是学术界的一道斯芬克斯之谜（the riddle of sphix），现存定义有百余种。语言是文化的一部分，是一种文化现象。而本书所指的词的文化意义的"文化"指民族文化对词义形成和发展的影响，即第二语言教学中对不同民族语言的比较所讲的文化义，实质上是指语言中词义的民族性或民族特征。

其次，词的文化意义的"文化"指独特的民族文化，而并非普世文化。任何一个民族的文化均有其独特性，同时也有普世性。由于普世性的文化在第二语言教学中经普遍认知机制便可以理解，不会构成跨文化理解障碍，因而本书的词的文化意义中的"文化"为独特的民族文化。

根据上述限定，我们举具体的例子进行分析：

拔罐子

【拔罐子】báguàn·zi 一种治疗方法，在小罐内点火燃烧片刻，把罐口扣在皮肤上，造成局部充血，以调理气血。常用于治疗感冒、头疼、哮喘、腰背疼痛等。有的地区说拔火罐儿（bá huǒguànr）。[①]

一些外国汉语学习者习惯从字面上分析词义，看到这个词首先脑海里想到的是"罐子"，误认为"拔罐子"的意思等于"拔+罐子"。实际上，"拔罐子"这个词的理据必须从文化上找寻。"拔罐子"是中医特色疗法之一。中医是中国几千年来文化的重要结晶。对于"拔罐子"这样的概念，

[①] 此条释义为《现代汉语词典》（第6版）的释义。有人可能认为这是由所谓"词语组合"带来的文化义，可实际上，《现代汉语词典》也适当收录"词语组合"。

在其他的语言中很难找到相应的概念。因此，拔罐子的概念义等同于文化义。我们可以这样认为，"拔罐子"的词义属于文化义。

对于"拔罐子"这样概念空缺的词汇的文化义我们比较好判断。对于另外一种在外语中存在相应概念，而在概念义之外的语义是否属于文化义，我们则不太好甄别。为了判断该类词的文化义，我们需要深入到汉外词义对比的层面，去甄别词的语义是否受文化的影响。如：

半边天

【半边天】bànbiāntiān 名 ❶天空的一半或一部分：晚霞映红了～。❷人们常形容新社会妇女的巨大力量能顶起半边天，因此用"半边天"借指新社会的妇女。

"半边天"❷义的产生与中国政治社会生活的变化密切相关。[①]中国古代女性地位低下，自古"男尊女卑"思想根深蒂固，女性自然无法占据与男性同等重要的地位。新中国成立后，妇女地位提高，要求男女平等的声音越来越高。1968 年，毛泽东一句"妇女能顶半边天"更是肯定了妇女的能力，让中国女性在政治地位和经济地位上得到了进一步改善（《红旗》1971）。中国社会也从此走出了男尊女卑的时代，1976 年，由郭爱琴、杨瑞卿、王俊英主演，反映在"批林批孔"运动中妇女地位提高的电影《半边天》（Women, Half the Sky）红透当时中国"半边天"。"半边天"作为一个词语逐渐被人们所认可。"半边天"语义的二次激活是在 1995 年世界妇女大会召开之际，《半边天》栏目把握"展现时代女性的风采"的主旨，密切关注社会生活当中的"男女平等"问题，意图改变中国古代社会"男尊女卑"的根深蒂固的陋习。在《半边天》节目火了之后，"半边天"成为女性的代名词，逐渐被社会尤其是女性所接受，成为一个具有稳固义项的特殊文化含义词。

可以看出，汉语中"半边天"❷义的产生深受中华社会文化中妇女地位获得提高的影响，即中国社会逐渐由"男尊女卑"走向"男女平等"。"半边天"由❶义作用于❷义的重要机制是民族文化。我们可以判断"半边天"❷义是文化意义。

在判定词义是否是文化义时，我们还需要尤其注意以下三点：

[①] 有的人侧重于从字源角度对"半边天"进行分析，即天乾地坤。《周易》（第一卦）："乾卦（乾为天）。""乾"象征男性，"坤"象征女性。那么"半边天"自然就象征女性。这是对"半边天"词义生成的一种解释方法，但不见得是唯一一种解释方法，而且也无法得到证明。而且，本书已经强调了对词的文化意义的分析一般不延伸到词源（参见"文化对词汇的五个主要影响方面"）。

第一，词的文化意义是在独特民族文化背景下形成的。

这句话看似没说，但很重要，我们在实际判断时容易出现差错，我们这里尤其强调"独特"二字。在汉语语言学中研究词的文化意义的学者中，只有王国安（1996：422）强调了"独特"二字。王国安（1996：402）认为，词的文化意义的产生是与"同一个民族的独特思维方式、心理活动和表述形式紧密结合在一起的"。我们再次强调词的文化意义是受特殊文化背景影响而形成的，由特殊的民族文化给予词压力而释放出新义，这个新义与文化密切相关，便是词的文化意义如果是出于人类的普遍认知（包括隐喻、转喻）即可以解释的词义，这种词义不应该判别为词的文化义。

换言之，词的文化意义与词的认知义有关联也有区别。词的认知义是指与词的字面含义有隐喻、转喻关系的意义。词的认知义与文化有关，但并非都受制于独特文化的影响。我们必须对词的文化义与词的认知义进行重点区分。

词的文化意义是本书的核心概念，为了说明其与普通认知产生的意义的区别，我们列举"绿+名"形名组合的三个词语——"绿色"、"绿灯"、"绿帽子"进行分析论证。

绿色

【绿色】lǜ sè ❶ 名 绿的颜色。❷ 形 属性词。指符合环保要求、无公害、无污染的：～食品|～能源。

汉语中的一些短语如"绿色工程"、"绿色长城"、"绿色美学"、"绿色装修"、"绿色住宅"等中的"绿色"都是❷义。上面的❷义是否为汉语词汇"绿色"的文化义？为了弄清这一点，我们需要与英语中 green 的语义进行对比。在《牛津高阶英汉双解词典》中 green 收录了多个义项，我们找到了❶与❻义抄录如下：

【green】❶having the colour of grass or the leaves of the most plants and trees；草绿色的。❻concerned with the protection of the environments；supporting the protection of the environment as a political principle；环境保护的，造成环境保护的。

通过汉语中的"绿色"与英语中"green"的义项对比，我们可以知道，英语的"green"也有"环保的、无污染的、健康的"含义。受世界范围内兴起的绿色运动的影响，整个世界都兴起了一股崇尚绿色的浪潮。这种浪潮当然无例外地影响了汉语词汇的面貌，使得汉语词汇"绿色"除了表色彩义这样一种概念义外，又衍生出了新义❷。但❷义的产生并不受独特民族文化的影响，外国汉语学习者尤其是母语为英语者在学习"绿色食品"时心理词库里有与之等同的概念，当他们看到"绿色食品"时脑海中"green food"的语义会被顺利激活，根本不会构成学习与理解的障碍。因此，汉语词汇"绿色"的❷义并不是文化义。再如：

绿灯

【绿灯】lǜdēng 名 ❶指绿色的交通信号灯，绿灯亮时表示可以通行：开～。❷开绿灯：比喻允许做某事。

【green light】❶noun；❷permission for a project, etc, to start or continue. 准许、许可：The government has decided to give the green light to the plan. 政府已决定为这项计划开绿灯。

"绿灯"在"开绿灯"这个组合中还表示比喻允许做某事。英语 green light 也有此义。

我们还找到 green light 的以下例句：

（3）We'll never give the green light to gambling.（来自《现代汉英综合大词典》）

（我们永远不会给赌博开绿灯）

（4）The manager will give the green light to start production.（来自互联网）

（经理会给出开始施工的绿灯。）

（5）The ministry is likely give the Manual the green light next year, Tao said.（来自互联网）

（陶然表示卫生部很可能在明年通过这一标准。）

"红灯停绿灯行"这个再普遍不过的道路安全常识，可谓是无人不知、无人不晓。因此，"打开绿色信号灯→允许、提供方便"这一认知过程并不受某一民族特殊的文化影响。因此，"绿灯"的"比喻允许做某事"义不能判定为是"绿灯"的文化义。

可以看出，如果是出于文化的普遍性便可以解释，那便不是词的文化义。词的文化义的形成主要受特殊民族文化的影响。这里尤其强调"特殊"二字。比如下面的词语，如果不了解汉民族文化，则无法明晰词义引申的缘由。

绿帽子

【绿帽子】lǜ mào·zi 名 ❶绿头巾。

"绿帽子"除了指"绿头巾"外,若一个丈夫的妻子有外遇,人们就说这个男人被"戴绿帽子",这个义位在现代汉语中也经常被使用,但《现代汉语词典》(第6版)失收。如在北大现代汉语语料库与互联网中有如下例句:

(6)一个人结了五次婚,娶了四个老婆,死了三个,两个给他戴了绿帽子。

(7)要你敢碰一碰别的女人,我就去偷一百个男人给你看,让你戴一百顶绿帽子。

(8)男人的最痛:薄××为啥公开世上最昂贵的绿帽子?

(9)男子怀疑老婆为自己戴绿帽子,敲诈情敌被拘。

"绿帽子"的"绿色的头巾"义是怎么被引申为男女关系上的事了呢?一般的外国汉语学习者根本无法从字面上理解"绿帽子"的文化意义。只有让学习者了解"绿"在汉语中的特殊文化内涵,才能从根本上让学习者理解这个词的词义引申过程。

受中国阴阳五行学说的影响,绿色彩在中国文化中的地位极其卑微。古代阴阳五行学说认为,天地上下又分为东、西、南、北、中五方,它们分属于木、火、金、水、土五行,各具有青、赤、白、黑、黄五色。孔颖达疏:"五色谓青赤白黑黄,据五方也。"绿色是"间"色,也是"贱"色。如《诗经·邶风》:"绿兮衣兮,绿衣黄里。心之忧矣,曷维其已?绿兮衣兮,绿衣黄裳。心之忧矣,曷维其亡?"朱熹《诗集传》曰:"绿,苍胜黄之间色。黄,中央之土正色。间色贱而以为衣,正色贵而以为里,言皆失其所也。""黄"为尊贵色,"绿"为低贱色,自古有之。

正是受此文化影响,元明之际,官方规定,娼家男子戴绿头巾。"绿帽子"此义一直流传至今。

英语中的"green hat"则没有汉语"绿帽子"的❷义。

因此,在"绿+名"形名组合的三个词语"绿色"、"绿灯"、"绿帽子"中,只有"绿帽子"是具有文化意义的。

第二,关于词的多义系统中文化义的确定。

这一点实际上是确定多义词中词义民族性的问题。词的多义系统中可能会有一项构成概念空缺或特殊文化含义,但词的多义现象十分复杂,词的文化义只是抽离出词的多义系统的一种受特殊民族文化影响的词义。词的文化义是词的多义性的一种表现，但不能认为一个词的所有不同词义（词的多义性）都是词的文化义。

有的多义词可以较为容易地确定其中的概念空缺义项。如：

【斗】dǒu ❶ 量 容量单位，10升等于1斗，10斗等于1石。❷ 名 量(liáng)粮食的器具，容量是一斗，方形，也有鼓形的，多用木头或竹子制成。❸（～儿）形状略像斗的东西：～斗|风～儿|烟～儿。❹ 名 圆形的指纹。❺古代盛酒的器具。❻二十八宿之一。通称南斗。❼北斗星：～柄。❽〈书〉同"陡"。❾Dǒu 名 姓。

另见331页dòu。

在"斗"（dǒu）的七个义项中，只有❺、❻与中华文化密切相关。"斗"义项❺反映的是古代饮食文化，"斗"义项❻反映的是中国天文历法文化。因此，多义词"斗"（dǒu）的❺、❻义项为文化意义。

另如：

【气】qì ❶ 名 气体：毒～|煤～|沼～。❷ 名 特指空气：～压|打开窗户透一透～。❸（气儿）名 气息①：没有～儿了|上～不接下～。❹指自然界冷热阴晴等现象：天～|～候|～象|秋高～爽。❺气味①：香～|臭～|泥土～。❻人的精神状态：勇～|朝～。❼气势：～吞山河。❽人的作风习气：官～|娇～|孩子～。❾ 动 生气；发怒：他～得直哆嗦。❿ 动 使人生气：故意～他一下|你别～我了！⓫欺负；欺压：受～。⓬命；命运：～数|福～。⓭ 名 中医指人体内能使各器官发挥功能的原动力：元～|～虚。⓮中医指某种病象：湿～|痰～。⓯（Qì）名 姓。

"气"的⓭、⓮义与中国的中医文化密切相关，因此是"气"的文化意义。气的其他义项在外语中均有相应对应概念，概念义到内涵义的作用机制也不是独特的中华文化，因此不是气的文化意义。

有的多义词系统中则没有概念空缺义项。如：

【毒】dú ❶ 名 进入机体后能跟机体起化学变化，破坏体内组织和生理机能的物质：病～|中～|～蛇|～药|蝎子有～。❷ 名 指对思想意识有害的事物：流～|放～。❸ 名 毒品：吸～|贩～。❹ 动 用毒物害死：买药～老鼠。❺ 形 毒辣；猛烈：～打|～计|他的心肠真～|七月的天气，太阳正～。

在上述例证中，"斗"❺、❻与"气"⓭、⓮是概念空缺义项，"毒"没有概念空缺义项。

比较难的一点是确立多义词的特殊文化含义。文化对多义词的词义生成可能有系统的影响，但并不是所有的词义生成都能跟文化扯上关系。在这一点上，我们需要具体问题具体分析。在本章的"特殊文化含义词"的概念部分有较为详细的特殊文化含义的确立方法。这里不再赘述。

第三，应注意区分词的文化义与搭配义。

尤其需要指出的是，词的文化意义是受民族文化而形成的，与词的搭配意义有所不同。词的搭配意义（collocative meaning of words）指的是词在具体的搭配中显示的不同规则。比如，汉语中"看"与英语中的"look"不完全等同。汉语与英语均存在"看"这样的概念，而汉语中可以说"看书"，英语中不能说"look book"，一定是"read book"。汉语中的"看"与英语中的"look"概念对应，但搭配意义不同。因此，不能确定"看"是一个特殊文化含义词。再如，汉语中的"虽然"与英语中的"although"也是概念等同，但是汉语可以说"虽然……但是"，英语中不能说"although...but"。汉语中的"虽然"与英语中的"although"的差异，仍然属于搭配意义的差别。类似的还有"打"与"hit"。因此，设置特殊文化含义词概念的目的不是来进行词义的全面比较，世界上的两种语言也没有绝对相同的两个词。而只有受制于特殊的文化力量导致词释放出的文化意义相反或有重大差别的词，方可以判定为是特殊文化含义词。如果用更形象的话来解释，词的文化意义是文化给予词压力释放[①]出的。如果出于人类普遍认知方面便可解释的，那便不是词的文化意义。

综合上述，词的文化意义是指不同民族文化（包括一个民族独特的物态建筑、制度、风俗、习惯、宗教信仰、审美情趣、价值观念和思维方式等在内）因对词义产生的直接与间接的影响而形成的词义类型。直接的影响作用于词的概念，使词的概念意义本身就是一种独特的文化；间接的影响作用于词义的生成，即独特民族文化使世界语言中共有的概念具有一个特殊含义，这种特殊含义的产生从认知上往往找不到客观理据，而一定要从民族文化背景下寻找答案。

我们试用图 2-2 与图 2-3 表示具有文化意义的两种词语：

[①] 文化释放是一种强调文化作用于词义形成的一种形象化比喻，具体可参考马清华（2000：16）。即由文化的力量导致词生成新义的作用机制。

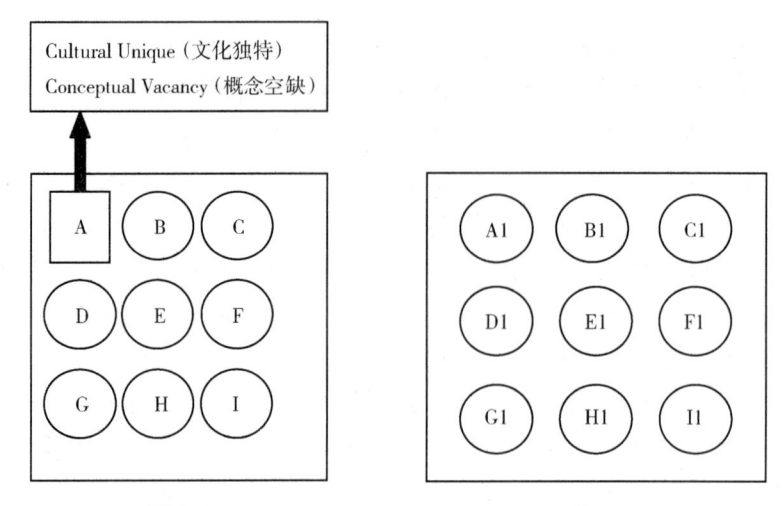

图 2-2　Words with cultural meaning: Type I

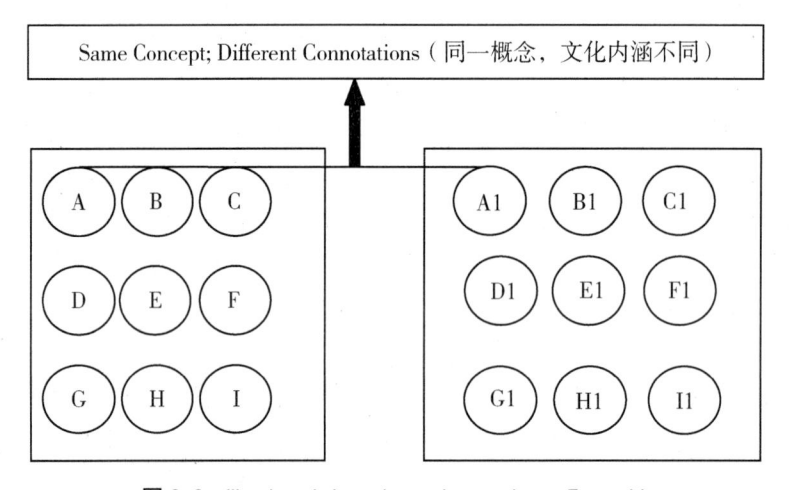

图 2-3　Words with cultural meaning: Type II

可以看出，共时层面具有文化意义的词有两种基本类型：

第一种概念义=文化义。这类词的特征是：本族语的概念在外语中缺失、没有相应概念，如图 2-2 所示。如果我们以对比两种语言间文化差异的视角来审视语言中的词，图 2-2 中方形符号 A 在另一种语言中没有相应的等价物。这说明，方形符号 A 是在某一民族文化背景下产生的特定词汇。A 不仅在另一民族的语言上留下空白，同时也在另一民族的心理领悟上造成空白。在两种语言的跨文化交际中，说话人如果没有对相关背景进行知识介绍而使用这些处于"概念空缺"状态的词语（如图 2-2 中的 A），这些词语必然会使听话人感到莫名其妙、不知所云。A 可能是汉语中道教所提出的"阴"和"阳",A("阴"、"阳")在英语里是没有对应概念的,西方人大多不理解这两个概念的真正含义。A 也可能是"cowboy"(牛仔)这个带有浓厚浪漫主义和传奇色彩的词语。中国人在了解美国早期开发西部的历史之前,也很难真正理解"cowboy"(牛仔)的文化意义。

第二种概念义不等于文化义。这类词的特征是:第一,本族语的词在外语中有相应概念,即概念意义在外语中对应;第二,在本族语中有独特文化内涵,即存在概念义外的语义并与外语中的语义有较大差异;第三,民族文化是作用于内涵义有较大差异的重要条件。以上三个标准缺一不可。这样的词语正如图 2-3 中左侧图的圆形符号 A,如图 2-3 所示。圆形符号 A "貌似"在另一种语言中有等价物 A1,但实际上由于文化差异的存在,两种语言的概念意义虽然相同(A 与 A1),但内涵意义所指却相差较大。两种语言的人在进行交际时,A 与 A1 的概念义虽然可以被顺利解码,可 A 与 A1 的真正内涵义却往往因为文化差异而被掩盖。在这种情况下,如果交际双方只注意到了词语的概念意义,就往往造成跨文化交际失败。比如:如果一位外国朋友对大家说"我喜欢吃醋",一定会引来哄堂大笑,而他本人却一脸茫然。这是因为,在英语中"vinegar"(醋)只是一种调料,不带有任何内涵意义。而在汉语中"吃醋"代表的是"为(男女之间的)爱而嫉妒"。《现代汉语词典》(第 6 版)中"醋"收录了两个义项:❶ 名 调味用的有酸味的液体。❷比喻嫉妒(多指在男女关系上):~意|吃~。

因此,两类具有文化意义的词语都造成不同程度上的交际"短路"。第一类词语造成的交际"短路"相对明显,第二类词语造成的交际"短路"相对隐蔽,却不容忽视。从两种类型文化意义的词语的判别来说,相对而言,第一类词语比较容易判断,第二类词语判断需要仔细甄别。

四 词的文化意义的类别

判定词的文化意义的落脚点应为文化对语言的影响——文化对共时词义的系统影响。共时系统中词汇的义位有的受民族文化影响而生成,有的则基于普遍认知便可以解释。从这个视角界定词的文化意义方具有一定的操作性。

文化对词义系统产生影响势必造成语际间词义出现零对应关系(vacancy correspondence)。由于语言的差异性,两种语言的词义很难建立准确的一一对应的关系。因此,语际词义的零对应或部分对应普遍存在。在共时层面上词的文化意义常常是语际的零对应词义,反之,语际的零对应词义却未必是共时层面词的文化意义。换言之，语际的零对应词义有的是受文化影响而形成的。

共时层面词的文化意义包含两种：词的概念空缺义与词的特殊文化含义。

（一）词的概念空缺义

概念（concept）指词对客观对象的概括。语言以词为载体、以概念（concept）为中介进行交流。语言中每个词都代表一个概念，而概念是真实世界里事物的心理表征（Ogden，Richards，1923），如图2-4所示。

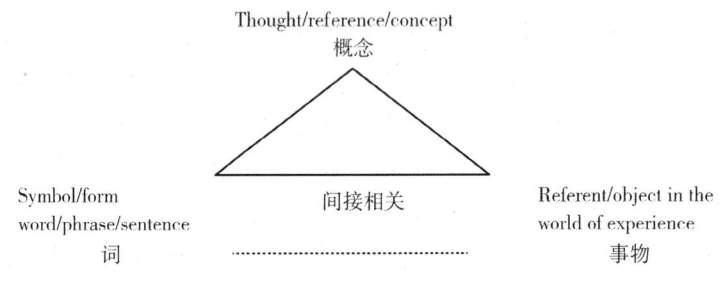

图2-4　Ogden，Richards（1923）构建的"语义三角"

在理想状态下，每种语言应该一个词对应一个概念，而真实情况并非如此。词的多义性使词形与概念的对应关系十分复杂。而且从两种语言对比的角度出发，"语言相对论"（Linguistic Relativity）的倡导者Sapir及其弟子Wolf认为："文化上的差异极容易导致某种语言中的概念在另一种语言不存在。"（Sapir，1921：149）汉语不同于西方语言，词汇上可能存在概念不对应的情况（赵金铭，2014）。概念并非是人类共同的。有的概念在一个民族的观念里存在，在另一个民族的观念里不存在（蒋绍愚，2007）。不同民族的语言因思维方式不同，势必存在某些独特的概念（Sapir，1921：155）。根据上述理论，词义具有承载某种特殊民族概念的可能性。

词的概念空缺义指由于两种语言的文化背景有差异，一种语言中的词是该种语言特有的概念，这种表示特有概念的词在外语中往往很难找到对应的概念或契合物。另一种文化背景的人理解这类词时往往是似是而非、不知所云，他们脑海中的心理词库（mental lexicon）不会顺利激活这样的特殊概念，因而会形成外语学习的文化盲点与语义空白。符合这种特性的词具有概念独特义，具有概念独特义的词语可以被认为是概念空缺词。

由于社会文化、认知等多方面的原因，人类的概念未必完全相同（蒋绍愚，2007）。既然概念不同，势必会形成在某种语言中存在某些概念，而另一种语言中却没有这些概念的语言现象——概念空缺（concept vacancy）。词汇空缺（lexical vacancy）与概念空缺不同。词汇空缺主要指一种语言中的词在另一种语言中没有对应词。词汇空缺从理论上来说是无穷无尽的。比如，日语中有"尻の毛"（肛门附近的体毛）一词，而汉语中表示"肛门附近的体毛"并不用专有的词而用短语表达，因此在汉语中属于词汇空缺，但这并不能证明日语中"肛门附近的体毛"的概念相对于汉语是空缺的。

独特的民族文化对共时词义是否造成显性影响（概念是否即独特的民族文化）是判定一个语言中的词是否具有概念空缺义的标准之一。下面的这个词就具有概念空缺义。

【生肖】shēngxiào 名 代表十二地支而用来记人出生年份的十二种动物，即鼠、牛、虎、兔、龙、蛇、马、羊、猴、鸡、狗、猪。如子年生的人属鼠，丑年生的人属牛等。也叫属相。

十二生肖的起源与动物崇拜有关。据湖北云梦睡虎地和甘肃天水放马滩出土的秦简可知，早在先秦时期即有比较完整的生肖系统存在。最早记载与今天相同的十二生肖的传世文献是东汉王充的《论衡》。随着历史的发展逐渐融合到相生相克的民间信仰观念，表现在婚姻、人生、年运等方面，每一种生肖都有丰富的传说，并以此形成一种观念阐释系统，成为民间文化中的形象哲学，如婚配上的属相、庙会祈祷、本命年等。现代中国人把"生肖"作为春节的吉祥物，使其成为娱乐文化活动的象征。因此，对于另一种语言文化背景的外语学习者而言，他们对"生肖"的认知是一种概念空缺。

值得注意的是，具有概念空缺义的成语一般是在特殊文化背景下产生的，但"在特殊文化背景下产生的词"在共时词义层面并非一定具有概念空缺义。如：

【张冠李戴】zhāngguān-lǐdài 把姓张的帽子戴到姓李的头上，比喻认错了对象或弄错了事实。

"张冠李戴"出自明田艺蘅《留青日札》卷二十二《张公帽赋》："谚云：'张公帽掇在李公头上。'有人作赋云：'物各有主，貌贵相宜。窃张公之帽也，假李老而戴之。'"这个成语的产生是有一定文化背景的，但现代汉语中的"张冠李戴"基本看不出历史文化对成语语源的影响，《现代汉语词典》（第 6 版）中，"张冠李戴"也仅仅收录了一个义项。现代汉语中"比喻认错的对象"这样的概念在外语中肯定存在，因而"张冠李戴"在共时层面上并不具备概念空缺义。从这个意义上说，成语并不总是具有文化意义。类似的成语还有"指鹿为马"、"颠倒是非"等。

（二）词的特殊文化含义

词的特殊文化含义是指共时的两种语言中，一种语言中的词 A 在另一种语言中虽然具有对应的概念 A1，但由于两种语言文化背景差异的影响，A 与 A1 虽然概念义对应，但是内涵所指有较大差异。即 A 除了概念义外，受特殊文化作用的制约，形成了 A 的独特引申义。由于 A 的这种独特的引申义是受独特民族文化背景影响生成的，因此是 A 的特殊文化含义。因为词的特殊文化含义是一种语言特有的，从而造成语际间词的引申义出现了零对应关系（如图 2-5 所示）。

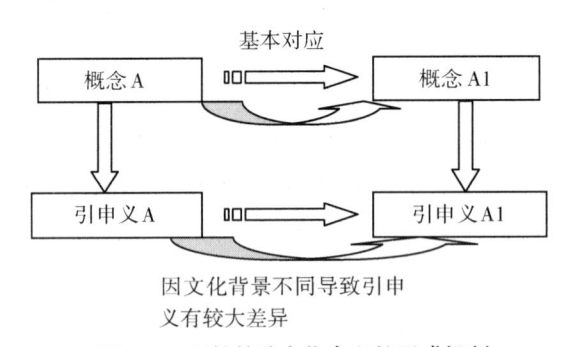

图 2-5　词的特殊文化含义的形成机制

独特的民族文化是否对共时词义造成隐性影响是判定一个词在共时层面是否具有特有国俗义的重要标准。换言之，具有特殊文化含义的词的概念义向特殊文化含义引申的作用机制是独特的民族文化，而不是普遍认知因素。

1. 词的特殊文化含义与词的普通隐喻义的区别

词的特有国俗义不同于词的普通隐喻义。词的普通隐喻义即与词的字面含义有隐喻关系的意义（董秀芳，2005）。如下面"绿色"这个词的义项❷"符合环保要求的、无公害、无污染的"被学者（如李红印，2008）判定为词的文化意义，实际上，它经过普通隐喻便可以解释。

【白色】bái sè ❶ 名 白的颜色。❷ 形 属性词。象征反动：～政权｜～恐怖。

"白色"的❷义形成是与在中国民主革命期间,反动势力对革命的疯狂镇压的历史背景密切相关的。而在英语文化中,"白色"象征着纯洁,因而《柯林斯高阶英汉双解学习词典》收录"white"的文化意为"(魔法)善意的"。如 They claim to be white witches 义为"她们自称是善良的女巫"。这样,基于汉英语言的对比,可知"白色"的❷义为其特殊文化含义。

又如:

【后门】hòumén 名 ❶房子、院子等后面的门。❷比喻通融、舞弊的途径:走~|开~。

"后门"由❶义引申为❷义的制约点就在于,"后门"在暗处,而"走后门"这一行为也是暗中进行。因此,"暗处"是"后门"由❶义引申为❷义的引申制约点。而英语中是否有类似的隐喻表达?我们需要列举相关的英文语料进行分析。

"后门"在英语中对应短语"back door"。"back door"既指大院的后门(the back gate of a compound),也指"走后门"(get things through the back door)。如:

(10) Dentists claim the Government is privatising dentistry through the back door.

(牙医声称政府正通过暗箱操作将牙医业私有化。)

但表示"走后门"、"秘密的"、"偷偷摸摸的"、"不正当的"在英语中更主要的是借用"backdoor"这个词来表达。如:

(11) create "backdoors"

(开后门)

(12) Backdoor deals are unhealthy practice.

(走后门是一种不正之风。)

(13) He brushed aside talk of greedy MPs voting themselves a backdoor pay rise.

(他没有理会贪婪的下院议员们投票为他们自己悄悄加薪的传闻。)

(14) He did the backdoor deals that allowed the government to get its budget through Parliament on time.

（他通过幕后交易使政府预算按时通过了议会批准。）

可以看出，从"大院的后门"到"秘密的"、"不正当的"、"走后门的"这种隐喻模式汉英两种语言基本趋同。孟子敏（1996、1997：322）、陈建民（1999）与张高翔（2003）等均认为"后门"的❷义为其文化意义，为典型的文化词。但通过汉英词义的认知对比可知，"后门"的❷义仅为其普通隐喻义。

2. 词的特殊文化含义与词的普通转喻义的区别

词的特殊文化含义也不同于词的普通转喻义。转喻也被称为换喻。词的普通转喻义是指与词的字面含义有换喻关系的意义。换喻/转喻着重的是事物本身的特点或它与其他事物之间的特殊关系（束定芳，2004）。下面"手"这个词的义项❼曾被有的学者（孟子敏，1997：322）判定为词的文化意义，实际上，它经过普通换喻便可以解释。

【手】❶ 名 人体上肢前端能拿东西的部分。

【手】❼ 名 擅长某种技能的人或做某种事情的人：选～│能～│操盘～│拖拉机～。

汉语中"国手"、"能手"、"助手"、"多面手"、"第一把手"、"水手"、"拖拉机手"、"弹药手"中的"手"都是"手❼"义。而英语中"hand"也有"手❼"义。如"green hand"指"新手"。因而"手❼"不是特殊文化含义。

而"帽子"这个词的义项❷则经过普通换喻无法解释，是词的特有国俗义。

【帽子】 名 ❶戴在头上保暖、防雨、遮日光等或做装饰的用品：一顶～。❷借指罪名或坏名义：批评应该切合实际，有内容，不要光扣大～。

英语中的"帽子"用"hat"表示。《柯林斯高阶英汉双解词典》对"hat"概念义的解释是"通常用来在户外戴在头上、防止天气伤害的饰品"。英语中的"hat"并没有汉语"帽子"的义项❷。与汉语"帽子"❷义接近的义项是：

【hat】❶ N-COUNT 角色；职位；工作

汉语中"帽子"与英语中"hat"引申义的差异主要是"借指罪名或坏名义"与"角色；职位；工作"的差别。为什么会有以上词义差异？这也是文化差异造成的。20 世纪五六十年代中国政治运动的开展是造成现代汉语中"帽子"具有义项❷的重要原因。这种政治领域的运动也使得现代汉语词汇"帽子"逐渐生成了较为稳固的义项❷。

五 词的文化意义的特点

词的文化意义具有以下特点：

（一）民族性

词的文化意义具有民族性，主要指词的文化义具有鲜明的民族色彩并深深融入民族的个性，主要反映在两方面。

一是反映在相应的词语概念是在民族特殊文化背景下产生的。这里的词语概念指的是民族特有的、能反映出该民族独特文化的概念。这些特有概念一般不能与外语中的词汇简单对译，因为它们反映出不同民族有自己的特有生活内容、习俗、价值观和追求。比如：

不同民族在政治生活方面具有自己独特的概念。英国政治有"上院"、"下院"，美国政治有"参议院"、"众议院"，中国政治有"人民代表大会"、"人大代表"。上述词语在政治生活方面就会显出很大的民族差异。

不同民族在习俗上具有自己的独特概念。如汉民族与过年有关的习俗文化词就有"拜年"、"年糕"、"年货"、"守岁"、"除夕"、"年夜饭"、"年画"、"红包"、"年关"、"爆竹"，与中医有关的词语就有"拔罐子"、"拔火罐儿"、"火气大"、"虚"、"消火"、"火气旺"、"虚证"、"中医按摩"、"针灸"、"推拿"、"病灶"等。而美国人过万圣节（Halloween）则要提"南瓜灯"（Jack-o'-lantern）、"咬苹果"（apple bobbing）；在感恩节（Thanksgiving Day）当天则要"烤火鸡"（roast turkey）等。

不同民族具有自己独特的价值观。如中国古人的哲学观念——"天人合一"、"道"、"气"、"阴阳"、"虚"、"实"等；中国古人的伦理道德观念——"仁"、"义"、"礼"、"智"、"信"等。受基督教文化影响，美国人则笃信"Covenant Thought"（"契约精神"）它显示了美国人特有的处人和处世的方式。受实用主义哲学影响，"American Dream"（"美国梦"）则是诠释美国人生活理想的专有名词。

……

类似的例子不胜枚举。透过这些"特有概念"，可以探索到中国独特的民族文化。换言之，这些词本身的概念就是一种特殊民族文化。

二是反映在词的概念义之外的语义具有鲜明的民族特色。即反映同一客观事物的词语，在不同的语言中会因不同民族的文化因素的差异产生不同的内涵所指义。

比如"狗"作为"哺乳动物，种类很多，嗅觉和听觉都很灵敏，舌长而薄，可散热，毛有黄、白、黑等颜色，是人类最早驯化的家畜，有的可以训练成警犬，有的用来帮助打猎、牧羊。也叫犬"。这样一种动物在大多数语言中都存在。可在"狗"的概念义之外，汉民族对"狗"的"得过且过"、"苟且偷生"的厌恶特点使汉民族对"狗"厌恶大于喜爱。汉语里含有"狗"字的词语如"走狗"、"狗屁"、"狗屎堆"、"狗吃屎"、"狗咬狗"、"癞皮狗"、"臭狗屎"、"狗腿子"、"狗仗人势"、"狗胆包天"、"偷鸡摸狗"、"行同狗彘"、"狗急跳墙"、"鸡零狗碎"、"鸡鸣狗盗"、"狗头军师"、"狐朋狗友"、"狐群狗党"、"狗尾续貂"、"狗血喷头"、"狗眼看人低"、"肉包子打狗"、"狗嘴里吐不出象牙"……等充分反映了汉民族的对"狗"的厌恶心理。而英语中"dog"的文化意义截然相反，"lucky dog"（幸运儿）、"top dog"（胜利者）等词语充分反映了欧美人把"dog"视为"人类的朋友"这样一种鲜明的民族文化心理。

民族性不仅是词的文化意义的重要特点，也是判定一个词是否具有文化意义的重要依据。关于这一点，我们已经详细论述过，这里不赘。

总之，词汇是文化最重要的凝聚体，高度凝聚着民族文化精神。语言的民族性也最集中、最明显地体现在词义上。因而民族性是词的文化意义最重要的特点之一。

(二) 隐含性

词的文化义具有隐含性，主要指词的文化义是相对词的字面义而言的。一般从字面义可以直接推导出的语义，不一定是词的文化义。词的文化义是隐含在字面义之外的。比如：

下海

【下海】xiàhǎi 动 ❶到海中去。❷（渔民）到海上捕鱼：初次～，头晕呕吐是难免的。❸指业余戏曲演员成为职业演员。❹旧时指从事某些行业（如娼妓、舞女等）。❺指放弃原来的工作而经营商业。

在"下海"的5个义项中，❹和❺是"下海"的文化义。从字面可推导的语义是❶和❷。可作为文化意义的"下海"❹、❺义与其概念义❶、❷基本没有多大关联。

赵金铭（2012）曾深刻分析了现代汉语字义与词义的关系及教学问题。现代汉语词汇中有的词义是可从字义析出的，有的却是不能由字义析出词义的，比如"红娘"并非"穿着红衣服的女人"，"红颜"也不是"红色的脸","后门儿"也不是"后面的门","小白脸"也不是"又小又白的脸"。对于这类词语,"字本位教学法"基本不能解决问题。对于不能由字义析出词义那部分词语的词义理据,有相当一部分要从文化中找寻。这部分词语即属于词的文化义研究的范围。

词的文化义多与字面义无关。再如,汉语里有"皮帽子"、"毛线帽"、"太阳帽"、"瓜皮帽",同样还有"高帽子"、"绿帽子"。但是后面的"帽(子)"与前面的"帽(子)"的字面意思差别就很大,甚至与"帽子"没有什么关系。基于对词语文化意义的认识,我们在语言教学中不能忽视文化意义的隐含性。

(三)动态性

词的文化意义并非处于变动不居之中。随着社会生活的变迁,一些词语可能产生了新的文化义,而一些词语的文化义却可能消失湮灭。苏宝荣(2000)曾将词语分为一般词语、具有文化意义的词语和正在产生文化意义的词语,苏宝荣(2000)的观点与笔者的看法是一致的。

比如:

题

题,额也。(东汉许慎《说文解字》)

顶,颠也。(东汉许慎《说文解字》)

颠,顶也。(东汉许慎《说文解字》)

天,颠也。(东汉许慎《说文解字》)

"题"与"顶"、"颠"、"天"同源,指"人或动物最高最前的地方",这是"题"的本义。但是现代汉语中的"题"的这个含义已经消失。《现代汉语词典》(第6版)中的"题"释义为:

❶ 名 题目:命~|练习~|文不对~|出了五道~。❷ 动 写上;签上:~诗|~字|~名。❸ 名 姓。

我们说"文章的题目"应该在文章写作之前具备,但"题"的本义"人或动物最高最前的地方"现在人们已经不用,但"题"的本义的确包含了中国古人的朴素认识。这说明,随着时代发展变化,一些词的文化义已经消亡。再如:

"半边天"❷义"新社会的妇女"的重要来源是新中国成立,妇女社会地位的重大变化。而在新中国成立之前,"半边天"并无❷义。

另如,"下海"的文化义❹"旧时指从事某种行业如娼妓、舞女等"在现代汉语中极少使用,最常用的是文化义❺"放弃原来的工作而经营商业"。

而文化义❺的获得理据与当时中国改革开放的社会背景有关。可以这样认为，文化义❺伴随着中国社会生活的变化而产生，而文化义❹正在逐渐消失。

又如：

【下乡】 动 到农村去。

【下海】 动 指放弃原来的工作而经营商业。

【下岗】 动 职工因企业破产、裁减人员等原因失去工作岗位。

现代汉语中，"下乡"除了指到乡下去外，还指知识青年到农村进行劳动锻炼。这个义位最早见于 1956 年 10 月 25 日中共中央政治局关于《1956 年到 1967 年全国农业发展纲要（修正草案）》的文件中，该文件第一次提出知识青年"上山下乡"的这个概念，这也成了知识青年"上山下乡"开始的标志。"下海"则出现在 1992 年邓小平南方谈话之后，国务院修改和废止了 400 多份约束经商的文件，于是，大批官员和知识分子投身私营工商界，纷纷"下海"。"下岗"问题最早出现于 20 世纪 90 年代初期，当时还不叫"下岗"，有的地方叫"停薪留职"，有的地方叫"厂内待业"。20 世纪 90 年代中后期，"下岗"作为一种社会经济现象开始凸显。1998 年至 2000 年，中国国有企业"下岗"职工数最多。

可以看出，"下乡"、"下海"、"下岗"分别发生在 20 世纪 50 年代、20 世纪 90 年代初与 20 世纪 90 年代中后期，属于特定历史时期的产物。因此，词的文化意义与非文化意义是动态的，并非一成不变的。具有文化意义的词语也有典型范畴与非典型范畴之分，这与词汇系统的动态变化的本质特征是一致的。

综合上述，本书从词义系统中抽取出文化作用于词义的新种类——词的文化意义，系统地阐释了词的文化意义的概念、特征以及与非文化意义的区别，在此基础上可以科学提炼出文化词的定义。

六　词的文化意义的不同层面与分析方法

应该如何分析词义？迄今为止，词汇语义学代表性的词义分析方法有三种：一是符淮青在《词义的分析与描写》中所提倡的"词典释义分析法"；二是借鉴西方语义学的"义素分析法"，三是借鉴认知语言学的词义认知特征提取法，如 Tylor（1989）对"climb"的分析。笔者认为，对词的文化义的分析也应成为对词义分析的一种方法。值得指出的是，对词的文化义的分析方法与前三种分析方法并不是相互独立的层面，而是互相交叉的关系。因为词义与文化密不可分,文化与语言可融合的特性决定了对词的文化分析可以对前三种方法接近理论的补足与借鉴。

(一)词的文化意义的不同层面

词的文化意义具有文化义位、文化义项与文化义素三个层面,其中文化义项在词义系统中十分稳固,文化义素层面需要十分细致地分析,操作起来十分复杂。

文化义位:义位(sememe)是由瑞典语言学家诺论(A. Noreen)1908年提出的,而经布龙菲尔德(Broomfield)介绍给美国语言学界(贾彦德,1999)。高名凯又将布龙菲尔德(Broomfield)引介的术语介绍给中国语言学界,即"语言中最小的语义单位"(高名凯,1995:21)。高名凯的看法倾向于认为义位指一个词的全部词义。文化义位即词义中包含着独特民族文化语义成分。它有两种表现形式:一是以义项作为稳固的词义储存在词典中,二是以义素作为次稳固的词义储存在话语中。如"鸳鸯"(Mandarin duck,也称中国官鸭)在词典中的稳固义项是"鸟,外形像野鸭而较小,嘴扁,颈长,趾间有蹼,善于游泳,翅膀长,能飞。雄鸟有彩色羽毛,头后有铜赤、紫、绿等色的长冠毛,嘴红色。雌鸟羽毛苍褐色,嘴灰黑色,雌雄多成对生活在水边。文学作品中常用来比喻夫妻"。"鸳鸯"还有一些语义特征,如[+恩爱]、[+美满]、[+幸福]、[+成双成对]则属于"鸳鸯"的文化义素范畴。中国人新婚枕套上秀的动物是"鸳鸯"而不是"大鹅",这说明鸳鸯的义位与中国文化密切相关。

文化义项:义项与义位并不等同,二者存在相当大的弥合空间。义项是词义在词典中使用的最小语义单位(符淮青,2001:130),确定义项是词典编纂中最复杂的问题之一(符淮青,1981)。即使是最权威的辞书,在词的义项划分上也存在着层次性不清晰的问题——义项划分过粗或过细。文化义项即包含独特民族文化成分的义项。同词的文化意义一样,词的文化义项也包含两种——概念空缺义项与具有特殊文化含义的义项。

概念空缺义项如:

【波磔】bōzhé 名 指汉字书法的撇捺。

【辨证论治】biànzhèng-lùnzhì 中医指根据病人的发病原因、症状、脉象等,结合中医理论,全面分析,做出判断,进行治疗,也说辨证施治("证"同"症")。

【本纪】běnjì 名 纪传体史书中帝王的传记,一般按年月编排重要史实,列在全书的前面,对全书起总纲作用。

【碑林】bēilín 名 聚集在一起的众多石碑，如陕西西安碑林。
【旗袍】qípáo 名 妇女穿的一种长袍，原为满族妇女所穿。
【堂鼓】tánggǔ 名 打击乐器，两面蒙牛皮，置于木架上，常用于戏曲乐队中。
……

以上几个概念空缺义项各自涉及语言文字、中医、史学、地理、服饰、习俗等多个方面。

具有特殊文化含义的义项如：

【二线】èrxiàn 名 ❶战争中的第二道防线。❷比喻不负有直接领导责任的地位：退居～。❸指非直接从事生产、教学、科研等活动的岗位：充实一线，紧缩～。

"二线"的❷义"不负直接领导责任的地位"的生成是与中国国情文化中的干部制度密不可分的。如：

（15）年迈体衰但尚能工作的老同志，可按中央有关规定，退居二线，担任顾问。（1981年3月3日《人民日报》）

英语中"second line"指"战争中的第二道防线"，并没有汉语中的"二线"的❷义。如：

（16）Second-line agents were used for steroid dependence, steroid resistance, or frequent relapses.
（二线的药物被用于激素依赖型、激素抵抗型和频繁复发者。）
（17）The enemy fell back to its second-line defence before they could surround them.
（我们还没包围敌人，敌人就后退到二线了。）

因此，"二线"的❷义是其特殊文化义项。即由"战争中的第二道防线"到"比喻不负有直接领导责任的地位"的词义引申是受中国国情中制度文化影响的。

文化义素：义素是描述义位的最小语义单位（黄伯荣、廖序东，2001：98）。义素分析法一度流行用于分析语义，但这种语义分析过于微观。如对"男人"和"男孩"进行义素分析，可以发现：

男人：[+人][+男性][+成年][+责任]
男生：[+人][+男性][-未成年][-责任]

[+责任] [+成年]等义素是隐含在"男人"与"男孩"的词义系统中的。有时，以"义项"为词义单位的语义未必包含这些微观信息。如《现代汉语词典》（第6版）中关于"男人"与"男孩"的义项解释如下：

【男人】nán rén 男性的成年人。
【男生】nán shēng ❶男学生。❷男青年；小伙子。

义素分析为分析词的文化义，尤其是过于微观的文化信息提供了现实可能性。词的义项归纳是辞书学界的一道大难题。许多词的义项归纳得过粗。自然，我们通过义素分析找到隐含在词义系统中的文化信息，即找出义素中包含的民族文化语义成分——文化义素。

俄语语言国情学中对词的文化意义的分析可以为我们带来富有启发性的建议。语言国情学者认为，义素可以分为概念义素和背景义素。背景义素是"人们在使用语言时联想到的现实生活中的经验，表达人们在使用语言时感情上的反应，并从广义上显示特定语言社团的社会文化特征"（吴国华，1993）。这种分类凸显了义素的文化性，但理解起来比较别扭。因此，"背景义素"不如直接用"文化义素"这一术语更能直接地揭露义素具有民族文化成分的特质。

许多词都可以通过分析文化义素的方法找出其隐含的文化义，我们举三种鸟——"乌鸦"、"喜鹊"、"凤凰"进行分析：

我们先用义素分析法找出隐含在"乌鸦"、"喜鹊"、"凤凰"中的文化义素：

表2-6 "乌鸦"、"喜鹊"、"凤凰"的义素分析法

	[鸟]	[多数中国人喜欢]	[带来吉利]	[现实存在]
喜鹊	+	+	+	+
乌鸦	+	-	-	+
凤凰	+	+	+	-

然后我们把三种鸟的义项与文化义素进行比对，如表2-7所示。

表 2-7　词的文化义素分析法

词	义项	文化义素
乌鸦	【乌鸦】wūyā 名 鸟，嘴大而直，全身羽毛黑色，翅膀有绿光，多群居在树林中或田野间，以谷物、果实、昆虫等为食物，有的地区叫老鸹、老鸦。	[-多数中国人喜欢] [-带来吉利] [+现实存在]
喜鹊	【喜鹊】xǐquè 名 鸟，嘴尖，尾长，身体大部分为黑色，肩和腹部白色，叫声嘈杂。民间传说听见它叫将有喜事来临，所以叫喜鹊。也叫鹊。	[+多数中国人喜欢] [+带来吉利] [+现实存在]
凤凰	【凤凰】fènghuáng 名 古代传说中的百鸟之王，羽毛美丽，雄的叫凤，雌的叫凰。常用来象征祥瑞。	[+多数中国人喜欢] [+带来吉利] [-现实存在]

当然，这种文化义素分析带有一定的主观色彩，这也是义素分析法自身的局限性造成的。

综合上述，词的文化意义的表现单位可以用图 2-6 所示。

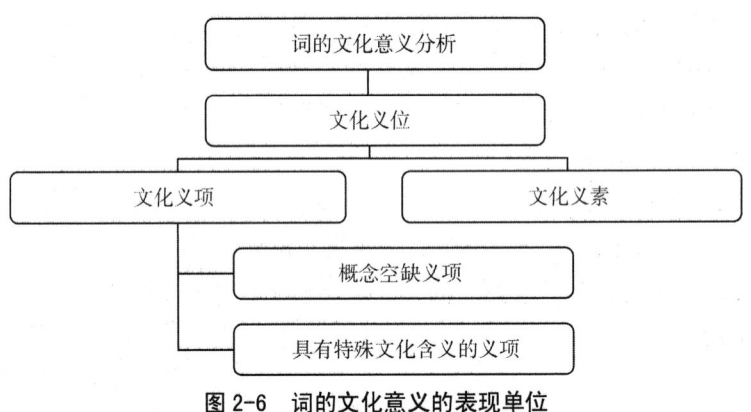

图 2-6　词的文化意义的表现单位

（二）词的文化意义在本书中的分析方法

我们确立了文化义位、文化义项、文化义素三个术语，在以上三个术语中，究竟哪一个可以确立文化词？换言之，词的文化意义的操作层面应该用文化义位、文化义项，抑或文化义素？众所周知，语义问题十分复杂，原因在于语义不具备像形式那样可以描写的特质。文化义位、文化义项与文化义素为人们进一步分析词的文化意义提供了进一步的可能性。但在本书中采用文化义素确立文化词则不具备现实性，理由是有些义素不具有稳固性，而文化义项是在词汇语义系统中相对稳固的词义单位。如：

【蜡烛】là zhú 名 用蜡或其他油脂制成的供照明用的东西，多为圆柱形。

中国人在 20 世纪 60 年代用蜡烛比喻老师。即"蜡烛是园丁"。在那个时代，"蜡烛"用来象征"顽强不息的战斗精神"与"燃烧自己、照亮别人"的品质，老师是园丁，学生是花朵，老师像蜡烛一样燃烧了自己、照亮了别人，已经成为那个时代人们心中对教师的永恒印象。近年来，这种比喻的使用范围已经逐渐缩小，尤其是当代的中国年轻人，很少再用"蜡烛"来比喻老师。"蜡烛"的文化义素具有时代性，不甚稳固。

因此，若用"文化义素"来确定文化词，很容易陷入"公说公有理，婆说婆有理"的尴尬局面，从而使问题的讨论永无止境。当然，具有文化义素的词语也是可以分析的，是研究文化词汇学的另一个重要方面。为了采用一个公允、客观的标准，我们拟采用《现代汉语词典》（第 6 版）中的义项作为确立文化词的参考依据。理由是《现代汉语词典》经过多次修订，已经成为迄今为止最规范的一部语文辞书，可以为本书文化词词义的检索提供参考。

第四节　现代汉语文化词的两种基本类型、定义及鉴别标准

以现代汉语词汇为考察对象，从文化对词义的系统影响出发，现代汉语词汇系统中有两种具有文化意义的词汇，即现代汉语文化词的两种基本类型：一种是文化作用于词义的显性影响的词汇——概念空缺词；另一种是文化作用于词义隐性影响的词汇——特殊文化含义词。

一　概念空缺词的定义及鉴别标准

（一）概念空缺词的定义

概念空缺词从命名上便彰显了词汇的"概念空缺"这一特性。为什么不叫"空缺词汇"或"文化空缺词"？因为概念空缺与词汇空缺是两个不同的概念。

词汇空缺（lexical vacancy）指由于语言文化差异，一种语言的词在另一种语言中没有对应词。

概念空缺（conceptual vacancy）指由于语言文化差异，一种语言中的是该种语言特有的事物或概念，这种表示特有的事物或者概念的词往往构成外语学习者理解该种语言词汇的文化盲点与语义空白。

前文已经举了日语中有"尻の毛"（肛门附近的体毛）这样的例子。又如：

英语中 teenager 义为"13 至 19 岁的少年人"，汉语中"13 至 19 岁的少年人"这样的概念没用专有的词却用短语表达，但这并不能表明汉语中"13 至 19 岁的少年人"的概念相对于英语是"空缺"的。

因此，借助我们前面对词义的新种类——词的文化意义的分析，概念空缺词即词的概念义等于词的文化意义的词语。具体而言，概念空缺词具有如下重要特征：两种语言（包含地域变体、方言、社区语言等）比较，一种语言中的词语 A 是这种语言民族的独特文化创造，在另一种语言中根本没有相应概念，因而无法简单对译。符合这种特点的词语 A 即概念空缺词。这个定义凸显了概念空缺词的两个重要特点：一是概念空缺词所反映的概念在词汇语义层面相对于外语是空缺的，二是概念空缺词是某个民族的独创文化概念，并非普遍词汇（common words）。下面分别解释：

第一，概念空缺词所反映的概念在另一种语言的词汇层面不存在或似是而非，而且具有普遍性。如：

【风水】fēng·shuǐ 名 指住宅基地、坟地等的地理形势，如地脉、山水的方向等。民间认为风水好坏可以影响其家族、子孙的盛衰吉凶：看～｜～宝地。

【龙】lóng ❶ 名 我国古代传说中的神异动物，身体长，有鳞，有角，有脚，能走，能飞，能游泳，能兴云降雨。❷中国封建时代用龙作为帝王的象征，也用来指帝王使用的东西：～颜｜～庭｜～袍｜～床。❸形状像龙的或装有龙图案的：～舟｜～灯｜～车｜～旗。❹古生物学上指古代某些爬行动物，如恐龙、翼手龙等。❺（Lóng）名 姓。

可以看出，对于外国汉语学习者，"风水"、"龙"（指其❶、❷、❸义项）在他们脑海里的心理词库中都是不存在的。因此，用对译的方式很难令他们真正理解"风水"与"龙"（❶、❷、❸）的含义。对于"风水"，不明其所以然的外国汉语学习者还可能简单理解为"风+水"。像"风水"、"龙"（❶、❷、❸）这样的词语的语义不能简单由字义推知词义，而必须从汉民族文化背景中找寻。"风水"、"龙"（❶、❷、❸）这样的词语即属于"概念空缺词"。

第二章 现代汉语文化词的界定及鉴别标准

概念空缺词这种"在词汇层面空缺"的特点使得他们在理解这类词时经常会出现问题,这一点我们从外国人学习汉语的教材的一些词语注释中可以看出来。如:

风水:the location of a house(汉语翻译:房屋的位置)
望子成龙:want to see his son to succeed in his life(汉语翻译:想要他的儿子在生活中获得成功)

注解这类词语的好坏关系着词语的语义文化信息能否准确传达给学习者的问题。如果这种注解不能准确说明词语的语义,那么外国汉语学习者并没有掌握这个空缺的概念,也就没有掌握这个词。

"风水"在教材中简单地被译为 the location of a house 是不准确的,因为汉语中"风水"的实际释义并非如此。汉语中的"风水文化"已经渗透到中国古代与现代生活的方方面面。活人选阳宅时要看"风水",选阴宅时也要看"风水"。甚至有一些专门的营利性职业如"风水大师"、"风水先生"不断涌现,而且收入不菲。以上说明"风水"文化已经成为一种影响汉民族族群的深层信仰。"风水"的实际含义如果教材注解没能准确传达给学习者,学习者很可能会对"风水"的概念造成误读,以致造出下列句子:

(18)这所房子的风水是在街道的左边。

"望子成龙"不是概念空缺词,而在构成该成语的喻体中,"龙"是一个外国汉语学习者并未体会过的概念。因此,"望子成龙"在教材中简单地被译为 want to see his son to succeed in his life,从字面意义上看似乎无误。而问题是"龙"对于母语为英语者空缺的概念在注解中没有得到任何说明。汉语中的"龙"(❶、❷、❸)对于母语为英语者完全是概念上的空白,英语中的"dragon"与汉语中的"龙"概念并不相同,其含义是 a large fierce animal with wings and a long tail, that can breathe out fire(传说中的一种能喷火的怪兽)or a woman who behaves in a fierce and frightening way(悍妇、母夜叉)[①]。在西方文化中,dragon 是一种凶残的动物,英格兰的守护圣徒

[①] [英]霍恩比:《牛津高阶英汉双解词典》(第6版·大字本),石孝殊等译,商务印书馆2005年版。

圣乔治（St. George）就以英勇除掉危害人间的龙而闻名。"龙"与dragon根本是两个风马牛不相及的概念，但因为翻译的失误才把二者硬扯到一起。如今，一些人号召创建一个新词来代替"龙"的原因在正在于此。若这样注解，西方学生不能理解为什么不是望子成"虎"、"狮子"，而一定是成"龙"呢？我们在课堂教学中就收到这样的反馈：

（19）中国人为什么希望自己的儿子成为一种凶残的怪兽？

1988年，中国许多报纸都报道了一则新闻：

（20）1988年初中国青海省发生了一件震惊全国的事件，一名名叫夏斐的小学生，因学习成绩不好，他母亲吴玉霞望子成龙心切加以痛打，不慎失手，致使夏斐身亡。后吴玉霞于看守所自缢。（1992年2月《人民日报》）

西方外国学生如果读到这则报道，定然会对吴玉霞打死夏斐的原因震惊程度加深一层！因为打死孩子本身在西方人眼里就是践踏人权，而孩子被打死的原因居然是母亲希望孩子变成"怪兽"与"战争缔造者"。因为"望子成龙"中的"龙"对于母语为非汉字文化背景的学习者的理解模式是：龙=dragon（怪兽）。这层含义在汉语教学中如果没有得到澄清，定然会使学习者对中国人的行为模式产生误解。

因此，在一种文化中习以为常的概念，在另一种文化人看来或是全然没有体会过的（如"练气"），或是一个似是而非的概念（如"风水"），或是一个截然相反的概念（如"龙"）。这种概念上的空缺往往是跨文化交际中的"寻衅之物"（Werner Koller，1992）。符合这种特性的词语即为"概念空缺词"。

"概念空缺词"的另外一个重要特性是从学习者的心理词库无法抽取出这样的词语。因为这类词语对于母语为非汉语者基本上是空白。国外一些学者已经通过实词的差异性与对应性理论注意到了词汇空缺现象（参见Lado，1957；Ю. А. Сорокин 和 И. Ю. Марковина，1989；103—104；Wernerkoller，1992；等等），但论述不够具体。

第二章 现代汉语文化词的界定及鉴别标准

值得注意的是，文化既有普世性，又有独特性。概念空缺词的产生与文化的独特性是密不可分的，即前文所提到的，文化词研究的重要理论基础是基于人们对词汇与文化可融合性的认识。如：

本命年

【本命年】běnmìngnián 我国习惯用十二生肖记人的出生年，每十二年轮转一次。如子年出生的人属鼠，再遇子年，就是这个人的本命年。

"本命年"这一说法从何时开始已无从考证。但是较多人认为早在西汉就有了。在中国古代，人们是用甲乙丙丁、子丑寅卯等天干地支的组合来记住所生的年份，为了便于记忆和推算，人们就采用鼠、牛等十二种动物来与十二地支相对应的方法，每年用其中的一种动物来作为这一年的属相。因此，对于母语非汉语的学习者，学习者对"本命年"的认知是一种概念空缺，或者说学习者的心理词库中完全没有这个词语。要想了解词语的准确含义，必须从中国文化背景方面加以解释。

从文化对词义的系统影响角度，概念空缺词体现了文化对词义的显性影响。即概念空缺词的概念意义在外语中不存在，因而其概念意义也就是文化意义（概念就是文化）。苏宝荣（2000）也提出过类似的表述，认为文化词只有文化意义，没有语言意义。

从能否从字义析出词义来看，概念空缺词多数不能从字义析出词义。如"红娘"不是"穿红衣服的女人"，"红星"不是"红色的星星"，"红颜"不是"红色的面容"。而"红旗"却是"红色的旗帜"。因此，概念空缺词的词义理据往往要从文化上找寻，其术语的设立从理论上解决了一类词。

不可否认，概念空缺词是一种客观存在，其重要原因是文化既有共性，又有个性。文化个性的部分体现在显性词义系统之中即概念空缺词，文化共性的部分体现在显性词义系统之中即普遍词汇，纽马克（1988：83）又称这类对应词语常被视为"文化重叠词"（culturally-overlapped words）。

笔者曾对不同语种、同一语言的不同地域变体、不同方言、不同社区语言的人进行调查访谈并搜集了大量语料，以上访谈者与所搜集到的语料均可以证明概念空缺词是普遍存在的，如表2-8所示。

表 2-8　不同语种的"概念空缺词"

语种	概念空缺词举例
汉语	阴阳、五行、三教、九流、上山下乡、改革开放、香火、无后为大
英语[1]	lost generation（垮掉的一代）、hippies（嬉皮士）、knightliness（骑士精神）
俄语[2]	БерховныйСовет（最高苏维埃）、Борщ（红菜汤）、матрёшка（套娃）
日语[3]	相扑（相扑）、味噌汁（大酱汤）、忘年会（忘年会）
韩国语[4]	김치（泡菜）、동치미（萝卜冰水）
西班牙语[5]	flamenco（弗拉门哥舞）、paella（西班牙海鲜饭）
德语[6]	Biergarten（露天啤酒馆）、Pretzel（椒盐卷饼）、Oktoberfest（慕尼黑啤酒节）
蒙古语[7]	наадам（那达慕）、хөөмий（呼麦）
泰语[8]	GRATEAI（人妖）、Pattaya（芭提雅）
印度尼西亚语	rawon（拉宛）、Micbakso（米八索）

在表"不同语言里的概念空缺词"中，每种语言的概念空缺词均代表了不同的文化概念：

汉语：汉语中"阴"、"阳"是中国古代哲学概念，指"宇宙中贯通物质和人事的两大对立面"，"三教"指"儒教、佛教、道教"，"九流"指"儒家、道家、阴阳家、法家、名家、墨家、纵横家、杂家、农家"，"上山下乡"则是中国"文革"时期根据毛泽东提出的"知识青年到农村去，接受贫下中农的再教育，很有必要"指示发起的政治运动，"改革开放"是中国 1978 年 12 月中国政府实施的"对内改革、对外开放"的政策，"香火"与"不孝有三，无后为大"反映了中国古代社会的深层观念，"香火"取"后辈烧香燃火祭祖义"，断了"香火"也就无子嗣。

---

[1] 语料系北京大学博士生美国籍英语外教 Thomas Dadds 提供。
[2] 语料系北京大学外国语学院俄语专业硕士研究生鲁蒙初提供。
[3] 语料来自《中日交流基本日本语》第 14 课、第 16 课、第 17 课生词表。
[4] 语料系北京大学对外汉语教育学院韩国籍博士生黄海鑫提供。
[5] 语料系北京大学对外汉语教育学院西班牙籍 2012 年下学期中级口语 10 班留学生安娜提供。
[6] 语料系北京大学对外汉语教育学院德国籍 2012 年下学期初级汉语 5 班留学生梁坦慕提供。
[7] 语料系北京大学中文系蒙古籍博士生袁琳提供。
[8] 语料系福建师范大学汉语国际教育 2011 级硕士潘国保提供。

俄语：俄语中的 БерховныйСовет（最高苏维埃）是指 1936 年至 1988 年间苏联的最高国家机关，这个词语的产生与苏联国家制度密切相关，Борщ（红菜汤）是俄式名菜之一，与俄罗斯的饮食文化密切相关。

英语：英语中 lost generation（垮掉的一代）又被翻译成"迷惘的一代"，是西方现代派文学的一种，属于第一次世界大战以后出现于美国的一个文学流派。Hippies（嬉皮士）特指 20 世纪 60 年代出现于美国社会中的青年群体。Knightliness（骑士精神）词语的产生则反映了西欧上层贵族的一些精神追求。

日语：日语中的すもう（相扑）与体育运动有关，みそしる（大酱汤）与饮食有关，ぼうねんかい（忘年会）则是日本组织或机构在每年（西历）年底举行的传统习俗。在ぼうねんかい（忘年会）中，大家回顾过去一年的成绩，准备迎接新年的挑战。

韩语：韩语中김치（泡菜）、동치미（萝卜冰水）是韩国常见的小吃与饮料。

西班牙语：西班牙语中 paella（西班牙海鲜饭）、gazpacho（西班牙冷汤）与西班牙饮食习俗密切相关。

德语：德语中 Biergarten（露天啤酒馆、啤酒园）与 Oktoberfest（慕尼黑啤酒节）词语的产生同德意志民族热爱喝啤酒的行为习惯有很大的关联，Pretzel（椒盐卷饼）是一种德国小吃。

蒙古语：蒙古语中 наадам（那达慕）是蒙古族历史悠久的传统节日，在蒙古族人民物质生活中占有重要地位。蒙古族每年 7 月、8 月牲畜肥壮的季节会举行"那达慕"大会。这是人们为了庆祝丰收而举行的文体娱乐大会。"呼麦"的蒙古语原意是"喉"，所以"呼麦"是蒙古的一种喉音演唱艺术。

泰语：泰语中 GRATEAI（人妖）是指男性因为从小注射雌性激素而发育得到明显女性第二性征的男性。Pattaya（芭提雅）是中南半岛南端的泰国一处著名海景度假胜地。

印度尼西亚语：印尼语中 Rawon（拉宛）指印尼特色食物"牛肉辣味杂烩饭"，Micbakso（米八索）指"牛肉丸面"。

可以看出，随着外语学习者语言水平的提高，外语词汇学习不可避免地要涉及概念空缺词（conceptual-vacant words）的学习问题。概念空缺词因反映了独特的族情、社情、民情、国情，在学习者的母语词库里没有相应的概念，因而成为外语词汇学习的文化盲点。

上面我们以列表的形式分析了不同语言中概念空缺词的普遍性问题。其实，若以一种语言的地域变体为参照系，概念空缺词也普遍存在。

加拿大英语

加拿大英语中便有许多与美国英语、英国英语、澳大利亚英语所不同的"概念空缺词"，根据陈建生、夏晓燕、姚尧（2011：35）提供的例证，笔者整理的词汇如表 2-9 所示。

表 2-9　加拿大英语中的"概念空缺词"

文化内容	政治	区域、居民等	动植物	生活等
词例	clear grit（顽固的自由派） Confederation（6省联盟） Creditiste（魁北克社会信用党成员） loyalists（亲英分子） Mountie（皇家骑警队员） separate school（天主教学校）	Atlantic provinces（加拿大沿大西洋岸的省份） Bluenose（新斯科舍省人，该地区很冷，人的鼻子大多数发青） Caribou Eskimo（北部的卡里布爱斯基摩人） Herring-choker（加拿大沿海省份的居民） Lower Canada（下加拿大，魁北克省的旧称） SpudIsland（土豆岛，指爱德华太子岛，该岛盛产土豆） Upper Canada（上加拿大，指安大略省）	Canada balsam（加拿大橡胶树） Douglas fir（花旗松） Gounhog（美洲旱獭） Malemute（爱斯基摩人用来拉雪橇的北极犬） Mcintoch red（麦金托什红苹果） Splake（加拿大鳟鱼） Tamarack（美洲落叶松）	cellar（不住人的地下室） chesterfield（坐卧两用长沙发） cottage cheese（农家鲜奶酪）

港式中文

港式中文中也存在着大量"概念空缺词"，一些学者将其命名为"社区词"，并进行了系列研究（田小琳，1996、2004）。社区词的实质也是概念空缺词在社区语言里的表现形式。在"一国两制"的政策之下，香港地区也出现一些反映香港独特政治文化的文化词。田小琳（1996）举了以下例子：

总督、港督、总督府、署理港督、代理港督、行政局、立法局、布政司署、律政司署、布政司、财政司、律政司、公务员制度、公务员、廉政专员公署、三级政治架构、三级议会、市政局、区域市政局、太平绅士、官守议员、非官守议员、民选议员、驻港三军、皇家香港军团、纪律部队、反黑组……

从田小琳（1996）所举的例子我们可以看出社区概念空缺词存在的普遍性。

新加坡华语

许迎春（2006）以新加坡《联合早报》为例，专门做了《新加坡华语特色词语考察》的硕士论文（贾益民指导）。笔者对其所列举的语料进行了初步归纳与整理，如表2-10所示。

表2-10 新加坡华语的"概念空缺"

文化内容	反映各民族和宗教节日的词语	反映慈善和公益事业的词语	反映交通方面特色的词语	反映司法系统方面特色的词语	反映学校教育方面的词语
词例	种族和谐日、族群互信圈、和谐圈、四个文化保护区、大宝森节、蹈火节、哈之节、亮灯节、屠妖节、卫塞节、牛车水（Chinatown）、小印度、殖民地心脏、阿拉街（Arab Street）	日行一善（Singapore Kindness Movement）、NKF癌症基金会、黄丝带计划（Yellow Ribbon Project）、黄丝带基金（Yellow Ribbon Fund）、佩戴黄丝带日、度岁金、探监绅士、卧底顾客	白兔快车、超长巴士、豪华德士、马赛地、易通卡、鉴票机、公路电眼、车资检讨委员会、拥车证、公路电子收费制、阅卡器、非繁忙时段用车（Off-Peak Car）、周末用车	鞭刑、高庭、初庭、调查庭、上诉庭、死因庭、仲裁庭	直接收生计划（Direct Student Admission：Pre-PSL）、浸濡A水准（ADVANCED LEVEL剑桥高级证书）、浸濡N水准（NORMAL LEVEL标准证书）、O水准（ORDINARY LEVEL剑桥普通证书）、高级华文课程、华文B课程、华文种子教学计划、童子军、"好朋友"计划、关怀与分享计划

新加坡多民族共居、慈善事业相对发达、交通管制较为有序、司法系统相对完善、政治制度独特的社会特点决定以上词语为新加坡特有的概念空缺词。

民族语

概念空缺词还存在于民族语言之中。民族语言中的文化词例很多，比如满语里有"onggoro"（"脑精骨"），指"将牲畜头骨耳根的小骨头挂在婴儿摇车或小孩儿身上，可以防止忘事"，这是一种习俗文化。但是随着民族融合，一些这样的词例已经消失了，有的甚至成了汉民族的一般词汇，如"萨其玛"（一种满族点心）。

方言

概念空缺词还存在于各种方言之中。方言中的概念空缺词可以信手拈来。如邯郸内丘话中则有"天地菜儿"（院子里每年正月祭天的地方），这个词语反映了当地的民族文化（转引自李行健，1997）。

因此，概念空缺词是一种客观存在，是文化独特的部分在词汇系统中的反映。语言类型学并不关心语言的本质究竟是什么，而是试图找到合适的"参项"，比如 SVO、附置词、方位词之类的东西（刘丹青，2011）。我们说，虽然确定概念空缺词是一种语言的参项未必合适，但概念空缺词的普遍存在特性起码符合语言类型学的这种认识。

第二，概念空缺词是某个民族独特的文化创造。

概念空缺词是某个民族的独特的文化创造，换言之，概念空缺词是在独特的文化背景下产生的。之所以强调这一点，是要明确文化的"源"与"流"的问题。可能有人会有这个疑问：确立概念空缺词是否应设立参照系？某一词汇如以英语为参照系为概念空缺词，那么以其他语言为参照系是否也为概念空缺词？这中间涉及一个比较棘手的问题：文化的流动与传播会影响语言间词汇的吸收与融合，历史上文化的接触常以某一文化为核心向周围文化之间辐射与扩散，形成以强势文化为主导的核心圈，弱势文化逐渐依附并效仿强势文化。我们说的"汉字文化圈"与"非汉字文化圈"即是文化辐射与融合的典型结果。文化的吸收与传播也会影响语言对词汇的吸收与改造。本书认为，大部分概念空缺词都保留着文化的独特民族性质，但少部分词却因为文化流动传到外国去了，有的还成了外语中汉源外来词。

比如，汉语中的"太极"是中国思想史上的重要概念，初见于《易经》的"易有太极，是生两仪。两仪生四象，四象生八卦"。"太极"起初与八卦密不可分。在道教形成之后，"太极"又被道教所吸收。唐武德七年（公元 624 年），道教传入朝鲜半岛（任继愈主编，1989：117），一些道教的概念（包括"太极"等）被信仰道教的王室宗亲和平民百姓所接受。

朝鲜王室为李姓，使道教在朝鲜更加流行。韩国国旗"太极旗"（태극기）便是以道教和中国儒家思想为基础绘制的。但朝鲜的太极与中国的太极有所不同，是在中国"太极"的概念上加以吸收与改造所得。[①]如图2-7所示。

太极阴阳图（两仪图）　　　　韩国太极旗

图2-7　汉语的"太极"与韩语的"太极"之比较

韩国国旗中的"太极"为蓝红色调，中间无实点。中国"太极"由黑白两种万物间最简单的色调组成，中间有实点即"太虚"，这个中心点才是中国文化中的"太极"。还可以从图2-7中看出，韩国的"太极"有四卦，左上方为乾，右下方为坤，右上方为土欠，左下方为离。我们可以清晰地看出，这也是来源于中国的八卦。在代表的含义方面，韩国的太极由阴阳组成，代表宇宙调和与统一，这与中国文化中的太极非常接近，却又不等同。

韩国"太极"之所以与中国文化的"太极"有诸多相似性，其重要原因就是中国文化在韩国的接受与传播。韩国太极旗的设计者之一、朝鲜开化党领袖金玉均自幼便深受中国儒家文化浸染，又多次在中国上海从事革命活动（李钟恒，1963：31）。

因此，韩语中的"太极"与汉语中的"太极"在词义内涵上并不相等。而且，"太极"概念发源于中华文化本土，我们不能否认中华民族对其概念的独创性。韩语的词汇系统中吸收了"太极"一词，韩国汉语学习者对"太极"并不会出现太大的理解障碍，只是在概念的理解上会出现一些似是而非的差错。而英语词汇系统并未收录"太极"一词，位于"非汉字文化圈"的英语学习者对"太极"的概念却是全然陌生的。因此，他们在理解这个词时会出现概念空白。

---

① 也有人说是抄袭中国的"太极"。

既然汉语里的"太极"与韩国语里的"太极"并不等同,可知"太极"是中国独特的文化创造,在世界上的其他语言中也很难找到对等物,原因是文化不同。

"龙"文化的传播也说明概念空缺词的独特性。作为一种特殊的文化概念,能对一个民族产生如此巨大的影响,这在人类文化发展的历史上是十分罕见的。"龙"是中华民族的象征。在古代中国,只有皇帝才可以穿"龙袍"、坐"龙椅"、睡"龙床",皇帝又被称为"真龙天子"、"真命天子"。在现代中国,所有的炎黄子孙都是"龙的传人",所有的中国父母都"望子成龙"、"望女成凤"。但中华民族的先祖何以就创造了"龙",这种文化的深层密码值得深思。考古学的研究成果显示,从新石器时期开始,中国原始先民对"龙"的崇拜就已经开始了(周崇发,2000)。当时,"龙"主要作为一种图腾(Totem)崇拜对象,这一点我们可以从我国考古工作中发现的玉龙、泥塑龙、地龙、陶绘龙等实物遗存中得到证明(周崇发,2000)。"龙"能腾云驾雾、兴云降雨,而原始农业呼唤保护神,于是,在"民以食为天"的中国传统农业社会里,"龙"这样一种图腾逐渐成为一种稳固的崇拜对象,"鳞虫之长,能幽能明,能大能小,能长能短,春分而登天,秋分而入渊"[①]这样一种形象得到了稳固(见图2-8)。

中国"龙" 　　　　　　　西方"dragon"

图2-8 中国文化中的"龙"与西方文化中的"dragon"比较

日本文化中的"龙"形象带有浓重的中国色彩,通常被认为是在中国东汉年间传入日本的(韩立红,2003:145)。日本文化中的"龙"主要分为三种:一是在空中喷云吐雾的龙,这一形象来源于中国神魔小说《西游记》

[①] 参见《说文解字》。

中的白龙马；二是出现在江河湖海中、接近于"大蛇"（Oroti）形象的"龙"；三是生活在陆地上的龙，呈现"小蛇"样貌（韩立红，2003：150）。

韩国、越南文化中的"龙"也深受中华文化的影响，并在中国"龙"的基础上加以改造（周崇发，2000）。

可以看出，在汉字文化圈内，形成为以中国"龙"文化为核心、向周边国家辐射的不同"龙"文化，各国在吸收中国龙文化的基础上加以改造，但各国"龙"的确切含义所指并不等同。

而在非汉字文化圈中，"龙"的文化却是截然相反的。在西方文化中，"龙"是一种凶残的动物，在中世纪，dragon 是罪恶的象征，这来源于圣经中的故事。与上帝作对的恶魔撒旦被称为 dragon。因此，在基督教美术中 dragon 总是代表邪恶。英格兰的守护圣徒圣乔治（St. George）就以英勇除掉危害人间的龙而闻名，西方的"龙"（dragon）令人感到恐怖，所以很早就被用来作为战争的旗帜。

俄文中所谓的"龙"为"Д-PαKóH"，同样源于希腊语。在中世纪，基督徒把《圣经》中引诱人类祖先偷尝禁果的毒蛇称为恶魔。莫斯科市徽则创制了一个与毒蛇形态接近的动物"dragon"。基督教中的圣徒乔治屠 dragon 的故事被搬到当今莫斯科的市徽上，在双头鹰胸部的红色盾牌上，身着白衣、骑白马的骑士，手持长矛刺向一条怒张大口的 dragon，象征着善良战胜邪恶、英雄保卫国家（见图 2-9）。

图 2-9 莫斯科市徽

因此，虽然世界各种文化中都有"龙"，但实际所指并不完全相同，差异最大的是"汉字文化圈背景"与"非汉字文化圈背景"对"龙"的不同理解。中国"龙"的义项❶、❷、❸对于外国汉语学习者是概念空缺的，而且是独特的中华文化创造，这两点不能否认。现今部分韩国人宣称中国龙源于韩国。如果我们不进一步明晰文化概念的源头，势必会造成中华文化版权的丢失与破坏。今天，有些人主张创造一个新单词"loong"作为"龙"的新译法取代"dragon"①（恶龙）的原因正在于此。

再如，椒盐卷饼（Pretzel）是来源于德国的一种蝴蝶形的松软的传统食品，但美国人学习了德国的椒盐卷饼（Pretzel）的做法并加以改造，把它做成了硬饼干，也是蝴蝶形。还有的美国人把它做成了面包。虽然美国人对椒盐卷饼（Pretzel）进行了改造，但我们不可否认的是椒盐卷饼（Pretzel）是德国人的饮食文化创造，属于德语饮食文化词。

红菜汤（Борщ）是源于俄罗斯文化的传统食物，但随着国际交流的频繁，中国一些饮食机构也推出了"罗宋汤"或"红菜汤"。正宗的红菜汤（Борщ）食材是用牛肉、红菜头、番茄、土豆、洋葱加工2个小时制作而成，而中国饭馆的"罗宋汤"或"红菜汤"用的食材是西红柿与卷心菜，味道与红菜汤（Борщ）完全不一样，更适合中国人的口味。我们不能因为中国饮食文化中接受了红菜汤（Борщ）就否认"红菜汤（Борщ）"是一个俄罗斯饮食文化词。

又如，"瑜伽"是从印度梵语"yug"或"yuj"而来，其含义为"一致""结合"或"和谐"。瑜伽源于古印度文化，是古印度六大哲学派别中的一系，探寻"梵我合一"的道理。如今在中国，"瑜伽"已经成为女性的一种健身潮流，中国的大城市都开有瑜伽会馆。但我们不能否认印度文化对"瑜伽"的原创性。

"人妖"是泰国特有人群，是泰国人文文化中一种变态的文化追求的体现。这一类人多集中在泰国，我们称为"泰国人妖"。目前在韩国、美国、中国海南兴隆等地也有人妖出现（shemale, ladyboy）。但我们不能认为"人妖"是一个汉语文化词。同理，"感恩节"（Thanksgiving Day）是美国特有节日，今天一些年轻人依附于西方文化，每年也过"感恩节"，但我们不能认为"感恩节"是一个汉语文化词。

再如，根据中国国家汉办新闻网页报道②，"端午"一词已被借入马其顿语，被写作 Дуанву。在 2014 年 6 月 2 日，圣基里尔·麦托迪大学孔子学

---

① 公元 1815—1823 年，传教士马礼逊在澳门编纂出版的《华英—英华大词典》中用"dragon"翻译"龙"。此后"dragon"译成"龙"延续了马礼逊的误译，以讹传讹。

② 见 http://www.hanban.edu.cn/article/2014-06/04/content 39155.htm。

院在马其顿大学与国家图书馆多媒体厅举行端午节庆祝活动。在这次活动中，孔子学院院长邓时忠与马其顿汉学家、马其顿圣基里尔·麦托迪大学的语言学家集体讨论，决定"端午"一词的马其顿语翻译不采用英语"Dragon Boat Festival"的意译方法，而直接使用"端午"的汉语音译"Дуанву"，因为端午节涉及一系列中国传统文化活动，不仅只有龙舟比赛一个项目。一个新的马其顿词语"Дуанву"诞生了。

可以看出，上述词语"太极"、"龙"、"端午"等均经历了在另一种语言中的接受过程，从而成为另一种语言中的外来词，这实际是语言文化交流的必然过程。"文化词最容易渗进外来词，而基本词不容易渗透进外来词。"（张永言，1982：93）但我们必须明确文化词的文化源头，保证语言里一些固有的文化概念不被"侵权"，这绝非危言耸听。因为文化的辐射作用，一些中国文化的独特概念已经被借入到其他国家的语言词汇层面了。但汉字文化圈在吸收的基础上引渡的概念与中华固有文化概念并不等同，在这方面我们必须要确认中华文化概念的独特性，应具有保护意识。比如，中国的近邻韩国就曾有一些"文化侵权"行为，可中国人对此却不置可否、未加以重视。韩国人宣称"太极拳"是韩国人发明的，"孙悟空"是韩国猴，"端午节"是"韩国屈原"创造的，"西施"是韩国美女，"孔子"是韩国人，"张三丰"也变成了韩国济州岛人。对于以上文化概念（"太极拳"、"孙悟空"、"西施"、"孔子"、"张三丰"等），如果我们不在语言的词汇层面上具有版权意识，那么几千年来博大精深的中华文化与韩国文化哪个是"根"、哪个是"枝"都存在本末倒置的危险。我们在文化概念上应具有版权意识，以上文化概念就是中国人独创的，后期可能被其他国家学去了，但谁也不能否认中华文化在相关概念上的独创性。

而事实上是文化的流动导致词汇系统不断接受与吸收新的文化词。"孔子"、"太极"这样的词对韩国汉语学习者确实不能构成较大的理解障碍，但却是母语为英语者理解汉语词汇的难点所在。为了使研究更加严谨，我们可以取一参照系（如英语）进行对比研究，但上述词语产生的源头是明确的，我们必须保护文化产权。

王永阳（2013）已经注意到了文化传播的这种"第三空间文化现象"（the third place model of intercultural communication）。实际上，对于以词承载的文化概念而言，也存在类似的问题。比如王永阳（2013）列举到："在中国瓷器的影响下，18世纪末期的英国出产了一种曾经很流行的瓷器叫'柳叶瓷'（willow pattern），在白底的瓷器上绘蓝色的柳枝、中国的亭台楼宇等，看起来很中国。"但是，我们很难对柳叶瓷的文化归属做出准确的定位。它像是中国文化中的东西，却又不是中国的。它出产在英国，却又不是英国文化所固有的。我们不能因为英国人创造出了"柳叶瓷"（willow pattern）就否认"瓷器"（China）是中华文化固有的概念。同样地，我们不能因为中国的一些地方也出现了"人妖"就认为"人妖"是一个汉语文化词。

另外可能还有人说，一事物之所以独特，要与另一事物比较才可以得出。文化词既然是独特的文化在词义系统中的反映，那么应该尽可能穷尽式对比世界上的各种语言。可是，请注意这样的一个事实：汉语的学习者的母语是五花八门的，语言的对比研究如果只是就某种外国语，不分巨细做详尽的分析，全世界数十种不同类型的大语种，何时能够做完？大语种之中还有亲属语言和各自的方言，语言学的对比研究是永远无法穷尽的。翻译学界是文化词概念提出的最早领域，其界定的视角也是两种语言比较。如果把世界上所有语言比较来确定一个词的概念是否是独特的，没有人能做到这一点。况且，每种语言都在独特的文化的孕育下产生，从这个意义上来说，每种语言势必有其独特的文化概念，判定一个词是否为概念空缺词的方法也主要依据该词是否为某种文化的固有概念。那么，对比全世界语言的做法根本就是多此一举。只要承认文化的独特性，概念空缺词就永远存在，任何人无法阉割其存在的属性。

因此，概念空缺词的确立必须要以"概念空缺"和"文化独创"作为两条重要准绳，二者缺一不可。

（二）概念空缺词的鉴别标准

因此，确定概念空缺词的重要依据有二：概念的空缺性及文化的独创性。在此基础上，我们进一步明确概念空缺词的对应关系是：两种语言比较，一种语言中的词语 A，因受制于特殊的民族文化背景，在另一种语言中根本没有相应概念。这种因文化差异而造成在另一种语言中概念空缺的词语就是概念空缺词。如表 2-11 所示。

表 2-11　两种语言概念空缺词的对应关系

语言 a	语言 b
词语 A	没有这种概念

在操作层面，如表 2-11 所示，通过语言 a 与语言 b 比较发现，A 所反映的概念是语言 a 中所特有的，因此，语言 b 中无法找到对应词。换句话说，a 语言中的词语 A 所表示的客观对象或概念，说 b 语言的人从未体验过。所以对于 a 语言中的这一词语 A，说 b 语言的人心理联想几乎是空白，或只能联想到与之沾边的类似物、制度、行为或观念。比如汉语中的"四合院"、"炕"等，英语中的 good Friday（耶稣受难节）、blessedness（福音）、pink lady（一种鸡尾酒）等都是这样的词语。即便人们把"炕"翻译成"a heatable brick bed"，但这种翻译并不能准确概括"炕"的特征。每种语言中都有大量的狭义的概念空缺词，而且以名物词语最容易判别，另外，在制度、心态、行为文化层面，概念空缺词也大量存在。

既然明确了概念空缺词的文化是在词义系统之中，那么我们可以借鉴词项来进行界定。即词项中表示的概念在外语（以一种语言为参照系）是空缺的（不存在）的，这样的词语就是概念空缺词。比如《现代汉语词典》（第 6 版）中含有"文"字且位于首位的词语很多，我们试以词项的"概念空缺"层面来确定其中的概念空缺词（概念空缺词用阴影标出）。

表 2-12　含有"文"字且居首位的概念空缺词的确定

【文案】wén'àn 名 ❶旧时指官署中的公文、书信等，现多指企业的事务性文字：～策划｜广告～。❷指做这种工作的人员：资深～。
【文本】wénběn 名 文件的某种本子（多就文字、措辞而言），也指某种文件：这个文件有中、英、法三种～。
【文笔】wénbǐ 名 文章的用词造句的风格：～辛辣｜～巧妙。
【文不对题】wénbùduìtí 文章的内容跟题目没关系，也指答非所问或说的话跟原有的话题不相干。
【文不加点】wénbùjiādiǎn 形容写文章很快，不用涂改就写成（点：涂上一点，表示删去）。
【文才】wéncái 名 写作诗文的才能：～出众。
【文采】wéncǎi 名 ❶华丽的色彩。❷文学方面的才华：～过人。
【文昌鱼】wénchāngyú 名 脊索动物，外形像小鱼，长约 5 厘米，半透明，头尾尖，体内有一条脊索，有背鳍、臀鳍和尾鳍。生活在沿海泥沙中，吃浮游生物。
【文场】wénchǎng 名 戏曲伴奏乐队中的管弦乐部分。❷曲艺的一种。由数人演唱，伴奏乐器以扬琴为主。流行于广西桂林、柳州一带。
【文抄公】wénchāogōng 名 抄袭文章的人（含戏谑意）。
【文丑】wénchǒu （～儿）戏曲中丑角的一种，扮演性格滑稽的人物，以念白、做功为主。
【文词】wéncí 同"文辞"。
【文辞】wéncí ❶指文章的用字、用语等；～优美。❷指文章：以善～知名。‖也作文词。
【文从字顺】wéncóng-zìshùn 指文章的用词妥帖，语句通顺。

续表

【文胆】wéndǎn 名 指替人（多指政界人士）出谋划策或撰写重要文书的人：总统的～。

【文旦】wéndàn〈方〉名 柚。

【文档】wéndàng 名 ❶文件档案：整理～。❷计算机系统中指保存在计算机中的文本信息：电子～。

【文牍】wéndú 名 ❶公文、书信的总称。❷旧时称担任文案工作的人。

【文法】wénfǎ 名 语法。

【文房四宝】wénfáng sìbǎo 指笔、墨、纸、砚，是书房中常备的四种东西。

【文风】wénfēng 名 ❶使用语言文字的作风：～端正｜～犀利。❷重视文化的风尚：江南富足，历来～很盛。

【文稿】wéngǎo 名 文章或公文的草稿。

【文告】wéngào 名 机关或团体发布的文件。

【文蛤】wéngé 名 软体动物，壳略作三角形，表面多为灰白色，有光泽，长约5—10厘米，生活在沿海泥沙中，以硅藻为食物。通称蛤蜊。

【文工团】wéngōngtuán 名 从事文艺演出的团体。

【文官】wénguān 名 指军官以外的官员。

【文过饰非】wénguò-shìfēi 掩饰过失、错误。

【文翰】wénhàn〈书〉名 ❶文章。❷指公文信札。

【文豪】wénháo 名 杰出的、伟大的作家。

【文化】wénhuà 名 ❶人类在社会历史发展过程中所创造的物质财富和精神财富的总和，特指精神财富，如文学、艺术、教育、科学等。❷指运用文字的能力及一般知识：学习～｜～水平。❸考古学用语，指同一个历史时期的不依分布地点为转移的遗迹、遗物的综合体。同样的工具、用具，同样的制造技术等，是同一种文化的特征，如仰韶文化、龙山文化。

【文化层】wénhuàcéng 名 古代人类居住遗址上的土层，埋藏着古代人类遗物，如工具、用具、建筑物遗址等。

【文化产品】wénhuà chǎnpǐn 广义指人们改造世界所获得的积极成果，即具有文化价值的一切产品（不同于自然界的天然产品）；狭义指人们在思想、文学、艺术等精神生产和交往活动中所获得的，并用语言、文字等载体表达的产品（不同于物质产品）。

【文化产业】wénhuà chǎnyè 现代市场经济体制中，把文化产品作为商品进行生产、交换并获取利润的产业。

【文化宫】wénhuàgōng 名 规模较大、设备较好的文化娱乐场所，一般设有电影院、讲演厅、图书馆等。

【文化馆】wénhuàguǎn 为了开展群众文化工作而设立的机构，也是群众进行文娱活动的场所。

【文化人】wénhuàrén 名 从事文化工作的人，也泛指知识分子。

【文化沙漠】wénhuà shāmò 指文化很不发达或不重视文物保护和文化事业的地区。

【文化衫】wénhuàshān 名 一种印有文字或图案的针织短袖衫，有的能反映出某些文化心态。

【文化市场】wénhuà shìchǎng 把文化产品作为商品进行买卖和交换的市场。

【文化事业】wénhuà shìyè 现代社会中，不能进入市场或不该进入市场的那类文化产品按照非营利原则进行生产、分配和传播的各种活动。

第二章 现代汉语文化词的界定及鉴别标准 115

续表

【文火】wénhuǒ 名 烹饪、煎药时用的较弱的火。

【文集】wénjí 名 把作家的作品汇集起来编成的书（可以有诗有文，多用于书名）：《矛盾～》。

【文件】wénjiàn 名 ❶公文、信件等：绝密～。❷指有关政治理论、时事政策、学术研究等方面的文章。❸计算机系统中信息存储的基本单元，是关于某个主题信息的集合：拷贝～。

【文件夹】wénjiànjiá 名 ❶用来保存文件的夹子。❷计算机系统中信息存储的基本单元，是关于某个主题的信息的集合：拷贝～。

【文教】wénjiào 名 文化和教育：～部门｜～事业。

【文静】wénjìng 形 （性格、举止等）文雅安静：她是个～的姑娘。

【文句】wénjù 名 文章的词句：～通顺。

【文具】wénjù 名 笔墨纸砚等用品。

【文科】wénkē 名 教学上对文学、语言、哲学、历史、经济等学科的统称。

【文库】wénkù 名 由许多书汇编成的一套书（多用作丛书名）：《世界～》。

【文侩】wénkuài 名 指靠舞文弄墨投机取巧的人。

【文理】¹wénlǐ 名 文章内容方面和词句方面的条理：～通顺。

【文理】²wénlǐ 名 文科和理科的合称：～分科｜～并重。

【文盲】wénmáng 名 不识字的成年人：扫除～。

【文眉】wén//méi 动 将眉毛皮肤刺破，涂上专用颜料，使色素滞留皮内，达到美化眉毛的目的。

【文秘】wénmì 名 文书和秘书的合称：～工作｜～专业。

【文庙】wénmiào 名 旧时祭祀孔子的庙。

【文明】wénmíng ❶ 名 文化①：物质～。❷ 名 社会发展到较高阶段和具有较高文化的：～人｜～国家。❸形 旧时指有现代色彩的，实质上是西方资产阶级的（风俗、习惯、事物）：～戏｜～棍儿（手杖）。

【文墨】wénmò 名 指写作文章的事，泛指文化知识：～人｜～事｜粗通～。

【文痞】wénpǐ 名 指舞文弄墨颠倒是非的人。

【文凭】wénpíng 名 旧时指用作凭证的官方文书，现专指毕业证书。

【文气】wénqì 名 贯穿在文章里的气势；文章的连贯性。

【文契】wénqì 名 称买卖房地产等的契约。

【文人】wénrén 名 读书人，多指会作诗文的读书人：～墨客｜～相轻。

【文弱】wénruò 形 举止文雅，身体柔弱，多用来形容文人：～书生｜～女子。

【文山会海】wénshān-huìhǎi 指过多的文件和会议。

【文身】wén//shēn 动 在人体上绘成或刺成带颜色的花纹或图形。也作纹身。

【文史】wénshǐ 名 文学和史学的合称，也指文学、史学方面的知识：～不分家｜精通～。

【文饰】¹wénshì 名 文辞方面的修饰：这段描写，～较少。

【文饰】²wénshì（旧读 wènshì）动 掩饰（自己的过错）。

【文书】wénshū 名 ❶指公文、书信、契约等。❷机关或部队中从事公文、书信工作的人员。

【文思】wénsī 名 写文章的思路：～敏捷。

【文坛】wéntán 名 指文学界：～巨匠。

【文体】¹wéntǐ 名 文章的体裁：就～讲，公文、书信、广告都可归入应用文。

【文体】²wéntǐ 名 文娱和体育的合称：～活动。

续表

【文恬武嬉】wéntián-wǔxī 文官图安逸，武官贪玩乐。指文武官吏一味贪图享乐，不关心国事的腐败现象。

【文玩】wénwán 名 供赏玩的器物：金石～。

【文武】wénwǔ 名 ❶文才和武艺：～双全。❷〈书〉文治和武功：～并用，垂拱而治。❸〈书〉文臣和武将：满朝～。

【文物】wénwù 名 历代遗留下来的在文化发展史上有价值的东西，如建筑、碑刻、工具、武器、生活器皿和各种艺术品等：出土～｜革命～。

【文戏】wénxì 名 以唱功或做功为主的戏（区别于"武戏"）。

【文献】wénxiàn 名 有历史价值或参考价值的图书资料：历史～｜科技～。

【文胸】wénxiōng 名 胸罩。

【文选】wénxuǎn 名 选录的文章（多用作书名）：活页～｜《列宁～》。

【文学】wénxué 以语言文字为工具形象化地反映社会生活斗争的艺术，包括戏剧、诗歌、小说、散文等。

【文学革命】wénxuégémìng 指我国1919年五四运动前后展开的反对旧文学、提倡新文学的运动。文学革命以反对文言文，提倡白话文为起点，进而反对以封建主义为内容的旧文学，提倡反帝反封建的新文学。

【文学语言】wényì yǔyán ❶标准语（偏于书面的）。❷文学作品里所用的语言。也叫文艺语言。

【文雅】wényǎ 形 （言谈、举止）温和有礼貌，不粗俗：举止～。

【文言】wényán 名 指五四以前通用的以古汉语为基础的书面语。

【文言文】wényánwén 名 用文言写成的文章。

【文以载道】wényǐ zàidào 文章是用来说明道理、表达思想的（道:旧时多指儒家思想）。

【文艺】wényì 名 文学和艺术的总称，有时特指文学或表演艺术：～团体｜～作品｜～会演。

【文艺复兴】wényì fùxīng 指欧洲（主要是意大利）从14到16世纪文化和思想发展的潮流。据说那时文化的特点是复兴被遗忘的希腊、罗马的古典文化。实际上，文艺复兴是欧洲资本主义文化思想的萌芽，是新兴的资本主义生产关系的产物。文艺复兴时期的主要思想特征是人文主义，提倡以人为本位，反对以神为本位的宗教思想。当时文学家所着重描写的是活的人；美术家所描绘的也是普通人物和自然景色，画宗教故事时也富有人间情趣。

【文艺批评】wényì pīpíng 根据一定的美学观点对作家的作品、创作活动、创作倾向性进行分析和评论。是文艺学的组成部分。

【文艺学】wényìxué 名 以文学和文学的发展规律为研究对象的学科，包括文艺理论、文学史和文艺批评。

【文艺语言】wényì yǔyán ❶标准语（偏于书面的）。❷文学作品里所用的语言。也叫文学语言。

【文娱】wényú 名 指看戏、看电影、唱歌、跳舞等娱乐：～活动｜～干事。

【文员】wényuán 名 在机关、企业、事业单位的办公室中从事文字工作的职员。

【文责】wénzé 名 作者对文章内容的正确性以及在读者中发生的作用所应负的责任：～自负。

【文摘】wénzhāi 名 ❶对一本书或一篇文章所作的扼要摘录。❷指选取的文章片段，也用于书刊名：《新华～》。

续表

【文章】wénzhāng 名 ❶篇幅不很长的单篇作品。❷泛指著作。❸指暗含的意思：话里有～｜这件事背后大有～。❹指做事情的方法、计划等：我们可以利用他们的矛盾，这里很有～可做｜还要想到下一战略阶段的～。

【文职】wénzhí 名 ❶文官的职务：～人员。❷指中国人民解放军编制定额内不授予军衔的干部。主要从事科技、医疗卫生、文化艺术、新闻出版、体育等部分专业技术工作及部分行政事务、生活保障工作。

【文质彬彬】wénzhì-bīnbīn 形 原形容人既文雅又朴实，后来形容人文雅有礼貌。

【文治】wénzhì〈书〉名 指文化教育方面的业绩：～武功。

【文绉绉】wénzhōuzhōu （～的）形 形容人谈吐、举止文雅的样子（多含贬义）。

【文竹】wénzhú 名 多年生草本植物，茎细，叶子鳞片状，开白色小花，果实紫黑色。供观赏。原生长在非洲南部。

【文字】wénzì 名 ❶记录语言的符号，如汉字、拉丁字母等。❷语言的书面形式，如汉文、英文等。❸文章（多指形式方面）：～清通。

【文字学】wénzìxué 名 语言学的一个分支，研究文字的性质、结构、演变和使用等。

【文字狱】wénzìyù 名 旧时统治者迫害知识分子的一种冤狱，故意从作者的诗文中摘取字句，罗织成罪所造成的冤狱。

【文宗】wénzōng〈书〉名 文章为众人所师法的人物：一代～。

根据词项所蕴含的共时概念在外语中是否存在空缺，以上被阴影覆盖着的一些义项是汉语中独有而外语中没有的。因此，现代汉语中以"文"字作为首位的概念空缺词的只有"文场"、"文丑"、"文房四宝"、"文化宫"、"文化馆"、"文面"、"文庙"、"文契"、"文职"、"文戏"、"文学革命"、"文言"、"文言文"、"文字狱"等14个。

尤其需要指出的是，我们只能依据"概念空缺"确立概念空缺词，而不能依据"词汇空缺"确立。比如汉语中的"叔父"、"伯伯"等多个词对应"uncle"。但是不能说"叔父"就是概念空缺词，因为"叔父"在英语中一定有其相应的概念。造成汉语中多个词对应"uncle"的重要原因是汉英两种语言的编码度不同。

二 特殊文化含义词的定义及鉴别标准

（一）特殊文化含义词的定义

什么是词的特殊文化含义？词的特殊文化含义是我们所强调的词的文化意义的另外一种。在这里我们需要联系前面所确立的词的文化意义的概念进行阐释。

词的特殊文化含义即不同民族文化对词义产生的间接的影响而形成的语义类型。这种文化对词义的间接影响使两种语言中共有的概念具有一个新的文化意义，这种新的文化意义在认知上没有什么必然理据，而必须要在文化方面寻找答案。

什么是特殊文化含义词？概括地说，特殊文化含义词即蕴含特殊文化含义的词语。具体而言，即两种语言（包含地域变体、方言、社区语言等）共时比较，一种语言中的词语 A，在另一种语言中有相应的概念 A1，但受制于两种语言不同的文化背景，A 与 A1 的文化意义有重大差异。这种通过词义的对比分析，得出 A 与 A1 "概念意义对应，文化意义[①]有重大差异"。换言之，A 除了概念义外，受特殊文化作用的制约，形成了 A 的独特文化意义（或称为特殊文化含义），符合这样条件的 A 即为一个特殊文化含义词。

因此，特殊文化含义词的判定是较为复杂的。我们一定要在深入汉民族文化与外语文化对比的基础上，看词由概念义派生出新义的机制是否为独特的民族文化。否则，很有可能无形中扩大特殊文化含义词的范围。

为了进一步说明特殊文化含义词与普通认知词、多义词的区别，我们举例加以说明。

特殊文化含义词不同于普通认知词。普通认知词是经过普通隐喻与转喻手段、不需要经过文化背景便可以解释语义的词。关于这一点，我们举"朱门"（特殊文化含义词）、"扫帚星"（特殊文化含义词）与"处女"（普通隐喻词）、"里程碑"（普通隐喻词）来进行说明。

朱门

【朱门】zhūmén 名 红漆的大门，旧时借指富贵人家：～酒肉臭，路有冻死骨。

就"朱门"来讲，其"富贵人家"义我们在现代汉语中也使用。如：

（21）冰心获悉后便对梁实秋调侃说："朱门一入深似海，从此秋郎是路人。"（黄艾仁《胡适与冰心》）

（22）他由于好奇心的驱使去爱怪僻的少女，为满足向上爬的虚荣心而去爱朱门贵妇。（《读书》1982年第3期）

[①] 值得提示的是，本书所采用的术语"词的文化意义"有严格的界定，并不是一个泛概念。特殊文化含义词是在词的文化意义严格界定的基础上得出的概念，也是词的文化意义的一种，二者的理论体系是有关联的。

"朱门"由"红漆的大门"义如何能引申为"富贵人家"义？这借助一般的认知规律我们根本无法解释。"朱门"的"富贵人家"义的获得理据必须从汉民族的文化中找寻。据考证，中国人"尚红"从遥远的蛮荒年代就已开始。远古中国人认为血是人的精华，能辟邪。而红色正是血的颜色，在西安半坡、洛阳王湾、永昌鸳鸯池、胶县三里河、曲江石峡、黄梅塞墩、襄汾陶寺、西夏侯、柳湾等墓地先后发现尸骨上遗留有红色颜料（转引自张宏彦，2011：46）。在汉朝，因为国家都兴起于南方，五行为火——朱雀，所以当时国家政治和文化中都提倡使用象征火的红色。我国古代的官场制度也对红色有着特殊的偏好，有"朱户"（门上加朱漆，古代帝王赏赐给公侯的九种器物之一）、"朱押"（用朱笔在封条等上面签字或画押）等词语。在此基础上，汉民族逐渐接受了红色作为一种表尊贵、喜庆色的文化印记，如杜甫诗《自京赴奉先县咏怀五百字》："朱门酒肉臭，路有冻死骨。"

扫帚星

《现代汉语词典》（第6版）关于"扫帚星"的释义如下：

【扫帚星】sàozhou xīng〈口〉名 彗星。迷信的人认为出现扫帚星就会发生灾难，因此扫帚星也用为骂人的话，如果发生的祸害是某人带来的，就说某人是扫帚星（多指妇女）。

这一释义主要交代了扫帚星的两个含义，一是彗星，二是给别人带来灾难、霉运人的代称。如：

（23）私下里，灵珍她们叫他"扫帚星"，她却给他取了个外号叫"少根筋"。（琼瑶《月朦胧鸟朦胧》第七章）

（24）你弄一个又离过婚，又有女儿的男朋友干吗？那个扫帚星不是很好吗？（琼瑶《月朦胧鸟朦胧》第十章）

"扫帚星"的"带来灾难人的代号"（不祥之人）义如何而来？如果不了解中国古代命理文化，"铁扫帚"的词义也就无从理解。中国古代命理学家认为"铁扫帚"是个凶星，女人命中犯了"铁扫帚"最为不吉，容易克夫再嫁。男子命犯"铁扫帚"也不吉。英语中的"彗星"并没有不祥的含义。

像"朱门"、"扫帚星"等词在外语中均存在相应概念，其文化意义必须从汉民族文化中找到理据，否则外语学习者无法获得理解与认知。

因此,"朱门"与"扫帚星"这类词语在概念义之外的词义是其特殊文化含义。

处女

【处女】chǔnǚ ❶ 名 没有过性行为的女子。❷ 形 属性词。比喻第一次的:～航|～作。

此外,汉语里包含了大量"处女～"的词族。如"处女峰"、"处女地"等。

英语中"处女"、"童男"用的是同一个词 virgin。如果专说处女用 maiden。如:

(25) There are vast expanses of virgin land in the remote regions.
(在边远地区有大片大片未开垦的处女地。)

(26) This virgin apex soars into the sky.
(这座处女峰高耸入天。)

(27) In 1912, the Titanic sank on her maiden voyage.
(1912年,"泰坦尼克"号在处女航中失事沉没。)

(28) This book is his maiden effort.
(这本书是他的处女作。)

可以看出,"没有过性行为的女子—第一次的"这种隐喻在汉英两种语言中基本趋同,汉语中"处女"的❷义并不是汉民族独特的思维方式,因此,"处女"❷义不是文化意义。

里程碑

【里程碑】lǐchéngbēi 名 ❶设于道路旁边用以记载里数的标志。❷比喻在历史发展过程中可以作为标志的大事。

汉语里的"里程碑"既有物态概念义,又有其隐喻义,如西方科学史家李约瑟称赞《梦溪笔谈》是"中国科学史的里程碑"中"里程碑"的隐喻义在其概念义的基础上产生。英语中"milestone"也指"设于道路旁边用以记载里数的标志"。

【milestone】1. N-COUNT 里程碑;重大事件;重要阶段 A milestone is an important event in the history or development of something or someone. 2. N-COUNT(路边显示到某地距离的)里程碑,里程标志 A milestone is a stone by the side of a road showing the distances to particular places.

第二章 现代汉语文化词的界定及鉴别标准

英语中的 milestone 在其概念义的基础上也有其隐喻义,与汉语中"里程碑"的隐喻义基本一致。如:

（29）The film proved to be a <u>milestone</u> in the history of cinema.
（事实证明这部影片是电影史上的一个<u>里程碑</u>。）
（30）The company passed the £6 million <u>milestone</u> this year.
（今年公司越过了 600 万英镑这个<u>里程碑</u>式的数字。）
（31）"Our work", he continued, warming to his theme, "will be a <u>milestone</u> in scientific history."
（"我们的工作,"他说到这一话题来了劲,"将会是科学史上的<u>里程碑</u>。"）

以上分析说明,"设于道路旁边用以记载里数的标志——在历史发展过程中可以作为标志的大事" 这种隐喻在汉英两种语言中基本趋同,汉语中"里程碑"的❷义并不是汉民族独特的思维方式,因此,"里程碑"❷义不是特殊文化含义,而只是其一般隐喻义。

综合上述,"朱门"与"扫帚星"的共时词义层面上受到独特的中华文化的影响,是特殊文化含义词。而"处女"与"里程碑"的共时词义层面并不受独特中华文化的影响,是普通认知词。

特殊文化含义词不等于多义词。关于这一点,我们举"打"、"over"、"头"、"手"进行说明。

词的多义问题非常复杂,把文化对词的多义系统影响的部分抽取出来更加复杂。但是,我们不应该回避这个问题。应如何确立多义词的特殊文化含义?这需要对文化是否作用于词义生成的机制进行具体判断。本书认为,词义引申具有或然性,这正是语言符号任意性（arbitriness）的重要特点。文化固然作用于词义引申,但并不是所有词语的词义引申都能跟独特的民族文化扯上联系。在这一点上,认知语言学与文化语言学在词汇领域各有分工。如果借助认知上的隐喻与转喻便能解释清楚的,那么就未必要从文化上寻找答案。在这一点上,我们不要"唯文化论"[①]。下面我们列举四个例证来判断多义词中的特殊文化义。

---

① 不要"唯文化论"的观点来自邵敬敏（1992）。邵敬敏（1992）认为,语言的产生、发展、变化同文化当然有着密切的联系,但是,除了文化因素之外,还有许多其他因素在起作用。不要过分夸大文化的作用,更不要采取"唯文化论"的立场。如果试图对语言的每一种格式、每一种现象,（转下页）

例1:"打"是不是特殊文化含义词?

打

【打】dǎ 动 ❶用手或器具撞击物体:~门|~鼓。❷器皿、蛋类等因撞击而破碎:碗~了|鸡飞蛋~。❸殴打;攻打:~架|~援。❹发生与人交涉的行为:~官司|~交道。❺建造;修筑:~坝|~墙。❻制造(器物、食品):~刀|~家具|~烧饼。❼搅拌:~馅儿|~糨子。❽捆:~包裹|~铺盖卷儿|~裹腿。❾编织:~毛衣|~草鞋。❿涂抹;画;印:~蜡|~个问号|~墨线|~格子|~戳子|~图样儿。⓫揭;凿开:~眼儿。⓬举,提:~伞。⓭放射,放出:~电话。⓮〈方〉付给或领取(证件):~介绍信。⓯除去:~旁杈。⓰舀取:~水。⓱买:~油。⓲捉(禽兽)等:~鱼。⓳用砍、割等动作来收集:~柴。⓴定出,计算:~草稿。㉑做,从事:~埋伏。㉒做某种游戏:~扑克。㉓表示身体上某些动作:~哈欠。㉔采取某种方式:~官腔。

"打"在汉语里是一个典型的多义动词。在多义词的研究方面,泰勒和埃文斯(Tyler. A & V. Evans, 2003:17)提出了对词的多义分析的"多义网络模式"。根据这一理论,多义词的意义拓展是基于人类实践的、通过隐喻与转喻方式实现的。无独有偶,昂格雷尔和施密德(Ungerer & Schmid, 1996:114)也认为:"在由一词表达的以相互关联范畴组成的复杂网络建构中隐喻和转喻起着关键作用。"我们可以依据这一理论对"打"进行词义分析(转引自吴静,2008):

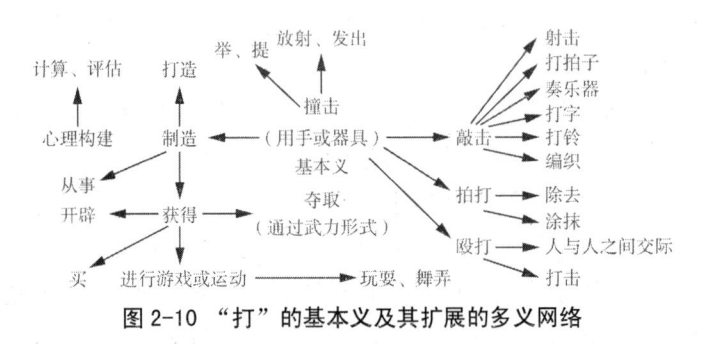

图2-10 "打"的基本义及其扩展的多义网络

借助"多义网络模式",我们完全可以对"打"的多义性进行分析,而不用从文化角度找寻一词多义的理据。我们不适合认定"打"的某一个词义属于词的特殊文化含义。

(接上页)每一种变化都要从文化中去寻找唯一的答案,那么,这种形而上学的思维方式将极大地妨碍我们去接近真理。

例2："over"是不是特殊文化含义词？

一个更典型的例子是泰勒和埃文斯（Tyler. A & V. Evans 2001：80）对英语中"over"（在……之上）的多义分析，如图2-11所示。

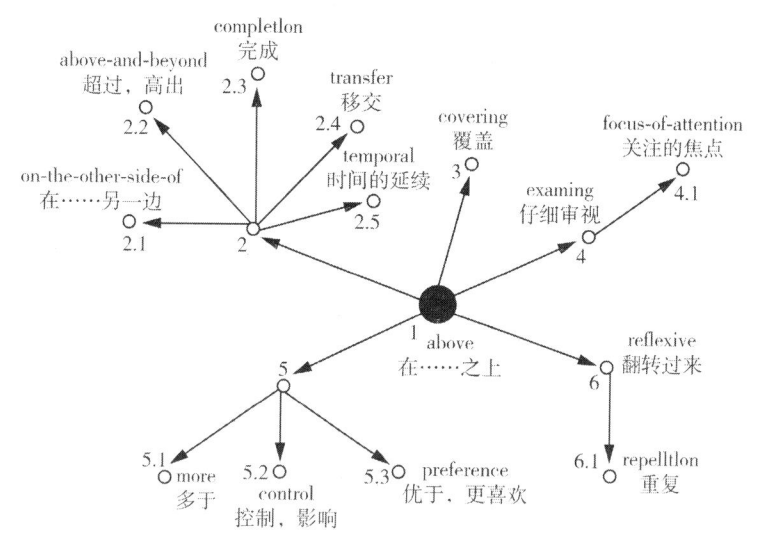

图2-11 "over"多义引申的语义结构网络[据Evans和Tyler（2001：81）]

Over的本义是above（在……之上）或higher than（高于……），埃文斯和泰勒（V. Evans & Tyler. A，2001：80）认为这是一个表示空间概念的词。通过一系列的隐喻、转喻认知，over完成了一词多义的引申的过程。因此，我们不适合认为over的义项跟文化有明显的联系。

例3："头"、"手"是不是特殊文化含义词？

我们知道，"头"除了有表示人体器官的概念义之外，还有表示"首领"义的义项。《现代汉语词典》（第6版）收录关于"头"的"器官"与"首领"的义项如下：

【头】❶ 名 人身最上部或动物最前部长着口、鼻、眼等器官的部分。❻（～儿）名 头目：工～儿｜李～儿｜他是这一帮人的～儿。

在"他是我们中心的头儿"这样一句话中，"头儿"就是"首领"义。那么，"头"的"首领"义是否为词的文化义？关于"头"的词义衍化，曾有学者（张博，2009）对不同语言的共有概念"头"由"脑袋"向"首领"的词义衍化进行整理，笔者进一步补充4种外语的例证。结果表明，

"脑袋→首领"这一方向的词义衍化的确是人类认知的普遍共性（见表2-13）。

表2-13 关于"头"的词义衍化[根据张博（2009）的例证补充整理]

	汉语	英语	德语	日语	印尼语	塞尔维亚语	西班牙语	波兰语	俄语	韩国语	法语	越南语
头部	头	Head	Haupt	頭	kepala	Glava	Cabeza	głowa	голова	머리	tête	sếp
首领	√	√	√	√	√	√	√	√	√	√	√	√

英语中的 head 既指"头"，如 from head to foot（从头到脚），又指"最前面"，如 We took our place at the head of the convoy.（我们排在护送队伍的最前面。），还指"首脑"，如 She is the world's first openly gay head of government.（她是世界上第一个公开的男同性恋政府首脑。）[1]

日语中的"頭"原义为"头，脑袋"（動物の脳がある部分）。如頭が痛い（头痛），也指"首领，头目，头长"，如"彼はその連中の頭だ."（他是那些人的头目）[2]。

德语中的 Haupt 原义为"人或大动物的头"，如 Stolze traegt sein Haupt hoch（骄者昂首），引申指"上司"、"首脑"、"领导"，如 Wie das Haupt, so die Glieder.（有什么样的上司。就有什么样的下属。）Er ist das Haupt der Verschwörer.（他是谋反分子的首领。）（例证引自张博，2009）

印尼语中的 kepala 原义为"人或物的头"，如 mengangkat kepala（抬头），sakti kepala（头疼），也指"首领"、"领导"，如 kepala sekolah（校长），guru kepala（中小学校长），kepala seksi（科长），kepala negara（元首）等。另外，印尼文化禁止摸头（不管是小孩的还是大人的都不可以摸），这种一种禁忌。[3]

塞尔维亚语中的"glava"既指"头"，如 Od glave do pete（从头到脚），又引申指"领导"，如 Glava države ima neograničenu političku ireligijsku moć.（国家的领导具有无限的政治和宗教的权力。）（例证来自张博，2009）

---

① [英]霍恩比：《牛津高阶英汉双解词典》（第 6 版·大字本），石孝殊等译，商务印书馆2005年版。
② 例证系北京大学对外汉语教育学院日本籍留学生茉莉提供。
③ 例证系福建师范大学汉语本科学生郑秀浩提供。

西班牙语中的 Cabeza 指"头",也引申指"领导"、"首领",如 Yo soy la cabeza de la Familia.(我是一家之主/在这个家里我说了算。)(例证来自张博,2009)

波兰语中的 głowa 指"头",也引申指"领导"、"首领",如 W Warszawie spotkały się głowy państw Europy Środkowej.(中欧国家的总统/总理在华沙会议见过面。)(例证来自张博,2009)

俄语中 голова 有"头,首,首端"义,如 верхняя голова шлюза 上(游)闸首,同时也有"首脑,领导人"义,如"голова бунта"(叛乱首领)。①

韩国语머리有"头、头发"义,同时也有"首领、首脑、头儿"义。如"그는 우리 모임의 머리 노릇을 하고 있다."(他担任我们聚会的首脑。)"저는 머리가 되기에는 아직 부족한 점이 많습니다."(对于成为头领我还有很多不足之处。)②

法语中 tête 指"人或动物的顶部",还指"顶部、上端",如 tête d'injection(水龙头),也指"首脑,领头人,首领",如"à la tête d'une entreprise"(一家企业的领导)。Mario Monti a été nommé à la tête du gouvernement.(意大利总理蒙蒂临危受命。)③

越南语中 sếp 指"脑袋",也指"首领"。如 ông ấy là sếp của chúng tôi.(他是我们的头儿。)④

因此,这类词的词义衍化的解释不能判定为受独特民族文化的影响。汉语的人体名词"头"的"首领"义不是"头"的特殊文化含义。

再如,汉语中的"手"与英语中的"hand"都可指"手臂的末端可移动的部位,包括手指",同时又都可以指"擅长某种技能的人或做某种事的人"。有的学者认为,"手"表示"擅长某种技能的人或做某种事的人"的词义就是"手"的文化意义(孟子敏,1997),这是不准确的。因为,英语中"hand"也有这个意思,如 a good hand(好手),an old hand(老手)。

根据"手"与"hand"的词义对比可知,"手"的"擅长某种技能的人或做某种事的人"义不是文化义,而只是一般的认知义。

---

① 德语、塞尔维亚语、西班牙语、波兰语引自张博(2009)的例证。
② 例证系北京大学对外汉语教育学院韩国籍博士生黄海鑫提供。
③ 例证系北京大学外国语学院法语专业硕士生鲁楚提供。
④ 例证系福建师范大学海外教育学院2010级越南籍本科生范青松提供。

例4："包袱"是不是特殊文化含义词？

【包袱】bāo·fu 名 ❶包东西等用的布。❷用布包起来的包儿。❸比喻某种负担。❹指相声、快书等曲艺中的笑料。

"包袱"的❶、❷义在汉英两种语言中是都具有的。❸、❹义是否为受汉语文化影响而引申出的词义呢？我们在英语中找到以下例子：

（32）Past cloth-wrappers stands for the grieved things, your experiences and complaints cumulated perennial.

（过去的包袱就是那些常年累积起来的伤心事、你的经历和怨气。）

Cloth-wrappers（包袱）在英语中也比喻"痛苦、负担"等难过的事。因此，"包袱"由沉重引申为负担是人类共有的认知思维，❸义不能确定为"包袱"的文化意义。❹义是"包袱"的特殊文化含义。

综合上述，"打"、"over"、"头"、"手"均不是特殊文化含义词，"包袱"在❸义层面是特殊文化含义词，在❷义层面是普通认知词。

因此，词的文化义只是词的多义性的一种表现形式。而且，具有文化意义的词一般都是实词。在确认由民族文化而造成的词义引申方面，我们不要"唯文化论"，而应深入到汉外对比的层面，弄清词在概念意义之外的语义是否受独特民族文化背景而形成。唯有如此，方可判定一个词语是否具有文化意义。

这里我们重点强调两点：一是特殊文化含义词的由概念意义引申为文化意义的重要作用机制是文化，比如"朱门"由"红色的大门"（概念义）引申为"富贵人家"（文化义）的内在机制便是中国文化对红色的偏好。一般的词语可能具有意义的双重性，如"包袱"同时具有概念意义和比喻意义，但是"包袱"由概念意义向文化意义的过渡机制不必从文化中找寻，从词的认知方面，"包袱"的"沉重"的特点便可以使"包袱"发生词义引申。二是特殊文化含义词的文化意义与另一种语言的对应词的文化意义一定是相反或有重大差异，或此有彼无。之所以强调这两点，是为了避免人们把过多的词语（尤其是多义词）划入到特殊文化含义词之中。实际上，词义的生成问题极其复杂，既有认知方面的成因，又有文化上的成因。特殊文化含义词只负责解释词义的文化成因，而不是一个敞口袋子，把所有的词都纳入到研究范围之内。

在弄清特殊文化含义词与普通认知词、多义词的区别后，根据词语文化意义的共时对应情况，我们把特殊文化含义词又分为以下类型：

1."概念意义相同，文化意义相反或有较大差异"类特殊文化含义词[①]

"概念意义相同，文化意义相反或有较大差异"类特殊文化含义词对应关系最典型的例子是汉语的"红"与英语的"red"。

我们先比较《现代汉语词典》（第 6 版）与《柯林斯高阶英汉双解词典》关于"红"（"red"）的释义，如表 2-14 所示。

表 2-14　《现汉》与《柯林斯》关于"红"（"red"）的释义的比较

《现代汉语词典》	《柯林斯高阶英汉双解词典》
【红】hóng ❶ 形 像鲜血的颜色：～枣|～领巾。 ❷ 象征喜庆的红布：披～|挂～。 ❸ 形 象征顺利、成功或受人重视：～运|开门～|满堂～|他唱戏唱～了。 ❹ 象征革命或政治觉悟高：～军|又～又专。 ❺ 红利：分～。 ❻ （Hóng）名 姓。	【red】 ❶COLOUR 红色；血色 Something that is **red** is the color of blood or fire. a bunch of **red** roses 一束红玫瑰 She had small hands with nails painted bright **red**. 她的手很小，指甲涂成了鲜红色。 ❷ADJ-GRADED（因为尴尬、生气或气短）脸红的 If you say that someone's face is **red**, you mean that it is redder than its normal color, because they are embarrassed, angry, or out of breath. With a bright **red** face I was forced to admit that I had no real idea. 我的脸涨得通红，被迫承认自己实际上没什么想法。 She was **red** with shame. 她羞愧地红了脸。 ❸ADJ（头发）红褐色的 You describe someone's hair as **red** when it is between red and brown in colour. a girl with **red** hair 红褐色头发的女孩 He is still vain enough to dye his hair **red**. 他还是很虚荣，把头发染成了红褐色。

---

① 因为我们确定的是现代汉语文化词，所以这里的概念指的是共时概念，而非本义。比如：

"绪"的本义是"丝头"，形声字。《说文》："绪，丝耑（端）也。从糸，者声。"段玉裁注："抽丝者得绪而可引。"汉焦延寿《易林》："饥蚕作室，丝多绪乱，端不可得。"

现代汉语中"绪"的概念义为"事情的开端"：如头绪、千头万绪。"绪"的"事情的开端"义是由本义"丝头"引申而来的，但"丝头"义属于古代汉语的研究范围，不属于我们确立现代汉语文化词语概念义的研究范畴。

续表

《现代汉语词典》	《柯林斯高阶英汉双解词典》
	❹ADJ（细胞）红的 Your **red** blood cells or **red** corpuscles are the cells in your blood which carry oxygen around your body. ❺N-MASS 红酒 You can refer to red wine as **red**. The spicy flavors in these dishes call for **reds** rather than whites. 这些菜的味道辛辣，应该配红酒而不是白葡萄酒。 ❻N-COUNT 共产党员；社会主义者；左翼思想者 If you refer to someone as a **red** or a **Red**, you mean that they are a communist, a socialist, or have left-wing ideas. They're all so terrified of Reds. 他们所有人都非常害怕红色人士。 ❼PHRASE 有赤字；亏空；负债 If a person or company is **in the red** or if their bank account is **in the red**, they have spent more money than they have in their account and therefore they owe money to the bank. The theatre is £500,000 in the **red**. 这座电影院亏空50万英镑。 If you do go into the red you get charged 30p for each transaction. 如果你真的出现透支，那你每笔交易要支付30便士的费用。 ❽PHRASE（突然）发怒；震怒 If you see **red**, you suddenly become very angry. I didn't mean to break his nose. I just saw red. 我不是故意要打断他的鼻梁。我只是一时气急。 ❾like a **red** rag to a bull→see: rag（刺激挑衅）

通过此表可以看出，汉语中的"红"与英语中的"red"的概念意义是基本相同的，都是指称"像鲜血的颜色"。但除了这种概念意义之外，汉英两种语言中关于"红"和"red"存在词义不等值现象。英语"red"多个非颜色义位与汉语中"红"非颜色义位差异很大，甚至是截然相反。汉语中"红"除了表一种颜色的概念义外，还表示多个义项。对于这些义项的生成，从认知角度进行解释的看法较多，比如，张博（2004）认为："植物在生长最旺盛的时期往往绽放红花，这是一种由来已久的认知经验，因此，人们在描述事业或其他事物的发展时，自然会激活植物的形象特征，于是，经由隐喻，'红'就可象征顺利和成功（如'开门红'）。"这种看法不能说明英语中"red"为何具有与汉语中"红"差异较大的"red"❻、

❽、❾义（见表2-14）。当然，不能简单认为两种语言中词汇的词义不等值现象就是文化词，这一点我们已经强调过了。关键一点在于，"红"与"red"的概念意义之外的词义不等值现象是由文化差异造成的。即由于英汉民族自然环境、社会制度、风土人情等文化背景不同，导致"红"和"red"的内涵意义相去甚远。下面我们分两个主要方面对"红"与"red"的文化意义进行分析。

第一，"红"与"red"——"喜庆、顺利"与"罪恶"的截然相反。

红色是中华文化中的基本崇尚色，汉民族崇尚红色早在远古的洪荒时代便已开始。张宏彦的《中国史前考古学》认为："远古中国人认为血是人的精华，能辟邪。而红色正是血的颜色，在西安半坡、洛阳王湾、永昌鸳鸯池、胶县三里河、曲江石峡、黄梅塞墩、襄汾陶寺、西夏侯、柳湾等墓地先后发现尸骨上遗留有红色颜料。"（转引自张宏彦，2011：46）

红色又是火的颜色。汉民族喜爱红色源自对火的崇拜。中国古人用五行（木、火、土、金、水）与五色（青、赤、黄、白、黑）相配，颜色被赋予了种种比附。而"赤"与"火"相对。许慎《说文解字》："赤，南方色也，从大从火，凡赤之属皆从赤"。火与中国古人关系密切。韩非子《五蠹》："有圣人作，钻燧取火以化腥臊，而民说之，使王天下，号之曰燧人氏。"这说明中国远古先人已意识到火的使用给人们生活带来的便利，火使人类脱离了茹毛饮血的野蛮时代而进入文明时代，因此中华民族的祖先是火的崇拜者。"红色"作为"火"的代表自然而然地产生了喜庆和吉祥之意。这种喜庆和吉祥逐渐使"红"成为尊贵色。中国皇城宫殿建筑的主色调便是红色，如帝王宫殿的宫墙、屋檐、门、窗、柱子等多用红色。汉语词汇中的"朱户"、"朱押"、"朱门"、"朱印"等词语也是红色表示尊贵含义的表现。

因此，中国人对红色的崇尚自古有之。这种文化影响至今。这种从古至今、一以贯之的"尚红"文化体现了中国人在精神和物质上的追求。虽然有个别的接受西方文化而借用了"红灯区"这样的词语的反例，但总体上"红色"象征着吉祥、喜庆这种文化观念在中国人心中是难以改变的。中国人过喜庆日子要挂大"红"灯笼、贴"红"对联与"红"福字；男娶女嫁时贴大"红"喜字，洞房以"红"为主色调，点"红"烛，盖"红"被，新娘头上还要蒙块"红"布。汉语里把热闹、兴旺叫作"红火"；形容繁华、热闹的地方叫"红尘"；"红"也象征顺利、成功，如人的境遇很好被称为"走红"、"红极一时"，得到上司宠信的叫"红人"，给人发奖金叫"送红包"等;"红"还象征美丽、漂亮,如指女子盛装为"红妆"或"红装",指女子美艳的容颜为"红颜"等。

中国人的行为习俗上也体现出对"红"的喜好。比如,中国文化中的"本命年"就是十二年一遇的农历属相所在的年份,俗称属相年。比如猴年出生的人,2004年就是他们的本命年。在中国传统习俗中,"本命年"常常被认为是一个不吉利的年份。"本命年犯太岁,太岁当头坐,无喜必有祸"的民谣是关于本命年不甚吉利的最好写照。因此民间通常把"本命年"也叫作"槛儿年",即度过本命年如同迈进一道槛儿一样。每到"本命年"时,汉族北方各地,不论大人小孩都要买红腰带系上,俗称"扎红",小孩还要穿红背心、红裤衩,认为这样才能趋吉避凶、消灾免祸。这种习俗到今天仍在各地流行,每逢春节,市场上到处有出售"吉祥带"、"吉祥结"的红黄绸带,本命年的人们将之系在腰间、手腕上,这样便可消解灾祸、化凶为吉。可以看出,汉民族认为在"本命年"穿戴红色的腰带、背心、内裤等具有消灾避祸的作用。这充分体现出了"红"在中国人心目中的地位。

正是基于以上中国文化观念,"红"具有以下特殊含义:

❷象征喜庆的红布:披～|挂～。❸象征顺利、成功或受人重视:～运|开门～|满堂～|他唱戏唱～了。

但在西方,喜庆只是红色词义的极少部分,red(英语中的"像鲜血的颜色")主要表示"危险"、"发怒"、"赤字"等意思。为什么汉语中"红"与英语的"red"在以上内涵义方面迥然不同?重要原因之一是受西方基督教文化的影响。

在西方社会中,以基督教为主的宗教信仰是赋予红色消极意义的源泉。《圣经》中有这样的描述:

(33)耶和华说:"你们来,我们彼此辩论。你们的罪虽像朱红,必变成雪白;虽红如丹颜,必白如羊毛。"(吴慕迦,高天锡编《圣经旧约原文——希伯来文课本》,2011:18)

(34)耶和华说:"你们所献的许多祭物与我何益呢?公绵羊的燔祭和肥畜的脂油,我已经够了;公牛的血,羊羔的血,公山羊的血,我都不喜悦。(吴慕迦,高天锡编《圣经旧约原文——希伯来文课本》,2011:19)

如果我们从基督教教义来解释这段话,主要意思是:上帝彰显他的大爱,他邀请罪人们来到祂①那里,洁净我们的心灵。我们的罪就像沾在我们衣服上弄不掉的血渍,无论我们怎样想方设法清除,可是血渍却仍在那里,继续使我们肮脏污秽下去。它们是我们不义行为的控诉者。

可见,红色在基督教中变成了罪恶的代表,是不洁的象征。与中国人对血的崇拜导致的"尚红"文化相反,基督教把"红"、"血"看成是罪恶的象征。

红色也是上帝用来表示撒旦的颜色。在《启示录》中有这样的话:

(35)天上又现出异象来,有一条大红龙。后面解释说:"大龙就是那古蛇,名叫魔鬼,又叫撒旦,是迷惑普天下的。"(季纳著,刘良淑译,《新约圣经背景注释》2013:3)

红色在基督教中也代表着耶稣受难时流的鲜血,象征着人类所得到的救赎。

因此,受制于文化背景"red"在英语中是一个贬义色彩相当强的词,是"火"、"血"的联想,它象征着残暴、流血,又象征激进、暴力革命,也象征危险、紧张。这种文化使得英语中"red"具有了❽(发怒;震怒)义和❾(刺激挑衅)义。

西方汉语学习者不能理解"这个歌星很红"到底是什么意思。汉语的"红人"也不能简单地按照字面义翻译成"red person"。对于汉语教师来说,关于"红"与"red"深层文化差异的关键之处,极少有人能说到点子上。

第二,"红"与"red"——"政治觉悟高"与"左翼激进分子"的不同政治色彩。

汉语中的"红"可以表示政治觉悟高,如"红军"、"红小将"、"又红又专"中的红都是这个意思。"Red"当名词讲时可指赤色分子或左翼分子,含有贬义。例如"red flag"(红旗)在西方文化中是指危险信号旗,而在中国它代表革命旗帜,含有褒义。为什么会有这样的文化差异?本书认为,这是由中西方政治文化差异造成的。

随着马克思主义在中国的引进与接受,我党的意识形态建设对"红"色也有一种异乎寻常的向往,即流血牺牲作为一种革命精神,是讴歌赞美

---

① 祂,在基督教汉译著作中为称上帝、耶稣或神的第三人称代词。

的对象。流血的颜色正是红色,红色在特殊的时代也有颂赞义。比如一篇文章中有这样的句子:

(36)湘江血战中的红军将士在成片成片的战友倒下后,又如同潮水般补充上去。正因如此,雪山草地中被饥饿和疲惫逼至生理极限的人们沿着战友的遗体形成的路标顽强前行,最终走出死的沼泽,迎来生的希望。(2006年10月新华社评论员文章《高擎起长征精神的火炬》)

这个文学作品把流红血的生命消失的可怕描写成为一种歌颂。鲜血和死亡象征着顾全大局、舍生取义,是一种崇高精神的体现。

因此,中国独特的政治体系与意识形态使"红"具有了❹(象征革命或政治觉悟高:~军|又~又专)义。

汉语的"红"在其独特政治文化下被赋予了典型内涵意义。而英美等西方国家有着与中国截然不同的社会政治制度,西方人对苏维埃革命和中国革命等社会主义暴力革命往往持批判态度。西方政治强调人权的重要性,西方人认为,流血和死亡不是光荣和进步,而是人道主义的缺失,是反民主行为的渊源。特别是在冷战时期,西方人将自身的资本主义社会看作是民主自由的,而与之相对的社会主义社会则是独裁专制的,带有侵略性。在这种观念的影响下,英语中的"red"在指代"社会主义组织"时非但不具备褒义色彩,还往往带有极端、激进和进攻性等贬义色彩,甚至常常用来指称某些激进的恐怖组织。具有了❻(共产党员;社会主义者;左翼思想者)和❾(刺激挑衅)义。

现代汉语中表示"参加集体生产单位的个人所得的额外收益"的"红利",也用能够给人带来光明和希望的"红"色来表示,使得汉语中的"红"具有❺(红利:分~)义。英语中的"红利"为"bonus; extra dividend",与"红"这样一种概念的颜色无关。

综合上述,汉语中"红"与英语的"red"的词义比较如表2-15所示。

表2-15 "红"与"red"的内涵义比较

	"红"与"red"
概念义	相同
内涵义	因文化不同,有较大差异

"红"具有特殊文化含义的义项的构词情况可以进一步用图 2-12 表示。

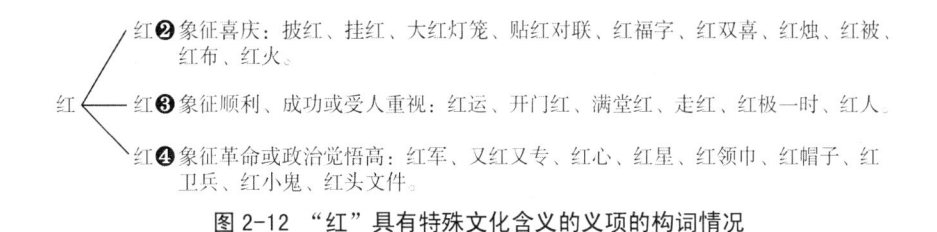

红 ┬ 红❷象征喜庆：披红、挂红、大红灯笼、贴红对联、红福字、红双喜、红烛、红被、红布、红火。
　　├ 红❸象征顺利、成功或受人重视：红运、开门红、满堂红、走红、红极一时、红人。
　　└ 红❹象征革命或政治觉悟高：红军、又红又专、红心、红星、红领巾、红帽子、红卫兵、红小鬼、红头文件。

图 2-12 "红"具有特殊文化含义的义项的构词情况

汉语中"红"与英语的"red"的概念义都是指称"像鲜血的颜色"，在内涵义上有较大差异。这种词义内涵差异从一般认知上是较难解释的，而需要从两种语言的文化差异上寻找答案。其中，"红"的义项❷、❸是受中华观念文化中对"红"特殊重视影响而形成的，"红"的义项❹是受中国独特政治文化影响而形成的。因此，汉语的"红"是一个我们所说的"概念意义相同，文化意义相反或有较大差异"类特殊文化含义词。

2. "概念意义相同，文化意义此有彼无（或彼有此无）"类特殊文化含义词

有些词在 a、b 两种语言中都有这种概念（概念意义对等），但在文化意义的对应关系上，却是词语 A 有文化意义而词语 A1 无，或词语 A1 有文化意义而词语 A 无。

一

"一"与英语中"one"在"最小的正整数"概念义上是对应的，我们先比较《现代汉语词典》（第 6 版）与《柯林斯高阶英汉双解词典》关于"一"（"one"）的释义，如表 2-16 所示。

表 2-16 《现代汉语词典》与《柯林斯高阶英汉双解词典》
关于"一"（"one"）释义的比较

《现代汉语词典》	《柯林斯高阶英汉双解词典》
【一】yī ❶[数] 最小的正整数。 ❷[数] 表示同一：咱们是～家人｜你们～路走｜这不是～码事。 ❸[数] 表示另一：番茄～名西红柿。	【one】 1. NUM（数字）1 One is the number 1. They had three sons and one daughter. 他们有 3 个儿子，1 个女儿。 one thousand years ago 1,000 年前

续表

《现代汉语词典》	《柯林斯高阶英汉双解词典》
❹ 数 表示整个；全：～冬|～生|～路平安|～屋子人|～身的汗。 ❺ 表示专一：～心～意。 ❻ 数 表示动作是一次，或表示动作是短暂的，或表示动作是试试的。a)用在重叠的动词（多为单音）中间：歇～歇|笑～笑|让我闻～闻。b)用在动词之后，动量词之前：笑～声|看～眼|让我们商量～下。 ❼ 数 用在动词或动量词前面，表示先做某个动作（下文说明动作结果）：～跳跳了过去|～脚把它踢开|他在旁边～站，再也不说什么。 ❽ 数 与"就"配合，表示两个动作紧接着发生：～请就来|～说就明白了。 ❾ 一旦；一经：～失足成千古恨。 ❿〈书〉助 用在某些词前加强语气：～何速也|为害之甚，～至于此！//注意："一"字单用或在一词一句末尾念阴平，如"十一"、"一一得一"，在去声字前念阳平，如"一半"、"一共"，在阴平、阳平、上声字前念去声，如"一天"、"一年"、"一点"。本词典为简便起见，条目中的"一"字，都注阴平。	Scotland beat England one-nil at Wembley. 苏格兰队在温布利球场以 1 比 0 击败了英格兰队。 2. ADJ 唯一的；仅有的 If you say that someone or something is the one person or thing of a particular kind, you are emphasizing that they are the only person or thing of that kind. They had alienated the one man who knew the business... 他们弄僵了同那个唯一懂行的人之间的关系。 His one regret is that he has never learned a language. 他唯一的遗憾是从未学过一门外语。 3. DET（用于代替 a 以强调之后的名词）One can be used instead of "a" to emphasize the following noun. There is one thing I would like to know—What is it about Tim that you find so irresistible? 有一件事我很想知道——蒂姆到底哪一点让你对他如此倾心？ One person I hate is Russ. 让我讨厌的一个人是拉斯。 4. DET（用于代替 a 以强调之后的形容词或短语）You can use one instead of "a" to emphasize the following adjective or expression. If we ever get married we'll have one terrific wedding... 如果我们哪一天结婚的话，一定会有一个棒极了的婚礼。 It's like one enormous street carnival here. 这就像是一场盛大的街头狂欢节。 5. DET（用于人名前，表示未曾相识或听闻的）某一个 You can use one in front of someone's name to indicate that you have not met them or heard of them before. It seems that the fifth man is one John Cairncross. 第五位好像是一个名叫约翰·凯恩克罗斯的人。 6. DET（表示与其他的作比较）这一个 You can use one to refer to the first of two or more things that you are comparing. Prices vary from one shop to another... 各家商店价格不同。

续表

《现代汉语词典》	《柯林斯高阶英汉双解词典》
	The road hugs the coast for hundreds of miles, the South China Sea on one side, jungle on the other. 这条路依傍海岸绵延数百英里，一边是南中国海，另一边则是丛林。 One is also an adjective. We ask why peace should have an apparent chance in the one territory and not the other. 我们会问为什么一方领土上和平在望而另一方却看不到光明。 One is also a pronoun. The twins were dressed differently and one was thinner than the other. 这对双胞胎穿着不同，而且其中一个偏瘦一点。 7. PRON（用于代替名词，指代某类明确的人或事物）You can use one or ones instead of a noun when it is clear what type of thing or person you are referring to and you are describing them or giving more information about them. They are selling their house to move to a smaller one. 他们正打算卖掉房子，然后搬到一个小一点的住处。 We test each one to see that it flies well. 我们对每架飞机都会进行测试，以确保其飞行性能良好。 8. PRON（泛指）人们 You use ones to refer to people in general. We are the only ones who know. 我们是唯一的知情者。 9. PRON（用于代替名词词组，表示刚提到过的事物）You can use one instead of a noun group when you have just mentioned something and you want to describe it or give more information about it. His response is one of anger and frustration. 他的回答充满了愤怒和懊丧。 The issue of land reform was one that dominated Hungary's parliamentary elections. 土地改革是左右匈牙利议会选举的主要问题。 10. DET（特指一群人或事物中的）一人，一个 You can use one when you have been talking or writing about a group of people or things and you want to say something about a particular member of the group.

续表

《现代汉语词典》	《柯林斯高阶英汉双解词典》
	"A college degree isn't enough", said one honors student. "光有一个大学学位还不够"，一位优等生说。 One is also a pronoun. Some of them couldn't eat a thing. One couldn't even drink. 他们中的一些人无法进食，其中一个甚至连水都喝不了。 11. QUANT（同类事物或人中）（最……之）一 You use one in expressions such as "one of the biggest airports" or "one of the most experienced players" to indicate that something or someone is bigger or more experienced than most other things or people of the same kind. Subaru is one of the smallest Japanese car makers. 斯巴鲁是日本最小的汽车制造商之一。 12. DET（过去或将来的）某一（时刻）You can use one when referring to a time in the past or in the future. For example, if you say that you did something one day, you mean that you did it on a day in the past. one day→see：day How would you like to have dinner one night, just you and me? 哪天晚上一起吃饭怎么样？就咱俩。 Then one evening Harry phoned, asking me to come to their flat as soon as possible. 后来一天晚上哈里打电话来，叫我尽快到他们的公寓去。 13. PRON（指代问题、笑话、评论、讨论的主题等）一个 You can use one to refer to a question, joke, remark, or subject of discussion. This is a tricky one to answer. 这是个难以回答的问题。 Have you heard the one about the Irishman, the Englishman and the American? 你听过那个关于爱尔兰人、英国人和美国人的笑话吗？ I told him I'd have to think about that one. 我告诉他那个问题我必须考虑一下。 14. PRON（一杯）酒 You can use one to refer to an alcoholic drink.

续表

《现代汉语词典》	《柯林斯高阶英汉双解词典》
	Other members of the committee drifted in for a quick one before closing time. 委员会的其他成员陆续走了进来，想要趁关门前喝上一杯。 15. PRON（泛指包括自己的人，可作句子的主语或宾语）一个人，任何人 You use one to make statements about people in general which also apply to themselves. One can be used as the subject or object of a sentence. If one looks at the longer run, a lot of positive things are happening. 如果把目光放长远些，就会发现很多积极的事情正在发生。 Where does one go from there? 从那里可以去什么地方？ Shares and bonds can bring one quite a considerable additional income. 股票和债券能给人带来不菲的额外收入。

《现代汉语词典》（第6版）中"一"的义项共有10个。其中哪个义项与中华文化密切相关呢？本书认为是第4个义项：❹ 数 表示整个；全：～冬|～生|～路平安|～屋子人|～身的汗。"一"的"整体"义的获得是深受中国道教文化影响的。

想要分析"一"的文化意义，我们需要从包括《说文解字》在内的文献中进行分析：

（37）一，惟初太始道立于一，造分天地，化成万物。（东汉许慎《说文解字》）

（38）一也者，万物之本也。（西汉刘安等《淮南子·诠言》）

（39）道生一，一生二，二生三，三生万物，万物负阴而抱阳，冲气以为和。（春秋李耳《道德经·四十二章》）

……

在上述古籍中，我们看到，"一"都是代表"开始"、"整体"。"一"，实际上是"道"的别名，得"一"，也就是得道。"一"，本来是不生的，但它是万物的根子，由于"道"的运动则出现对立面的双方。"二"，按照《易经》上的说法，"二"即"两仪"，指"天地"。天地气合而生和，"二"生"三"，是说和气合而生万物，即"三"生万物。万物本身都包含阴和阳，一阴一阳之为道也，阴阳合和则生万物，换一句话也可以说，"道"生万物。这说明，"一"的这种表示"整体"的内涵义是深受道教文化影响的。《说文解字》的作者许慎在解释数字时，本身是将这十个数作为一个完整的体系放在道家思想下进行诠释。其中重点是以《周易》的阴阳对立以及汉代所流行的"天人感应"、"五行五方"的哲学理念之下给予诠释（陈绂，2009）。《说文解字》作者许慎生活的时代也正是道教盛行的时代。

　　古今汉语密不可分。现代汉语含有"一"语素的成语中的"一"实际上还保留着这种文化意义，如："一路平安"的"一路"指"整个旅途"；"一表人才"的"一表"指"整个人的仪表"；"一帆风顺"的"一帆"用来比喻"整个旅途"……

　　英语中"one"并没有"一"这种表示整体的内涵义。因此，"一"表示"整体"义是"一"的文化意义，受中国独特道家文化影响，是一个"概念意义相同，文化意义此有彼无或彼有此无"的特殊文化含义词。

　　汉语中很多数词具有独特的文化意义，在英语中并不存在这种意义。对数字文化意义的挖掘也是对外汉语教学的重要内容之一（张清常，1990）。如 "二百五"在汉语中有贬斥色彩，用来形容一个人疯癫、愚笨、不正常，而英语中 two hundred and fifty 则完全没有这种文化意义。"二百五"之所以产生这样的文化意义，有诸多的说法。张清常先生（1990）最早指出："中国古代五百两银子称为一封，所以半封就是二百五十两，简称二百五，而'半封'和'半疯'谐音，故而人们称有点傻气、做事莽撞的人为'二百五'，这是一个贬义词。"

　　除了数词之外，许多名词也由于文化差异，在内涵义上"此有彼无"（或彼有此无）。如：

　　【流年】liúnián ❶〈书〉指如水般流逝的光阴、年华。❷旧时算命看相的人称人一年的运气：～不利。

　　"流年"❷义主要指指人长年里处于不吉利的状态。谓时运不佳。但古代汉语中"流年"就具有❶义。

（40）一曲啼乌心绪乱, 红颜暗与<u>流年</u>换。(北宋晏几道《蝶恋花》)

"流年"义项❶所代表的概念为现代汉英两种语言共有，如：

（41）<u>流年</u>似水，物是人非，可老英雄摆渡的英姿犹在。（1993年6月《人民日报》）

（42）主持人：<u>流年</u>似水，去年年三十晚上的那顿团圆饭似乎还香味未去，今年的春节又来到了。（1996年2月《人民日报》）

（43）尹白听着听着，也蓦然觉得如水<u>流年</u>汩汩而去，可惊可叹可怕，脸上有点变色。（亦舒《七姐妹》）

以上句子中的"流年"就是指"似水一般的年华"。而以下句子中的"流年"则有了特殊文化含义：

（44）处此乱世，吉凶变化无常，谁不想向高明如兄的人问问<u>流年</u>，以便趋吉避凶。（姚雪垠《李自成》第十六章）

（45）不怕！我们四个守住了四面，你跌在谁的一边，就是谁的<u>流年</u>好，本月里要发财！（茅盾《子夜》第八章）

（46）喂，老冯，今儿我也忍不住要说句迷信话：<u>流年</u>不利。（茅盾《子夜》第十六章）

（47）小二黑从小就聪明，像那些算属相、卜六壬课、念大小<u>流年</u>或"甲子乙丑海中金"等口诀，不几天就都弄熟了。（赵树理《小二黑结婚》第一章）

外国学生所不能理解的是"问问流年如何能趋吉避凶"，"流年"之所以能具有❷义，源于中国道教的阴阳五行而衍生出的中国古代命理文化起了非常重要的作用。"流年"的❷义为其特殊文化义，"流年"是一个特殊文化含义词。

类似的词语还有：

【乌龟】wū guī 名 ❶爬行动物，体扁，有硬甲，长圆形，背部隆起，黑褐色，有花纹，指有蹼，能游泳，头尾四肢能缩入壳里。生活在河流、湖泊里，吃杂草或小动物。种类较多。龟甲可入药。也叫金龟，俗称王八。❷讥讽妻子有外遇的人。

【二线】èr xiàn ❶战争中的第二道防线。❷比喻不负有直接领导责任的地位：退居～。❸指非直接从事生产、教学、科研等活动的岗位：充实一线，紧缩～。

【下海】xiàhǎi 动 ❶到海中去。❷（渔民）到海上捕鱼：初次～，头晕呕吐是难免的。❸指业余戏曲演员成为职业演员。❹旧时指从事某夜行业（如娼妓、舞女等）。❺指放弃原来的工作而经营商业。

【黄色】huáng sè ❶ 名 黄颜色。❷ 形 属性词。指内容色情的：～小说｜～录像。

【白色】báisè ❶ 名 白的颜色。❷ 形 属性词。象征反动。

【饭碗】fànwǎn ❶ 名 盛饭的碗。❷借指赖以谋生的职业。

……

上述词最后的义项为其具有特殊文化含义的义项，其具有特殊文化含义的原因，我们在前面已经分析过，这里不再赘述。

可以看出，以上词语与外语在概念意义上是对应的，在文化意义上却是"此有彼无"（或彼有此无）的，即"概念意义对应，文化意义此有彼无（或彼有此无）"的特殊文化含义词。

（二）特殊文化含义词的鉴别标准

在操作层面，一种语言中的词语 A，在另一种语言中虽有相应的概念 A1，但由于受两种语言文化差异的影响，词语 A 与 A1 的内涵意义差异较大。本书认为 A 形成了自己特殊的文化意义。这样在两种语言中有共同概念，但是文化意义相反或者有重大差异的词语就是特殊文化含义词。如表 2-17 所示。

表 2-17　两种语言特殊文化含义词的对应关系

语言 a	对应关系	语言 b
词语 A		词语 A1
概念 Aa	A 反映的概念与 A1 对应	概念义 A1a
内涵所指义 Ab	有较大差异（或此有彼无）	内涵所指义 A1b
……	有较大差异（或此有彼无）	……

如图所示，通过语言 a 与语言 b 比较发现，语言 a 的词语 A 在另一种语言 b 中有相应的词语 A1，A 的概念义 Aa 与 A1 表示概念的义项 A1a 对应，但是由于受文化差异影响，A 的内涵所指义与 A1 的内涵所指义有较大

差异（或此有彼无）。符合这种条件的词语 A，即为"特殊文化含义词"。A 这种由于受文化差异影响而形成的特殊内涵义，也可称为 A 的文化意义。

因此，确立特殊文化含义词有三个重要标准：第一，在共时层面，本族语的词语在外语中有相应概念，即概念意义在外语中对应；第二，在本族语中有独特文化内涵，即存在文化意义并与外语中的文化意义有显著差异；第三，民族文化是作用于词语在概念意义之外还具有一个特殊文化含义的重要条件。以上三个标准缺一不可。如图 2-13 所示。

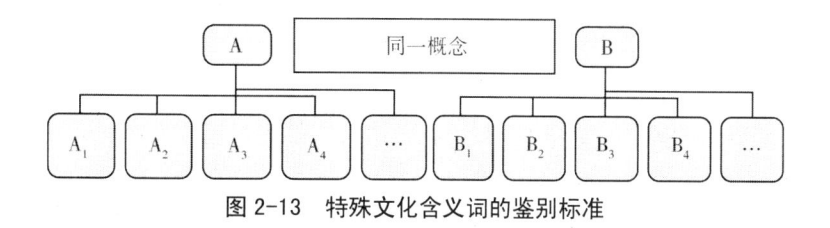

图 2-13 特殊文化含义词的鉴别标准

确定特殊文化含义词应该满足三个条件：

a. 词语 A1 与词语 B1 是两种语言中共同的概念，如"桌子"、"红"、"书"。

b. 义项 A2（A3、A4…）与义项 B2（B3、B4…）内涵所指义有较大差异。

c. 义项 A2（A3、A4…）与义项 B2（B3、B4…）内涵所指义的差异是由文化造成。[①]

换言之，特殊文化含义词的文化意义必须从民族文化中找到理据，借助一般认知方面的隐喻、转喻规律则无法理解词义生成的过程。

根据上述提取标准，我们可提取出"红"（❷、❸、❹）与"一"（❹）为特殊文化含义词（实心圈数字为其特殊文化义项）。

三 小结

综合上述，文化词概念设立的宗旨是进一步探求文化对词义的复杂影响。概念空缺词概念的确立，首次从文化格局中确立出某民族文化的独特概念；特殊文化含义词概念的确立，是基于两种语言共有概念的基础上，探求文化差异（或某种独特的民族文化）对共有概念词义生成的不同影响。

---

① 说明：A1 与 A2、A3、A4…；B1 与 B2、B3、B4…不是平行的关系。

因此，确立文化词这一概念具有重要的理论价值的，我们有必要对这一概念进行进一步的探索。

无论特殊文化含义词还是概念空缺词，从意义上看，它们必须是包含中国独特文化特色的、一般从字面意义上难以理解的词语。它们或表现汉民族特有的事物，或体现汉民族的生活习惯、理想信仰、历史传统、思维方式和价值观念等。

另外需要说明的是，为了更加严谨地界定共时层面的文化词，我们需要确立一个参照系。发轫于翻译领域的文化词研究的本来目的是处理两种语言词汇之间的解码，本书研究的两种语言的词汇主要涉及汉语和英语，因此，本书确立现代汉语文化词的参照系为英语。

按照以上的界定与选取标准，可以对语料中的现代汉语文化词进行筛选。

第五节　容易与文化词相混淆的几个概念

文化词的判定标准虽然明确，但为了具体选词时不至于举棋不定，我们有必要对文化影响词汇的其他概念进行说明：文化背景词、文化伴随意义词、典故词、同实异名词、熟语、外来词。

一　文化背景词

所谓文化背景词，指在特殊民族文化背景下产生的词语。文化词与文化背景词是两个不同概念，文化词词义需联系一定的文化背景方可以解释，但是并非所有的文化背景词都是文化词。比如：

泰斗

【泰斗】tàidǒu 名 泰山北斗：京剧～｜他算得上音乐界的～。

"泰斗"是泰山北斗的简称，意思是说某人（在某个学科）的地位、声望极高，如同泰山之于群山，北斗之于群星。泰山是我国五岳名山之首，主峰位于山东省泰安市。北斗，即大熊星座的北斗七星，因七颗恒星排列成斗形（斗，古人舀酒用的一种长柄勺），且终年见于北天极，故称为北斗。《新唐书·韩愈传》中，用"泰山北斗"称颂韩愈："自愈没，其言大行，学者仰之如泰山北斗云。"人们常用"泰斗"比喻在德行或事业的成就方面为众人所敬仰的人。

第二章　现代汉语文化词的界定及鉴别标准　　　　　　　　　143

"泰斗"在英文中完全能找到对应的概念：a leading authority；picassogiant 等。比如：

（48）He was once referred to as the picasso of poetry.
（他曾经被誉为诗坛泰斗。）
（49）Figuratively speaking, he's a giant among men.
（打个比方说吧，他是人中的泰斗。）
（50）What do literary greats sir Arthur Conan Doyle and Robert Burns have in common?
（你知道文坛泰斗亚瑟科南道尔和罗伯特伯恩斯有哪些共同之处吗？）

现代汉语中"泰斗"表示"泰山与北斗"（山名与星座）义已经极少使用。从历时看，这个词的形成理据必然要从文化中找寻；从共时看，"泰斗"得名之初的那部分文化理据在共时词义中已经无法看出。换言之，"泰斗"的得名之由受文化的影响。

"泰斗"这样的词已经完全和原义失去了联系，成为不能复活的死隐喻或化石隐喻（dead or fossil metaphor）。对于"泰斗"这类词语应该如何处理？"泰斗"词义的形成的确受制于中国传统文化。但是，这类词的文化作用其实是作用于词的形成机制（词源），并不符合我们所说的文化词的判别标准。因此，对于"泰斗"这类的词语应该专门讨论，适合叫作"在特殊文化背景下产生的词"——"文化背景词"。再如：

无中生有

"无中生有"这个成语本来是在道教文化背景下产生的，出自老子《道德经》第四十章："天下万物生于有，有生于无"。老子揭示了万物第有与无相互依存、相互变化的规律。但现代汉语中"无中生有"基本看不出道教文化对词语语源的影响，《现代汉语词典》（第6版）中"无中生有"仅有一个义项：

【无中生有】wúzhōngshēngyǒu 把没有的说成有，比喻凭空捏造。

"比喻凭空捏造"这样的概念在外语中肯定存在，因而"无中生有"仅仅是在词语语源上受到了道教文化影响，在共时层面的词义上并不是文化词。

类似的词语还有"拨乱反正"、"返本归元"等。

揩油

【揩油】kāi//yóu 动 比喻占公家或别人的便宜。

《字林》："揩，摩也。"《广雅》："揩，磨也。""揩"本义就是擦抹、摩擦。"揩油"一词创制之初的意思就是"抹油"。如：

（51）王履谦既在上虞不便立足，幸亏脚上会得揩油，急坐海船，逃到福州。（民国徐哲身《大清三杰》）

现代汉语中的"揩油"指"比喻占别人或公家的便宜"，也作揩油水。这个意义来源于鲁迅的《准风月谈》。《准风月谈》里鲁迅讽刺了"揩油"的社会现象：

> 这不是"取回扣"或"取佣钱"，因为这是一种秘密；但也不是偷窃，因为在原则上，所取的实在是微乎其微。因此也不能说是"分肥"；至多，或者可以谓之"舞弊"罢。然而这又是光明正大的"舞弊"，因为所取的是豪家、富翁、阔人、洋商的东西，而且所取又不过一点点，恰如从油水汪洋的处所，揩了一下，于人无损，于揩者却有益的，并且也不失为损富济贫的正道。设法向妇女调笑几句，或乘机摸一下，也谓之"揩油"，这虽然不及对于金钱的名正言顺，但无大损于被揩者则一也。

鲁迅在此说明了"揩油"既是秘密的行动，同时又是光明正大、无关紧要的窃取，男人"吃女人豆腐"的轻佻行为也是"揩油"，女人被物化，如同物品金钱一般，从中得到好处，隐含社会对女性的歧视与不尊重。后来，"揩油"喻指一切占小便宜的行为。

现代汉语中"抹油"的原义已经丢失，人们基本不用了。

"揩油"指"比喻占别人或公家的便宜"，在英语中完全可以对译为 get petty advantages at expense of other people or the state。英语中虽然没有词对应"揩油"，但这样的概念在英语中存在。"揩油"与外语中对应的"空缺关系"是"词汇空缺"，而并非"概念空缺"。因此，"揩油"不是文化词。

秦晋

【秦晋】Qín Jìn 名 春秋时秦、晋两国国君几代都互相通婚，后用"秦晋"指两姓联姻：愿偕～｜结～之好。

"秦晋"一词的产生是具有文化背景的。公元前 676 年，晋武公之子姬诡诸继承君位，即晋献公。献公之父武公晚年娶齐桓公女儿齐姜，齐姜则与当太子的姬诡诸有私情。姬诡诸继位后，把庶母齐姜娶为夫人，生女伯姬及子申生。伯姬在后来的秦晋政治联姻中嫁给秦穆公为夫人，这便是所谓"秦晋之好"的开端。因此，"秦晋"原指春秋时秦、晋两国世通婚姻，而在后世与现代汉语的使用中，"秦晋"已经泛称任何两姓之联姻。

（52）主公仰慕将军，欲求令爱为儿妇，永结<u>秦晋</u>。（明罗贯中《三国演义》第十六回）

现代汉语中的用例如：

（53）她已经同现在的未婚夫商量，准备两人在 1994 年下半年结<u>秦晋</u>之好。（当代报刊 1994 年《报刊精选》）

（54）1973 年初冬，鳏居 3 年的乔冠华梅开二度，与离异不久、年轻貌美的章含之结为<u>秦晋</u>。（当代报刊 1994 年《作家文摘》）

"秦晋"虽然是在特殊文化背景下产生的，但现代汉语中的"秦晋"的语义已经泛化为"两姓联姻"，特殊的历史文化背景在现代汉语词汇"秦晋"中已经看不出来，现代汉语中"秦晋"在英语中对应的翻译是"union by marriage、marriage between two families"。因而，"秦晋"是文化背景词，而非现代汉语文化词。

赋闲

【赋闲】fùxián 动 晋代潘岳辞官家居，作《闲居赋》，后来因称没有职业在家闲着为赋闲。

"赋闲"的产生也是具有文化背景的。魏国曹植和西晋潘岳都作有《闲居赋》，以潘岳的最负盛名。潘作写于元康六年，是表现其厌倦官场和隐逸情怀的一篇散文。这一年潘岳从长安回京任博士。因母病去官，时年 50 岁。作者回顾 30 年的官宦生活，仕途沉浮，一时心灰意懒，产生了归隐田园的意念，因而写了这篇《闲居赋》。而近现代汉语中"赋闲"已经看不

出"潘岳辞官家居,作《闲居赋》"的历史文化背景,而主要指"辞官或没有职业,闲居在家"。如:

(55)吾兄在省候补,是个赋闲的人,有这闲工夫等他。(晚清李伯元《官场现形记》第四十三回)

上例中"赋闲"的意思指罢官闲居。
现代汉语中的用例如:

(56)他的公司因经济不景气而裁员,所以近日他赋闲在家。(当代报刊1996年《作家文摘》)

上例中"赋闲"指失业在家。

"赋闲"虽然是在特殊文化背景下产生的,但现代汉语中的"赋闲"的语义已经看不出历史文化背景对"赋闲"的语义影响。现代汉语中"赋闲"在英语中对应的翻译是"be unemployed"。因而,"赋闲"是文化背景词,而非现代汉语文化词。

一些词语的产生源头来自非本土文化。在文化交流与融合中,这些词语被吸纳到汉语中来,成为汉语的一般词汇。如:

绯闻

"绯闻"现在通常是指"影视及娱乐界某明星自身与周边异性或同性之间的情色故事"。"绯闻"无法从古代汉语中找到其得名之由,其词汇化的成因应该从文化追寻①。

改革开放后,香港娱乐圈文化冲击着内地。香港娱乐圈,是孕育香港流行文化的土壤。被称为"东方好莱坞"的香港演艺界,不论是电影、电视、电台、音乐、舞台,还是幕后创作人员,都曾经诞生过无数天皇巨星。"绯闻"是来自香港的外来词。

在这种文化背景下,内地从香港引入相当多的词汇,并以为时髦。陈建民(1999)认为,现在汉语中的一些与性有关的词语"性感"、"做爱"、"性骚扰"、"艾滋病"、"施暴"、"全套服务"多是港台文化与大陆文化融合的结果。

---

① 在北大古代汉语语料库中,我们没有找到"绯闻"的例证。

"绯闻"在外语中可以找到对应的概念，其英文翻译 pink news，所以它不是文化词。

痴心妄想

"痴心妄想"指"愚蠢荒唐，不能实现的心思和想法。""痴心妄想"词语的得名之由（或曰之"内部形式"）来源于佛教文化对中国文化的影响。

"痴"，佛教又称为"无明"，是"贪"、"嗔"、"痴"三毒之一，为一切烦恼之源。不明是非、善恶的污染之心，叫作"痴心"。《大日经·住心品》将"痴心"列为六十种心相之一。《法苑珠林》卷九十指出："依邪见故，痴心增上。"

"妄想"和"正觉"相对，又称"生灭心"、"攀缘心"等。"妄想"是生死轮回的根本，如《楞严经》卷一所说："一切众生从无始来，生死相续，皆由不知常住真心，性净明体，用诸妄想。此想不真，故有轮转。"

"痴心妄想"就是一心想着不可能实现的事。也指愚蠢荒唐的想法。如明代罗贯中的《平妖传》第五回："谁知那道也自痴心妄想，魂颠梦倒，分明是癞蛤蟆想着天鹅肉吃。"

"痴心妄想"在外语中对应的概念是 fond dream。虽然其词的语源义经历了一个文化融合与接受的过程，但在其共时词义层面，不涉及文化的差异与概念的空缺，因此不是文化词。

通过对上述词例的分析，本书认为，在特殊文化背景下产生的词语与本书所讨论的文化词是不同的概念。前者只是在语源的形成上受到独特文化的影响，后者是在共时词义方面受到文化的影响。一些学者认为，文化词就是"在特殊文化背景下产生的词汇"（杨德峰，1999：34），这个概念放大了文化词的研究范畴，比如成语、惯用语很多都是在特殊文化背景下产生的词语，"一箭双雕"、"一石二鸟"、"妙手回春"等词的理据均要在文化背景下找寻。按照我们确立文化词的标准，"一箭双雕"、"一石二鸟"在英文完全有对应概念——"to kill two birds with one stone"。理清文化背景词与文化词的联系与区别，对我们进一步认识文化词十分重要。

二 文化伴随意义词

文化伴随意义是受民族文化制约的附属意义，主要包含潜在的受民族文化制约的感情色彩和评价色彩（吴国华，1989：49—52），张慧晶（2003）

又将其重新命名为词的文化附加义。具有文化伴随意义的词即文化伴随意义词。文化伴随意义词是词汇背景理论的产物，其语义显然与民族文化相关，因其附属意义受民族文化影响。如：

杜鹃

【杜鹃】dùjuān 名 ❸鸟，身体灰黑色，尾巴有白色斑点，腹部有黑色横纹。初夏时常昼夜不停地叫。吃毛虫，是益鸟。多数把卵产在别的巢穴中。也叫杜宇、布谷或子规。

上述释义是现代汉语词典（第6版）对"杜鹃❸"的解释。从"杜鹃❸"的释义来看，"杜鹃❸"在义项上并不蕴含文化信息，是全世界多数地区共有的鸟类。但是，在不同的文化背景下，"杜鹃❸"的文化伴随意义却不同。比如，一名高级汉语水平的俄罗斯学生曾拿李商隐的《锦瑟》中的"庄生晓梦迷蝴蝶，望帝春心托杜鹃"问老师："为何以'杜鹃'来象征爱情？"对于以汉语为母语的人来说很少会出现理解上的偏差。杜鹃在俄汉两个民族中的文化内涵恰恰相反，在俄语中，杜鹃的文化伴随意义主要有两种：其一，象征忧愁孤独的女人；其二，比喻妒贤嫉能的品质。俄语就用"Kyxyma xBaJMT neTyxa"（布谷鸟赞美公鸡）来比喻厚颜无耻、互相勾结之徒，还有"KyuHCa KyKyeT，rope BeujaeT"（布谷鸟叫，苦难来到）的说法。可见，杜鹃在俄罗斯人心目中是含有贬义色彩的一种词，而在我国，杜鹃因为其鸣声凄厉，又因其嘴鲜红，古人不解，以为杜鹃啼至滴血，而成为我国古代文人寄托孤独哀怨、凄凉感伤之情的重要事物。有以下诗句为证：

> 蜀国曾闻子规鸟，宣城又见杜鹃花。
> 一叫一回肠一断，三春三月忆三巴。
> 　　　　　　　　　　（唐李白《宣城见杜鹃花》）
> 住近湓江地低湿，黄芦苦竹绕宅生。
> 其间旦暮闻何物，杜鹃啼血猿哀鸣。
> 　　　　　　　　　　　　（唐白居易《琵琶行》）
> 夜雨冈头食蓁子，杜鹃口血老夫泪。
> 蓝溪之水厌生人，身死千年恨溪水。
> 　　　　　　　　　　　（唐李贺《老夫采玉歌》）
> 可堪孤馆闭春寒，杜鹃声里斜阳残。
> 　　　　　　　　　　　　（宋秦观《踏莎行》）

第二章　现代汉语文化词的界定及鉴别标准　　　　　　　　　　149

从今别却江南路，化作啼鹃带血归。

（宋文天祥《金陵驿》）

可见，"杜鹃"的文化伴随意义是汉民族在古代诗文中长期育化出的附属意义，但是在现代汉语词汇层面，这种文化伴随意义并未进入到词典成为一个稳固的文化义项。因而，"杜鹃"是文化伴随意义词，而非特殊文化含义词。

鱼

【鱼】yú 名 ❶脊椎动物的一大类，生活在水中，体温随外界温度而变化，一般身体侧扁，有鳞和鳍，用鳃呼吸。种类极多，包括软骨鱼和硬骨鱼两类。大部分可供食用。❷（Yú）姓。

汉民族赋予"鱼"好的联想，"鱼"是中国绘画的热门题材。"鱼"和"余"同音，取"年年有余"之意；有的画鲫鱼戏水，因"鲫"与"吉"同音，取"吉庆有余"之意。"鲤鱼跳龙门"有"有利有余，步步高升"的意思。

但《现代汉语词典》（第6版）并未把"鱼"这些美好的文化联想收录到词典中。这说明上述文化联想还不稳固或未进入到词义体系，因而"鱼"是文化伴随意义词，而非特殊文化含义词。

词的文化伴随意义可用义素分析法分析出，但同文化义素一样，词的文化伴随意义远不如词的文化义项稳固。比如，"蜡烛"的文化伴随意义"燃烧自己、照亮别人的品质"在20世纪八九十年代较为常用，而今天却很少使用。因而，"蜡烛"是文化伴随意义词，而非特殊文化含义词。

词的文化伴随意义在长期的使用过程中也可以衍化为词的特殊文化含义，如：

红

【红】hóng ❷象征喜庆的红布：披～｜挂～。❸ 形 象征顺利、成功或受人重视：～运｜开门～｜满堂～｜他唱戏唱～了。❹象征革命或政治觉悟高：～军｜又～又专。

"红"的❷、❸、❹义项在《现代汉语词典》（第6版）中已经十分稳固，因而"红"是特殊文化含义词，而非文化伴随意义词。

因而，文化伴随意义词的外延太宽，而且伴随着社会的变化，词的文化伴随意义极容易发生变化，很难准确界定。究其原因，词的文化伴随意义其实是词的一种文化联想。奥格登（Ogden）和理查兹（Richards）在分析"同一个词在不同的人心目中产生不同的联想"这种语义现象时，曾指出"词语的力量是我们生活中最保守的力量。""'共同承继的概念模式'（common inherited scheme of conception）包围着我们，像空气一样自然而又无可争议地来到我们面前，强加于我们，并且以无数的方式限制我们的思维活动。"只有生发出不同的联想，才能使词语产生新的活跃因子（Ogden & Richards，1946：26）。事实上，文化才是造成词的联想最重要的外部条件。所谓词的文化联想，指受不同的文化背景制约，不同语言使用者对同一概念产生相同或相异的联想，相同的联想也可称为同质联想，相异的联想可称为异质联想。

同质联想（homogeneity association）指不同语言对同一概念的联想具有同质性，不存在显著差异。比如，汉语中对"女人"一词的联想一般是"生育子女的人，善于烹调、手工的人，勤劳、温柔、美丽、文静"等，英语中对"女人"的联想除了有上述特点外，受西方文化影响，英语中的"女人"还侧重强调"对异性有吸引力的"。但总体来看，汉语与英语对"女人"的联想没有实质差异，属于同质联想。再如，汉语中的"羔羊"与英语中的"lamb"都能让人产生"温驯"的联想，汉语中的"狼"与英语中的"wolf"都能让人产生"残忍凶暴"的联想，汉语中的"鹦鹉"与英语中的"parrot"都能让人产生"人云亦云"的联想。以上词语在汉英两种语言中的联想没有显著差异。

异质联想（neterogeny association）指受不同文化背景制约，不同语言对同一概念的联想具有异质性，存在显著差异。汉语中"松"的联想可有"傲视、高洁、不屈、长寿"等，但英语中的 pine（松）却没有这种联想。

词的文化联想使得词有附属的文化伴随意义，但这种基于联想生成的意义未必稳固。比如，据马清华（2000：57）介绍：

> 日本人每天都跟酱打交道，每天都要喝みそしる（大酱汤），而且很讲究，一定是要大豆做的。日本人黄瓜多生吃，而且喜欢沾みそしる（大酱汤）吃。

因此，日本人一看到みそしる（大酱汤）就想起黄瓜，但是黄瓜不可能是みそしる（大酱汤）的文化意义。当文化伴随意义真正稳固、进入词典成为词的义项时，词的文化伴随意义才有可能变成词的特殊文化含义。

另外，词的文化伴随意义的提法也受到一些学者的质疑。魏春木（1993）认为词的文化语义正是外部的社会文化因素在语言中的反映和体现。因此，魏春木（1993）指出，"不能把文化语义置于语义的从属层面，好像文化语义是附加的、可有可无的"。

因此，文化词的语义文化较为稳固。文化伴随意义词的语义文化不稳固，同时也不好界定，不适合被纳入到文化词的理论框架之内。文化词与文化伴随意义词有一定的联系，更有重要的区别。

三 典故词

典故词多有一定的典源，但并非所有的典故词都是文化词。如：

皮里阳秋

【皮里阳秋】pílǐ-yángqiū 指藏在心里不说出来的评论。"阳秋"即"春秋"，晋简文帝（司马昱）母名阿春，避讳"春"字改称。这里用来代表"批评"，因为相传孔子修《春秋》，意含褒贬。

"皮里阳秋"是一个典型的汉语成语，在现代汉语中偶尔也使用，多见于作家作品、新闻稿等书面语中，如：

（57）江南名丑孙正阳扮演"钦差"，老于世故，<u>皮里阳秋</u>；台湾程派青衣朱传敏扮演秀才娘子，望夫成龙，快人快语。（新华社 2004 年新闻稿）

（58）小说字里行间，对今日美苏争霸，颇多<u>皮里阳秋</u>的影射，流露出对霸权主义者发动核大战的深切忧虑和不安。（当代报刊 1997《读书》）

（59）其实鸿渐并没骂周太太。是豚翁自己对她不满意，所以用这种<u>皮里阳秋</u>的笔法来褒贬。（钱锺书《围城》）

词语"皮里阳秋"的产生是有典故的，它出自《晋书·褚裒传》："谯国桓彝见而目之曰：'季野有皮里春秋。'其言外无臧否，而内有所褒贬也。"宋刘义庆《世说新语·赏誉》："晋简文帝之母名'春'，晋人避讳，以'阳'代'春'。"桓茂伦云："褚季野皮里阳秋，谓其裁中也。"从以上说解可以看出，"皮里阳秋"本应为"皮里春秋"，之所以进行词语命名的改动主要是为了避讳——晋简文帝母亲的名字里含有"春"字。"皮里阳秋"一词产生于典籍之中，且因汉语避讳文化在词语的命名上做了改动。但是"皮里阳秋"在英语中具有对应的概念,即 refrain from outspoken attack,因此不是文化词。

四　同实异名词

所谓同实异名词,指命名不同、所指相同的词汇。有时候,人们把不同文化环境下,所指相同的概念也叫作文化词,这是很不恰当的。

螳螂

比如,哈尔滨方言称"螳螂"为"刀郎",这是从"螳螂"的形体来说的。螳螂"胫节镰刀状,常向腿节折叠"。"螳螂"是全世界共有的昆虫,每种语言中都有这样的概念。但是受制于不同的文化背景,人们对其叫法不同。如图 2-14 所示。

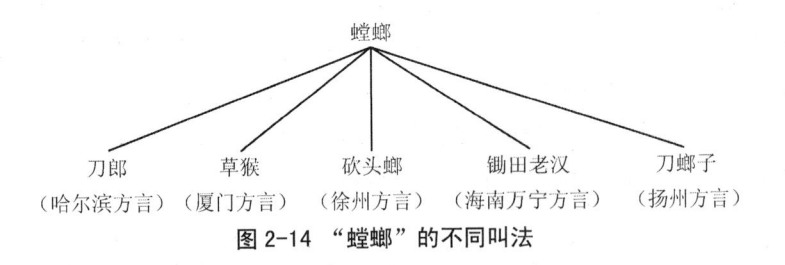

```
                    螳螂
         ┌──────┬──────┼──────┬──────┐
       刀郎    草猴   砍头螂  锄田老汉  刀螂子
   (哈尔滨方言)(厦门方言)(徐州方言)(海南万宁方言)(扬州方言)
```

图 2-14 "螳螂"的不同叫法

有的人看到"刀郎"就判定"刀郎"是一个文化词了,理由是"刀郎"反映了该类地区人们对"昆虫"的独特认识,这种看法其实考虑得很不周全。不同方言文化背景给"螳螂"这一人类语言中共存的昆虫以不同的命名形式,但判别文化词只能从词的义位来出发,以对比的方式来进行甄别。

再如,差异词语是目前词汇学界关注的热点问题之一。但差异词语并非都是文化词,以《两岸现代汉语常用词典》为例,大陆的"步行街",台湾叫"行人徒步区",大陆的"桑拿浴",台湾叫"桑温暖"。胡飞翔(2005:255)进一步列举了以下例子:

大陆	台湾
间隔号	音界号
糖衣炮弹	银弹
琢磨	作摩
邮政编码	邮政区号

| 信息 | 资讯 |

……

特别提出"同名实异"词汇与文化词相比较,是为了避免我们在操作时举棋不定。有时候在理论上能分清文化词,可一到具体选词过程中便是一头雾水。

进一步区分"同名异实词汇"与"文化词",有助于进一步明确文化词的研究范围,对进一步认识文化词的本质特点和与其他词语的差异具有十分重要的意义。

五 熟语

把熟语判定为文化词是一个不小的误区,相当多的学者(梅立崇,1993;王德春,1991;周小兵,1996;孟子敏,1996、1997:322;钱玉莲,2006;王国安,1996;张高翔,2003;常敬宇,1995、2009)认为熟语都是文化词。而熟语与文化词之间的交叉关系如图 2-15 所示。

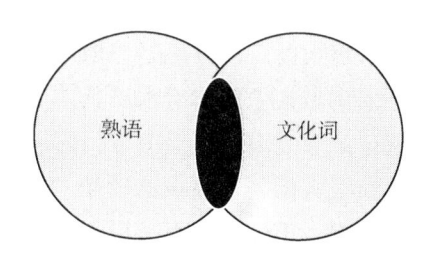

图 2-15 熟语与文化词的关系

也就是说,熟语与文化词不是等同的关系。只有部分熟语是文化词,文化词与熟语并不是被包含与包含的关系,而是交叉的关系。因为,从汉外对比的角度看,熟语应包含三类:

a. 整体语义一致,喻体不同。
b. 整体语义一致,喻体相同。
c. 整体语义表达的概念为外语中所不存在(特有文化熟语)。

也就是说,只有一部分熟语(如"己所不欲,勿施于人"、"不孝有三,无后为大")代表的是中国传统文化,这样的熟语符合"概念空缺"与"文化独特"两条基本的准绳,属于概念空缺语汇。而类似周小兵(1996)所列举的"黄鼠狼给鸡拜年——没安好心"、"狗咬耗子——多管闲事"是不能被列入文化词之列的。因为"黄鼠狼给鸡拜年——没安好心"、"狗咬耗子——多管闲事"这样的熟语所表达的内涵在其他语言中也存在，不过是换了不同的喻体。我们可以做具体分析：

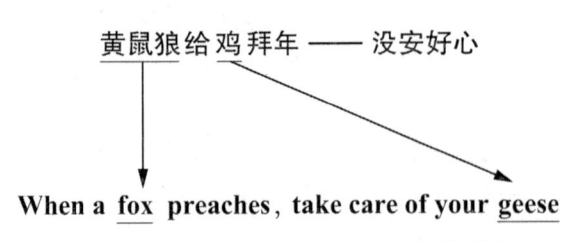

黄鼠狼给鸡拜年 —— 没安好心

When a fox preaches, take care of your geese

（当一只狐狸说教时，照顾好你的鹅）

可以看出，"黄鼠狼给鸡拜年——没安好心"与"When a fox preaches, take care of your geese"整体语义基本一致。所不同的是汉民族采用了"黄鼠狼"与"鸡"两种动物，而说英语者采用了"fox"（狐狸）与"geese"（鹅）两种动物。

笔者（2012）曾建议对教材中"喻体不同、整体语义一致"的术语利用文化正迁移释义。实际上，这样的例子很多：如汉俄熟语整体语义一致，喻体不同的。汉语的"瓢泼大雨"的意思是"像用瓢泼水那样的大雨，形容雨大"，"瓢"是中国南方人主要的盛水工具，而俄罗斯地域跨越欧亚两个大洲，其领土大部分处于北温带和北寒带。因此，俄罗斯人盛水的工具是"桶"。同样的"瓢泼大雨"，在俄语中是"如桶泼的大雨"。这两个词语虽然取譬物有所不同，但由于具有接近的语义内涵，所以通过合乎逻辑的联想与类比，俄罗斯学生不难领会汉语词语的深层语义。在注释这个词语时，我们便可以利用语际的正迁移适当进行汉外对比注释。如：

瓢泼大雨——Дождь льёт как из ведра（如桶泼的大雨）

类似的词语还有：

雨后春笋——расти как грибы после дождя（如雨后的蘑菇）
胆小如鼠——трусливый как заяц（胆小如兔）

又如汉英熟语整体语义一致，喻体不同的。汉语中"落汤鸡"义为落水或浑身湿透的鸡，也比喻浑身湿透或名利受到极大损失的人。"落汤鸡"出自明代天然智叟的《石头点》第六回："止子小船身一旺，立勿定，落汤鸡子浴风波。"英语中表达类似的语义却用 rat（老鼠）表示。如"After the storm she looked like a drowned rat"义为"暴雨过后,她浑身湿透,像只落汤鸡"。

落汤鸡 ——like a drowned rat(像落水的老鼠)

类似的词语还有:

猫哭老鼠 ——shed crocodile tears(鳄鱼的眼泪)
杀鸡取蛋 ——kill goose that lays the golden eggs(杀鹅取蛋)
如鱼得水 ——like a duck to water(如鸭子得水)
瓮中之鳖 ——a rat in a hole(洞中之鼠)

还有汉法熟语整体语义一致,喻体不同(转引自朱晓琳,2011)的。汉语中"度日如年"义为"过一天像过一年那样长"。形容日子很不好过。出自宋代柳永《戚氏》:"孤馆度日如年。"法国是属于以面包为日常主要碳水化合物食物来源的欧洲国家,自古面包就为其主要食物。同样的"度日如年",在法语中就用"Long comme un jour sans pain"(没有面包的日子特别漫长)来表示。

类似的词语还有:

班门弄斧——apprendre anx poisons à nager(教鱼游泳)
闭门羹——se casser le nez à la porte de qn(在某人门前撞碎了鼻子)
唱高炮——dire de grands mots(用大词说话)
井水不犯河水——Que chacun s'occupe de ses propres affaires(每个人管好自己的东西)

张德鑫(1994)曾把汉英词语文化不对应的情况分为三种,其中前两种接近于文化词的研究范畴,第三种即"喻体不同、整体语义一致"的词语。

另外一种熟语的语义与外语中熟语的语义完全等同——整体语义一致,喻体一致。这类熟语基本不带文化色彩。如汉英熟语整体语义一致,喻体相同的:

铁石心肠——a heart of stone
空中楼阁——castles in the air
冷言冷语——cold words
轻如鸿毛——as light as a feather,
火上加油——add fuel to the flames

以上词语在英语中基本能找到等价词，而且喻体相同。

通过上述分析，我们看出，熟语并非都是文化词。熟语与文化词有交叉，具体分析哪类熟语是文化词需要根据"概念空缺"与"文化独特"两条准绳，对具体问题进行具体分析。

六 外来词

外来词是一个有争议的词汇学概念。关于汉语外来词的界定中，有关"意译词"是否属于外来词争议最大。关于意译词是否属于外来词，一种观点认为意译词是外来词的一种（罗常培，1950；孙常叙，1956；周祖谟，1959；张永言，1982；陈原，1983；张志公，1984；符淮青，1985；潘允中，1989；岑麟祥，1990；许威汉，1992；葛本仪，2001），另一种观点认为意译词不是真正的外来词（王力，1957；高名凯、刘正埮，1958；叶蜚声、徐通锵，1981，史有为，1991）。因此，一般意义上的外来词界定有广义与狭义之分。广义的外来词包括意译词，狭义的外来词则不包括意译词。

可实际情况是，汉语中的音译词与意译词一直处于竞争之中。不少音译词是处于动态中的，有时它们会演变成意译词。如音译词"歇斯底里"与意译词"癔病"是汉语对外来同一事物的两种不同的吸收方式。"歇斯底里"与"癔病"均来源于英文 hysteria，如果把语义的因素完全排除出去，采用外来词的严式界定标准，"癔病"则不属于外来词，"歇斯底里"则属于外来词，这显然是不符合语言事实的。类似的例子还有"德律风"与"电话"，二者均为来源于英语 telephone。"德律风"为音译词，"电话"为意译词，在清代汉语中，"德律风"与"电话"一直处于竞争之中，现代汉语最终采用的是意译词"电话"。如果把 telephone 译成"德律风"表达的是外来概念，那么译成"电话"也一样表达的是相同的外来概念，词义并未做任何改变。如果采用狭义的界定，认为意译的"电话"不是外来词，音译的"德律风"是外来词，那么这种论断也是很难令人信服的。因此，狭义外来词界定对于系统研究外来词是很不利的，因为它割离了词的动态演变的进程。

关于文化词与外来词之间的关系，张永言（1982：93）指出："文化词最容易渗进外来词，而基本词不容易渗透进外来词。"汉语不停地在吸收外来文化词，而汉语固有的文化词也在被吸收到其他国家中的语言中去。若采用广义外来词的标准，不考虑语音外来词的话，广义外来词中承载特殊民族文化语义的词即另一种语言的文化词。

比如，"感恩节"（Thanksgiving）是美国人民独创的古老节日，也是美国人合家欢聚的节日，Thanksgiving 是美国英语的文化词，但由于两种语言的交流，Thanksgiving 已经被借入到汉语之中，因而"感恩节"是汉语外来词（英语文化词），而非现代汉语文化词。类似的例子还有"芭蕾"、"布丁"等。"龙"是中华民族的图腾，是汉语文化词。一些翻译者试图引入新译名 Loong 而不采用 dragon，于是"龙"以"loong"的新译名进入英语，成了英语外来词。我们列举一些词例用表 2-18 来表示。

表 2-18　部分文化词与外来词的对应关系

	是否有对译词	文化词	外来词
白兰地	brandy	英语文化词	汉语外来词
芭蕾（舞）	ballet	英语文化词	汉语外来词
感恩节	Thanksgiving	英语文化词	汉语外来词
龙	Loong	汉语文化词	英语外来词

可以看出，文化词与语义承载特殊文化的外来词是可以相互转化的。那么，在实际选词的过程中，词语的文化标签就十分重要。比如"白兰地"、"芭蕾"、"感恩节"是英语文化词，同时也是汉语外来词；"龙"是汉语文化词，同时也是英语外来词。

值得说明的是，很多近代汉语的外来词进入到汉语之后都已经变成了普遍词汇。如"车票"这一概念就是伴随着清末交通工具的改进被借入到汉语中来的。

（60）此次回巴黎，故写头等车票只四人，二等四人。（清崔国因《出使美日秘国日记》卷三）

日本汉语教科书如吴启太、郑永邦的《官话指南》（上海修文活版馆1884年版）、石山福治编的《支那语辞汇》（东京：文求堂书局1908年版）均收录"车票"一词。如：

（61）要上东京，你去替我买个二等车票。（吴启太、郑永邦《官话指南》）

但现代汉语中"车票"是个常用词，已经看不出是从外语中借来的了。

因此，本书研究的是现代汉语文化词，并非外语文化词，在选词的时候要注意词语的文化身份标签。外语文化词进入汉语词汇中如"艾滋病"、"奥林匹克"、"奥斯卡"等，这类词语虽包含一定的文化意义，但是对于外国人来说，可以找到相应的对译词，这类词不在本书的研究范围之内。

第六节　小结

本书系统梳理文化对词汇影响的五种类型，指出文化词所蕴含的文化是蕴藏于词义系统之中的。然后系统构建了较为可信的现代汉语文化词的定义及操作体系，并以典型词汇为例，阐明了六类词（文化背景词、文化伴随意义词、异名同实词、典故词、熟语、外来词）与文化词的区别与联系，力求为现代汉语文化词研究奠定坚实的理论基础。

第三章　现代汉语文化词的类别及特点

本章专门讨论现代汉语文化词的分类问题。首先，回顾了学术界对文化词分类的混乱情况并指出文化词分类的难点所在。其次，进一步指出了分类学的多重性及文化词分类也具有多重性的特点。最后，本章从语言维度与文化维度两个层面将现代汉语文化词分为不同的类别并对不同类别的文化词的特点进行了细致分析，力求扎实构建起现代汉语文化词的基础理论体系，为文化词在应用语言学（汉语作为第二语言教学）中的具体应用研究做出坚实的理论铺垫。

第一节　前贤的观点略要回顾

有关现代汉语文化词的分类，前人进行过一些研究，我们需要在借鉴前人研究的基础上在理论上有所突破。因此，我们尽可能详尽地梳理了有关文化词分类的研究成果，得到的表格如下：

表 3-1　有关现代汉语文化词的分类研究代表性的观点

分类的视角	人物	出处	类别及举例		
词汇学分类视角	梅立崇（1993）	《汉语国俗词语刍议》，《世界汉语教学》第1期。	名物词语	器物	鼎、笏、华表
				服饰	旗袍、中山装
				食品	饺子、馄饨、包子
				建筑	四合院、烽火台
				体育项目	太极拳、气功、中国象棋
				文艺项目	律诗、绝句、词
			制度词语		半边天、离休、指示
			熟语		他山之石，可以攻玉、萧规曹随、秦晋之好、二一添作五
			征喻词语	具有象征义的词语	喜鹊、鲤鱼、鸳鸯
				具有联想义的词语	莲、月亮、红色
			社交词语	招呼语与道谢语	身体好吗？忙吗？工作顺利吗？
				致谢语与致歉语	谢谢！对不起、劳驾、请问
				对恭维和赞扬的反应	哪里，哪里！哪儿的话！惭愧！
				谦辞和敬辞	愚、臣、鄙人、小女、犬儿、令爱、令郎
				禁忌语	未举例
	王德春（1991）	《国俗语义学与〈汉语国俗词典〉》，《辞书研究》第6期。	反映我国特有事物、外语中没有对应词的词语		太极拳、四化、插青
			具有特殊文化色彩的词语		竹子
			具有特殊历史文化背景意义的词语(典故词)		红豆、七夕、鹊桥、牛郎织女

按照词汇类别对文化词语进行分类

第三章　现代汉语文化词的类别及特点　　161

续表

分类的视角	人物	出处	类别及举例		
词汇学分类视角	王德春(1991)	《国俗语义学与〈汉语国俗词典〉》，《辞书研究》第6期。	国俗熟语（包括成语、谚语、俗语、警句、格言、歇后语、惯用语）	守株待兔、自相矛盾	
			习惯性寒暄用语	哪里，哪里	
			具有修辞意义的人名	诸葛亮、红娘	
			兼具两种以上国俗语义的词语	粽子	
	周小兵(1996)	《对外汉语教学中的跨文化交际》，《中山大学学报》第6期。	成语	三人成虎、南辕北辙	
			谦敬辞	拙作、拜访	
			谚语	人多瞎打乱，鸡多不打蛋；三个和尚没水喝	
			吉利语	南山之寿、松柏长寿	
			歇后语	黄鼠狼给鸡拜年——没安好心、狗咬耗子——多管闲事	
按照词汇类别对文化词语进行分类	孟子敏(1996;1997:322)	《文化依附与对外汉语教学》，《语言教学与研究》第6期；《对外汉语教学中的文化词语》，载陈建民、谭志明	根据感情色彩分为两类	褒义词	勤奋、诚恳、纯洁、伟人
				贬义词	懒惰、肮脏、狐朋狗友
			根据风格意义，也分为两类	口语词	窍门儿、干吗、拖后腿、七上八下
				书面语	承担、庄严、父亲、身心交瘁
			语言意义转化或消失之后产生文化意义的文化词语，有24类	动物	狗仗人势、老黄牛
				植物	树大招风、落叶归根
				人物	诸葛亮、牛郎织女
				人体	一针见血、左右手
				服饰	戴高帽儿、穿一条裤子
				饮食	大锅饭、小菜一碟

续表

分类的视角	人物	出处	类别及举例	
词汇学分类视角 按照词汇类别对文化词语进行分类	孟子敏（1996；1997：322）	主编的《语言与文化多边研究》，北京语言学院出版社。	语言意义转化或消失之后产生文化意义的文化词语，有24类 建筑	万里长城、爱屋及乌
			机械	坐飞机、机器人
			医药卫生	良药苦口、病入膏肓
			军事	暗箭伤人、大炮打蚊子
			体育	冲刺、摊牌
			艺术	后台、插科打诨
			教育	小学生、不及格
			交通	开绿灯、各行其道
			经济	空头支票、买卖
			精神	佛口蛇心、求神拜佛
			亲属称谓	兄弟情、婆婆妈妈
			颜色	红人、青出于蓝而胜于蓝
			方位空间	咫尺天涯、左右逢源
			时间	百年不遇、一年半载
			数字	不三不四、七上八下
			地理	石沉大海、泾渭分明
			金属土石	钢铁长城、土
			自然现象	雨过天晴、日月如梭
	杨德峰（2012：42）	《汉语与文化交际》，北京大学出版社2012年版。	历史	禅让、社稷、部曲、文景之治、赤壁之战
			地理	梅雨、乾坤、三伏、流沙、戈壁滩、梯田
			政治制度	连坐、田赋、丁口、休养生息、三级领导班子、精神文明
			宗教	菩萨、罗汉、浮屠、经幢、法身、度牒
			人物	诸葛亮、李白、白居易、杨贵妃、慈禧太后
			文艺	比兴、赋、小令、风骨、八股文、演义
			服饰	旗袍、中山装、乌纱帽、马蹄袖、马褂
			饮食	饺子、月饼、汤圆、粽子、年糕、发糕
			节令	春节、中秋、重阳、清明、寒食
			习俗	乞巧、拜月、踏青
			礼仪	稽首、长跪、万福、鞠躬
			器具	八仙桌、方桌、太师椅、胡琴、花轿

第三章　现代汉语文化词的类别及特点　　163

续表

分类的视角	人物	出处	类别及举例		
	杨德峰（2012:42）	《汉语与文化交际》，北京大学出版社2012年版。	建筑	华表、四合院、石库门、屋桥、梁、柱、椽	
			成语	井底之蛙、三天打鱼，两天晒网、瓦块云，雨淋淋	
			其他	红娘、月下老人、媒人、扒灰、下海、穿小鞋、打棍子	
词汇学分类视角	钱玉莲（2006）	《现代汉语词汇讲义》，北京大学出版社2006年版。	姓名	反映族谱文化的姓名	少陵野老、杜陵野客
				反映伦理道德的人名	凤仪、光耀、焕庭
按照词汇类别对文化词语进行分类				反映审美情趣的人名	韩笑（含笑）、李念（理念）、王梓（王子）、老舍（舒）
				反映性别差异的人名	大鹏（男性）、海峰（男性）、保国（男性）、招弟（女性）、胜男（女性）、宝钗（女性）
				成为传统文化化身的人名	曹操（奸雄）、华佗（神医）、马大哈（做事马马虎虎的人）、红娘（男女婚恋介绍人）、柳下惠（严守道德规范的君子）
			地名	反映宗族制度的地名	李家桥、李家坪、李家山、李家沟、李家寨
				反映大自然变化的地名	黄松峪（植被）、松树峪（植被）、松树沟（植被）、崇明岛（水文）、昆山（水文）、松江（水文）
				反映民族迁徙和融合的地名	哈尔滨、齐齐哈尔、巴彦、绥芬河（满汉融合）；丽江、凤仪、剑川、腾冲（白汉融合）；西双版纳、景洪、德宏、勐腊（傣汉融合）
				反映美好愿望的地名	昌盛、庆安、永安、永宁
				反映社会政治观念的地名	迪化、归绥、胜番沟、北平
				反映宗教信仰的地名	潭柘寺、白塔寺、护国寺、隆福寺、法源寺

续表

分类的视角		人物	出处	类别及举例		
词汇学分类视角	按照词汇类别对文化词语进行分类	钱玉莲（2006）	《现代汉语词汇讲义》，北京大学出版社2006年版。	地名	反映图腾崇拜的地名	龙潭、龙泉、龙岩、龙山、龙川、龙岳
				数词	反映哲学思想的数词	一、三、四
					反映民族心理的数词	偶、四时、四海、四世同堂、十全十美、十佳
					反映习俗的数词	六十六、七十三、八十四（人生之"坎"）
					反映语言文学的数词	三脚猫、三秋、七发
				颜色词	红、黄、绿、黑、白、青、蓝、紫	
				象征词语	蝙蝠、百合、柿子	
文化学分类视角	从词语所反映的文化内容角度	王国安（1996：402）	《论汉语文化词和文化意义》，载《中国对外汉语教学学会第五次学术讨论会论文选》。	表现中国独有的物质文化的词语	华表（建筑）、月饼（饮食）、八仙桌（器具）、旗袍（服饰）	
				表现中国独特的精神文化的词语	禅让（历史）、道（学术）、比兴（文艺）	
				表现中国独特的社会经济制度的词语	尚书（职官科举）、菩萨（宗教）	
				反映中国独特的自然地理的词语	梅雨（自然）、戈壁滩（地理）	
				反映中国独特的风俗、习惯的词语	重阳（时令）、稽首（礼仪）、乞巧（习俗）	

第三章　现代汉语文化词的类别及特点　　　165

续表

分类的视角	人物	出处	类别及举例	
文化学分类视角	张高翔（2003）	《对外汉语教学中的文化词语》，载《云南师范大学学报》（对外汉语教学与研究版）第3期。	物态文化词语	华表（建筑）、饺子（饮食）、八仙桌（器具）、旗袍（服饰）、梅雨（自然地理）
			制度文化词语	连坐（政治法律制度）、丁口（经济制度）、科举（社会文化制度）
			行为文化词语	稽首（礼仪）、闹房（习俗）、春节、中秋（节令）
			心态文化词语	道、仁、理、赋、清明、三清、五行、四书五经、楚辞、篆书、楷书、天人合一、孔子、朱熹、文明单位
	常敬宇（2009）	《汉语词汇文化》，北京大学出版社2009年版。	表达辩证观念的词语	否极泰来、乐极生悲、因祸得福、物极必反
			表达伦理观念的词语	君臣、后妃、胜负、兴亡、男尊女卑、男欢女爱
			反映中庸、委婉意识的词语	知足常乐、随遇而安、羽化、化鹤
			反映汉民族心态特征的词语	天意、天尊、天怒、元气、精气、灵气、天理、道理、真理
			典籍文化词语	矛盾、月老、汗青
			宗教文化词语	（道教）修身养性、浩然正气、拨乱反正（佛教）三头六臂、三生有幸、超凡入圣
			饮食文化词语	煮、蒸、煎、熬、熏
			数词	一、二、三、四、五、六、七、八、九、十、百、千、万、零
			颜色词	黄、红、绿、黑、白
			姓名	诸葛亮、杜甫、贺知章、李商隐、王安石

续表

分类的视角	人物	出处	类别及举例		
文化学分类视角	常敬宇（2009）	《汉语词汇文化》，北京大学出版社2009年版。	从词语所反映的文化内容角度	地名	河北、山西、河南、山东、湖北
				民俗文化词语	谐音文化词语	喜鹊、蝙蝠、鱼、和合二仙、鹿
					龙凤文化及其词语	龙飞、龙颜、龙体、凤鸣朝阳、凤凰于飞
					虎文化及其词语	虎将、虎背熊腰、虎口脱险、不入虎穴，焉得虎子、电老虎
					农历二十四节气及其词语	立春、雨水、惊蛰、春分、清明
					天干和地支	甲子、乙丑、甲、乙、卯
				中国传统节日词语	春节、春联、元宵节、清明节、寒食节
				礼俗词语	祝福语（吉祥语）	恭贺新年、恭贺春喜、万寿无疆、龙凤呈祥、乔迁之喜
					尊称语及称谓语	贵姓、尊祖父、尊函、大作、阁下
					自谦语	小生、家严、贱内、家兄、寒舍
					道谢语	谢谢！对您的盛情款待谨表示衷心的感谢！谢谢您的珍贵礼物！谢谢您的盛情款待！给您添麻烦了。
					道歉语	对不起。我踩您脚了，真对不起。影响您休息了，真对不起。让您受累了，实在过意不去。这件事都怪我没办好，请严加批评。
				形象词语	塔松、笑面虎、龟缩、雪白、灰蒙蒙
				象征词语	龙、凤、麒麟、龟、梧桐
				饮食文化词语	油、刀工、煮、蒸、熬

续表

分类的视角		人物	出处	类别及举例	
文化学分类视角	从词语所反映的文化内容角度	常敬宇（2009）	《汉语词汇文化》，北京大学出版社2009年版。	茶文化词语	绿茶、红茶、乌龙茶、莫干黄芽茶、铁观音
				酒文化词语	茅台酒、五粮液、泸州老窖特曲、剑南春、古井贡酒
				店名文化词语	萃华楼、同和居、知味斋、庆和堂、听雨轩
				玉文化词语	和田玉、软玉、翡翠、玉屏、玉带
				柳竹梅文化词语	柳叶眉、杨柳、竹筷、梅花、梅

可以看出，目前汉语文化词的分类主要有两种视角：词汇学分类视角（从词汇的类别角度对文化词语进行分类）与文化学分类视角（从词汇所反映的文化内容的角度对文化词进行分类）。主张词汇学分类视角的学者主要有梅立崇（1993）、王德春（1991）、周小兵（1995）、孟子敏（1996、1997：322）、杨德峰（1999）、钱玉莲（2006）；主张文化学分类视角的学者主要有王国安（1996）、张高翔（2003）、常敬宇（1995、2009）等。

但是，值得指出的是，目前汉语文化词的分类研究如同汉语文化词的界定研究一样，远远达到不了在实际应用中可以采用某一个标准的程度，存在问题较为严重。当然，分类本身是很难的。但从现代科学分工日趋精密化的角度来看，具有科学而清晰的分类是进一步研究文化词的必由之路。因为，"分类是人类认识事物特征的一种手段，也是人类对事物认识的一种结果"（林杏光，1999：132）。换言之，深刻认识文化词的本质特征必须建立在对文化词科学分类的基础上。

以目前的研究成果来看，文化词的分类至少存在以下问题：

第一，文化词能否进入分类资格的问题。严格地说，梅立崇（1993）、王德春（1991）、周小兵（1996）、孟子敏（1996、1997：322）、杨德峰

（1999、2012）、钱玉莲（2006）、王国安（1996）、张高翔（2003）、常敬宇（1995、2009）所列举的很多词例都不能算是文化词。这一点我们在第二章分析文化词的界定时已经谈到过了，这些不再赘言。

第二，采用分类标准的统一性问题。既然采用了一种分类标准，就要一以贯之地坚持下去，不能采用"双重标准"。目前，文化词分类严重存在一个问题——缺少客观而有效的尺度，从而使分类的标准不甚清晰，这种不甚清晰的分类标准导致的直接后果就是分类有交叉项。当然，想做到客观、准确而有效地分类是比较难的，但我们只有如此，方能达到准确描写并揭示客观事物特征的目的。也就是说，如果我们能依据一个客观的标准把事物分成 A 和 B，那么 A 与 B 就不应该存在交叉。比如"人"按照性别可以分为"男人"和"女人"，那么就不应该存在"阴阳人"的情况。而目前文化词的分类几乎都存在这种情况，我们按照分类的次序，逐条说明每位学者分类存在的问题：

梅立崇[①]

①体育项目、文艺项目不应划入名物词语之列；②熟语不全是文化词；③"半边天"不是制度词语；④社交词语与其他四大类词语不在同一层级上。

王德春

王德春（1991）认为，成语、谚语、俗语、警句、格言、歇后语、惯用语都是国俗熟语，实际上只有一部分是，上文我们已经进行了分析。

周小兵

周小兵（1996）也认为，熟语都是文化词。

孟子敏

①褒义词/贬义词不可能划入文化词之列；②口语词/书面语划入文化词之列也不合适，虽然文化词有口语色彩与书面语色彩两种不同的语体。

杨德峰

①杨德峰（2012：46）将"成语"（"成语"属于词汇范畴）放在"历史"、"地理"（"历史"、"地理"属于文化范畴）相同分类项上就不甚合适，"成语"、"惯用语"、"歇后语"也并非都是文化词，我们在刚才已经对这个问题进行了分析。

[①] 此处列举学者的人名意指"学者在文化词分类上存在的问题"。

②关于宗教类文化词,杨德峰(2012:46)举的例子有"菩萨"、"罗汉"、"浮屠"、"经幢"、"法身"、"度牒",这些都是佛教词汇。佛教文化对中华文化有着复杂而深刻的影响,但以上词汇都是外来词借用到汉语中的。以"菩萨"为例,"菩萨"(Bodhisattva)并不是中国特有的,不能认为"菩萨"是在汉民族文化背景下产生的词汇。其余关于"罗汉"、"浮屠"、"经幢"、"法身"、"度牒"的分析类同。因此,杨德峰(2012:42)在"宗教"一栏举例中不应该全部用佛教的例子,而用道教或汉传佛教的例子似乎可以挖掘出更多的宗教文化词。

③地理类文化词中"戈壁滩"不是中华文化所特有,器具类文化词中"胡琴"来源于西域。

钱玉莲

姓名、地名、数词、颜色词、象征词语不在同一个层级上。而且,只有具有稳固文化意义的姓名(如"诸葛亮"、"曹操"、"阿斗")可以算作是文化词。

王国安

王国安(1996:402)的分类有交叉项。比如"尚书"并非"职官科举","菩萨"是源于佛教文化的内容。

张高翔

①"中秋"、"春节"是节令,不是行为文化词,"过春节"、"过中秋"被认为是行为文化词更合适;②心态文化词部分划分过粗,"孔子"、"朱熹"不能算作是心态文化词。

常敬宇

①大部分词条混淆了"文化词"与"词文化"两个不在一个层级的概念,所给的例证难以服人。② 在"礼俗词语"部分,如果连"我踩您脚了,真对不起"这样的句子也算文化词,则实在难以令人信服。

综合上述,文化词分类研究在标准上难以统一、十分混乱,必须加以重新分析。

第二节 分类学缘起及文化词分类的多重性

文化词分类难在哪里?除了前辈学者对文化词界定含混不清外,分类学的多重性(multiplicity)是造成文化词分类难的另外一个重要原因。

分类学（taxonomy，systematics）是区分事物类别的学科。taxonomy指动植物分类，systematics指系统分类。"分"即鉴定、描述和命名，"类"即归类，按一定基准排列类群。分类学的目的是方便进一步认识系统成员的本质特征，方便人们查找应用。给图书分类是为了人们更好地查找，给生物分类是为了人们更好地识别，给语言中某一特定范畴分类则是为了人们更好地从理论和应用层面解决问题。比如，给某一特定词语类聚分类有助于在教学实践中区别和选取这类词语。总之，现代科学的建立离不开对事物科学而有效地分类。

分类却又是一个大难题，主要体现在其具有多重性。在同一系统内部，有的为典型范畴（typical category），有的则为非典型范畴（atypical category）。典型范畴比较容易辨认和区分。比如，当人们说起"鸟"时，"乌鸦"、"喜鹊"、"知更鸟"（画眉的一种）是无异议的，因为它们作为"鸟"的特征非常明显。非典型范畴的角色有时则含混不清，给分类增添了许多麻烦。比如，当人们说起"鸟"时，"鸡"、"鸭"、"企鹅"是不是"鸟"就需要仔细鉴别。典型范畴与非典型范畴的存在为人类认识事物多角度分类提供了理据，即我们在对某一系统内部成员进行划类时，不能仅仅具有定式的、单一的目光，而要根据系统内部成员的"典型性"与"非典型性"，从不同视角根据成员的不同特征进行多角度的分类。

文化词的分类同样存在这个问题。迄今为止，确定现代汉语词汇中有多少这样的词还是一个悬而未解的"谜"。在其内部成员含糊而不清晰的条件下，划分出有效而科学的类别更不是一件容易的事。但是，正因为如此，从分类的多重性角度出发，依据不同的标准分出清晰而有效的类别才成为一项亟待跟进的工作。而在对文化词进行科学分类的过程中，自然能更全面地了解文化词内部成员的类型，更好地掌握文化词的特点。

维度是判断、说明、评价和确定某类事物多方位、多角度、多层次的概念，是分类的重要视角之一。本书认为，文化词的分类有三个基本维度：

第一，从语言与文化的交叉关系分；
第二，从语言维度分；
第三，从语言所体现的文化维度分。

在这三个基本维度下有个字具有不同层面的小类。第一种维度——从语言与文化的交叉关系分，我们已经详细阐述了从文化对共时词义的隐性与显性影响对文化词进行的分类——概念空缺词与特殊文化含义词。这种分类无论是从理论角度出发，还是从应用角度出发，都是十分必要的。这也是文化词的两大基本类别。由于在第二章中已经详述过这两个概念，在这里不赘述。下面本章将重点阐述另外两个重要的维度。

语言维度是从语言最重要的建筑材料——词汇出发，从词汇具有哪些类型的视角对文化词分门别类地分析。比如，从词的语法功能、词的义项数、词义的认知方式、词的能产性、词的社交功用等方面进行分类均可以得出关于现代汉语文化词不同类型特点的认识。

文化维度则是从语言最重要的建筑材料——词汇出发，从词汇中的语义文化类型的角度对文化词进行分门别类的分析。由于文化词的语义类与文化密切相关，因此，对文化维度的分析也可以看成是对文化词"语义类"的分析。比如，从物态文化、制度文化、行为文化、心态文化等方面对文化词进行分类可以进一步深化关于文化词语义类别的认识，从而进一步深化词义与文化之间的内在关系。

语言维度与文化维度并不矛盾，因为维度本身即是一种视角。文化词本身是词汇的一类，同时又与文化关系最为密切。因此，这两种分类的维度已经充分考虑到了文化词之"词汇与文化密切结合"的本质特征，并彰显了语言与文化密切结合研究的特点。

下面我们即从语言维度与文化维度两个方面对现代汉语文化词的成员类型进行分门别类的分析。

第三节　现代汉语文化词分类的语言维度

一　语言维度1：从词的语法功能分

如果我们着眼于词的语法功能，文化词可以分为名词性文化词、动词性文化词、形容词性文化词与数词性文化词。[1]

---

[1]　为什么没把量词算作文化词的一类？量词是现代汉语词类大家族的特殊一类。别的语言（如英语）并没有汉语中这么多量词。但笔者认为，现代汉语中的量词不能算是"概念空缺"，而是"词汇空缺"（lexical vacancy），或者我们也可把现代汉语中的量词称为"语法空缺"。虽然现代汉语中许多的量词是由古代汉语衍化而来的，但作为共时层面的量词的出现更多是出于语法表达的需要，而非概念表达的需要。共时层面的量词只有和数词连在一起才有意义。比如"一个人"的"个"是个量词，但是如果脱离了数词"一"，"个"没有任何实质意义。"一个人"翻译成英语为"one person"。"个"只能构成语言形式理解的障碍，并不能构成跨文化交际理解的障碍。

（一）名词性文化词

文化词多半由实词充当，因此名词性文化词占据了大半比例，也是文化词中最常见的一类。从它们反映的文化内容来看，有的反映的是物质文化，有的则反映的是制度和心态文化，还有的反映的是行为文化。

1. 反映物质文化的名词性文化词

斗拱

【斗拱】（枓拱、枓栱）dǒugǒng又dòugǒng 名 我国建筑特有的一种结构。在立柱和横梁交接处，从柱顶上加的一层层探出成弓形的承重结构叫拱，拱与拱之间垫的方形木块叫斗。合称斗拱。

"斗拱"在中国木构架建筑的发展过程中起过重要作用，它可以看作中国传统木构架建筑形制演变的重要标志。"斗拱"的产生与中国古代建筑文化密切相关，是一个典型的物态文化词。

现代汉语词汇系统中有许多反映物质文化的名词性文化词，如：

建筑类：长城、丝绸之路、莫高窟、四合院、天坛、颐和园、碑林、道观、少林寺、土地庙、兵马俑、书院、故宫、华表、茶馆、胡同、厢房、大杂院、莫高窟、圆明园

地理类：长江、黄河、黄土高原、长江三角洲、天府之国、内地、五台山、五岳、华山、泰山、中原

器具类：中国结、刺绣、编钟、琵琶、二胡、山水画、仕女画、麻将、景德镇瓷器、景泰蓝、剪纸、唐三彩、年画儿、泥人儿、丝绸、印玺、对联、红双喜、象棋、京剧脸谱、兔儿爷

服饰类：乌纱帽、旗袍、中山装、冠冕、马褂

食物类：月饼、元宵（汤圆）、馄饨、粗粮、饺子、粽子、八宝饭、年糕、腊八粥、冰糖葫芦

饮品类：碧螺春、茅台、罗布麻、雪菊、绞股蓝

菜系类：八大菜系、粤菜、川菜、鲁菜、苏菜、浙菜、闽菜、湘菜、徽菜

节日类：重阳节、除夕、中秋、元旦、元宵节、端午、七夕、中元节、清明节、龙抬头、教师节、国庆节、二月二

文学类：史记、白蛇传、诗经、四书、六艺、三国演义、西游记、武侠小说、四书五经、孙子兵法、经史子集

书法类：楷书、隶书、行书、草书、文房四宝、丹青、书法

艺术类：戏剧、小品、相声、马戏、京剧、龙套、昆曲、地方戏、评书、说书、老生、青衣、反串、生、旦、净、末、丑

武术类：气功、太极拳、武术、醉拳

语言类：普通话、部件、成语、繁体字、简化字、六书、平仄、押韵、偏旁、部首、古文

……

反映物质文化的文化词的一个突出特点是直观可感，以"名物词"居多。换言之，其所反映的事物是客观具体而实在的。与一般的"名物词"所不同的是，这些客观具体实在是汉民族独特的文化创造，其他语言中的词汇并没有这些文化创造与汉民族所创制的词汇匹配。

2. 反映制度与心态文化的名词性文化词

名词性文化词中也有相当一部分是反映制度和心态文化的，如：

政治制度类：精神文明、两手抓、村委会、计划生育、一国两制、人民代表大会

经济制度类：大锅饭、市场经济、公有制、铁饭碗

道德观念类：贤妻良母、大龄青年、不孝有三，无后为大、老处女

深层信仰类：天人合一、中庸、格物致知、恕、己所不欲，勿施于人、学而优则仕、天涯若比邻、团圆、安土重迁、仁、和、传宗接代、孝道、义、礼、智、信、忠、孝、悌、道、贞节、义气

……

反映制度和心态文化的名词性文化词的特点是大多不能直观可感，以"抽象词"居多。换言之，其所反映的事物是抽象而不易把握的，像"仁"、"义"、"孝"这类词是汉民族语言中抽象的概念，并不是客观现实生活中的实体，因此对于外语学习者来讲则不太容易理解。比如"村委会"这样的一个概念对于外国汉语学习者来讲纯粹是一个新的文化知识。至于更常用的"孝"，在"孝是中国人的传统美德"这样一个句子中，从未接触过中华深层文化的美国人并不会理解"孝"究竟为何物。如果"孝"这个概念不能理解，由文化概念"孝"构成的一系列词群"孝道"、"孝顺"、"孝子"、"不孝"等词语的理解更无从谈起。再如，在这样一句话——"他很讲义气"中，外国学生更不能理解"义气"为何物。

因此，反映制度与心态文化的名物词在跨文化交际中更容易引起障碍，即沃纳·克勒尔（Werner Koller，1992）所说的跨文化交际中的"寻衅之物"。

而反映物质文化的名物词的知识性更强,在二语教学中,我们对于这两类词语要区别对待。①

3. 反映行为文化的名词性文化词

有些名词性文化词与行为文化有关。如:

【首座】shǒuzuò 名 ❶宴席上最尊贵的座位。❷佛寺里地位仅次于住持的和尚。

我国古代十分重视座次,因为座次是尊卑的重要标志。《仪礼》、《礼记》都有关于座次尊卑的规定。这种座次观也延伸到吃饭上。中国人吃饭的席次讲究尊卑、身份、地位,这正是中国古代"礼"的文化在现代中国人生活中的反映。汉族传统的宴饮礼仪有一套程序:主人相邀,临时迎客于门外。宾客入席时,最尊贵的客人以左为上,视为首席,相对首座为二座,二座之下为三座,三座之下为四座。

西方宴会以右为上,第一主宾就坐于主人右侧,第二主宾在主人左侧或第一主宾右侧,变通处理,斟酒上菜由宾客右侧进行,先主宾,后主人,先女宾,后男宾。

因此,"首座"❶义的获得是深受中国文化影响的。中国人宴请时的"首座"不是谁都可以坐的。下列句子中的"首座"均包含了中国人这种座次文化。如:

(1)脸来告诉长顺:再去买两包烟!赶到摆饭的时候,他大模大样的坐了<u>首座</u>,他以为客人中只有他作过科长,理应坐<u>首座</u>。(老舍《四世同堂》)

(2)一群客人挤在客厅里,谁也不肯先坐,谁也不肯坐<u>首座</u>,好像"常常登上座,渐渐入祠堂"的道理是人人所不能忘的。(梁实秋《谦让》)

"首座"❶是个反映行为文化的名词性文化词。

---

① 但是,这并不是说,前者是"交际文化词",后者是"知识文化词"。因为,张占一先生(1984、1990)所提出的"交际文化"与"知识文化"的分类凸显了文化在交际中的重要作用,这是其理论贡献。但是,"交际文化"与"知识文化"的分类也是有缺陷与不足的。笔者在后文有详细论述。

（二）动词性文化词

所谓动词性文化词，指的是表示动作、行为、状态、存在、心理或发展变化的文化词。动词性文化词往往与中华文化习俗密切相关。比如：

【倒插门】dàochāmén 动 俗称男子到女方家里结婚并落户。

"倒插门"旧时叫"入赘"。在旧时的中国社会，"倒插门"的男子不但要到女方家定居，还要继承女方家的门第。现代中国社会又称"倒插门"的男子为"上门女婿"。可以看出，"倒插门"这个动词性文化词的产生正是旧时中国社会婚俗的反映。[①]

一些动词性文化词在现代中国社会已不太常用，如旧时的"稽首"、"三跪九叩"、"作揖"等。而一些动词性文化词仍然为当代中国人所使用，如过年时的"拜年"、"吃饺子"，结婚时的"（一）拜天地、（二）拜高堂、（夫妻）对拜"等。

动词性文化词很多还不能从字面上加以解释，或者说很难从字义析出词义。比如"倒插门"这个词语如果光从字面上解释似乎只和"门"有关系，外国人不明所以然，"倒/插门"怎么了？从"倒"、"插"、"门"三个字进行阐释均不能准确解释该词汇的含义。换言之，"字本位"教学法对这类词的教学没有多大帮助。

常见的动词性文化词有：

婚俗：拜堂、拜天地、闹新房、洞房、倒插门、回娘家

礼俗：稽首、长跪、万福、请安、万岁、抱拳、作揖

陋习：裹脚、缠足

迷信：冲喜

丧俗：守孝、守灵、戴孝、扫墓、披麻戴孝

食俗：打牙祭

人际交往习俗：结拜、拜把子、结义

[①] 日本社会有一种情况与"倒插门"类似，但并不等同，叫"婿养子"。日本"婿养子"现象比较普遍。所谓"婿养子"就是"收养子且让其与女儿结婚"。中国也有这种养子成为女婿的情况，但极少，不是收养的初衷。当代中国的"上门女婿"跟日本"婿养子"最重要的区别在于中国的上门女婿保持本姓，只是让孩子跟岳父姓，而日本的"婿养子"一律改为妻家姓，日本首位诺贝尔物理学奖得主汤川秀树就是一个"婿养子"，在其30岁所写的科普作品《眼睛看不见的东西》中有一条译者注："作者结婚后改为妻子的姓，即中国的入赘。后面提到的养父汤川玄洋，实为作者的岳父。"不过汤川秀树在书中一直以"养父"相称。

总之，中日两国一衣带水，文化上虽然有共通的地方，但也有很多不同之处，对于不同之处要审慎地分析。

节日习俗：

a 春节：拜年、吃年夜饭、包饺子、贴对联、过年、给红包、逛庙会、给压岁钱、办年货、辞岁、守岁、放鞭炮、辞旧迎新、挂年画、扭秧歌、糊窗花

b 端午节：吃粽子、划龙舟、踏青

c 元宵节：赏灯、猜灯谜、赏龙灯、逛灯会

d 重阳节：赏菊、登高

e 中秋节：赏月

其他：坐月子、做寿、做满月

……

也有的动词性文化词与中华艺术、戏曲等有关。

【烘托】hōngtuō 动 ❶国画的一种画法，用水墨或淡的色彩点染轮廓外部，使物象鲜明。❷写作时先从侧面描写，然后再引出主题，使要表现的事物鲜明突出。❸陪衬，使明显突出：蓝天～着白云｜红花还要绿叶～。

"烘托"是中国画的一种技法，主要指用水墨或淡彩在物象的外廓渲染衬托，使其明显突出（如烘云托月）。中国画画雪景、流水、白色的花鸟和白描人物等一般运用此法。这种独特的中国画技法渗透于"烘托"的词义系统之中，使得"烘托"在义项❶上是个动词性概念空缺词。

【跑龙套】pǎolóngtào ❶在戏曲中扮演随从或兵卒。❷比喻在人手下做无关紧要的事。

"跑龙套"的演员又称"文堂"、"流行或特约演员"，是中国京剧的术语。"龙套"的功用主要是为了陪衬主角或应故事发展之用，因此如果替人帮衬、打杂或跑腿，做些无关紧要的工作或扮演无足轻重的角色时，一般便称这为"跑龙套"。

"跑龙套"与"在人手下做无关紧要的事"具有类比相似的特征，因此，"跑龙套"借助隐喻生成了❷义，比喻在人手下做无关紧要的事，或专做跑腿、服务性工作，或起次要作用，充当配角。如：

（3）部门内部相关联的各种环节各自为阵、相互脱节，而让用户承担起了<u>跑龙套</u>的角色。（当代报刊1994《报刊精选》）

（4）就是在剩下的两家中，农具早已退出产品的席位，变成了<u>跑龙套</u>的副产品。（当代报刊1996《报刊精选》）

（5）这批人中，有曾在改组派扩大会议上为汪精卫摇旗呐喊的<u>跑龙套</u>：杜从戎、徐会之、郭仲容、陈远湘等人。（当代报刊 1994《作家文摘》）

"跑龙套"在义项❶上是个动词性概念空缺词。

动词性文化词的数量虽然不如名词性文化词多，但是也构成了现代汉语文化词系统的重要组成部分。

（三）形容词性文化词

所谓形容词性文化词，指的语法功能扮演着修饰、限定功能的角色的文化词。形容词性文化词往往常见于汉语颜色词。比如：

【黄色】huángsè ❶ 名 黄的颜色。❷ 形 属性词。指内容色情的：～小说｜～录像。

上述释义是《现代汉语词典》（第 6 版）关于"黄色"的解释。实际上，"黄色"还有另一层文化意义——"至尊至贵"，但在现代汉语中不太常用。在古代中国，黄色是汉民族最敬重的颜色之一，是皇权、显赫、富贵的象征。中华民族发源于黄河两岸的陕西、山西、河南等地区。这里土地是黄颜色，所以黄色是万世不易的大地自然之色，被尊为帝王之色。汉语中，"皇帝"一称就是用黄色作谥号的，皇帝的文告叫"黄榜"，皇帝穿的衣服叫"黄袍"，被部属拥立为皇帝叫"黄袍加身"。

现代汉语中人们更常用的是"黄色"另一个义项——"色情"、"腐化"、"堕落"的含义。而英语的 yellow pages 是指黄色纸张印刷品，没有贬义。

为何黄色会有"色情"义？有的学者认为这是来源于外语，其实不然。中国古代的黄色已与"性"有关。唐代孙思邈在其《千金要方》之"房内补益"中有"赤日黄月"之说，张清常先生（1991）指出："则中国古代之'黄'与'性'有关系。此说甚是，只不过中断千余年，人们早已忘记而已。""黄"与"性"有关并非来自外语。

黄的❷义项起着修饰、限定名词的作用，是一个形容词性特殊文化含义词。

（四）数词性文化词

所谓数词性文化词，指语法功能表示数目多少或顺序多少的文化词。

【一】yī ❶ 数 最小的正整数。参看 1271 页【数字】。

❷ 数 表示同一：咱们是～家人｜你们～路走｜这不是～码事。

❸ 数 表示另一：番茄～名西红柿。

❹ 数 表示整个；全：～冬｜～生｜～路平安｜～屋子人｜～身的汗。

前文分析过"一"❹义的获得是深受道教文化影响的。因此，❹义为"一"的特殊文化含义。从词的语法功能看，"一"为一个数词性文化词。

二　语言维度2：从词的义项数分

从词的义项数分，文化词可以分为单义文化词、双义文化词、多义文化词（义项≥3）、多义词的单个/多个义项构成概念空缺的文化词（义项≥3）、多义词的单个/多个义项具有特殊文化含义的文化词（义项≥3）五类。

（一）单义文化词

单义文化词指词的唯一的义项构成概念上的空缺。如：

【爆肚儿】bàodǔr 名 食品，把切好的牛羊肚儿在开水里稍微一煮就取出来，吃时现蘸佐料。另有热油快煎再加作料芡粉的，叫油爆肚儿。

【旗袍】qípáo 名 中国妇女所穿的一种长袍，原为满族妇女所穿。

【普通话】pǔtōnghuà 名 我国国家通用语言，现代汉民族的共同语，以北京语音为标准音，以北方话为基础方言，以典范的现代白话文著作为语法规范。

【蟒袍】mǎngpáo 名 明清时大臣所穿的衣服，上面绣有金黄色的蟒。

为什么要从义项多寡的角度将单义文化词区分开来？我们主要是考虑到，有的文化词义项非常多，这类文化词在其义项层面，一般只有一个或两个义项构成概念空缺，学习者掌握起来不那么容易（如语义具有双层性的文化词）。而单义文化词的成员相对十分单纯，并未发生词义引申。这类文化词相对多义文化词来讲，知识性更强，学习者掌握起来也更加容易。

（二）双义文化词

双义文化词指文化词的语义具有双层性。这类文化词的义项有两个，在这两个义项中，有一个或两个义项构成概念空缺，或有一个义项具有特殊文化含义。具体有以下几种：

1. 一个义项构成概念空缺

这类词语一般是以现代汉语为基准，初始义为概念空缺义项，在概念空缺义项后又衍生出了人们更加普遍使用的新义，这个新义在外语中一般有对应词。如：

【清一色】qīngyīsè ❶ 名 指打麻将牌时某一家由一种花色组成的一副牌。❷ 形 属性词。比喻全部由一种成分构成或全部一个样子的：到会的穿的都是～中山装。

"清一色"在义项❶上深受中华文化的影响，中国人创制出了文化产品麻将，在此基础上制定出的麻将规则包含"清一色"。而在汉语的实际使用中，义项❷远远更为常用。如：

（6）女单四强清一色是中国姑娘。（2004年3月新华社新闻报道）
（7）由清一色在校大学生组成的东北电力学院龙舟队则"抢"走了头名。（2004年8月新华社新闻报道）

另如：

【混沌】hùndùn ❶ 名 我国传说中指宇宙形成以前模糊一团的景象：～初开。❷ 形 形容糊里糊涂、无知无识的样子。

"混沌"❷义的形成深受❶义的影响。

混沌也写作浑沌，最初指中国古人想象中天地未开辟以前宇宙模糊一团的状态。汉班固《白虎通·天地》："混沌相连，视之不见，听之不闻，然后剖判。"三国魏曹植《迁都赋》："览乾元之兆域兮，本人物乎上世；纷混沌而未分，与禽兽乎无别。"

后来，"混沌"在使用过程中逐渐由"古代传说中指世界开辟前元气未分、模糊一团的状态"引申为"浑然一体，不可分剖的样子"，如：

（8）一体混沌，两精感激。（唐孙思邈《四言诗》）
（9）汉魏古诗，气象混沌，难以句摘。（南宋严羽《沧浪诗话·诗评》）

宇宙模糊一团的重要特性是"不分明"，因此，"混沌"通过隐喻也可以指"模糊、不分明"。如：

（10）但我也不来做教员，也不想说明别的原因之所在。于是就在混沌中完结了。（鲁迅《两地书·致许广平一二六》）
（11）她微微睁开眼睛呻吟一下，脑子里朦胧地、混沌地浮现出各种梦幻似的景象。（杨沫《青春之歌》第二部第十九章）

（12）他们的背被过重的挑担压成弓形，他们的眼睛被失望与怨愤磨成混沌。（艾青《献给乡村的诗》）

"不分明"又与头脑相关。因此，"混沌"由"宇宙模糊一团"又可以指"（头脑）不分明"，即"糊涂"，如：

（13）这个养爷老的混沌了，我是刘季真的儿。（元无名氏《小尉迟》第一折）

（14）混沌浊物，我倒不曾见日头出半天里，便把着丧门关了。（明施耐庵《水浒传》第二十四回）

（15）谁想生下个儿子，愈加混沌，喫饭不知饿饱，睡梦不知颠倒。（清李渔《蜃中楼·婚诺》）

在现代汉语中，人们更多使用混沌的❷义。如：

（16）他有些混沌表现，至今依然如故。例如他总记不得自己的生年月日。（杨绛《钱锺书》）

（17）拿见形式不见内容的浮薄眼光和"知二五不知一十"的混沌头脑去观察社会，固然觉得各种职业界很有高下的区别。（洪深《现代戏剧论》六）

而"混沌"❶义人们偶尔也使用，但多出现在文学的专业语句里，如"混沌初开"。

"混沌"的词义引申路径粗略如图 3-1 所示。

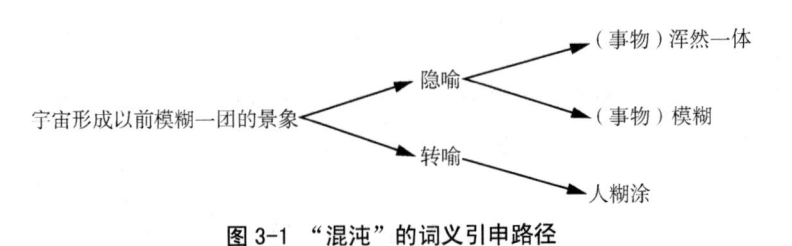

```
                          ┌─→（事物）浑然一体
                     隐喻 ┤
宇宙形成以前模糊一团的景象 ┤  └─→（事物）模糊
                     转喻 ─→ 人糊涂
```

图 3-1 "混沌"的词义引申路径

可以看出，"混沌"的"宇宙形成以前模糊一团的景象"义为中华文化所独有，与中国古代传说中盘古开天辟地的神话密不可分，之后又通过普通隐喻与转喻形成了新义，新义更为普遍使用。而"混沌"的最初本义，人们使用却极少。因此，"混沌"在本义上构成概念空缺义项。在其引申义层面，却不是概念空缺词。

对于类似"清一色"这类在本义上构成概念空缺、引申义却更为常用的词语应该如何教学？本书认为，对于以上词语的❷义的教授来说，起码有两种意见：一种意见认为❶义可以进行适当介绍，以便让学习者了解词义引申的知识。另一种意见认为，只需要把❷义介绍给学习者便可以了。这两种意见哪种更有道理？需要有实验性的研究进行证实。

2. 两个义项全部构成概念空缺

这类文化词相对较少，如：

【帮闲】bāngxián ❶ 动 （文人）受有钱有势的人豢养，给他们装点门面，为他们效劳：～凑趣。❷ 名 帮闲的文人。

【铜板】tóngbǎn 名 ❶铜圆。❷演唱快板等打拍子用的板状器具，多用铜制成。

【霸王鞭】bàwángbiān 名 ❶表演民间舞蹈用的彩色短棍，两端安有铜片。❷民间舞蹈，表演时一面舞动霸王鞭，一面歌唱。

两个义项全部构成概念空缺的文化词，一般在两个义项都构成了文化知识的空缺。这类文化词相对不太常用，但是确实是外国人学习汉语文化知识宝库的一个重要途径。

3. 一个义项具有特殊文化含义

这类文化词的义项具有两个，是特殊文化含义词的一类。其中一个义项为两种语言中共有的概念，另外一个义项受文化差异的影响而发生了词义引申。如：

【第三者】dìsānzhě 名 ❶当事双方以外的人或团体。❷特指插足于他人家庭，跟夫妇中的一方有不正当的男女关系的人：～插足。

"第三者"的❶义很好理解。与英语中 the third one 义同。如下列句子中的"第三者"都是"the third one"（第三个）的意思。

（18）在保险人向第三者行使代位请求赔偿权利时，被保险人应当向保险人提供必要的文件和双方对财产归属的约定，不得违背双方意愿，一方不得强迫另一方，第三者不得干涉。（《中华人民共和国保险法》第五十条）

（19）结婚必须男女双方完全自愿，不允许任何一方强迫他方或任何第三者加以干涉。这里的"第三者"，包括男女双方的父母在内。（《中华人民共和国保险法》第二条）

（20）说话人自称时以第三者为基准的亲属称谓词来代替"我"，这意味着什么呢？（大西智之《亲属称词的自称用法刍议》）

与汉语相比较，英语中 the third one 并没有"特指插足于他人家庭，跟夫妇中的一方有不正当的男女关系的人"义。下面句子中的"第三者"显然含有贬义：

（21）终于男教师选择了A，B一气之下找A说理，指责A是第三者，于是，两人争吵起来，引来不少人围观。（马莹《大学生心理卫生与咨询》）

（22）"性格不和"已不是过去简单的概念了，许多婚姻中发生的第三者插足、夫妻生活不和谐、经济纠纷等等原因，因夫妻间好面子，都归结为"性格不和"。（当代报刊1994年《报刊精选》）

（23）而对于一些传统的观念，比如贞操观念、婚后第三者插足问题，相当多的人有新的认识。（当代报刊1997年《报刊精选》）

外国学生从字面上理解"第三者"就是"当事双方以外的人或团体"。尤其是例（21），外国学生尤其不能理解，为什么说A是第三个人，A与B会吵起来？

外国学生不能理解的是"第三者"❷义获得的理据。如果我们硬告诉他们"第三者"就含有这个意思，那么这种讲解对学习者理解汉语词义与文化的关系是没有帮助的。汉语中"第三者"为何能由❶义引申为❷义？本书认为，这种词义引申的发生条件与传统中国社会人们的思想观念密切相关。

中国传统价值观始终把谋求人与自然、社会的和谐统一作为人生理想的主旋律，对人的独立意念和锐意进取并不是很看中，注重培养人的群体意识、顺从诚敬意识等。因此，若在婚后有新的喜欢的人出现，尽管双方可能都心存爱意，后进入的人可能仍然被侮称为"第三者"、"小三"、"狐狸精"、"邪花"等。在中国文化中，"第三者"被认为是

第三章　现代汉语文化词的类别及特点

置传统婚姻家庭观念于不顾、凭自己个人喜好恣意侵犯或拆散他人家庭的贬义词。①

西方社会极度推崇自由主义和基督教文化，文艺复兴时期的人文主义思想家明确提出了要破除以神为中心的世界，维护人的尊严和价值，建立以人为中心的世界的主张，开启了近代人道主义思想的潮流。现代西方社会仍然以"自由、平等、博爱"为主要价值信条。因此，英语中"the third one"（第三个人/物）根本不可能发生类似汉语那样的词义引申。

表示"特指插足于他人家庭，跟夫妇中的一方有不正当的男女关系的人"的"第三者"为何选用"三"这个数字也颇令人寻味。"三"在中华数字大家庭的固有文化义促使中国人选择了"第三者"。"三"在中华文化中一般指称多数，使得"三"有了引发事物逐渐发生变化的文化特性。如：

（24）<u>三</u>，天地人之道也。从<u>三</u>数。（东汉许慎《说文解字》）
（25）一生二，二生<u>三</u>，<u>三</u>生万物。（春秋李耳《道德经》）

汉语中相当多的词语都是用"三"言极多，如"三一"（传说中的天一、地一、太一三神）、"三才"（天、地、人）、"三气"（指天、地、人之气）、"三已"（谓三度或多次罢官）、"三江"（长江流经武汉地区附近的主流与支流等众多水道的总称）、"三汲"（多次取水）、"三反"（多次往返）、"三辟"（多次征召）、"三回五次"（多次）、"三折"（多次受挫）、"三求四告"（再三求告）、"三生有幸"（难得的好机遇、结识新朋友时所说的话）。汉语中"事不过三"用来表示"类似的事不能超过三次"，为何用"三"，就是说超过了"三"就容易发生由"量变"到"质变"的危险。汉语中"第三者"指称"破坏别人家庭的人"，

---

① 一种文化观念对于本族人（这里指母语是汉语的人）往往是习焉不察的，只有透过外国人的视角才能发现问题。比如，2014年3月31日，中国青年男演员文章出轨，之后掀起了一股网络舆情风暴。在这场风暴中，中国人的归因模式都强调女方的不是，即青年女演员姚笛是"第三者"（"小三"），是"千夫所指"的对象。有人还强调文章"只是犯了男人都会犯的错"。这种归因模式是与中国传统文化土壤密不可分的。中国人对这类文化现象是习以为常的，因此从不追问为什么。可西方人对此却不以为然。在他们的文化土壤中，不仅没有"第三者"（"小三"）的称谓，而且如果发生类似的情况，还可能被认为是追求爱神丘比特的正义行动。为了证实这一点，笔者于2014年对北京大学语言学博士林欣微的美籍丈夫进行了访谈，结论的确是因在西方文化中，爱情至上，爱情是最神圣的，它是人类情感中最神圣的部分，绝不能被玷污。

从词汇命名上就给予了"第三者"效能的警示——可能对两人的婚姻关系产生不利的变化。因此,由"第一"、"第二"推升为"第三"。

"第三者"在概念义上与英语中 the third one 等同。在内涵义上,汉语中有一个特殊的含义,英语中 the third one 不具备此含义。这种内涵义上的"彼有此无"对应关系是由文化差异造成的。

黑白

【黑白】hēibái 名 ❶黑色和白色:～片|～分明。❷比喻是非、善恶:～不分|颠倒～|混淆～。

"黑白"的❶义我们都理解,就是指"黑与白"两种颜色,此义相当于英语中的 black and white。外国汉语学习者的心理词库可以轻松提取这个词,"黑白"❶义在现代汉语中也常用:

(26)游览车涂成黑白相间的保护色,犹如钢铁造成的"斑马"。(当代应用文《中国儿童百科全书》)

(27)围棋子分黑白两色,各180枚。(刘星《甜蜜的围棋》)

(28)美国宇航局16日公布了其中的一张黑白照片。(2004年1月新华社新闻报道)

而以下句子中的"黑白",外国汉语学习者可能就"不明其然,更不明所以然"了。如:

(29)法官廖子明斥责这类人刻意搞乱社会对基本法的理解,颠倒黑白,小题大作,完全是为一己之私,可谓一矢中的。(2004年3月新华社新闻报道)

(30)世间的事并非黑白分明的,生活是多姿多彩的,就像七色彩虹一样。(当代报刊1994年《报刊精选》)

外国学生所不理解的是,"黑白"不是两种色彩吗?如何还能"颠倒"?我们知道,"黑白"由❶义引申为❷义的作用机制显然是隐喻。而问题是,英语中 black and white(黑与白)无法发生这类隐喻。换言之,"黑白"隐喻发生的条件要受制于中华文化背景。在汉语中,"黑白"之所以能由❶义引申为❷义的重要原因是中国道教文化的作用。在第三章中,我们已经分析了汉语中的"太极"与韩国语中的"太极"的差异。我们再次参考汉语中的"太极"图：

图 3-2　汉语中的"太极"

汉语中的"太极图"是代表道教文化的最典型图像，它是一个浑圆的圆圈，象征着混沌之"道"；圆圈中最简单的色彩即是"黑"、"白"二色，由"黑"与"白"两条阴阳鱼头尾交接、妙合相凝而成"黑"、"白"两条阴阳鱼分别代表阴阳两仪，它们对立统一于"太极"圆圈之中。黑色阴鱼中的白点表示"阴中孕阳"，白色阳鱼中的黑点表示"阳中含阴"；黑白两条阴阳鱼中的"S"线是划分并连接阴阳的界线。

从太极图中可以看出，"道教"非常注重"黑白"两种基本的色调。"道教"也非常注重"黑白"两种基本原色来宣传其深奥的哲学道理。如《庄子》中"白"出现的频次就非常多。

（31）瞻彼阕者，虚室生白，吉祥止止。（《战国庄周《庄子·人间世》）

（32）人生天地之间，若白驹之过隙，忽然而已。（战国庄周《庄子·知北游》）

（33）白玉不毁，孰为圭璋。（战国庄周《庄子·马蹄》）

（34）有渔父者下船而来，须眉交白，被发揄袂。（战国庄周《庄子·渔父》）

可以看出，道教教义所宣扬的对立统一规律、相互转化规律使得"黑白"成为道教最重要的原色，并逐渐产生新义。我们对"黑白"的词义衍化规律做粗略分析：

古代汉语中"黑白"可以指黑色和白色，如：

（35）将以量度天下之王公大人卿大夫之仁与不仁，譬之犹分黑白也。（战国墨子等《墨子·天志中》）

"道家"概念最初所指是汉初的黄老。在汉代典籍中，"黑白"便可以表示"是非、善恶"，如：

（36）愉近习而蔽远兮，孰知察其黑白。（西汉东方朔《七谏·怨世》）

汉以后，"黑白"表示善恶更为普遍：

（37）今贤不肖浑淆，白黑不分，邪正杂糅，忠谗并进。（东汉班固《汉书·楚元王传》）

（38）父母远去，一家十余口，俱讬胡郎经纪，若不从去，恐长舌妇造黑白也。（清蒲松龄《聊斋志异·凤仙》）

现代汉语中，"黑白"这种引申义得到认可并稳固地被纳入词义系统之中。如：

（39）认真地说，瑞宣的心里有许多界划不甚清，黑白不甚明的线儿。（老舍《四世同堂》）

因此，"黑"与"白"两种最基本的原色在道教的影响与作用下，已经由单纯的两种原色逐渐转换成为对立而又统一的色彩的最后的抽象——"是与非"、"善与恶"，这正符合道教的基本教义——对万事万物对立统一的认识。

类似的例子还有：

（三）多义文化词（义项≥3）

所谓多义文化词，指词的多个义项全都构成概念空缺。

三元

【三元】sānyuán 名 ❶旧俗以农历正月十五日为上元，七月十五日为中元，十月十五日为下元，合称三元。❷农历正月初一，为年月日三者之始，旧时称为三元。❸科举时代乡试、会试、殿试的第一名（解元、会元、状元）：连中～。

"三元"❶义与中国旧时历法有关。❷义与中国农历有关。❸义与中国科举制度有关。

❶义"三元"为传统节日，分别是"上元（元宵节，农历正月十五日）"，"中元（中元节，农历七月十五日，俗称'七月半'或'鬼节'）"，"下元（农历十月十五日）"。

❷义中，"元"为始、开端的意思，农历正月初一这一天为年、季、月之始，故称"三元"。

❸义中，三元分别指明清时代科举考试的乡试、会试、殿试的第一名。明代也以殿试的前三名为三元，即状元、榜眼、探花。

现代汉语中"三元"在❶、❷、❸义上均为中华文化所独有，是一个三义文化词。

梆子

【梆子】bāng·zi 名 ❶打更等用的器具，空心，用竹子或木头制成。❷打击乐器，用两根长短不同的枣木制成，多用于梆子腔的伴奏。❸梆子腔：河北～腔。

"梆子"以一个词形承载了三类不同的文化概念。第一个概念与"打更"有关。"打更"是我国古代的一种夜间报时制度，由此产生了一种巡夜的职业——更夫，更夫也称打更的。人们常在中国古装电视剧中看到的晚上"咚！咚！咚！"——"三更半夜，小心火烛！"的情形就是更夫在打更。更夫所敲打的器具正是"梆子"❶（见图3-3）。

图3-3 "梆子"❶　　　　图3-4 "梆子"❷

"梆子"所代表的第二个概念又名梆板，是一种打击乐器，约在明末清初（17 世纪）随着梆子腔戏曲的兴起而流行（转引自柴广育，2011）。"梆子"由两根长短不等、粗细不同的实心硬木棒组成。长 25 厘米的一根为圆柱形，直径 4 厘米，另一根短而粗的为长方形，长 20 厘米、宽 5—6 厘米、厚 4 厘米（转引自柴广育，2011）（见图 3-4）。清代李调元《剧说》："以梆为板，月琴应之，亦有紧慢。俗呼梆子腔，蜀谓之乱弹。"用"梆子"乐器所演奏出的戏种就是梆子腔。梆子腔是"梆子"的第三个义项。

孝

【孝】xiào ❶孝顺：～子｜尽～。❷旧时尊长死后在一定时期内遵守的礼俗：守～。❸丧服：穿～｜戴～。❹（Xiào）名 姓。

"孝"在四个层面构成概念上的空缺。第一个义项是思想层面的，是中国"孝"观念文化的反映。第二个义项是习俗层面的，是中国"孝"习俗文化的反映。第三个义项是物态层面的，是中国"孝"服饰文化的反映。义项❷、❸在义项❶的基础上衍生而出。"孝"的义项❹则为中国特有的姓。

总体来看，类似"三元"、"梆子"、"孝"这样的多义文化词在现代汉语词汇系统中还是很少的，但是这类词语所体现的文化内涵极其丰富，正是璀璨的中华文化在汉语词义系统的深刻反映。

（四）多义词（义项≥3）的单个/多个义项构成概念空缺的文化词

许多多义词一个/多个义项构成概念空缺。这类词我们在第二章中分析过，这里再举一例：

【卜】bǔ ❶占卜：～卦｜～辞｜求签问～。❷〈书〉预料：预～｜存亡未～｜胜败可～。❸〈书〉选择处所：～宅｜～邻｜～居。❹ 名 姓。

在"卜"的四个义项中，义项❶构成概念空缺，为单个义项构成概念空缺的文化词。

（五）多义词（义项≥3）的单个/多个义项具有特殊文化含义的文化词

【面子】miàn·zi 名 ❶物体的表面：被～｜这件袍子的～很好看。❷表面的虚荣：爱～｜要～｜你这话伤了他的～。❸情面：给～｜碍于～，只好答应了。

"面子"的义项❷受独特中华文化影响而产生。"面子"与"face"（脸面）都是维持社会关系和谐与稳定的工具性行为，但汉语的"面子"是由"物体的表面"引申而来，与英语中的"surface"（表面）相对应。"面子"为单个义项具有特殊文化含义的文化词。

另如：

"红"的❷、❸、❹义是其特殊文化含义,"红"为多个义项具有特殊文化含义的多义文化词。

三 语言维度3：从词义认知方式分

从文化词的词义认知方式分，文化词可以分为隐喻类文化词与转喻类文化词。

（一）隐喻文化词

近年来，认知语言学成为语言学研究的一个十分热门的领域。在这个热门的领域当中，隐喻的研究又十分瞩目。1980年，语言学学者莱考夫（George Lakoff）与哲学学者约翰逊（Mark Johnson）的跨学科合作碰撞出火花，其共同完成的著作《我们赖以生存的隐喻》的出版，在语言学界掀起了一股隐喻研究的狂潮。

隐喻就是通过另一类事物来理解和经历某一类事物（George Lakoff & Mark Johnson，1980：3）。隐喻强调事物之间的相似性（叶蜚声、徐通锵，1999：43），即由一个来源域向另一个目标域的思维活动。隐喻另外一种重要特性即是其普遍性，即无处不在，不仅影响着人们的思维，也影响到人们的语言层面。隐喻不仅属于语言，而且属于思想、行为和活动（George Lakoff & Mark Johnson，1980：5）。比如，人们用"八九点钟的太阳"来隐喻青年，重要原因在于"青年"与"八九点钟的太阳"都具有"朝气、初升"这样的认知词义特征。

近年来，汉语语言学界对隐喻多有研究，且涉及语法、中文信息处理、语用等多个方面（陆俭明，2009；徐慈华与黄华新，2008；王治敏，2010；等等），但较少探索隐喻与文化之间的关系。实际上，隐喻作为"一种无处不在"的认知方式，无法脱离人类认知最重要的因素——文化背景。可以这样认为，隐喻的发生建立在文化背景基础上。没有文化，隐喻也就无法发生。当文化背景趋同时，隐喻发生即具有类同性；当文化背景相异时，隐喻发生即具有独特性。因此，将隐喻与文化等同起来的观点是不合适的，尤其是在词汇学层面。隐喻负责解释的是词义衍化共性，而文化负责解释的是词义衍化的特性。因此，隐喻类文化词一般只发生在概念空缺词层面。

什么是隐喻词？蔡基刚（2008）认为，隐喻词首先是被词典收入的词（lexicalized），其次是能够表达不同于或违反字面意义的词（deviant）。它有两种基本形式：其一，隐喻是从词的本义或基本义引申而来，其理解是语用性的；其二，隐喻通过新造词产生，这时词的基本义就是比喻义，因此其理解就是语义性的。蔡基刚（2008）认为，第一种形式是主要的，第二种形式是次要的。我们这里主要讨论第一种形式。

我们先对一般隐喻词与隐喻类文化词进行区分。如：

【暗礁】ànjiāo 名 ❶海洋、江河中不露出水面的礁石，是航行的障碍。❷比喻事情在进行中遇到的潜伏的障碍或危险。

义项❶是基于"暗礁"本身的特性形成的概念义，很好理解，如下面这个句子中的"暗礁"即为其概念义。

（40）一碰到最险的滩流的时候，领港人就又快又准确地飞落撑篙点暗礁。（碧野《没有花的春天》第七章）

义项❷是基于"暗礁"本身的特性生成的隐喻义，同样也可以生成理解。如：

（41）我们谈到国际时事，谈到文化界的情形，也谈到所谓文化界内幕的暗礁。（许杰《我和鲁彦》）

（42）冯永祥大失所望，他这个和事佬努力并没有成功，前途还有不少暗礁的样子。（周而复《上海的早晨》第四部）

可以预见，"暗礁"的❷义对外国人理解起来不会造成困难，因为"暗礁"由❶义引申为❷义并不涉及独特的文化背景。事实是不是这样呢？翻开《科林斯高阶英汉双解词典》，我们找到关于 submerged reef（暗礁）的句子：

（43）Besides, it that comes to berg in management or submerged reef conceals all problems in management.

（此外，库存还会成为管理中的"冰山"或"暗礁"，它会掩盖管理中的所有问题。）

这说明，"暗礁"与英语中的"submerged reef"在由来源域（不露出水面的礁石）向目标域（潜伏的困难）的转化的隐喻认知模式是趋同的，并不受独特文化背景的影响。因此，"暗礁"是个一般隐喻词。

第三章 现代汉语文化词的类别及特点

同样地，基于汉英对比，可以确立"绿色"是一个普通隐喻词。

因为隐喻"无处不在"的特性，因而作用于词义衍化是一种普遍的机制。而民族文化作用于词义衍化是一种特殊的机制。只有将一般性隐喻词与隐喻类文化词进行区分，我们才可以进行下一步的分析。

所谓隐喻类文化词，指的是词义衍化受隐喻机制的作用，而这种隐喻机制又与独特文化背景密切相关的那部分词。隐喻类文化词主要指隐喻类概念空缺词，因为既然隐喻是"无处不在的"具有普遍性词义引申的方式，特殊文化含义词的词义引申机制就不能从隐喻层面，而需要从文化层面进行解释。

隐喻文化词一般有两个或两个以上的义项，这类词语在共时层面的本义就是一个空缺的概念，这类概念为本族文化社团的人所熟悉或理解，其他文化社团的脑海中并没有这类概念。在本族文化社团的人逐渐使用的过程中，这类词语逐渐通过隐喻的机制衍生出了新义。如：

【烘托】hōngtuō 动 ❶国画的一种画法，用水墨或淡的色彩点染轮廓外部，使物象鲜明。❷写作时先从侧面描写，然后再引出主题，使要表现的事物鲜明突出。❸陪衬，使明显突出：蓝天～着白云｜红花还要绿叶～。

"烘托"在❶义上构成文化概念上的空缺。"指用水墨或淡彩在物象的外廓渲染衬托，使其明显突出（如烘云托月）"在外语中很难找到对应概念，且受中国画技文化的深刻影响。中国画画雪景、流水、白色的花鸟和白描人物等，一般运用此法。这是"烘托"的本义。实际上，"烘托"还有另一重要文化含义，词典有时忽略。"烘托"还指中国古代诗文写作的一种手法。如《诗经·秦风·蒹葭》中首章的"蒹葭苍苍，白露为霜"，次章的"蒹葭凄凄，白露未晞"，末章的"蒹葭采采，白露未已"，这三句把深秋凄凉的气氛渲染得越来越浓，烘托出诗人当时心境十分寂寞。这是以物"烘托"人的写法。《陌上桑》中对罗敷外貌的描写："行者见罗敷，下担捋髭须；少年见罗敷，脱帽著绡头。耕者忘其犁，锄者忘其锄；来归相怨怒，但坐观罗敷。"作者未对罗敷的美貌作任何正面描写，而是通过描写行者、少年、耕者、锄者见到罗敷时的惊叹、赞赏等各种反应烘托出了罗敷的美貌。这是以人"烘托"人的写法。王维的《鸟鸣涧》中的名句"月出惊山鸟，时鸣春涧中"描绘出一幅极美的春山月夜图。在这春山中，万籁都陶醉在夜的寂静里了。因此，当月亮升起并给夜幕笼罩的空谷带来皎洁银辉时，习惯于山谷静默的鸟儿因月出带来的新的刺激反而鸣叫起来。这种以闹衬静的写法是以物"烘托"物的写法。

无论是中国绘画，还是中国古代诗文，中国"烘托"的本质特征都是"渲染外部，使重点突出"。在这样词义强势特征的提取下，"烘托"自然容易发生"陪衬，使明显突出"的隐喻义。如：

（44）一般说来，电视剧的插曲极易走红，关键就是有电视剧情烘托，比如《渴望》主题歌的走红。（当代报刊 1994 年《报刊精选》）

（45）彝族的衣饰、苗族的村寨、白族的姑娘小伙、哈尼族的歌舞场景烘托出了一幅庞大逼真的西南地域的少数民族的风情画卷。（当代报刊 1997 年《报刊精选》）

（46）在声、光、电、气、雾等现代手段的烘托下，使白素珍的形象栩栩如生，故事亲切感人。（当代报刊 1994 年《报刊精选》）

以上句中的"烘托"义均与中国绘画和诗文无关，而是"烘托"通过隐喻产生的新义。

综合上述，"烘托"的隐喻认知模式可以简略概括为如下公式：

概念空缺（国画、古代诗文的一种创作技法）————常用义（陪衬，使明显突出）

共通认知特征（相似性）：渲染外部，使重点突出

"烘托"是个隐喻类概念空缺词。

卖关子

【卖关子】mài guān·zi ❶说书人说长篇故事，在说到重要关节处停止，借以吸引听众接着往下听，叫卖关子。❷比喻说话、做事在紧要时故弄玄虚，使对方着急而答应自己的要求：有话快说，别～了。

母语为汉语者对"卖关子"的❷义习焉不察，在日常使用过程中从来不考虑其语义理据。实际上，"卖关子"❶义为中华文化所特有，❷义在❶义基础上衍生。为什么说"卖关子"❶义为中华文化所特有？这首先需要考证"关子"的来由。

关子

【关子】guān·zi 名 小说、戏剧情节中最紧要、最吸引人的地方，比喻事情的关键。

第三章 现代汉语文化词的类别及特点

"关子"这个单义文化词在现代汉语中也使用，但"关子"的本义并不与小说、戏剧有关。

"关"有"征收、领取"之义。《孟子·梁惠王上》："昔者文王之治岐也，耕者九一，仕者世禄，关市讥而不征。"这里的"关市"就是指征收关税的机构。北宋有"金带关子"。陆游《老学庵笔记》卷一载："宣和间，亲王公主及他近属戚里入宫，辄得金带关子。得者旋填姓名卖之，价五百千。虽卒伍屠酤，自一命以上皆可得。"据此可知，这种关子作为提取金带的凭证，到北宋末年已成为可以买卖转让的票据了（转引自刘森，1993：29）。在南宋时期，"关子"已经在长期的使用中成为纸币的一种。如"金银见（现）钱关子"、"铜钱关子"，地方性的如"湖广关子"、"淮西关子"等；就其用途而言，还有"籴本关子"、"公田关子"等（转引自刘森，1993：31）。后元兵南下，"关子"便与宋偕亡。

但"关子"这个词语流传了下来，逐渐演变成戏曲行话。如：

（47）卖关子之说，见于通俗演唱，然亦只是故作惊人，笼络听众，以利下场的生意经。（孙犁《澹定集·读作品记》二）

现代汉语中"卖关子"仍然保留着古代汉语的含义，但使用频率远不如"卖关子"❷义，如：

（48）当国际足联主席布拉特终于结束了令人焦急的宣布，并卖关子似地从一个信封中缓缓抽出那张白纸时，这两个英文字母立即跃入人眼。（2004年5月新华社新闻报道）

（49）"今天是什么日子呀？"他卖关子般目夹目夹眼。（当代报刊1993年《作家文摘》）

（50）林彪抛出"旋转论"，黄吴李邱"卖关子"，廖初江"旋转"进"漩涡"。（当代报刊1994年《作家文摘》）

可以看出，"卖关子"❶义的重点词义特征为"重要关节处停止，借以吸引听众接着往下听"和❷义"做事在紧要时故弄玄虚"具有共通之处，自然可以发生类似的隐喻。

综合上述，"卖关子"的认知模式可以简略概括为如下公式：

概念空缺（说书人说长篇故事故意停止以吸引读者）——普遍义（做紧要事时故弄玄虚以达成目的）

共通认知特征（相似性）：故意停止以吸引对方

"卖关子"是个隐喻类概念空缺词。

马后炮

【马后炮】mǎhòupào 名 象棋术语，借来比喻不及时的行动：事情都做完了，你才说要帮忙，这不是～吗？

这一释义实际上包含两个层次，"马后炮"本身是个象棋术语，是其概念义。"马后炮"概念义的产生与中华文化——象棋的技艺密切相关。

在象棋中，马后炮是一种基本杀法。马后炮的技法主要指：当攻方"马"、"炮"与敌方"将"共线时，攻方"炮"与"将"之间只有攻方一"马"，且"马"与"将"仅隔一点，攻方"马"和"炮"的距离可以是任意的可能情况。此时"炮"正在"将军"，三子所在直线上敌将无论如何移动都在攻方炮的射程之内；敌"将"如为避"炮""将军"而在垂直于三子所在直线方向上移动，则"马"可踏死敌"将"（马属于控制子）。用"马后炮"将军往往可使对方毙命，解法只能是直接吃掉攻方之"炮"，或者在"马""将"之间填入一子（见图 3-5）。

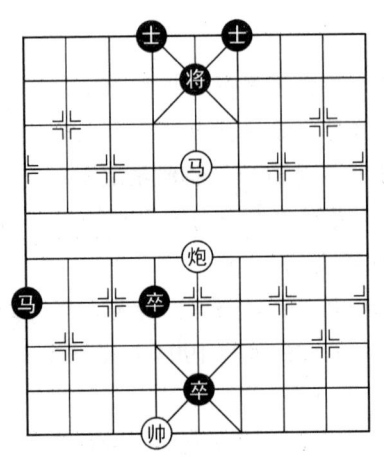

图 3-5 中国象棋技法：马后炮

因此，象棋中的"马后炮"是很厉害的一招，它往往可以"将死"对方。

而在实际使用中,"马后炮"的另一含义却更为常用,如:

(51)他立起身子来晃晃悠悠地说:"情报班、宪兵队几天的工夫净搞些马后炮的情报。"(马克《战斗的青春》)

(52)公安机关虽然进行了卓有成效的打击,但似乎多少总有点"马后炮"的意味。(当代报刊1994年《报刊精选》)

(53)当然,亡羊补牢毕竟有些"马后炮"的味道,尽管这种"事后诸葛亮"是十分必需和必要的。(当代报刊1993年《作家文摘》)

上述句子中"马后炮"的词义为"不及时的行动"。

可以看出,"马后炮"概念义的重点词义特征为"令敌方于事无补",内涵义"不及时的行动"具有共通之处——"事后补救无效",自然可以发生类似的隐喻。

概念空缺(象棋的一种技法)──── 普遍义(事后补救无效)
　　　　共通认知特征(相似性):事后补救无效

"马后炮"是个隐喻类概念空缺词。

长城

【长城】chángchéng 名 ❶我国古代伟大的军事性防御工程。始建于战国时期,秦始皇统一中国后,连接原先秦、赵、燕北面的城墙并加以增筑,通称万里长城。后代多有增建或整修。现存明代长城全长一万三千四百华里。❷比喻坚强雄厚的力量、不可逾越的屏障等:中国人民解放军是保卫祖国的钢铁~。

"长城"是中华民族的象征,是中华文化最具代表性的物态文化。在宇宙卫星上能看到中国最典型的物态象征之一就是"长城"。

而在以下句子中"长城",并不指中国文化的物态产品:

(54)把我们的血肉筑起我们新的长城。(中国国歌歌词)

(55)把军人当亲人,视军队如长城。(中国甘肃省嘉峪关市军区标语)

(56)危邦行蜀道 乱世坏长城(金庸小说《碧血剑》目录第一回)

上述句子中的"长城"是借助隐喻手段生成的新义。"长城"为何能由❶义衍化成❷义？这与"长城"体现的以保卫为主的汉民族安全观有密切关系。"长城"是中国古代建造的最为宏大的工程之一，在中国的历朝历代中，"长城"都发挥了很重要的防御作用。"长城"的存在，对古代中国来说，也是一个防御入侵的精神防线。而在近代，中国人以"长城"作为中国的象征。在中华人民共和国国歌《义勇军进行曲》中，有"不愿做奴隶的人们，把我们的血肉筑成我们新的长城"的歌词，号召人们在国家最危急的时刻，抵御入侵。因此，"长城"最重要的功能是守卫。正因为"长城"具有"守卫"的隐含特征，"长城"方可以由❶义借助隐喻手段衍生成❷义。

可以看出，"长城"本来是个文化空缺的物态概念，但借助隐喻机制形成了新的词义——"比喻坚强雄厚的力量、不可逾越的屏障"。"长城"❶义的重要特征就是保卫，正因为"长城"具有这样的特点，才可能发生类似的隐喻，喻指"保卫家乡、保卫民族、保卫家人"。其隐喻模式简略表示如下：

概念空缺（军事性防御工程）——新义（雄厚的力量、不可逾越的屏障）

共通认知特征（相似性）：保卫

"长城"是个隐喻类概念空缺词。

（二）转喻类文化词

在词汇学研究中，转喻被认为是词之间的替换（substitution）关系的一种方式，这种替换关系是以现实世界中两个事物的真实邻近关系为基础的。词汇学对转喻的定义是：转喻是使用一种事物的名称来代替与它相关的另一种事物名称的修辞格，或是借用一种事物的名称来代替另一种相关事物的名称，或由一种概念来代替另一种相关概念的词义演变方式（Crowley & Hawhee, 1999：257；汪榕培, 2002：266-267；王希杰, 2004：403）。例如，用美国政府所在地（the White House）来代替美国政府（the administration），用国会所在地（Capitol Hill）来代替国会（Congress）。与隐喻所强调的普遍性所不同的是，转喻侧重于强调两种事物的相关性（叶蜚声、徐通锵, 2010：53）。有的学者也把转喻叫作换喻，指"通过某一事物自身的特征或相关的事物来辨认该事物的方式"（束定芳, 2008：195）。

因此，转喻词可能在概念空缺词与特殊文化含义词两种类别的文化词中都存在。

我们先区分普通转喻词与转喻类文化词。

普通转喻词是指的词的多义系统中某一个义项借助转喻手段生成另一义项的词汇。如：

【手】❶ 名 人体上肢前端能拿东西的部分。

【手】❼擅长某种技能的人或做某事的人：选～｜能～｜拖拉机～。

英语中的"hand"也有这个意思。如：

【hand】1. N-COUNT 手 Your hands are the parts of your body at the end of your arms. Each hand has four fingers and a thumb. （手指身体胳膊部位低端的部分。每只手有一个拇指与四个指头。）

【hand】4. N-SING 帮助；援手 If you ask someone for a hand with something, you are asking them to help you in what you are doing.

a good hand（好手）an old hand（老手）

汉语中的"手"是一个普通转喻词。

可以看出，普通转喻词词义转喻发生的机制不受独特文化的影响。而转喻类文化词的词义发生机制一定要受独特文化的影响。换言之，词的文化意义借助转喻机制生成的词汇即为转喻类文化词。

根据转喻发生喻体的类别，转喻类文化词有两种基本类型：其一，以物转指；其二，以人转指。

1.以物转指类转喻文化词

以衣饰转指是以物转指类转喻文化词的重要一类。如：

帽子

"帽子"的概念义我们都理解，就是一种"戴在头上保暖、防雨、遮日光灯做装饰的用品"。"帽子"还有一种内涵义我们在日常生活中也较为常用，但不知其词义理据，如：

（57）中国人告别了饥寒交迫、愚昧无知状态，甩掉了"东亚病夫"的<u>帽子</u>，过上了丰衣足食、文明健康的美好生活。（中国政府白皮书《中国人权发展50年》）

（58）等着看笑话的，开始走出来"秋后算账"了，将各种各样的屎<u>帽子</u>扣在他的头上。（当代报刊1995年《报刊精选》）

（59）1963 年，我国的石油达到基本自给，从此，甩掉了"中国贫油"的帽子。（当代报刊 1993 年《作家文摘》）

《现代汉语词典》（第 6 版）中关于"帽子"的释义如下：

【帽子】mào·zi 名 ❶戴在头上保暖、防雨、遮日光灯做装饰的用品：一顶～。❷比喻罪名或坏名义：批评应该切合实际，有内容，不要光扣大～。

上述句子中的"帽子"义显然是《现代汉语词典》（第 6 版）的❷义。

英语中的帽子是"hat"。《柯林斯高阶英汉双解词典》对"hat"概念义的解释是：A hat is a head covering, often with a brim round it, which is usually worn out of doors to give protection from the weather（帽子是通常用来在户外戴在头上防止天气伤害的饰品）。英语中的"hat"并没有❷义。与❷义接近的义项是：

【hat】❷N-COUNT 角色；职位；工作 If you say that someone is wearing a particular hat, you mean that they are performing a particular role at that time. If you say that they wear several hats, you mean that they have several roles or jobs.

（60）put on my nationalistic hat
（扮演我的民族主义角色）

（61）There are various problems, including too many people wearing too many hats.
（有各种问题，包括太多人身兼数职。）

可以看出，汉语中的"帽子"与英语中的"hat"的内涵词义差异主要是"比喻罪名或坏名义"与"角色；职位；工作"的差别。为什么会有以上词义文化内涵的差异？我们需要从文化中寻求答案。

在中华帽饰文化中，奴隶社会时期的帽子一开始只是在官僚统治阶层普遍使用。"帽子"在中国文化中不仅仅是为了防热御热，更是为了装饰和标识身份。"帽子"在中国古代象征着统治权力和尊贵地位，这时的"帽子"叫"冠"和"冕"，只有帝王和文武大臣可以戴"帽子"，标示其地位和权力的大小，从而形成一种科层官僚秩序，这就是所谓的中国古代冠冕制度。如中国成语中有"衣冠楚楚"、"冠冕堂皇"等，这里的"冠"、"冕"指的就是"帽子"。古代冠制是中国服饰制度的一个重要组成部分，男子20岁开始戴冠,戴冠时,要举行"冠礼",表示已成年。《释名》:"二十成人,士冠,庶人巾",可见只有"士"以上的人才可以戴帽子,《北史·熊安生传》谓:"宗道晖好著高翅帽、大屐,州将初临,辄服以谒见,仰头举肘,拜于屐上。自言学士比三公。"

可以看出,中国古代文化中的"帽子"本来是权贵与身份的象征。因此,"高帽"也不是人人都能戴的。"戴高帽"最初的含义也不仅仅指"阿谀奉承"。如:

(62)才走进茶馆,只见一个人坐在那里,头<u>戴高帽</u>,身穿宝蓝缎直裰,脚下粉底皂靴,独自坐在那里吃茶。(清吴敬梓《儒林外史》)

(63)额仑相见,自有一番周旋,且命女儿行谒姑礼。诃额仑见孛儿帖<u>戴了高帽</u>,穿着红衣,亭亭玉立,楚楚风神,心内甚为欢喜。(民国许慕羲《元代宫廷艳史》)

以上"高帽"都是身份与地位的象征。

只不过在后来的使用中,"戴高帽"才逐渐产生了"当面奉承、说让人高兴的话"义。如清俞樾《俞楼杂纂》:"俗以喜人面谀者曰:'喜戴高帽'"。

在当代中国(大陆),"帽子"是政治文化的显著特色。人们的日常语言、政治语言里充满着各种"帽子"。戴政治"帽子"曾经是最流行的政治活动,也成为今天许多人的思维习惯。这里的戴"帽子"可不是旧时官府官员戴乌纱帽、今天博士毕业戴博士帽,而是某种不符合实际的好的或坏的标签的名号。那么,"帽子"什么时候词义发生了转变并成为这种好的或坏的标签的名号,并进入词典成为稳固的义项呢?这要深入汉民族历史文化背景中去解释。在1957年6月8日的"反右派运动"中,部分性格耿直的国家干部被戴上了"右派分子"的"帽子",多年不得"翻身"。戴"帽子"运动自此在中国大陆的土地上蔓延。这种"帽子"在"文化大革命"中被发展到登峰造极的地步。在"文革"中,"帽子"按照颜色来划分,可以分为两大类:第一大类称为"红帽子";第二大类称为"黑帽子"。戴"帽子"都是围绕"阶级斗争、道路斗争、路线斗争、思想斗争"这样一种意识形态而展开。戴上"红帽子"者,就成了革命的旗手,便飞黄腾达,青云直上,手握生杀大权。"红帽子"是升官的护身符。"红帽子"有"无产阶级"类、"社会主义"——"共产主义"类、"马克思列宁主义"类、"毛泽东思想"类、"革命"类、"人民"类等，琳琅满目、五花八门，不多讨论。戴上"黑帽子"者就成了"人民的敌人"，成为"专政对象"。在那特殊的年代，多数情况下，被斗的"牛鬼蛇神"戴的纸制高帽子是圆锥形的，个别为筒形，帽子高度一般半米至一米。彭德怀戴过用铁皮和纸制作的帽子却高达两米，作家马识途戴过一丈（即三米多）的帽子（转引自纪希晨，2001：30）。"文革"使当时狂热的人们对万事万物都要"上纲"、"上线"到阶级斗争、路线斗争的高度上去认识。因此，当时的汉语的词汇里曾经出现过各种各样、形形色色的"帽子"（见表3-2）。

表3-2 形形色色的"帽子"

帽子	实指内容
"里通外国"	国外回来的人
"叛徒"	被捕过的革命者
"特务"	地下工作者
"军阀"	旧军队起义人员
"工贼"	与刘少奇一起照过相的劳动模范
"黑五类"	地主、富农、反革命分子、坏分子、右派分子的子女
"黑秀才"	红卫兵、造反派不喜欢的文人
"反革命"	对林彪、"四人帮"等因不满而有所表现的人
"走资派"	领导干部
"黑线人物"	与刘少奇有过联系并意见一致的人

可见，中国特殊的政治文化使"帽子"词义产生新的文化意义。而与英语相比，"hat"只强调身份，并没有"比喻罪名或坏名义"的含义。造成这种汉英词义不等值的原因是文化背景不同，"帽子"是一个特殊文化含义词。而"帽子"的特殊文化含义是借助转喻手段形成的，即"一种饰品"——"某类不好的标签"，由"饰品"到"坏标签"的词义引申强调"相关性"。其转喻模式简略表示如下：

共有概念（头部保暖、装饰类饰品）——————特殊义（比喻罪名或坏名义）

作用机制：中国政治文化

"帽子"是一个转喻类文化词。"帽子"转喻后生成的意义为其特殊文化含义。因此,"帽子"也是一个特殊文化含义词。

布衣

【布衣】bùyī 名 ❶布衣服:~蔬食(形容生活俭朴)。❷古时指平民。

"布衣"顾名思义是布做的衣服,但这里的"布",并不是现在常说的百分之百棉花织出的"棉布"。追溯古代的"布",是今日叫作麻布的麻制品。

《说文》云:"布,枲织也。""枲,麻也。从木台声。"枲,就是麻。"布衣"就是麻、葛(后来又有了棉花)等植物纤维织成布做成的衣服,在质地上劣于丝织品与狐皮等。虽然在现代中国社会麻制衣料比棉布还贵重,但在古代中国却恰恰相反。古时中国盛产各种麻类,麻织布历史悠久,棉花产量曾经甚少(严中平,1955:19)。物以稀为贵,棉布衣服只有大富大贵的显赫人家才穿得起。因此"布衣"最初指布制的较粗劣的衣服。如:

(64)文绣狐白,人之所好也;而尧布衣掩形,鹿裘御寒。(西汉刘安等《淮南子·精神训》)

因此,布制的衣服中的布指的是"麻布衣服"(古时老百姓穿麻布衣服)。今人说的"布",是指棉布,棉花在南宋时才从外域传入中原(严中平,1955:17)。

"布衣"的义项❶在外语中有相应的概念——"clothes made of gunny cloth"(麻制成的衣服),但以下句子中的"布衣"绝不是"clothes made of gunny cloth"义。

(65)章秋谷、贡春树等主要人物都是一介布衣,几个瘟生倒是有功名的,只不过在小说中跑龙套般一晃而过。(当代报刊1992年《读书》)

(66)从政界要员到平民布衣,人们纷纷伸出援救之手,他们用爱心和真诚筑起了一条连接救助者的桥梁。(当代报刊1994年《作家文摘》)

（67）孔子重现世、重人事的学说，使伏尔泰对东方这位<u>布衣</u>教育家、思想家由衷地钦慕。（1994年11月《人民日报》）

上述句子中的"布衣"由从单纯的服饰含义（物质范畴）发展到身份含义（政治范畴），《现代汉语词典》（第6版）中所收录的"布衣"是其身份含义（政治范畴）。为什么会发生这种词义衍化？这需要从中华文化中去寻求答案。

《盐铁论·散不足》有言：

（68）古者，庶人耋老而后衣丝，其余则麻枲而已。故命曰"布衣"。

《盐铁论·散不足》中大意是说：古代普通人要到老年才能穿丝绸衣服，在这以前，只能穿麻衣。所以老百姓称为布衣。这段话充分暗示了"布衣"最初指较简陋的庶民着装，而后逐渐扩展为代指庶民寒贱的身份。

在我国古代，服饰是"礼"的一种表现，是身份的象征。汉民族服饰文化不同于其他民族的服饰文化，这与孔子提出的"礼乐"是分不开的，其思想来源可追溯到在中国思想意识形态领域中延绵最长久的思想学说——儒学，而礼制在儒家学派中具有崇高的地位，即强调"上尊下卑、长幼有序、男尊女卑"的达数千年的统治秩序在中华服饰中也会得到体现。穿"布衣"者身份的"贱"与"卑"，处境的"贫"与"穷"，使其成为庶民的代名词。由"布衣"到穿"布衣"者词义衍化强调的是衣物与人的相关性，因此造成"布衣"词义衍化的认知机制是转喻。

因此，"布衣"在中国古代服饰文化的地位及中国以"礼"为核心的统治秩序使得"布衣"的词义发生转喻，即由麻布衣服转指为中国古代平民。其转喻模式简略表示如下：

共有概念（麻布衣服）————————特殊含义（平民）
　　　　　　　　　　　　转喻机制

现代汉语中"布衣"还有另一层重要含义，即"布衣"不仅由从单纯的服饰含义（物质范畴）发展到身份含义（政治范畴），还能发展到人格含义(精神范畴)。"布衣"还特指中国古代知识分子的一种操守与信念,主要指"不畏于势,不惑于神,不弃尊严,孤守怀疑、叛逆、自由而旷达"(胡秋原,2010:122)。"布衣"之所以能上升到人格范畴也是有其历史成因的。

首先,受"士"阶层崛起的影响,庶民文化地位开始上升。从春秋末期至战国直到秦汉时期,中国历史经历了一次社会结构、阶级结构的深刻变革。"世卿"制度逐渐解体,一大部分掌握礼乐文化传统的贵族地位下降,而一部分庶民地位上升,两相融合,形成了"士"阶层。身为庶民的"布衣"成为"士"的一分子,开始掌握相当的文化知识,担当起礼教文化传承者的任务。"布衣"的社会人格可称为"布衣之道"。贾谊的《新书》有一段对话就认为"布衣"之士具备知"道"者的素质:

(69)怀王问于贾君曰:"人之谓知道者为先生,何也?"贾君对曰:"此博号也。大者在人主,中者在卿大夫,下者在<u>布衣</u>之士。"(西汉贾谊《新书·卷七·先醒》)

"布衣"之道从一开始也是"以天下为己任"的。在这一点上,他们与隐士有很大的不同。隐士不问世事的态度为布衣所不取。

其次,中国古代文人中有一部分经常以"布衣"自诩。最知名者是李白,在中华侠文化盛行之时,"布衣"之侠的道义精神也被给予肯定(赵明,2010)。如:

(70)鲁连其指意虽不合大义,然余多其在<u>布衣</u>之位,荡然肆志,不绁于诸侯,谈说于当世,折卿相之权……(西汉司马迁《史记·鲁仲连邹阳列传》)

这段话充分表明了司马迁对鲁仲连的称赞及对布衣之侠的道义精神给予肯定。后来的布衣精神逐渐淡化了个人侠义色彩,从表面的个人化的行侠升华为解国家之危,济人民之困,行天下之义。但是,"布衣"此义在现代汉语中使用率较低,这可能是《现汉》对此义失收的一个原因。

也有的转喻类文化词以自然界的事物转指,如:

云雨

【云雨】yúnyǔ 动 宋玉《高唐赋》叙宋玉对楚襄王问，说楚怀王曾游高唐，梦与巫山神女相会，神女临去说自己"旦为朝云，暮为行雨"，后世因以指男女合欢（多见旧小说）。

《现代汉语词典》（第 6 版）中，"云"是指"停留大气层上的水滴或瓦斯或冰晶胶体的集合体"，"雨"指"一种自然现象，指从天空降落的水滴。它是人类生活中重要的淡水来源之一"。但"云雨"除了有字面义外，还有更深层的文化内涵义。

（71）截断巫山云雨，高峡出平湖，是中国几代人的梦想。（2004 年 7 月新华社新闻报道）

（72）这个地区位于热带与温带之间的高气压。它控制的地区，因空气下沉，一般云雨较少。（当代报刊 1996 年《作家文摘》）

（73）它像一只搏击风雨的海燕，矫健地冲进云雨之中，找到了漂浮着的数据舱。（1994 年《人民日报》）

以上句子中的"云雨"都是其字面义。
古代汉语中的"云雨"最初也指"云和雨"：

（74）夫大生小，多生少，天之道也。故丘阜不能生云雨，涔水不能生鱼鳖者，小也。（西汉刘安《淮南子》）

而下列句子中的"云雨"显然不能从字面上加以解释。

（75）所以她现在怀疑，这段时间里，我舅舅在和 F 天天云雨不休。（王小波《未来世界》第三章）

（76）第五回里面，警幻仙秘授贾宝玉云雨之事，其实就是秦可卿作为他的性启蒙的教师，使他尝到云雨情。（百家讲坛刘心武《秦可卿原型大揭秘》）

（77）我失去童贞的那一刻，四周充满了惊恐与鲜血；琳茜初尝云雨的那一刻，四周有着一扇扇明亮的窗。（翻译小说《可爱的骨头》）

"云雨"在英语中有其相应的概念，但其内涵义显然是汉语里所独有。为何"云雨"会有与性有关的隐晦义？换言之，"云雨"如何能与"男女交合"建立相关联系？非母语的人，如果不理解中华文化相关知识，定然会觉得很荒谬。"云雨"从自然界的概念建立到"性爱"要从相应的历史典故与中国古代文学中来寻求答案。

《文选·宋玉〈高唐赋〉序》中写道：

> 昔者楚襄王与宋玉游于云梦之台，望高唐之观，其上独有云气……王问玉曰："此何气也？"玉对曰："所谓朝云者也。"王曰："何谓朝云？"玉曰："昔者先王尝游高唐，怠而昼寝，梦见一妇人曰：妾巫山之女也，为高唐之客，闻君游高唐，愿荐枕席。王因幸之。去而辞曰：妾在巫山之阳，高丘之岨，旦为朝云，暮为行雨。朝朝暮暮，阳台之下。"

这段古文写的是楚襄王和宋玉一起游览云梦台的故事。他们在游览云梦台时，宋玉说："以前楚王曾经游览此地，玩累了便睡着了。先王梦见一位美丽动人的女子，她说是巫山之女，愿意献出自己的枕头席子给楚王享用。楚王知道弦外有音非常高兴，立即宠幸那位巫山美女。巫山女临别之时告诉楚王说，如再想臣妾的话，就来巫山找我，早晨是'朝云'，晚上是'行雨'。"

《高唐赋》问世之后，在后世引起了极大反响，"云雨"一词也越来越多地见于各种诗文辞赋。唐代著名诗人李商隐就曾写《有感》一诗，诗中写道："一自高唐赋成后，楚天云雨尽堪疑。""诗史"杜甫也写诗道："摇落深知宋玉悲，风流儒雅亦吾师。怅然千秋一洒泪，萧条异代不同时。江山故宅空文藻，云雨荒台岂梦思？最是楚宫俱泯灭，舟人指点到今疑。"

"云雨"在古代文学诗文中经常被隐晦地描写性爱。如：

（78）星河好夜闻清佩，云雨归时带异香。（唐刘禹锡《巫山神女庙》）

（79）眼底关山无奈，梦中云雨空休。（北宋晏几道《河满子》）

（80）说到云雨私情，羞得袭人掩面伏身而笑。（清曹雪芹《红楼梦》第六回）

久而久之，"云雨"渐渐地被人们所接受。人们认为用"云雨"一词形容男欢女爱既生动形象，又文雅贴切，于是"云雨"便成为古代小说中描写男女房事的专用词语。

现代汉语中"云雨"指男女欢会的义项也经常使用。如：

（81）关灯，她就抱住了我。我俩云来雾去，陶醉在爱海中。过了一会儿，云雨完毕，我俩便平静地坐在那里。（翻译小说《邮差总敲两次门》）

可以看出，"云雨"本来指自然界的两种最普遍的气象，但借助转喻机制形成了新的文化意义——"男女欢合"。其转喻模式简略表示如下：

共有概念（自然界的"云"和"雨"）————————普遍义（做爱）
　　　　　　　　借助中国古代诗文作用建立联系发生转喻

还有的文化词借助建筑文化转指，如：
高堂
【高堂】gāotáng ❶高大的厅堂。❷〈书〉指父母。
"高堂"本指"高大的厅堂，大堂"。如：

（82）高堂邃宇，槛层轩些。（西汉刘向等《楚辞·招魂》）王逸注："言所造之室，其堂高显。"

（83）常坐高堂，施绛纱帐，前授生徒，后列女乐。（南朝宋范晔《后汉书·马融传》）

"高堂"也指华屋。

（84）居则广厦高堂，连阁洞房。（东汉桓谭《新论·琴道》）
（85）鹤鸣引双雏，欲集高堂下。（清纳兰性德《杂诗》之五）

上述句子中的"高堂"均指"高大的厅堂"。现代词汇中的"高堂"也仍然保留着这个意思。不过，现代词汇中的"高堂"更常用的意义见于下列语料中：

（86）愿两人永浴爱河。接着是标志性的"大拜堂"——一拜天地，二拜高堂，夫妻对拜，司仪高呼"礼成"，新人被送入洞房。（2004年4月新华社新闻报道）

（87）小儿欲去东瀛求学之念头务必打消。父母在不远行。好好在家伺奉高堂老母。（当代报刊1996年《读者》第7期）

（88）拜了曾家的祖宗，进了曾家的大厅，拜了天地，拜了曾家的奶奶和高堂。（琼瑶《烟锁重楼》）

上述句子中的"高堂"显然由一种建筑的名称转指为"父母"。上述句子中的高堂为何会具有"父母"义？我们从字面上显然很难加以解释，而必须从中国文化中找到相应的理据。

中国以"礼"为核心的伦理秩序强调"上尊下卑、长幼有序、男尊女卑"，导致中国传统居住建筑严格强调等级区分，不同身份的人有严格的活动范围和区域，前"堂"后"室"，以"中门"为界，即南宋陈元靓《事林广记》所写的："凡为宫室（此指宅院），必辨内外……男治外事，女治内事，男子昼无故不处私室，妇人无故不窥中门……女仆无故不出中门，有故出中门亦必拥蔽其面。"在古代的家庭里，父母的居室一般被称为堂屋，是处于一家正中的位置，而堂屋的地面和屋顶相对比其他房间要高一些，所以古代的子辈为尊重父母，在外人面前不直说父母而叫"高堂"。故用"高堂"指父母居处，或代称父母。如李白《将进酒》诗中"君不见高堂明镜悲白发，朝如青丝暮成雪"与《送张秀才从军》诗中"抱剑辞高堂，将投霍将军"的"高堂"均代指"父母"。

"高堂"由❶义到❷义的形成理据是转喻机制，即由人居住的房屋转指某类人。其转喻模式简略表示如下：

中华建筑概念（高大的堂屋）————————某类人（父母）
　　　　　　　借助中国"礼"的伦理秩序作用建立
　　　　　　　联系发生转喻

2. 以人转指类转喻文化词

以人转指类转喻文化词多为现代汉语中指人的名词。这类词有一个普遍特点，即人物是中华民族文学经典作品中的，或为当代中国人所普遍熟知的，因为这类人物某类特点特别突出，从而成为某类人的代名词。

阿斗

【阿斗】Ā Dǒu 名 三国蜀汉后主刘禅的小名。阿斗为人庸碌，后多用来指懦弱无能的人。

在现代汉语中，"阿斗"经过转喻后生成的意义更为人所熟知，如：

（89）这是多么好的开端啊！只可惜你的实施对象是个阿斗，刘备三顾茅庐请出诸葛亮能成霸业，而换上了阿斗就完全是另一回事了。（当代报刊1994年《报刊精选》）

（90）怎奈这丫头天生的是扶不起的阿斗，恨得我只嚷嚷：多咱我一闭眼去了，男婚女嫁，听天由命罢！（张爱玲《金锁记》）

（91）可是，那有什么办法呢。日本人狠毒，狡猾，我们还能只装着傻阿斗，而不学诸葛亮吗？（老舍《火葬》）

"阿斗"是庸碌之人最典型的代表，因此可以发生上述转喻。

综合上述，"阿斗"的转喻模式简略表示如下：

中国小说中较为典型的"为人庸碌的人"——"为人庸碌的人"的代表
　　　　　　　借助认知显著度发生转喻

红娘

【红娘】Hóngniáng 名《西厢记》中崔莺莺的侍女，促成了莺莺和张生的结合。后来用作媒人的代称。

"红娘"这个人物"成名"于元代王实甫的《西厢记》。自《董西厢》起，才对这个形象进行了成功的创造，使之成为一个有血有肉的艺术形象。"红娘"的热心、善良、无私、勇敢、乐于助人是其典型特征，这种性格特征使得中国人对这个人物非常喜爱，以至于使"红娘"成为这类人物的代名词。

现代汉语中对"红娘"使用的指称义远远超过了"红娘"这种作为知识性文化信息的本身。如：

（92）还有一位拥有硕士学位的小姐，任凭红娘多方推荐，仍坚持不与比自己学历低的男士相会。（2004年8月新华社新闻报道）

（93）百余平米的办公间内，十几位专业红娘一手翻阅着"姻缘簿"，一手电话接个不停。（2004年9月新华社新闻报道）

（94）看到人们对陈岩的尊重，陈岩夫妇的"红娘"——吉林省疾病预防控制中心官员刘宝贵感到十分欣慰。（2004年7月新华社新闻报道）

（95）对我们俩来说，汉语就是我们的红娘。我和李光雨来自不同国家，但是因为都对中国文化有兴趣，所以我们有机会走到一起。（2012年8月《人民日报》海外版）

上述句子的红娘是"婚姻介绍人"。

（96）瑞典研究组中的中国博士李纯德则是促使这一成果诞生的"红娘"。（2004年4月新华社新闻报道）

（97）"这么说来，'自考'还是您的红娘呢……"（当代报刊1994年《报刊精选》）

（98）别人都说许可证贸易人员是技术上的"红娘"。这话说得有一定的道理。（龚维新《技术贸易实务》）

上述句子中的红娘是"××介绍人"，而不只限于婚姻。

可以看出，如果想了解"红娘"在句子中的含义，应该对"红娘"故事的大概有个基本了解，而"红娘"究竟是在《董西厢》还是《王西厢》中变得有血有肉可以不必知道，但关于"红娘、张生、崔莺莺"的三角关系应该略知大概。在此基础上，方可以知道"红娘"在转喻模式下衍化的"（婚姻）介绍人"的含义。我们强调语言教学与文化教学的有机融合，原因正在于此。

"红娘"的转喻模式可以简略表示如下：

概念空缺（《西厢记》中侍女）————————普遍义（"乐于促成某事"的某类人）

借助认知显著度发生转喻

伯乐

【伯乐】Bólè 名 春秋时秦国人，善于相（xiàng）马，后用来比喻善于发现和选用人才的人：各级领导要广开视野，当好～，发现和造就更多人才。

"伯乐"因为相马立下汗马功劳，得到秦穆公信赖，被封为"伯乐将军"。"伯乐"的重要特点是善于相马，而"马"在中国文化中很多时候被人们比喻为人才、干事业的人。

古籍中常见到以"马"为形旁的形声字，如：

骐：骐，马青骊文如博棋也。（东汉许慎《说文解字》）
骥：骥，千里马也。（东汉许慎《说文解字》）
骐骥：乘骐骥以驰骋兮，来吾道夫先路。（西汉刘向等《楚辞·离骚》）

可以看出，"骐、骥"都是良马的名称，"骐骥"就是千里马。

驽：驽骏杂而不分兮。（西汉东方朔《七谏·哀命》）
驽马十驾，功在不舍。（《荀子·劝学》）
骀：骀，驽马。（《广韵》）

可以看出，"驽"的本义就是劣马（nag；mediocre horse）。"驽"、"骀"都是劣马的名称，可以两字合用，也可以一字独用。

通过对"骐"、"骥"、"驽"、"骀"四个词本义的分析，我们发现，中国古人"鉴马"已经成为一种文化。"马"作为十二生肖的动物之一也就有了灵性，"马"究竟是"骐"、"骥"，还是"驽"、"骀"逐渐成为一个人是不是杰出人才的暗喻。如《楚辞·九辩》是战国时楚人宋玉所作，宋玉用"却骐骥而不乘兮，策驽骀而取路"两句，来抒发他怀才不遇的悲伤。

《说文解字》中"骏"与"俊"的类比也可以看出中国人习惯用"马"与"人才"相比附：

骏：骏，马之良材者。（东汉许慎《说文解字》）
俊：俊，人之良材也。（东汉许慎《说文解字》）

《说文》释"骏"为"马之良材者"，显然从"俊"字衍化而来：人之良材为"俊"，马之良材为"骏"。古往今来，"俊"和"骏"都被认为是特别好的字眼，用它们来起名字的人，几乎随处可见。

以上单音节词的本义均说明，在中国文化中，人们习惯于用"良马"比附"人才"。在现代中国社会中，许多组织、企业人力资源部门都将招揽人才说成"招兵买马"，在开展一个项目、一项事业时，首先提到的大多都是搭建"人马班子"，有了人马才会有万马奔腾之势。因此，"伯乐"在人们的使用中逐渐被人们定义为"善于挑选人才的人"。

在这种文化思维的影响下，"善于挑选马匹的人"（伯乐）也逐渐产生了新义。中国唐朝文学家韩愈在两篇名文中把"伯乐"含义彻底明朗化：

（99）世有<u>伯乐</u>，然后有千里马。千里马常有，而伯乐不常有。（唐韩愈《马说》）

（100）<u>伯乐</u>一过冀北之野，而马群遂空。（唐韩愈《送石处士序》）

在后来的使用过程中，"伯乐"逐渐成为善于挑选人才的人的代名词。如：

（101）这一年，他又找到一位<u>伯乐</u>、前中国名将郑青金。（2004年8月新华社新闻报道）

（102）当然，若有慧眼<u>伯乐</u>，尽早将它推出，或许能在中国文坛乃至其他方面引起一次"震动"。（当代报刊1994年《报刊精选》）

（103）肖教练不仅是兰兰的第二任教练，而且是兰兰和芳芳的"<u>伯乐</u>"和引荐人。（当代报刊1996年《报刊精选》）

"伯乐"是善于挑选马匹的最典型的人物。而在中华文化中，马又有代表人才的属性。因此，"伯乐"的转喻模式可以简略表示如下：

中华文化中善于挑选马匹的人————————善于挑选人才的人
　　　|　借助认知显著度与中国文化中"马"的代指发生转喻　|

认知语法认为："A 转喻 B，A 和 B 除了必须在同一认知框架内，A 还必须比 B 显著，A 能附带激活 B。用显著的东西来转喻不显著的东西是人类认识事物的一般规律。"（沈家煊，1996：36）"以人转指类转喻文化词"也符合这个认识。比如，之所以用"阿斗"转指"昏庸无能之人"，是因为在"昏庸无能之人"之中，那个"阿斗"最为显著；之所以用"红

娘"转指媒人,是因为在媒人中,那个"红娘"最为显著;之所以用"伯乐"转指"善于发现人才的人",是因为在发现人才的人之中,那个"伯乐"最为人们所熟悉,因而最为显著。

以人转指类转喻文化词在现代汉语词汇系统中非常多,其转喻模式基本都是借助认知显著度来发生转喻。如:

【陈世美】Chén shìměi 名 戏曲《铡美案》中的人物,考中状元后喜新厌旧,被招为驸马而抛弃结发妻子,后被包公处理。用来指地位提高而变心的丈夫,也泛指在情爱上见异思迁的男子。

现代汉语中用例如:

(104)"当然。"前海军英雄怎么能当陈世美,"我会养你一辈子"。我信誓旦旦。(王朔《空中小姐》)

【阿Q】Ā Q 名 鲁迅小说《阿Q正传》的主人公,是"精神胜利者"的典型,受了屈辱,不敢正视,反而用自我安慰的办法,说自己是"胜利者"。

现代汉语中用例如:

(105)我画过阿Q有点阿Q精神,有时候阿Q一下也应该的。(当代报刊1994年《报刊精选》)

【诸葛亮】Zhūgě liàng 名 三国时蜀汉政治家,字孔明,辅佐刘备建立蜀汉。《三国演义》对他的智谋多所渲染,一般用来称足智多谋的人。

现代汉语中用例如:

(106)天大的本事,也是有限制的,丈夫是个阿斗太子,哪怕你是诸葛亮,也只好叹口气。(高阳《红顶商人胡雪岩》)

【包青天】Bāoqīngtiān 名 见42页【包公】。
【包公】Bāogōng 名 包拯(Zhěng),北宋时进士,曾任开封府知府,以执法严正著称。民间关于他断案的传说很多,尊称他为包公或包青天。小说戏曲中把他描写成刚正严明、不畏权势的清官的典型。

现代汉语中用例如:

（107）最近涌现出一大批无私无畏为民除害的女"<u>包青天</u>"。（当代报刊 1996 年《作家文摘》）

【东郭先生】Dōngguō xiān·shēng 名 明代马中锡《中山狼传》中的人物。因救助被人追逐的中山狼，差点儿被狼吃掉，借指对坏人讲仁慈的人。现代汉语中用例如：

（108）除了"没这么两个人"之外，还冲着我这么说了一句："你纯粹是做了一回<u>东郭先生</u>。"（1995 年 7 月《人民日报》）

本小节从文化词的词义认知方式维度，将文化词分为隐喻类文化词与转喻类文化词。其中隐喻类文化词仅限于概念空缺词，其词义认知特点是从概念空缺义项经由隐喻机制衍生出较为常用的普遍义。转喻类文化词不限于概念空缺词，特殊文化含义词的文化意义也可经由转喻手段生成。根据转喻词的喻体情况，转喻文化词又可以分为两类——以物转指与以人转指两类。从认知角度划分文化词，对进一步认识词的文化意义的衍生机制具有重要的理论意义。

四　语言维度 4：从构词活跃度分

从构词活跃度分，文化词依据文化概念的能产性可以分为核心文化词与一般文化词。

（一）核心文化词

所谓核心文化词，指的是在现代汉语中能产性较强的、以一个基词能扩展出系列词群的文化词。这类文化词以单音节词居多，具有相当强大的文化效应，其关键文化语义的理解是掌握汉语中由这类文化词形成词群的关键。如：

孝

【孝】xiào ❶孝顺：～子｜尽～。❷旧时尊长死后在一定时期内遵守的礼俗：守～。❸丧服：穿～｜戴～。❹（Xiào）名 姓。

"孝"的义项❶用了"孝顺"来解释"孝"，而什么是"孝顺"，《现代汉语词典》（第 6 版）的释义如下：

【孝顺】xiào·shùn 动 尽心奉养父母，顺从父母的意志：～双亲｜他是个～的孩子。

"孝"是中华文化体系中的一个重要概念，不仅仅是"顺从"，还包含了深刻的中华文化。"孝"可用"孝顺"来解释，但"孝"用"孝顺"来释义则不甚恰当，因为"孝"与"孝顺"并不等同。"孝顺"的解释也不准确。

　　应如何理解"孝"的本质？汉传统文化里面的"孝"是以"敬"为前提的，对内心的"敬"最好的。对于这个"敬"的理解有两个层面：

　　一是"敬父母"，也就是我们理解的"孝顺"，"孝"明确子女与父母的赡养关系。《说文》："孝，善事父母者。从老省，从子，子承老也。""孝"字写的就是老人与子女的关系。《诗经》中有这么一段话："父兮生我，母兮鞠我，拊我蓄我，长我育我，顾我复我，出入腹我。欲报之德，昊天罔极。"中华民族极为重视"孝"的观念。《孟子》与《论语》中对"孝"的理解都包含着这个含义。"孝之至，莫大于尊亲。"（《孟子·万章上》）子曰："今之孝者，是谓能养。至于犬马，皆能有养；不敬，何以别乎。"（《论语·为政》）

　　二是"敬祖先"。对祖先的敬重就是要把祖先的血脉传下去。"孝"的最终目的就是繁衍后代，这个观念早在西周的时候就已为当时的华夏民族所公认。"孝"在西周时期已经演变为一个伦理观念。到春秋、战国时期，这种观念已经得到普遍认同。如：

　　（109）礼有三本："天地者，生之本也；先祖者，类之本也；君师者，治之本也。无天地，恶生？无先祖，恶出？无君师，恶治？"（战国《荀子》）

　　孟子在评价舜结婚的事情时说："不孝有三，无后为大，舜不告而娶，为无后也，君子以为犹告也。"汉代赵岐注解阐述了他个人对于孟子这段话的理解："于礼有不孝者三事，谓阿意曲从，陷亲不义，一不孝也；家穷亲老，不为禄仕，二不孝也；不娶无子，绝先祖祀，三不孝也。三者之中，无后为大"。从这段话中我们难以理解的是为什么"无后"是"最不孝的"，我们只有孝的第二个意义层面上来理解"孝"，我们才能真正明白为什么"不孝有三，无后为大。"

　　关于汉语中的"孝"文化，远非三言两语能说清。但是，关于"孝"的两层内涵，要充分阐明。"孝"应该作为一个专有名词，采用"纯解释"的方法对"孝"进行知识上的补充，而不仅仅用"孝顺"两个字解释就完事。如果这样解释，外国人难以理解"孝"的真正内涵，甚至会对中国人的行为方式产生误解、误会，乃至冲突。①

我们要讨论的是"孝"的构词活跃度，因此不再赘述辞书释义的得失。可以看出，"孝"作为一种影响了中国几千年的深层文化观念，对中国的人行为模式与心理价值观产生了深远的影响。尽管个别地区产生了"不孝"或"忤逆"的道德品质败坏的人，但在大多数中国人心目当中，"孝"是一种文化信条，是一种民族心理印记，是中华文化体系中一个关键概念，是第二语言教学无法抹杀的教授对象。正因为"孝"具有如此大的影响力，《现代汉语词典》中以"孝"字开头的词语非常之多：

【孝道】名 指奉养父母的准则：尽～。

【孝服】名 ❶孝衣。❷旧时指为尊长服丧的时期：～已满。

【孝敬】动 ❶孝顺尊敬（长辈）：～公婆。❷把物品献给尊长，表示敬意：他带了些南边的土产来～老奶奶。

【孝女】名 对父母孝顺的女儿。

【孝心】名 孝顺的心意：一片～。

【孝衣】名 旧俗在死了尊长后的一段时间穿的白色布衣或麻衣。

【孝子】名 ❶对父母孝顺的儿子。❷父母死后居丧的人。

【孝子贤孙】指孝顺的有德行的子孙后辈。

实际上，现代汉语中含有"孝"字的词语远远比这多，这些词语体现了汉民族对"孝"观念的重视（见图 3-6）。

---

① 与其他专有名词相比，《现代汉语词典》（第 6 版）对其他专有名词的解释基本还很详尽，如：

【人民公社】rén mín gōng shè 1958—1982 年我国农村中的集体所有制经济组织，在高级农业生产合作社的基础上建立，实行各尽所能，按劳分配的原则。一般一乡建立一社，政社合一。1978 年中国共产党十一届三中全会后，农村普遍实行了家庭联产承包责任制。1982 年制定的宪法规定农村设立乡人民政府和村民委员会后，人民公社解体。

【布尔什维克】名 列宁建立的苏联共产党用过的称号，意思是多数派。因在 1903 年俄国社会民主工党第二次代表大会选举党的领导机构时获得多数选票而得名。后来这一派成为独立的马克思列宁主义政党，改称苏联共产党（布尔什维克），简称联共（布）。

与"人民公社"、"布尔什维克"相比，对于"孝"这样的文化传承的关键信息词，如果释义如此简单，势必对中国人的语文教育与对外汉语教学中文化信息的传递起到非常不利的影响。举个简单的例子：华裔导演李安的《喜宴》是一部关于男同性恋的电影，这部电影深深反映了中西方文化的冲突所在，其中一个影响西方人理解中华文化的关键之处就是"孝"。影片中主人公伟同的父母不止一次地说过要抱孙子，影片快要结束时伟同父亲对赛门说："我不装又怎么能抱得上孙子呢？"更体现了在中国积淀千年的伦理纲常对香火延续的重视。"百善孝为先"、"不孝有三，无后为大"等中华传统观念在影片中有深深的反映。影片中伦理纲常与同性爱的冲突，根源就在"孝"上。因此，外国汉语学习者不理解"孝"的真正含义，就难以理解中国父母要求"抱孙子"文化心理。核心文化词的研究意义正在于此。

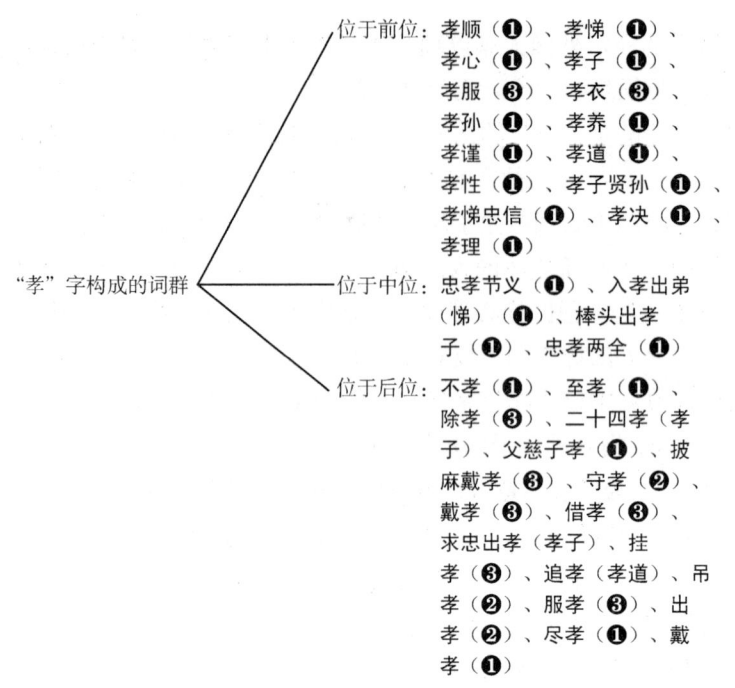

```
                          ┌─ 位于前位：孝顺（❶）、孝悌（❶）、
                          │           孝心（❶）、孝子（❶）、
                          │           孝服（❸）、孝衣（❸）、
                          │           孝孙（❶）、孝养（❶）、
                          │           孝谨（❶）、孝道（❶）、
                          │           孝性（❶）、孝子贤孙（❶）、
                          │           孝悌忠信（❶）、孝决（❶）、
                          │           孝理（❶）
"孝"字构成的词群 ─────────┤
                          │─ 位于中位：忠孝节义（❶）、入孝出弟
                          │           （悌）（❶）、棒头出孝
                          │           子（❶）、忠孝两全（❶）
                          │
                          └─ 位于后位：不孝（❶）、至孝（❶）、
                                      除孝（❸）、二十四孝（孝
                                      子）、父慈子孝（❶）、披
                                      麻戴孝（❸）、守孝（❷）、
                                      戴孝（❸）、借孝（❸）、
                                      求忠出孝（孝子）、挂
                                      孝（❸）、追孝（孝道）、吊
                                      孝（❷）、服孝（❸）、出
                                      孝（❷）、尽孝（❶）、戴
                                      孝（❶）
```

图 3-6　现代汉语"孝"字构成的词群

在由"孝"字构成的词群中，"孝"构词极为活跃，构成一个同素（"孝"）词族的词形结构网络系统，这样的词素构词能力很强，很容易与其他词素相结合，衍生出大量的新词。这类词群众文化核心词的掌握是整个词群语义理解的关键。换言之，在由"孝"字构成的词群中，"孝"字义的准确析出是词群掌握的关键。因此，"孝"词群是现代汉语中可由字义推知词义的那部分词语。汉语中字义和词义是辗转相生的，一个字可能是一个词（赵金铭，2012）。"孝"字正是本书所说的核心文化词。"孝"核心文化概念的准确析出对扩大学习者词汇量是大有好处的。而如果"孝"的概念析出的不准确，学习者就很难领会上述词群中的"孝"的真正含义。

我们在二语教学时应该重视文化核心词（同时也是一个字）的学习，以求达到举一反三的效果。

核心文化词与一些学者（Stubbs 1996、2001；周光庆，2009）所提出的文化关键词（cultural keywords）有所不同。塔布斯（Stubbs，1996、2001）与周光庆（2009）将"mass unemployment，massive unemployment；本末、义利、教化、君子"类非能产性的文化词也纳入研究框架之列，本书所指的核心文化词侧重于强调其典型范畴能产性的作用，在该范畴的作用机制下可以衍生出一系列的词群。

义

【义】yì ❶公正合宜的道理；正义：道～｜大～灭亲｜～不容辞。❷合乎正义或公益的：～举｜～深。❸情义：忘恩负～｜情深～重。❹意义：字～｜定～。❺因抚养或拜认而成为亲属的：～父｜～女。❻人工制造的（人体的部分）：～齿｜～肢。❼（Yì）名 姓。

"义"在现代汉语中是个多义词。究竟"义"的哪个义项与中华文化联系最为密切？我们平时所说的"词义"、"意义"、"文化义"、"概念义"中的"义"显然跟文化没有关联，"义"之所以能判定为文化词应该来源于义项❶与❸。但辞书对"义"的解释显然有待完善。

"义"不能简单地解释为❶"公正、正直"（fair），也不能简单地解释为❸"情义"。

"义"是中华文化体系中十分重要的文化概念，其含义非常深。中国文化中的"义"是一种含义极广的道德范畴，亦是儒家思想体系中最基本的观念和范畴之一。儒家把"义"与"仁"、"礼"、"智"、"信"合在一起，称为"五常"。其中的"仁"、"义"成为封建道德的核心。

在《论语》中随处可见关于"义"的论述：

（110）君子之于天下也，无适也，无莫也，义之与比。（春秋孔子等《论语·里仁》）

（111）德之不修，学之不讲，闻义不能徙，不善不能改，是吾忧也。（春秋孔子等《论语·述而》）

跟对其他概念一样，在《论语》中孔子并未对"义"的内涵和性质作出明确的定义和界定，但从他关于义的"义之与比"的论述中可以看出孔子认为义是判断衡量事物的标准。

孟子则进一步阐述了"义"，提出了"舍生取义"的看法。

（112）生，亦我所欲也，义，亦我所欲也，二者不可得兼，舍生而取义者也。（春秋孟子等《孟子·告子上》）

"义"还有另一层意思。

（113）义者，宜也。（西汉戴圣《礼记·中庸》）

尤其是进入唐宋之后，"义"作为儒家伦理道德范畴，含义有了进一步深化。

（114）行而宜之之谓义。（唐韩愈《原道》）
（115）义者，心之制，事之宜也。（北宋朱熹《孟子集注·梁惠王上》）

这样，"义"就成了"宜"的等义词，而"宜"就是正确、恰当、合理的意思，意义上与孟子所谓必由之"正路"是相通的。

因此，"义"不能简单地被解释为"公正"（fair）。比如下面这句话：

（116）It didn't seem fair to leave out her father.
（将她父亲排除在外似乎不公平。）

我们不可能将英语中这个句子翻译为"将她父亲排除在外似乎不义"。

"义"的第一个义项应该补正为：❶公正合宜的道德、道理或行为：指公正、合理而应当做的。

"义"的第三个义项也不能简单地被解释为"情义"。对人好不一定就是"义"。这种情义应是合乎儒家伦理道德的。关于朋友之间讲"义"的著名故事是很多的。在中国人的心目中，最负盛名的大概就是汉朝末年刘备、关羽、张飞的"桃园三结义"了，尤其是关云长，几乎成了"义"的代表。

我们进一步把"义"的义项补正为：

【义】yì ❸合乎儒家伦理道德的、对人（朋友）的情义：～气｜信～｜情～｜无情无～。

"义"只在义项❸上构成概念空缺。在这个义项上构成的词群有：信义、仗义、义无反顾、义薄云天、义愤填膺、义不容辞、义气、桃园结义、义兄、高义、义结金兰、情义、仗义执言、仁义、背信弃义、侠义、道义、忘恩负义、仁至义尽、忠义、忠肝义胆、忠孝节义、仗义疏财、侠肝义胆、无情无义、行侠仗义、仁义道德、聚义、情深义重、结义、义士、假仁假义、高义薄云、穷不失义、仁人义士、重义轻财、恩义、义气相投、绝仁弃义、高义、重义、道义之交、大仁大义、慷慨仗义、负义、弘义、惜客好义、行义、仁义君子、履仁蹈义……

正因为"义"的文化对中华影响极其深远，现代汉语词汇系统中包含"义"字的词汇非常之多，可以构成一个词群。可以看出，中华文化的重要范畴之一是"义"，自然在词语层面也有所反映。在上述词群中，"义"关键文化指向的析出是整个词群理解的关键。而且这种关于"义"的关键文化指向在汉语词汇中构词十分活跃，构成了以"义"为核心的文化词族。不仅如此，中国人取名时也爱用"义"字，如"李义府"（唐朝宰相）、"李义山"（唐朝诗人）、"邢福义"（语言学家）。

像"孝"、"义"这样以中华文化关键概念为核心、具有较强能产性，构成一系列的词群的文化词我们称为核心文化词。类似的核心文化词还有"仁"、"忠"、"信"、"恕"、"勇"、"智"、"礼"等。

（二）一般文化词

所谓一般文化词，指的是词语所反映的特殊概念实质是一种文化知识，基本不具备构成词群能产性的词语。如：

【宫调】gōngdiào 名 我国古乐曲的调式。唐代规定二十八调，即琵琶的四根弦上每根七调。最低的一根弦（宫弦）上的调式叫宫，其余的叫调。后来宫调的数目逐渐减少。元代杂剧，一般只用五个宫（正宫，中吕宫，南吕宫，仙吕宫，黄钟宫）和四个别的弦上的调（大石调，双调，商调，越调）。这是后世所谓九宫。

可以看出，"宫调"所反映的文化实质是中国古代音乐、文学知识。"宫调"这样的特殊概念能产性较低。对于外国汉语学习者来讲，知道"宫调"则增长了一种中华文化知识，不知道"宫调"，也不会在较大程度上影响其语言词汇的学习。因此，"宫调"这样的词语属于一般文化词。

在汉语作为第二语言教学中，我们要重视核心文化词的学习，以求举一反三，达到扩充外国学生词汇量的效果。

五 语言维度5：从词的社交功用分

语言是人类最重要的交际工具。第二语言学习者学习词汇最重要的目的是与目的语人群完成交际，这是词汇学习的一个首要的、主导的目标。因此，按照词语在社交交际中的功用分，现代汉语文化词可以分为禁忌文化词、詈骂文化词与礼貌文化词。

（一）禁忌文化词

"禁忌"这个词在国际学术界被统称为"塔布"，其含义是"神圣的"、"不可触摸的"。英语音译为 taboo 或 tabu，这个词后来进入了人类学，人种学和社会学领域，作为一种特殊的专用名词而被广泛使用（Crystal，1987：8）。

所谓禁忌词语，指人们在语言交际中，因出于某种原因不能、不敢或不愿直接提及某些概念和事物。这些概念和事物有的被认为危险、神圣、神奇，有的被认为令人难堪，还有的被认为不堪入耳，或只限于在某些人或某种场合下使用。因此，人们为了交际需要，一定要提到它们时，就用比较委婉的词语来代替。委婉表述这些概念和事物的词语被称为禁忌词语（linguistic taboo）。

值得注意的是，语言禁忌既有共性，又深具个性。所谓语言禁忌的共性是指，它是人类普遍存在的一种复杂的文化现象，其构成是社会力图避讳的某些行为、事物或关系的深层心理机制制约。比如，不同民族基本上都有"讳言生死、趋吉避凶"的心理，在此基础上形成的禁忌词语具有共性，如"与世长辞"相对应的英语是 pass away（离世），"与世长辞"与 pass away 显然不是文化词要解决的范围。所谓语言禁忌的个性是指，在不同的民族文化心理影响下，禁忌词语深具鲜明的个性。比如，同样是讳言死亡，汉民族可以采用受道教文化影响的词语"羽化登仙"，而深受基督教文化影响的美国人可能选择 meet one's maker（见上帝）。因此，在汉民族独特文化背景影响下的禁忌词语是我们所研究的文化词的范围。了解禁忌词语间的共性，在共性中寻找差异，可以更好地进行跨文化交际。本部分仅分析汉民族个性文化对汉语禁忌词语的影响。

现代汉语禁忌文化词主要有以下几种类别：

1. 指称死亡的禁忌文化词

各民族对死亡都讳莫如深，但在具体的内容上还会受到独特文化的影响。如：

羽化

【羽化】yǔhuà 动 ❶昆虫由蛹变为成虫。❷古人认为仙人能飞升变化，因此把成仙叫作羽化。❸婉辞，道教徒称人死。

道教是影响中国至深的土生土长的宗教。根据道教相关理论，古代修道士修炼到极致跳出生死轮回、生老病死，是谓羽化成仙（任继愈主编，1989：433）。"羽化"本指昆虫由幼虫蛹化为成虫，长出翅膀。后借此意指变化飞升成仙。道教徒老病而死称"羽化"。《晋书·许迈传》:"玄(指许迈,因信道改名玄)自后莫测所终,好道者皆谓之羽化矣。"有相当多的中国人,尤其是古代文人对此或深信不疑,或怀有憧憬。宋苏轼《前赤壁赋》:"飘飘乎如遗世独立,羽化而登仙。""登仙"即"离开凡尘",也即"离开人世"。因此,汉民族讳言"死亡",而用"登仙"来代替"死亡"。比如:

(117)等几百年后,后世的人都还知道有个西门吹雪的时候,我已经<u>羽化</u>登仙了。(古龙《陆小凤传奇》)

"羽化"即为指称死亡的禁忌文化词。类似的词语还有很多,如"仙化"、"升天"、"遐升"、"化升"、"骑鹤化"、"遗世"、"登仙"、"仙去"、"仙游"、"仙逝"、"成仙"、"驾鹤西游"等。

2. 指称姓名称谓的禁忌文化词

中西方姓名称谓方面的习惯与禁忌迥然有别。在西方社会中,"All men are created equal"(人人平等)观念深深积淀在人们的文化心理之中。出于这一心理,在英语国家,尤其是在美国,不论地位的尊卑、辈分的高低、年龄的长幼,人们都喜欢直呼其名,以示平等、亲切和友好,父母与子女之间的称谓也是如此。而汉文化中,姓名称谓方面的禁忌有着独特的个性。由于身份、社会地位的不同,汉民族在称谓方面有一些独特的避讳方式,体现的是名讳方面的禁忌,从名讳的适用对象来说,可以分为他讳与己讳(赵明,2009)。随着时代的变迁,反映封建宗法观念和等级制度的避讳现象现在已经不存在,但是在称名上的禁忌仍然存在,如在姓前冠以"老"、"小"字以示尊重、亲热,在上下级之间,姓后加职务,表示尊重。如:

(118)去年,<u>老徐</u>才和职工一起按条件打分参与分房,他分数位居榜首。(当代报刊 1999 年《作家文摘》)

(119)餐馆老板<u>小王</u>来自山东,在德国一所大学攻读化学工程硕士后由于找不着对口工作而开了这家餐馆。(2004 年 3 月新华社新闻报道)

汉语里这种用"老/小+姓"的称谓语在英语中并不使用。尤其是美国社会,美国人更忌讳别人说自己"老"(old)。

3. 指称神灵的禁忌文化词

中西方在神灵禁忌方面也有显著的差异。如：

请

【请】qǐng ❶ 动 请求：～教｜～假｜～人帮忙｜你可以～老师给你开个书目。❷ 动 邀请；聘请：催～｜～客｜～医生｜～人做报告。❸ 动 敬辞，用于希望对方做某事：您～坐｜～准时出席。❹ 动 旧时指买香烛、纸马、神龛等。❺（Qǐng） 名 姓。

西方国家信仰基督教的人极多。基督教徒大多对上帝非常虔诚，他们认为滥用上帝或上帝的名字是不敬的，所以与上帝相关的词语要避免使用。如上帝的名字 Jehovah 是最大的禁忌，任何情况下不能说不能用。所以有的人往往避而不用 God（上帝），hell（地狱），devil（魔鬼），Christ（基督），damn（该死）等词语，用 gosh, golly, for goodness sake 或者 for crying out loud（看在上帝的份上）等词语来代替。中国人则尽量避免对"神"不敬，而且也避免提到"魔鬼"的名字。因为中国人畏惧妄论神佛，怕给自己带来噩运。大多数中国人是多神信仰，所信神灵五花八门，如"门神"、"财神"、"水神"等。因此人们买来"神"的图像供于堂中或贴于门户。但"买"字很忌讳的，于是换成"请"，以免亵渎神灵。这正是"请"第 4 个义项形成的原因。

（二）詈骂文化词

《说文》："詈，骂也。按，言之触罪网也。""詈"的本义就是从旁编造对方的缺点或罪状责骂。"詈骂"是同义连文，"詈"即骂。"骂"一词的定义是"用粗野或恶意的话侮辱人"[①]，詈骂词语即语言中侮辱性的粗野或恶意的词。各民族的语言都有詈骂词，比如汉语中著名的"国骂"与英语中的"fuck"。但是，詈骂一词在共时词义上也会受到独特民族文化的影响。这里仅举例分析：

1. 指称动物的詈骂文化词

人本观念是人类对自身价值的一种肯定。《说文解字》解释"人"曰："人，天地之性最贵者也。" 为达到攻击、伤害他人的目的，许多詈骂文化词选择了"非人"——将"人"指"动物"来实现这一目的。这在中西方文化中是一致的。所不同的是，汉民族所指称的动物往往与西方文化迥异。

---

① 参阅《现代汉语词典》（第 6 版）。

前面提到，汉民族与西方民族对"狗"的文化倾向大不相同。汉民族对"狗"主要是一种贬义色彩，而西方人对"dog"大多是一种喜爱的情绪。因此，在汉语中以"狗"喻指人可以达到伤害、侮辱他人的目的。

狗屎

大概是由于詈词大多不文雅，《现代汉语词典》（第 6 版）并未收录过多的詈词。而这些词语在我们生活中其实也是使用的。按照我们对文化词分析的理论框架，我们对这类词语其实是可以进行分析的。我们可以找到以下语料：

（120）大街小巷行人带狗逛街司空见惯，狗屎到处拉。（当代报刊 1995 年《作家文摘》）

（121）演说刚讲到一半，有个捣蛋分子高声打断他："狗屎！垃圾！"（当代报刊 1999 年《读者》第 2 期）

这两个句子中的"狗屎"并不相同。前一个指狗类的粪便，后者是喻指令人深恶痛绝的人。因此，"狗屎"是一个特殊文化含义词。从词的社交功用来看，它又是一个詈骂文化词。

类似的指称"狗"的詈骂文化词还有"狗爪子"、"狗头"、"狗眼"、"狗脸"、"狗嘴"、"狗肺"、"狗腿子"、"狗尻"、"狗篮子"等。在西方文化中，这些东西不过是狗的部位或者排泄物，并不能产生类似汉民族那样不好的联想。

另如：

王八

【王八】wáng·ba 名 ❶乌龟或鳖的俗称。❷讥称妻子有外遇的人。❸旧指开设妓院的男子。

"王八"这样的动物在英语中存在，但"王八"的❷、❸义在英语中并不存在。西方文化中的"王八"没有这种联想，在欧美人看来，乌龟不过是行动缓慢、其貌不扬的动物而已。

"王八"❷、❸义的产生是否与汉民族独特的文化背景有关。我们首先需要弄清乌龟为什么叫"王八"。中国古人把乌龟称为"王八"，是因为乌龟腹甲的纹理无论正过来看，还是倒过来看，都是"王八"两个字，因此古人戏称乌龟为"王八"。根据汉语里的谐音，"王八"音近"忘八"，所以有人推测说，"王八"是"忘八"的谐音，是指忘记了"礼义廉耻孝悌忠信"这八种品德的人。

通过分析《现代汉语词典》（第6版）对"王八"的释义，我们看出，"王八"是个特殊文化含义词。而我们如果对"王八"的社交功用进行分析，"王八"又是一个詈骂文化词。

"王八"用于詈骂的场合非常普遍。如：

（122）这才是阶级报复呢！这才是阶级报复呢！他妈的，便宜了这伙乌龟王八蛋了。（当代报刊1993年《作家文摘》）

（123）一时间站里骂声连天，都说干这事的是哪个王八羔子。（方方《一波三折》）

（124）不让你逃时，你就是如来佛手中的孙悟空。得了共产党的恩惠却想着王八的好处，这叫什么，这叫混帐王八蛋！（刘醒龙《分享艰难》）

（125）龙云的长媳是清华校友，闻先生在会上大骂："蒋介石，王八蛋！混蛋！"那天穿的就是这件高领窄袖的旧夹袍。（当代报刊1995年《作家文摘》）

上述四个句子中的"王八"显然都是骂人话。而且跟王八的❷、❸义项难以相符。

为什么汉民族赋予"王八"这样的詈骂功用？中国人对乌龟这种长寿却缩头的动物的感情是复杂的。根据杨琳的考证，"龟寿"、"龟贵"、"龟龙鳞凤"、"龟鹤遐寿"、"龟藏六"等文化词充分反映了汉民族对龟作为一种象征长寿的动物的喜爱。而"缩头龟"等詈骂词的产生则在元代以后，这反映了元代以后汉民族将乌龟作为一种由贵返贱的动物的复杂民族文化心理（转引自杨琳1996：99）。明谢肇淛《五杂俎·人部四》："今人以妻之外淫者，目其夫为乌龟，因以龟之俗称呼之。"

因此，"龟儿子"、"龟孙子"、"乌龟王八蛋"、"鳖犊子"都是典型的指称龟的詈骂文化词。

我们可以对"狗"、"乌龟"的詈骂功用做进一步的分析（见表3-3）。

表3-3 "乌龟"与"狗"詈骂功用的汉英分析

		汉语	英语
乌龟	概念	+	+
	詈骂功用	+	−
狗	概念	+	+
	詈骂功用	+	−

"乌龟"与"狗"的概念在汉英两种语言中都存在，但是在文化内涵方面，却是汉语有、英语无的对应关系。因此，"乌龟"与"狗"是特殊文化含义词。尤其值得注意的是，"乌龟"与"狗"的这种特殊文化含义在语言交际中往往扮演着詈骂的角色，是典型的现代汉语詈骂文化词。

2. 指称事物的詈骂文化词

在中国传统文化中，人与天地其他事物有着严格的等级区分，故《说文》对"人"的解释是："人，天地之性最贵者也。"生物差别并不是限制个人与事物区分的充分原因，人与事物的区分这种限制很大程度上是社会角色所决定（哈维兰著，瞿铁鹏、张钰译，2006：32）。为了泄愤的需要，许多詈骂文化词用事物来表达侮辱他人的目的。如：

东西

【东西】dōng·xi 名 ❶泛指各种具体的或抽象的事物：他买～去了｜雾很大，十几步以外的～就看不见了｜语言这～，不是随便可以学好的，非下苦功不可｜咱们写～要用普通话。❷特指人或动物（多含厌恶或喜爱的感情）：老～｜笨～｜这小～真可爱。

可以看出，"东西"的概念义上与英语中的thing对应，泛指各种具体或抽象的事物；在文化义上，东西含厌恶或喜爱的感情。因此，东西也是一个典型的特殊文化含义词。但是，"东西"表示厌恶与喜爱的感情色彩是不平衡的，这在语料库统计中可以得到证实。至少在"老东西"、"不是东西"等组合搭配时，除了打情骂俏等个别场合外，"东西"基本是一种詈骂词。如：

（126）徐宗姚来到池峰城家，还未坐稳，就向老朋友倾泻满腹牢骚，大骂毛人凤不是<u>东西</u>。（当代报刊1996年《作家文摘》）

（127）老太太一边忙活，一边骂她的几个妹妹和外甥们不是东西。（当代报刊 1997 年《作家文摘》）

（128）他嘶叫道："你这老东西！赔我的牛，赔我的牛！我和你拼命，拼老命！"（冯德英《迎春花》）

与英语相比，与"东西"相对应的 thing 并没有这样的詈骂功效。"你不是东西"绝对不能按照字面翻译成"You are not a thing"。"You are not a thing"这句话在英语中不能表达任何意义。

3. 指称等级的詈骂文化词

中国封建社会等级制度复杂鲜明。受中国几千年来封建社会等级秩序的影响，为官之人高高在上，相对而言的"贱民"等低层阶级的称谓自然成了詈骂语。如：

厮

【厮】[1] sī ❶男性仆人（多见于早期白话，下同）：小～。❷对男子轻视的称呼：这～｜那～。

《汉书·严助传》："厮舆之卒。"颜师古注："厮，析薪者。""斯"、"析"都有"劈开"义。"厮"的本义就是古代干粗活的男性奴隶或仆役、服杂役者，"厮"由这个意义引申为"男性仆人"义。

男性仆人地位较低，从而在骂人时，把人喻指为男性仆人可以达到伤害他人的目的。如：

（129）他深深地开罪了不少后现代主义的研究家们——的确，有批评说："那厮把严肃的学问调侃得一塌糊涂。"（当代报刊 1989 年《读书》第 9 期）

（130）于是他假装咋呼地喊了一声："郑屠这厮诈死，等洒家回去吃完饭再过来收拾你！"便一溜烟地跑掉了。（王小枪《无厘头水浒故事·完全强盗手册》）

上述句子中的"厮"都是指称等级的詈骂文化词。

匹夫

【匹夫】[2] pǐ fū 名 ❶一个人，泛指平常人：国家兴亡，～有责。❷指无学识、无智谋的人（多见于早期白话）：～之辈。

上述两个义项是共时层面"匹夫"的含义。古代汉语中的"匹夫"的含义与身份等级有关。如：

（131）匹夫为善，民犹则之，况国君乎？（春秋左丘明《左传·昭公六年》）

（132）刑过不避大臣，赏善不遗匹夫。（战国韩非《韩非子·有度》）

（133）庶人称匹夫者，匹，偶也，与其妻为偶，阴阳相成之义也。（东汉班固《白虎通·爵》）

（134）早知雨露翻相误，只插荆钗嫁匹夫。（唐刘德仁《长门怨》）

（135）子鱼能为我代言，乞念先君一脉，愿留性命，长为匹夫死且不朽。（明冯梦龙《东周列国志》）

（136）若国朝之制，满汉平等，汉人有才者，匹夫可以为宰相。（章炳麟《驳康有为论革命书》）

上述句子中的匹夫都是"古代指平民中的男子"，亦泛指"平民百姓"。可以看出，现代汉语中"匹夫"❷义之所以能产生詈骂的功能，这与"匹夫"的本义是密不可分的。在骂人时，因"匹夫"能把人的身份降低一等，所以在詈骂场合时常用，如：

（137）杨过从小龙女手中接过君子剑来，说道："姑姑，咱们今日杀了这匹夫，给我报仇。"（金庸《神雕侠侣》）

"匹夫"是个詈骂文化词。

类似的词语还有"奴才"、"小蹄子"、"客作儿"等。这些对奴仆的蔑称都成了詈骂文化词。有时候，还用"动物+身份"的组合形式加强詈骂的效果，一些现代小说经常采用这样的詈骂文化词。如：

（138）董卓见他的干儿子背叛了他，就骂着说："狗奴才，你敢……"（墨人《中华上下五千年》）

4. 指称宗族观念的詈骂文化词

宗族观念是中国人最重视的观念之一。"孝"的基本含义即有二，一是敬祖先，二是敬父母。中国人的宗族观念首先体现在祖先崇拜上。辱骂对方的祖先、长辈甚至比辱骂对方本人更能发泄辱骂人的愤恨，也更让被辱骂者难堪，詈骂的效用也最大。如：

（139）"我乃金国四太子兀术是也，姓岳的，还不快快下马受降。""我×你妈金兀术！"[①]（王朔《千万别把我当人》第八章）

（140）受伤的伪军们疼得大哭大嚎，有的哭着骂道："×你妈日本人！反正老子不能活了，你们也不得好死！"（马烽等《吕梁英雄传》第七十六回）

"×你……"这一由詈骂词组成的动宾结构对听话人伤害力最大，而形成中国著名的"国骂"。这一国骂"×你……"便是在宗族观念指引下的詈骂文化词。英语詈骂语也有"fuck"，但是英语詈骂语"fuck"不延伸到宗族观念。因此，这两类詈骂词实质并不相同。

值得一提的是，目前汉语教学对这一类文化词往往是避而不谈，但留学生不知道从哪里（影视剧、书籍）听来了这类词语，不明其义而胡乱使用。曾有一位留学生误以为"×你……"是中国人常用的口头禅，一次坐出租车时对司机说"×你……，我要去西单商场"，从而挨了一顿揍。

宗族观念中包含出身血统的意识。中国人以血统纯正为荣，以非纯正为耻，所谓"非我族类，其心必异"。所以人们往往用"杂种"、"野种"来骂人。

杂种

【杂种】zázhǒng 名 ❶杂交而产生的新品种，具有上一代品种的特征。也叫杂交种。❷骂人的话。

英语中并没有"杂种"的说法，与"杂种"相对应的英文词汇 half-breed 较为确切的翻译是"混血儿"。"混血儿"（half-breed）并没有骂人的杀伤力。一些地区尤其是欧美甚至还以"混血儿"（half-breed）为荣。如：

（141）A closer look, you might <u>exclaim</u> that she is <u>half-breed</u>!
（再仔细看看，或许你会<u>惊叹</u>原来她也是<u>混血儿</u>！）

[①] 本小节中用"×"表示骂人用的下流话，出于语言文明的考虑，本小节略去汉字而用"×"代替。

汉语中"杂种"骂人的杀伤力非常强，原因就在于汉民族对宗族观念中的血统意识非常看重。如：

（142）杨过道："快放手，我不跟你学武功啦。"赵志敬更怒，喝道："小杂种，你说甚么？（金庸《神雕侠侣》第七章）

（143）那女人骂道："揍死你这小杂种，你再哭！"（周立波《暴风骤雨》第一部）

上述句子中"杂种"都是骂人的话。

类似的词语如"野种"、"石头缝里蹦的"、"无爷种"、"杂交的"、"蛮子"、"糟蛮子"等都是指称血统的詈骂文化词。

5. 指称民族大节的詈骂文化词

中华民族自古以来非常重视民族大节。孔子有"志气也，无求生以害仁，有杀身成仁"之说，认为人的气节比人的生命还重要宝贵。南宋的文天祥在《过零丁洋》中说："人生自古谁无死，留取丹心照汗青。"文天祥为宋室江山效忠的民族大节至今仍为当代中国人所称道。因此，不注重民族大节的人在中国传统价值体系往往为人所不齿，成为典型的詈骂代号。如：

败类

【败类】bàilèi 名 集体中的堕落或变节分子：无耻～｜民族～。

"败类"的詈骂功用非常强，骂人"败类"往往能在最大限度上激怒中国人。如：

（144）气愤地叫道："李小武，你帮助日寇打八路军，你是民族的败类！"（刘振云《故乡天下黄花》）

（145）对着这个卑鄙的特务，切齿地呸了一口，骂道："奸细！走狗！民族的败类！"（雪克《战斗的青春》）

（146）明峰：你这个败类！狗都不如！（周星驰喜剧剧本《少林足球》）

"败类"之所以有上述詈骂功用，主要是受制于集体主义的中华文化中对集体中的变节非常排斥，从而成为一句汉语中较为普遍的詈骂语。

汉奸

【汉奸】hànjiān 名 原指汉族的败类，后泛指投靠侵略者、出卖国家民族利益的中华民族的败类。

汉奸是一个典型的中华文化范畴的词汇，英语的大多数翻译都用了 to China（中国）来限定——traitor（to China）。例如古代的秦桧、吴三桂，近代的汪精卫等都是著名的汉奸。骂人为"汉奸"要比"败类"戴的"帽子"大许多。"汉奸"之所以有较大的詈骂功效，与中华民族注重民族大节的深层文化心理密不可分。

（三）礼貌文化词

礼貌词指的是在社交场合使用的表示礼貌的词语。礼貌词并非都是汉语文化词。如汉语中在求人办事时一般用"劳驾"，与英语中相对应的是"Excuse me"。"劳驾"为普通礼貌词语。只有体现汉民族独特文化特征的礼貌词语才是礼貌文化词。

"贵姓"与"免贵"

汉语礼貌的主要特征可归纳为"自谦尊人、互相关切、互相体谅、以诚待人"（毕继万，1996）。可以看出，自谦是汉语礼貌最主要的特征之一。中华文化讲究自谦，免贵就是一种自谦的说法。免贵，从字面理解意思就是不需要用"贵"。联系上文"贵姓"，免贵只是显示自己的谦虚，表示自己和大家一样，在姓氏上不比别人尊贵。

例如在社会人际交往中，不相识的人碰在一起，往往会礼节性地问：

（147）"请问贵姓？"答曰："免贵姓李。"

"免贵"即为礼貌文化词。

第四节　现代汉语文化词分类的文化维度

所谓文化维度，主要是从文化词所反映的文化内容对文化词进行的分类。文化词所体现的文化内容实质是文化词的语义类，而文化词的语义类实质就是文化内容。因此，文化维度也是对文化词语义类进行的划分。

从文化维度对文化词进行分类需要参考文化分类的成果。目前国内外关于文化分类的代表性观点有：

第一,"两分说"。

"两分说"主要将文化的结构分为物质文化与精神文化。这一分类法实际受《现代汉语词典》(第 1 版)中关于文化定义的影响:"文化是指人类在社会发展过程中所创造的一切物质财富和精神财富的总和,特指精神财富,如文学、艺术、教育、科学等。"季羡林(1995)认为:"现在好多人写文章,还在非常努力地下定义,这个不过是 500 个定义外再添一个,501,502,一点问题不解决,所以我个人理解的文化就是非常广义的,就是精神方面,物质方面,对人民有好处的,就叫作文化。"

第二,"三层次说"。

"三层次说"主要将文化分为物质、制度、精神三层次。第一层叫表层文化,指的是物质文化,主要是有关人类衣食住行的。比如平时说的服饰文化、饮食文化等。第二层是中层文化或者叫精神文化,主要指宗教、礼仪、风俗、制度、艺术。第三层是底层文化,也叫哲学文化,包括了世界观、伦理观和人生观(转引自胡文仲,1994)。

第三,"四层次说"。

"四层次说"由张岱年、方克立(1995:3)提出,主要将文化分为物态、制度、行为、心态。这种文化分类在国内影响最大。

第四,"五分说"。

"五分说"由 H. L. 克罗伯(1999:13)提出,H. L. 克罗伯在《文化概念和定义的批判性回顾》中将文化分为"行为模式和指导行为的模式、价值观、文化系统、符号系统和人工制品"。

第五,"六大子系统说"。

"六大子系统说"主要是将文化分为"物质、社会关系、精神、艺术、语言符号、风俗习惯"六大子系统(转引自方克立、张岱年,1995:5)。

第六,"大写 C、小写 c 文化"。

"大写 C、小写 c 文化"(Culture with a big C/small c)主要是依据文化结构和范畴划分的分类。"大写 C 文化"主要指广义文化,即"人类文明成果和对文明所做贡献总和",包括经济、政治、哲学、教育、文学艺术、科学及思想观念和价值体系。"小写 c 文化"则指"狭义的文化系统,即信仰、行为、价值观念"(Allen and Valette,1977:325)。

第七,"哈默利模式"(the Hammerlian Model)。

"哈默利"为加拿大英语教学专家 Hammerly 的音译。Hammerly(1986)从英语作为第二语言教学的角度,将文化分为成就文化(achievement culture）、信息性文化（informational culture）与行为文化（behavioral culture）（转引自 Walker，2000）。

第八，"文化三角形"。

1996年，美国外语教学国家性纲领文件《外语学习标准：为21世纪作准备》首次出版。《21世纪外语学习标准》（1996年初版、1999年再版、2006年第3版）用三角形的形式提出了一个全新的文化分类：文化观念（Cultural Perspectives）、文化产品（Cultural Products）与文化习俗（Cultural Practices）。以大写字母P开头的三类文化之间互动影响，但核心是文化观念（Cultural Perspectives）。2014年底，ACTFL（美国外语教师协会）全面修订了《21世纪外语学习标准》，取而代之以新的《全球外语学习标准》（*World-Readiness Standards for Learning Languages*）。在新标准中，"文化三角形"仍然得以保留。

第九，"知识文化与交际文化"。

"知识文化"与"交际文化"是从功能角度在第二语言教学中进行的文化分类。"所谓交际文化，指的是两种不同文化背景熏陶下的人，在交际时，由于缺乏有关某词、某句的文化背景知识而发生误解。""所谓知识文化，指的是那种两个不同文化背景培养出来的人进行交际时，对某词、某句的理解和使用不产生直接影响的文化背景知识。"（转引自张占一1984、1991）

第十，"文化因素与文化知识"。

"文化因素"与"文化知识"是从文化存在形态的角度在第二语言教学中进行的文化分类。所谓"文化因素"，指存在于语言要素层面如语音、语法、语义、语用等层面的文化。所谓"文化知识"，主要指存在于社会交际规约、非语言层面的文化（转引自张英，2006）。

上述十种文化分类影响较大，但并不都适用于文化词的分类。以国内在TCSL领域影响较大的"知识文化"与"交际文化"分类为例，二者并不能应用于汉语文化词的分类体系之中，因为"知识文化"与"交际文化"存在较大的可变性。比如，"长城"作为"古代中国在不同时期为抵御塞北游牧部落联盟侵袭而修筑的规模浩大的军事工程的统称"是一种知识文化，但在"把我们的血肉筑起我们新的长城中"的"长城"却是影响交际的"长城"的隐喻义。另如，"金凤凰"一词也很难说清是交际文化词还是知识文化词。据郭璞注《尔雅·释鸟》，"金凤凰"的主要特征是："鸡头、燕颔、蛇颈、龟背、鱼尾、五彩色，高六尺许"。"凤凰"是中国古代传说中的百鸟之王，羽毛美丽，雄的叫凤，雌的叫凰。常用来象征祥瑞。"凤凰"也是中国皇权的象征，常和"龙"一起使用，"凤"从属于"龙"，用于皇后嫔妃，龙凤呈祥是最具中国特色的图腾。按照张占一（1984、1990）的界说，"金凤凰"是一种知识文化。而在"他是山坡里飞出的金凤凰"这个句子中，学习者显然要先了解"金凤凰"的基本知识，然后才能在句子中了解"金凤凰"的隐喻义。如果学习者对"金凤凰"的具体知识不了解，这句话的句义也就无法达到准确理解，从而影响交际。从这个意义上说，很多隐喻类文化词都可以作为驳倒"交际文化"与"知识文化"划分合理性的反例。再如：

（148）该书系统介绍了国外社会学成果、方法和中国<u>解放</u>前的研究成果。（当代报刊 1999 年《读书》第 3 期）
（149）温淘箩曾经在<u>解放</u>前流行于上海。（当代报刊 2000 年《作家文摘》）

"解放"可以被判定为汉语文化词，这是无异议的。问题在于，如果我们用张占一（1984、1991）的理论框架分析，在（148）句中的知识文化词，在（149）句中马上变成了交际文化词。而且，一些人名类文化词（诸葛亮、红娘、阿斗）尤其存在这个问题。所以，"交际文化"与"知识文化"这种关于文化的分类是无法被纳入汉语文化词的分类体系之中的。

造成以上局面的原因在于汉语第二语言文化领域的研究本身较为薄弱。仔细品味以上关于文化的分类，《全球外语学习标准》延续《21 世纪外语学习标准》中所提出的"3P 文化"（或称为"文化三角形"），张岱年、方克立（1995：3）提出的"文化四层次说"与加拿大英语教学专家 Hammerly 提出的"哈默利模式"（the Hammerlian Model）相对更科学，因此可以被纳入现代汉语文化词的分类体系之中。

一　文化维度 1：借鉴"文化三角形"分

美国《21 世纪外语教学标准》（以下简称《标准》）检视了以往通行的大写 C 文化与小写 c 文化的二分法，肯定了这一分类最初是有价值的，因为它"注意到了过去课本和课堂上实际忽略掉的文化的社会成分"（《标准》，1999：48），但是，《标准》也检视了这种分类存在的问题，既不能从深层次阐释文化观念，也不能分析自己的文化概念，更不能学习"意义之外的意义"(《标准》,1999:49)。因此,《标准》提出了自己的文化分类法(见图3-7)。

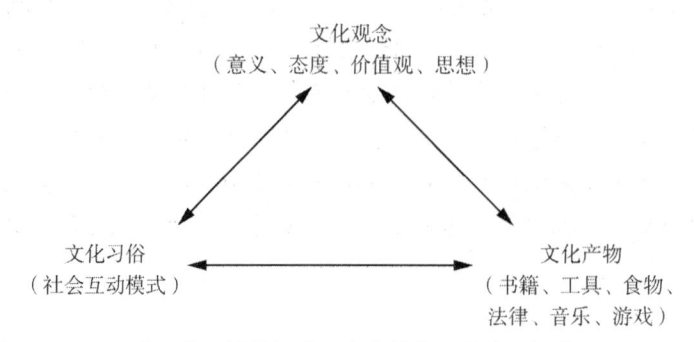

```
            文化观念
       (意义、态度、价值观、思想)


  文化习俗                文化产物
（社会互动模式）          （书籍、工具、食物、
                          法律、音乐、游戏）
```

图 3-7　《21 世纪外语教学标准》中文化的三分法（标准，1999：47）

3 个 P 具体所代表的含义如下：

文化产物（Cultural Products）指有形或无形的文化创造。有形的文化创造如四合院、科隆教堂、特色食品，无形的文化创造如口传故事、教育系统、各种仪式。

文化习俗（Cultural Practices）指"社会认可的行为模式及会话形式的使用"（Tang，2006）。比如，中国人的婚礼上要"一拜天地，二拜高堂，再夫妻对拜，喝交杯酒"是中国社会所认可的行为模式。再如，中国人收到称赞时一般说"哪里，哪里"，西方人一般会还你个"谢谢"，则是中西方不同的会话形式。

文化观念（Cultural Perspectives）指受某一族群大多数人普遍信奉的观念、态度、价值观等。文化观念一般是潜在的、无形的、下意识的，影响着人们的行为模式，决定人们做什么、怎么做和为什么做。

2014 年底，ACTFL 全面修订了《21 世纪外语学习标准》，取而代之以新的《全球外语学习标准》（*World-Readiness Standards for Learning Languages*）。《全球外语学习标准》改变了 5 个 C 环环相扣的局面而进一步提升了"文化"在外语教学中的位置，如下面两幅图所示：

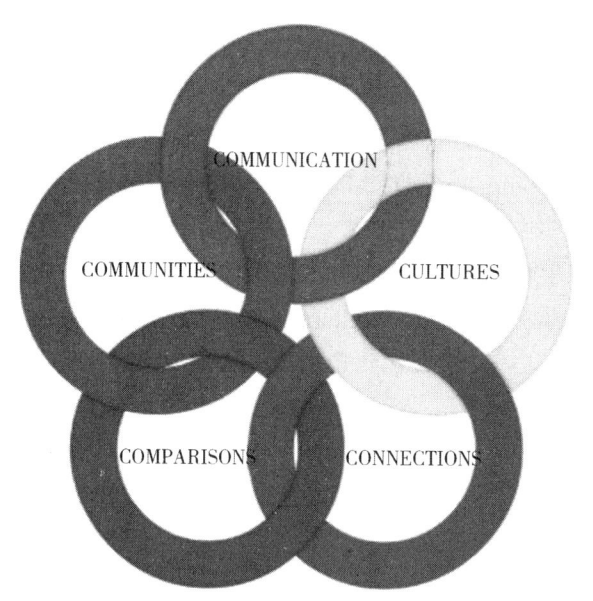

图 3-8 《21 世纪外语学习标准》的 5C 目标领域（Standards，2006：32）

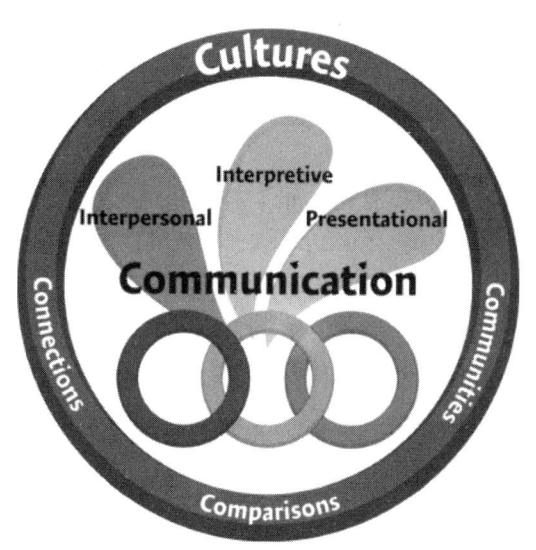

图 3-9 《全球外语学习标准》中的 5C 目标领域（Standards，2014：47）

可以看出，《全球外语学习标准》中"5C"已经由《21 世纪外语学习标准》中"5 个 C 环环相扣"变成了"4 个 C 环绕一个 C"，其中沟通（Communication）位于最核心的位置，是"5C"最重要的 C。文化（Cultures）

的重要性仅次于沟通（Communication）。《21世纪外语学习标准》中文化（Cultures）与社区（Communities）、贯连（Connections）、比较（Comparisons）处于同等地位。《全球外语学习标准》中文化（Cultures）的地位则进一步提升，与社区（Communities）、贯连（Connections）、比较（Comparisons）构成"一对三"的关系。换言之，《全球外语学习标准》中更加强调文化（Cultures）的重要性，社区（Communities）、贯连（Connections）、比较（Comparisons）必须有文化（Cultures）的参加方可以完成。在新旧标准的比照中，没有变动的是"文化三角形"。"文化三角形"因以三个大写字母P的英文单词展示了三类文化从浅层到深层之间的有机联系，因此也被称为"3P文化"。在这个3P文化分类中，"文化观念"（Cultural Perspectives）处于深层，而了解深层方可以驾驭表层文化产品（Cultural Products）与文化习俗（Cultural Practices）。因此，了解并能用精准语言表述深层文化观念的国际汉语教师才能让汉语第二语言学习者"知其然，并知其所以然"。因此，如果按照《美国21世纪外语教学标准》中文化的分类来看，物态文化词与制度文化词属于文化产品，行为文化词属于文化实践，而心态文化词属于文化观念。其中观念文化词是最重要也是最深沉的文化词（李如龙，2001）。因此，文化词的分类也可以参照这个著名的"文化三角"进行分类。

（一）产品类文化词

产品类文化词（Cultural Products）有的是可触及的（tangible），有的是不可触及的（intangible）。

可触及的（tangible）产品文化词如一幅画、一篇文学作品、一双筷子等，如：

【象棋】xiàngqí 名 指中国象棋，棋类运动的一种，双方各有棋子十六个，一将（帅）、两士（仕）、两象（相）、两车、两马、两炮、五卒（兵）。两人对下，各按规则移动棋子。以将（jiāng）死对方的将（帅）的一方为胜。

"象棋"是中华文化的瑰宝，最早出现于战国时期。《楚辞·招魂》中就对其形制以及玩乐方法作过专门记载："蓖蔽象棋，有六簿些；分营并进，道相迫些；成枭而牟，呼五白些。"值得说明的是，中国人之所以创制出"象棋"这样一件物态文化产品是深受集体主义价值取向影响的。中国文化以"集体主义"为特征，而西方以"个体文化"为特征（Connor，2001：36）。"集体主义"不仅深深影响着中国人的行为模式与思维方式，而且影响着中国人创造出的文化产品与文化习俗。"集体主义"价值取向深深影响着象棋的规则。比如，卑微的"兵"（"卒"）一定是保卫"将"的棋子，在必要时需要牺牲自己，这体现了"集体主义"文化对个体的消解；"相（"象"）走"田"，但绝对不能越过"河界"，换言之，"相（"象"）作为"管家"绝对不能越俎代庖，这体现了"集体主义"对内外集团的严格区分；"马"走"日"，但"马"走"日"会"蹩马脚"，不仅敌方的棋子会"蹩马脚"，己方的棋子也会"蹩马脚"，这与"集体主义"的群体取向有密切的关系。中国人做事相互依赖，"关系"至关重要。

这些集体主义规则在二语教学的初、中级阶段不一定要全部给出，但是作为二语教师应该对上述知识有所准备。

不可触及的（intangible）产品文化词包含了口传故事、舞蹈、教育系统等。如：

"惊鸿舞"是唐代汉族舞蹈名，是唐玄宗早期宠妃梅妃的成名舞蹈，"惊鸿舞"已失传。从这种文化存在的形态出发，"惊鸿舞"属于不可触及的产品类文化词。

产品文化词具体可分为若干小类：

服饰：丝绸、中山装、旗袍

武术：功夫、武功、武术

地理：华山、长江、黄河

建筑：庙、石舫、长城

食品：粥、豆腐、粽子、馒头、包子、月饼、汤圆

饮品：乌龙茶

中医：中医、中药、针灸

语言文字：汉字、普通话、对联、古籍、成语、华文

节日庆祝用品：鞭炮、爆竹

场所：茶馆、衙门、堂会

曲艺：戏曲、昆曲、唢呐、京剧、相声、小品、马戏、地方戏、评书、说书

艺术品：刺绣、青铜、脸谱

书法绘画：书法、湖笔、山水画、行书、中国画、国画、字画

节日：重阳、中秋、清明、春节、元宵、端午、七夕、中元节、腊八节、除夕

历法：干支纪年、二十四节气

文学：《史记》、《三国演义》、《红楼梦》、武侠小说

产品类文化词以名物类词语居多，因此具体分类可以参照前面语言维度中名物类文化词的分类框架。

（二）习俗类文化词

习俗类文化词主要体现着一些文化行为与习俗，比如：

【结拜】jiébài 动 无血缘关系的人因为感情好或者共同的目的而通过一定的形式结为兄弟姐妹。

"结拜"雅称为"义结金兰"，俗称"结义"、"换帖"、"拜把子"等。"把子"本指扎成束的东西（bundle）。"结拜"的对象需为异姓兄弟、姐妹，结拜之后，异姓兄弟姐妹结成亲兄弟一般的友谊。如《红楼梦》第六十六回："我谢他又不受，所以我们结拜了生死弟兄，如今一路进京。从此后我们是亲兄亲弟一般。"

在集体主义文化范式下，"结拜"是汉族异性人加强凝聚力、互结关系的一种形式。最著名的结拜为小说《三国演义》中刘备、关羽、张飞三人"桃园结义"。"结拜"是友情的升华，更是社会关系的一种定格。"结拜"这种社会行为仪式其实贯穿着儒家"义"的思想。

古代"结拜"有规范性的礼仪程序，选择吉日良辰，在一个大家都认为较适宜的地方，如祠堂等，上挂关公等神像，下摆三牲祭品。现代中国社会人们虽然较少"结拜"，但"结拜"这个词汇在现代汉语中并没有消亡。这说明文化具有一定的传承性，具有深层结构的文化在当代社会中仍然有所反映。比如，一些当代小说文本主题的分析其实暗含了中国"结拜"文化。香港畅销武侠小说《天龙八部》主要通过书中的主要人物萧峰、虚竹、段誉"结拜"的故事，对中国文化讲究"义"的特质做出深入解读。

与中国人的文化行为"结拜"相比，在个人主义文化影响范式下，西方人把创新和变化作为一种追求，求变胜过求稳。因此，美国人的交友观与汉民族有较大差异。美国人结识新朋友会表现得热情友好，但是要深交却很难。而且美国是一个流动的社会，据美国官方统计，一个美国人在一生中要多次搬家与调换工作，这在美国社会中是值得称道的，被认为是具有冒险精神的表现。美国人的友谊观也被称为 Kleenex friendship（"手绢纸友谊"）。中国人则以求稳、相安无事为处世准则，因而中国人住房与工作换得便不如美国人频繁。

"结拜"是个习俗文化词。习俗类文化词以动词类居多，例如：

婚俗：拜堂、拜天地、闹新房、洞房、倒插门、回娘家
丧俗：奔丧、守孝、做七、送终、报丧、居丧、吊唁、戴孝
礼俗：稽首、长跪、万福、请安、万岁、抱拳、作揖
陋习：裹脚、缠足、纳妾
节俗：

1）春节：熬年、辞岁、守岁、拜年、吃年夜饭、贴对联、过年、给红包、办年货、挂年画、糊窗花、放鞭炮、辞旧迎新、压岁钱、贴春联、贺喜、包饺子

2）元宵：看灯、吃元宵、灯会、踩高跷、猜灯谜、赏灯、庙会、赏龙灯、舞龙灯、秧歌舞、扭秧歌、耍龙灯、舞狮子

3）寒食：起火烧饭、吃冷食

4）清明：扫墓、踏青、荡秋千、放风筝、插柳戴花

5）端午：吃粽子、赛龙舟、划龙舟、戴香袋、踏青、采艾蒿

6）七夕：穿针、乞巧

7）重阳：登高、插茱萸、赏菊

8）中秋：赏月、吃月饼

9）腊八：喝腊八粥

10）二月二：做牙、牙祭、打牙祭

其他：坐月子、做寿、冲喜

（三）观念类文化词

观念类文化词往往反映了深层文化，观念文化是文化最底层、最核心的部分，往往制约着表层文化。因而观念文化词的文化内涵非常深。

【中庸】zhōngyōng ❶ 名 儒家的一种主张，待人接物采取不偏不倚、调和折中的态度：~之道。

"中庸"是儒家的道德标准，亦是中华深层文化观念。《论语·雍也》："中庸之为德也，其至矣乎。"何晏集解："庸，常也，中和可常行之道。""中庸"要求待人接物保持中正平和，因时制宜、因事制宜。"中庸"根源于集体主义的人缘取向，使个体在群体或社会圈中的行为取向倾向于"中庸"，即儒家的一种主要主张之一，意思是"执两用中"。"中"不是中间的意思，不是在两个极端中间找到中间的那一个，而是找到最适合的那一个，"中庸"就是在处理问题时不要走极端，而是要找到处理问题最适合的方法。"中庸"即是一个观念文化词。

值得说明的是，正因为观念文化词的含义一般较深，因此也就不容易被第二语言学习者所理解，甚至母语者也不能准确地把其语义说得十分清楚。而且，观念文化词往往起着沟通古今文化的作用，在当代文化中常常有古代文化观念的表现。这里试以"中庸"为例进行分析，说明当代中国人的会话方式往往受制于"中庸"深层观念。

中国人说话一般不一次性地把结果告诉对方，而是让倾听者去猜测真正的意图。中国人有时候也用非言语交际来暗示。这种隐性的交流在请求或表示对倾听者的否定态度时最为普遍。在这种时候，说话人往往求助于委婉曲折的说话甚至说与事实相反的事情。这种"模棱两可"的交际方式最容易令西方人沮丧。一些西方人从而对中国人产生误读，认为中国人是"不可解读"的、"不可看穿"的、是"你说东我说西的"、是"虚伪"的。甚至认为中国人是"厌恶清晰"、"讨厌断言"、"论证力极弱的人种"（Y. F Tang, 2006: 3）。比如据胡文仲（1994: 68—69）介绍过两段外国人与中国人的对话：

对话1
A：我想听听李先生的课，可么么？
B：哦，我想，李先生的身体不大好。
对话2
A：你要我带各种材料来？
B：我们需要各种材料。

在对话1中，如果中国人听到李先生身体不大好，那么就不再要求。而外国人可能听不懂这种暗示。在对话2中，B明显是心中没有答案，可在美国人听来，"各种资料"可能意味着要把美国国会图书馆的资料搬来。（胡文仲，1994: 69）

可以看出，中国人说话一般采用委婉曲折的方式，尤其是拒绝的时候。外国人常常不理解中国人的行为方式。但是，隐藏在这样的话语行为背后是一条明线，即受制于"中庸"的文化观念。中国人处理问题总是试图在集体中找到和谐，小心维持与群体的关系，因此采用"执两种用"而不"走极端"的行为方式。

【道】[1] ❼属于道教的，也指道教徒。

道教是中国本土宗教，以"道"为最高信仰。道教在中国古代鬼神崇拜观念上，以黄、老道家思想为理论根据，承袭战国以来的神仙方术衍化形成。东汉末年中国曾出现大量道教组织，在数千年来的发展过程中，"道"已经发展成为中国深层文化观念之一。"道生一，一生二，二生三，三生万物"，"道"是世界的开始，所谓"有物混成，先天地生"，故有"万物之始"的说法。"道"又生成畜养天地万物，故有"万物之母"之名。《道德经》第一章："道可道，非常道。""道"本身就是"说不清、道不尽"的。这种"道"的思想不仅使得汉语里包含了大量含有"道"的词汇，而且也深刻影响着中国人的行为方式。

其他的观念文化词还有：

礼、仁、恕、悌、团圆、孝、孝道、义、义气、贞节、忠……

产品类文化词、习俗类文化词与观念类文化词之间的关系如何？在二语教学中，哪类文化词是教授的难点？通过对"文化三角形"的分析，我们看到"文化观念"（Cultural Perspectives）处于深层，而了解深层方可以驾驭表层文化产品（Cultural Products）与文化习俗（Cultural Practices）。因此，观念文化词（Cultural Perspectives）应是二语文化词教学的难点所在。

二 文化维度2：借鉴"文化四层次说"分

"文化四层次说"（参见张岱年、方克立，2005：3）是国内相当有影响的一种文化分类，具体来讲，"文化四层次"指物态、制度、行为、心理四层文化。

物态文化指人类加工制造的物质生产活动及其产品，是文化中可以具体感知的、摸得着、看得见的东西。

制度文化指人类在物质生产过程中所结成的各种社会关系的总和，包括社会的法律制度、政治制度、经济制度以及人与人之间的各种关系准则等。

行为文化指由人类在社会实践中尤其是在人际交往中约定俗成的行为规范。

心态文化指由人类在社会实践和意识活动中长期育化出来的价值观念、审美情趣、思维方式、道德情操、宗教信仰、民族性格等主体因素（转引自张岱年、方克立，2005：5）。

按照这个理论框架，文化词可以分为以下四大类，大类之中又有若干小类：

（一）物态文化词

物态文化词反映的是人类加工自然创制的各种器物，如：

【华表】huábiǎo 名 古代宫殿、陵墓等大建筑物前面做装饰用的巨大石柱，柱身多雕刻有龙凤等图案，上部横插着雕花的石板。

"华表"是一种古代汉民族的传统建筑形式，相传是部落时代的一种图腾标志，古称桓表，以一种望柱的形式出现，富有深厚的汉族传统文化内涵，散发出汉族传统文化的精神、气质、神韵。天安门前后各有一对汉白玉的柱子，即"华表"。

物态文化词可以分为以下几类：

建筑：四合院、石库门、长城、故宫、孔庙、窑洞

饮食：饺子、月饼、粽子、年糕、发糕、莲子、汤圆

器具：八仙桌、太师椅、花轿、花车、毛笔、砚台、华盖

服饰：旗袍、中山装、乌纱帽、马褂、长袍、冠冕

自然地理：梅雨、乾坤、三伏、三九、梯田

（二）制度文化词

制度文化词反映的是人类在社会实践中建立的各种行为规范、准则以及各种组织形式。如：

【科举】kējǔ 名 从隋唐到清代朝廷通过分科考试选拔官吏的制度。唐代文科的科目很多，每年举行。明清两代文科只设进士一科，考八股文，武科考骑射、举重等武艺，每三年举行一次。

"科举"是中国古代通过考试选拔官吏的制度，在中国古代影响深远，在现代汉语中该词仍然存在。"科举"是一个制度文化词。

制度文化词主要包括下列几类：

政治制度：禅让、丞相、封禅、一国两制、人民代表大会制

经济制度：田赋、丁口、屯田、联产承包、按劳分配、计划经济、户口

选官制度：科举、举人、殿试

文化制度：百花齐放、百家争鸣

教育制度：义务教育、高考

法律制度：婚姻法、连坐、宫刑

劳动制度：同工同酬、劳动模范

（三）行为文化词

行为文化词是一些反映约定俗成的风俗习惯的词语，包括：

礼仪：稽首、长跪、万福、请安

习俗：闹房、踏青、赏灯、登高、赏菊、划龙舟

（四）心态文化词

心态文化词是指一些反映人们的价值观念、思想流派、思维模式、褒贬好恶、深层信仰等方面的词语，属社会心理和意识形态范畴，是文化的核心部分。

【小人】xiǎorén 名 ❶古代指地位低的人，后来地位低的人也用于自称。❷指人格卑鄙的人：~得志/势利~。

"小人"的义项❷更准确的解释是指儒家所定义"君子"的反义词。孔子说"唯女子与小人难养也，近之则不逊，远之则怨"。在儒家思想中始终存在两个基本的概念，即"君子"与"小人"。按照荀子的看法，在最为天下贵的人中，也需要把"君子"与"小人"严格地区别开来。《荀子·不苟》因此特别强调"君子小人之分"。在《论语·宪问》中，孔子明确提出："君子而不仁者有矣夫，未有小人而仁者也。"这意味着，君子的本质是"仁"，小人的本质是"不仁"。

"小人❷"充分体现了汉民族的褒贬好恶，属于心态文化词。

【传宗接代】chuánzōng-jiēdài 子孙一代接一代地延续下去。

"传宗接代"一词体现了中国人的价值观念，它出自清李宝嘉《官场现形记》第四十九回："自己辛苦了一辈子，挣了这分大家私，死下来又没有个传宗接代的人，不知当初要留着这些钱何用。"但"传宗接代"这种深层观念并不是清代才有的。"宗"指"家族、祖上"，"代"即"后代"。在中国古代宗亲制文化背后，传延宗族、接续后代是中国人的重要深层信仰。所谓"延续香火"、"不孝有三，无后为大"都是这种深层观念在起作用，这种观念也必然为中华民族的繁衍作出了贡献。作为一个民族，延续种族应该是其最重要的特征。但与中国文化相比，西方文化却不那么重视"传宗接代"。这种主要是因为中国文化是以宗法制为基础的，更加注重人与人的关系。西方文化注重个人的自由与意志，个人主义文化范式深深影响着人们的行为准则与价值判断，因而西方人也就无法理解中国的"传宗接代"观念。追本溯源，"传宗接代"一词根源于中华"孝"文化观念，即"孝"不仅仅是服从父母、尊重长辈，更重要的是把子孙后代延续下去，因而"不孝有三，无后为大"。

"传宗接代"一词体现了中国人的价值观念，是一个心态文化词。

心态文化词主要包括下列几类：

思想流派：道❼、儒家、无为、阴阳

价值观念：光宗耀祖、深明大义、面子❷、正气
思维模式：还情、帽子❷、人情、中庸
褒贬好恶：狗、小人❷
深层信仰：和、仁、孝、义

借鉴"文化三角形"分出的观念文化词与借鉴"文化四层次说"分出的心态文化词是何种关系？二者是被涵盖与涵盖的关系。心态文化包括了观念文化，观念文化往往是文化最底层、最核心的部分，制约着心态文化的表现形式。人类的行为模式虽然是复杂的，但在不同的行为背后恰恰是底层文化观念在起作用。比如"小人❷"属于心态文化，而在这种心态文化背后更深层的决定链条是中国儒家的思想观念"仁"。"传宗接代"体现了中国人的价值取向，但在这种价值取向背后起作用的是中华"孝"文化观念。因此，观念文化词"仁"/"孝"制约着心态文化词"小人"/"传宗接代"的产生。

三　文化维度3：借鉴"哈默利模式"分

Hector Hammerly（1986）从英语作为第二语言教学的角度，将文化分为成就文化，信息性文化与行为文化（achievement culture, informational culture, and behavioral culture）。这种文化分类在英语作为第二语言教学界也有一定的影响，也被称为"哈默利模式"（The Harmerlian Model）。具体而言，"哈默利模式"中三类不同的文化具体包括：

成就文化主要指某种文明的标记（如建筑、艺术、文物）。

信息文化主要指某一社会所重视的信息（如历史、地理、节日）。

行为文化主要指帮助人们驾驭日常生活的知识或行为规则（如待人接物等）。

按照这个理论框架，文化词可以分为以下三大类。大类之中又有若干小类：

（一）成就文化词

成就文化词主要指反映某种文明的标记的词语。

【京剧】jīngjù 名 我国全国性的主要剧种之一。清中叶以来，以西皮、二黄为主要腔调的徽调、汉调相继进入北京，徽汉合流演变为北京皮黄戏，即京剧。

"京剧"是中国的"国粹"，是中国艺术最重要的代表之一。中国人含蓄、稳健、精致、典雅的精神品格在京剧艺术里有着深刻的体现。"京

剧"文化在世界范围的艺术领域得到了认可。"京剧"是一个艺术类的成就文化词。

成就文化词主要包括下列几类：

建筑：长城❶、胡同、天安门、茶馆、泰山、庵❷

绘画：白描、彩绘、渲染、山水画、水墨画、花鸟画、中国画

戏曲：京剧、粤剧、吕剧、花鼓、扬剧、黄梅戏、京派、快板儿、曲艺、相声、快书、评弹、说书、话本、弹词、秧歌、影戏、元曲、丑旦、旦、旦角儿、老旦、花旦、丑、丑角、花脸、老生

文学：白话文、骈文、律诗、七绝、七律、乐府、韵文、杂文、章回体、正史

文物：编钟、鼎、金缕玉衣、玉玺

发明：造纸术、指南针、火药、活字印刷

其他：刺绣、苏绣、湘绣、灯谜、对联、国乐、剪纸、双喜字、篆刻

（二）信息文化词

信息文化词主要指文化词的词义是一种文化信息，因而涵盖外延极广。信息性文化词基本都是特殊文化概念。如：

1. 历史信息文化词

有的文化词的词义属于历史信息，具体包括了历史人物、历史事件、朝代名称、历史概念等。如：

【长征】chángzhēng ❶ 动 长途旅行；长途出征。❷ 名 特指中国工农红军 1934—1936 年由长江南北各苏区向陕甘苏区的战略转移。

"长征"的义项❷所涵盖的历史信息主要指 1934 年 10 月，第五次反"围剿"失败后，中央主力红军为了摆脱国民党军队的包围追击，被迫实行战略大转移，退出中央根据地进行长征。"长征"❷是个历史信息文化词。

历史信息文化词可以具体分为以下几类：

历史人物：毛泽东、邓小平、孙中山、孙子（sūn zǐ）、老子（lǎo zǐ）、孔子、老舍、诸葛亮、曹操

历史事件：长征❷、"大跃进"、辛亥革命、建国、"文革"

朝代名称：三国、宋（朝）、战国、西晋、西夏、清朝、明朝、唐朝

2. 政治信息文化词

有的文化词的词义属于政治信息，具体包括了政治机构、政治官职、政治身份、政治理想、政治理论、政治组织、政治方针、政治事件、政治党派、意识形态建设等。如：

【艰苦奋斗】中国共产党在长期的革命、建设过程中形成的优良传统和作风之一。

"艰苦奋斗"在《现代汉语词典》（第5、6版）中均失收，但《汉语国际教育用音节汉字词汇等级划分》的"三级附录"中却收录了这个词。"艰苦奋斗"是党的优良作风，也反映了汉民族心态的心态文化。但"艰苦奋斗"作为一个词却最早见于1949年3月5日毛泽东同志在中国共产党七届二中全会所作的报告，报告中就针对党执政后可能出现的问题郑重提出意见："中国的革命是伟大的，但革命以后的路程更长，工作更伟大，更艰苦。这一点必须向党内讲明白，务必使同志们继续地保持谦虚、谨慎、不骄、不躁的作风，务必使同志们继续地保持艰苦奋斗的作风"。因而，"艰苦奋斗"虽然含有"不畏惧困难、努力坚持奋斗"之义，但并不能简单地英译为"work hard；struggle hard amid difficulties；work diligently in defiance [in spite] of difficulties；wage an arduous struggle"，因为政治文化对词语的使用范围做出了限制。"艰苦奋斗"属于一种含有政治信息的文化词。

在现代汉语语料中，"艰苦奋斗"也主要见于报刊与政治类文献。如：

（150）坚决维护团结和谐的政治局面，保持和发扬<u>艰苦奋斗</u>的精神，奋力开拓改革开放和社会主义现代化建设事业。（1999年《福州日报》）

（151）要发扬<u>艰苦奋斗</u>的优良传统，反对铺张浪费。（当代报刊1994年《党的生活》）

（152）教育界和社会应从认识学生周围环境开始，培养为国家富强和人民富裕<u>艰苦奋斗</u>的奉献精神，应从立志改变家乡面貌开始，遵守社会主义的各项制度，发展社会主义民主，健全社会主义法制，自力更生，<u>艰苦奋斗</u>……（1993年《文昌日报》）

因而，外国学生若不明白"艰苦奋斗"所含有的政治色彩，就会造出下列错句：

（153）<u>艰苦奋斗</u>是学好汉语的唯一方法。

政治信息文化词可以具体分为以下几类：

政治机构：国务院、党中央、中共中央、政协、人民代表大会、纪委、人大

政治官职：总书记、首长、县长

政治身份：干部、书记、群众、地主、知识分子、工农、老百姓、支书、贫下中农、老干部、红卫兵、臭老九、走资派、右派

政治理想：小康、四化、脱贫致富

政治理论：三个代表、邓小平理论、毛泽东思想、科学发展观

政权组织：根据地、人民政府、中华人民共和国、军阀、解放区、共青团、团中央

政治方针：实事求是、计划生育、廉政

政治事件：辛亥革命、文字狱、大跃进、土改、五四运动、"文革"、整风、抗战

政治党派：中国共产党、支部、党支部、班子❶、党政、共产党员、共产党、党委、国民党、党员、党组、党组织、民主党派、党性、入党、党风

行政机关：人民法院、县❶、县城、县委、镇❺、自治区、县政府、直辖市、事业单位、国家计委、党校、总工会

军队组织：解放军、红军

意识形态建设：精神文明、物质文明、宣传、作风、艰苦奋斗、不正之风、廉政建设、党风

外交政策：自力更生、和平共处

3. 经济信息文化词

有的文化词的词义属于经济信息，具体包括了经济政策、经济制度、经济体制、经济组织、经济实体、经济货币、经济个人、经济事件、经济理论等。

【专业户】zhuānyèhù 名 我国农村中专门从事某种农副业的家庭或个人：养鸡～。

"专业户"为中国农村中专门或主要从事某种生产活动的农户，如"养鱼专业户"、"种花专业户"、"养蜂专业户"、"养猪专业户"、"养蚕专业户"等。"专业户"是 20 世纪 80 年代在中国农村兴起的，他们把专业化的商品生产与家庭经济有机地结合起来，有自主权，利益直接。"专业户"为经济信息文化词。

经济信息文化词主要包括下列几类：

经济政策：开发区、改革开放、广交会、按劳分配、经济特区、菜篮子、包干、承包、休养生息

经济制度：大锅饭、铁饭碗、田赋、屯田

经济体制：计划经济

经济组织：公社、人民公社、作坊

经济实体：乡镇企业、合作社、供销社、个体户、万元户

经济货币：人民币

经济个人：专业户

经济事件：下海、下岗

经济理论：猫论

经济所有权：国营

经济运作形式：供销

金融机构：中央银行、工商银行、建设银行、人民银行

4. 饮食信息文化词

饮食文化也是社会所重视的文化信息。中国饮食文化博大精深，饮食类信息文化词主要有：

主食：包子、饺子、发糕、馄饨、馒头、烧饼、花卷儿、油条、水饺、稀饭、白饭、糯米饭、蛋炒饭、刀削面、麻辣面、乌龙面、榨菜肉丝面、米粉、扬州炒饭

菜肴：鱼香肉丝、宫保鸡丁、西红柿炒鸡蛋、麻婆豆腐

烹饪：氽、烩、熬（āo）、焯、涮、炝、咕嘟

酒类：汾酒、茅台、泸州老窖、西凤酒、五粮液、全兴大曲、古井贡酒、董酒、剑南春、洋河大曲、竹叶青

菜系：鲁菜、川菜、粤菜、苏菜、浙菜、闽菜、湘菜、徽菜

其他：皮蛋、咸鸭蛋、臭豆腐、油豆腐、火锅

（三）行为文化词

行为文化词反映了行为模式与风俗习惯，如踏青、纳采、问名、纳吉、赏灯、登高、守岁、喜宴。

二语文化教学理论注重行为文化是因为行为文化在西方二语教学界影响巨大（赵明，2013）。很多外语教学法著作尤其注重行为文化，美国俄亥俄州立大学吴伟克（Galal Walker）的外语教学法专著《体演文化教学法》便是基于行为文化理论的专著。因而无论是借鉴哪种文化分类理论，行为文化词都是一类重要的文化词。

第五节　小结

综合上述，现代汉语文化词的分类体系可以用图 3-10 来表示：

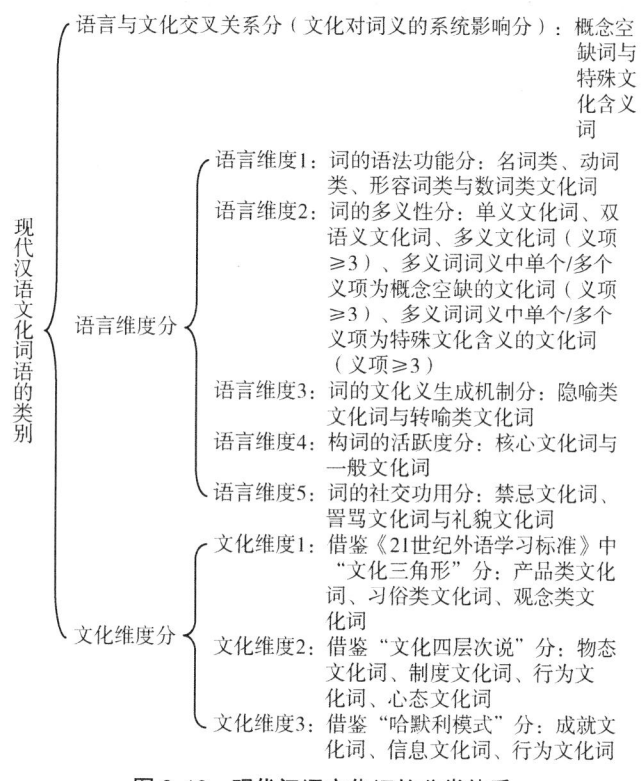

```
                ┌─ 语言与文化交叉关系分（文化对词义的系统影响分）：概念空缺词与特殊文化含义词
                │
                │              ┌─ 语言维度1：词的语法功能分：名词类、动词类、形容词类与数词类文化词
                │              │
                │              │  语言维度2：词的多义性分：单义文化词、双语义文化词、多义文化词（义项≥3）、多义词词义中单个/多个义项为概念空缺的文化词（义项≥3）、多义词词义中单个/多个义项为特殊文化含义的文化词（义项≥3）
现代汉语         │              │
文化词词语  ─────┤  语言维度分 ─┤  语言维度3：词的文化义生成机制分：隐喻类文化词与转喻类文化词
的类别          │              │
                │              │  语言维度4：构词的活跃度分：核心文化词与一般文化词
                │              │
                │              └─ 语言维度5：词的社交功用分：禁忌文化词、詈骂文化词与礼貌文化词
                │
                │              ┌─ 文化维度1：借鉴《21世纪外语学习标准》中"文化三角形"分：产品类文化词、习俗类文化词、观念类文化词
                │              │
                └─ 文化维度分 ─┤  文化维度2：借鉴"文化四层次说"分：物态文化词、制度文化词、行为文化词、心态文化词
                               │
                               └─ 文化维度3：借鉴"哈默利模式"分：成就文化词、信息文化词、行为文化词
```

图 3-10　现代汉语文化词的分类体系

值得说明的是，本章提出的现代汉语文化词分类体系也适用于现代汉语常用文化词的分析。同时，外语文化词的分类也可以适当参考现代汉语文化词的分类体系。分类的目的是应用，只有在对现代汉语文化词内部成员的类别及特性有较为明晰的认识之后，才可能在应用领域不出差错。

第四章 面向 TCSL 现代汉语常用文化词的提取

本章专门讨论常用词及现代汉语常用文化词的提取问题。本章首先回顾了学术界对常用词的界定现状，指出学术界所谓的"常用"、"非常用"的确是一对相对的概念，词频是一个相对的标准，并不是唯一的提取标准。在不同的研究领域，应根据不同的研究目的提取常用词。接着本章节探讨了面向 TCSL 的现代汉语常用文化词的提取步骤，并从 TCSL 的实际出发，直接提取出现代汉语常用文化词资源表及现代汉语常用文化词排序表（见附录），以期为 TCSL 提供参考。

第一节 引言

现代汉语文化词是汉语词汇中重要的组成部分，是外国留学生学习汉语词汇的重点和难点之一。选择什么样的现代汉语文化词作为教学对象，是人们长期关注的内容之一。以往的汉语教材往往是根据人的主观经验，或参照《汉语水平词汇与汉字等级大纲》确定文化词。但是，所选取的文化词在真实教学语料中分布如何？哪些文化词比较常用？哪些文化词较少使用？我们能否给汉语教学提供一个可以参考的依据？这是值得深入研究的课题。

教育部语言文字信息管理司牵头成立了国家语言资源监测与研究中心，该中心每年发布《中国语言生活状况报告》（以下简称《报告》）。该《报告》不仅能为汉语词汇本体研究提供必要的参考，同时也可适当为汉语教学词汇选词提供依据。另外有一些学者（刘长征，2008；侯敏等，2009；王治敏，2009）也做过汉语教学常用词表的相关研究。刘长征（2008）曾提出："汉语作为第二语言教学词表应该定期更新，更新的重要依据之一是《报告》。"但是，《报告》中词条数庞大，必须经过一个中间环节（如词频统计、平均频率计量、常用度统计等）抽取出适合于汉语教学的常用词。那么，常用词应该如何提取？侯敏等（2009）设计过口语词的提取方法。王治敏（2009）依据词频计量学知识，参考词语常用度的概念，对《汉语水平词汇与汉字等级大纲》中陈旧名词进行了剔除并成功提取出了新出现的常用名词。

以上提取方法的优点是提出了较新颖的对外汉语教学常用词的提取方法；缺点主要是面向二语教学的常用词应该从二语教学的真实语料中提取，从中国人日常生活的口语和书面语语料中提取的词汇不适用于外国汉语学习者。本章先回顾常用词已有的研究成果，然后利用教材语料，建立汉语常用文化词统计词表，为国际汉语文化词教学及教材编写提供依据。

第二节　常用词已有的研究成果及借鉴

常用词是语言词汇的重要组成部分，但常用词的研究历来都是汉语词汇研究中的一个薄弱的环节。造成这种情况的原因主要有四点：第一，汉语词的划分本身就是一个老大难题；第二，常用词研究受到轻视；第三，不少学者认为基本词就是常用词；第四，"常用"的标准不好确定，从不同的研究目的出发常用词的确立标准不尽相同。因此，常用词的确立难度极大。

经过多年的努力，常用词的研究取得了一些成果，可以给我们的研究提供借鉴。其中较为重要的是，人们逐渐明确了基本词和常用词是两个概念。"词频是学者们确定词常用与非常用的重要基准之一，并不涉及别的因子。"（周荐，1987）我们可以根据词频重新进行词的分类：常用词与非常用词。而基本词汇主要是人们日常生活最被一般人了解、意义最稳定的词。因此，常用词与基本词并不是一个类同的概念。但是，二者又存在交叉之处。如刘叔新先生（2005：236—237）认为："我们只能根据词频确定常用词。有些常用词，不但词频高，使用时期也较长，因而也是基本词。"

第四章 面向 TCSL 现代汉语常用文化词的提取

学者们虽有理性认识，但并不代表问题已经解决。如何确立常用词？这是一个相当模糊的概念，主要表现在：第一，人们经常混淆基本词与常用词两个不很"同质"的概念；第二，常用词没有一个明确的鉴别标准。从现有的成果来看，不少使用常用词这个概念的著名学者、大语言学家都没有对它加以严格界定。

我们在北京大学图书馆词典资料室查询了一些涉及常用词的教材、著作，如表 4-1 所示。

表 4-1　涉及"常用词"的教材、著作中"常用词"的定义

涉及常用词的教材与著作	常用词	常用词的数额
郭锡良、李玲璞主编《古代汉语》（语文出版社 1992 年版）[①]	无定义	211 个
王力主编《古代汉语》（中华书局 1980 年版）	常用词以《左氏春秋传》、《春秋公羊传》、《春秋穀梁传》、《论语》等古籍中呈现超过 10 次的词语为重要依据，根据实际情况删减（见《凡例》）。换言之，王力先生（1980）主要考虑频度（高于或等于 10）	1121 个
周绪全与王澄愚《古汉语常用词通释》（重庆出版社 1988 年版）	无定义	2000 个
汪维辉《东汉——隋常用词演变研究》（南京大学出版社 2002 年版）	常用词应该以词被人理解的难度为基准确定，即"易理解的词"。因此，词频并不是一个确立常用词的基准。有的词语出现频度很低，但是也是常用词	41 组单音节词如"足/脚"、"翼/翅"、"舟/船"、"衣"、"冠、服、著"、"戴"、"视/看"等
李宗江《汉语常用词演变研究》（汉语大词典出版社 1999 年版）	常用词主要依据词被人理解的难度	无数额（该书为论文集）

从上表可以看出，单单以古代汉语常用词为例，各书所收古汉语常用词的数量悬殊，而且人们在判定常用词的时候并没有明确的标准。有的给出了常用词的判别标准，如王力（1980）、汪维辉（2002）。有的根本没有给出常用词的定义，或者说是依据语感来确定常用词。

[①] 该书把常用词的讲解和分析作为该书的主要内容之一。

关于常用词的判定，前辈语言学家还有一些零星叙述。王力（1980）主张常用词的确立应该重点参考词频，因为依据词频确立常用词避免了人们选词的主观性；符淮青（1985）也赞同依据词频确立常用词，不过在语料的选择上应该参考当代流行报刊资料；刘叔新（2004：164）在肯定词频对确立常用词的作用的同时，还认为统计词频的语料必须是涵盖口语与书面语的全面考察。综合上述，各位语言学家都认为词频作为确立常用词的重要标准之一是客观的；当然，不同的研究目的决定了确立词频的语料有所差异，但并不会影响结果的可信度。

20世纪90年代以来，人们依据词频对常用词进行统计，取得了一系列标志性的研究成果。北京语言学院（现北京语言大学）理论语言研究所曾对中国的小学、中学教材（1978年至1980年出版）的词汇进行穷尽性计量，最后得出适合于中小学语文教学所用的常用词语3817个（频度大于10次）。最终得出的成果是《常用字和常用词》（林联合等主编，北京语言学院出版社1985年版）。其依据的标准仍然是频率。

有十余位专家、学者曾对中学、小学语文教材（1983—1984年版）中的词汇进行穷尽性考察，主要参考词的频度与词在各种不同类型的文体中的覆盖率，最终得出了现代汉语常用词3000余个。该项目一大特色是在当时实现了全电脑录入、用电脑进行词频计量，最终得出的成果是《现代汉语三千常用词表》（何克抗、李大魁等编，北京师范大学出版社1987年版），其依据标准仍然是频率。该项目之创新之处是首次依据了计算机进行大规律词的频率处理。但编者没有介绍这3000常用词的覆盖率情况，这给人们留下了问号。

"现代汉语常用词词频统计"是中华人民共和国国家科学技术委员会项目，项目始于1981年，完成于1987年，参加人数达到百余人。该项目确定常用词的语料来源于大规模的中国社科与科技文献。最终确定46520个现代汉语常用词。有专家（钱伟长）评价道："该项目是当时世界上最接近科学的词频计量研究。"[①]最终成果是刘源、梁南元的《现代汉语常用词词频词典》（中国宇航出版社1999年版）。

教育部与国家语言文字工作委员会的共建项目"现代汉语常用词表统计"主要由国家语委负责，在依据大规模的数理统计基础上，该项目整合出现当代社会生活中比较稳定的、使用频率较高的现代汉语普通话

---

① 见《光明日报》（理论版）1987年3月18日第6版。

常用词语 56008 个，可供汉语国际教育、中文信息处理和辞书编纂等方面参考、采用。最终成果为《现代汉语常用词表》（草案，1998 年公布，商务印书馆出版）。《现代汉语常用词表》确立常用词仍然主要是依据词频。

可以看出，人们在确立常用词的研究方面进行了不懈的努力。在方法上主要依据词频利用计算机进行统计，取得了一系列的标准性成果。

在对外汉语教学领域，确立常用词显得更为重要。但迄今为止，人们只出台了一系列的大纲。如下：

《汉语水平词汇与汉字等级大纲》（8822 个词汇，2905 个汉字，国家汉办汉语水平考试部 1992 年编制）

《汉语国际教育用音节和汉字词汇等级划分》（含有词汇 11092 个，汉字 3000 个，2010 年 10 月）

《高等学校外国留学生汉语言专业教学大纲》（含词汇 7554 个，汉字 2503 个，2002 年国家汉办编制）

各类大纲是对外汉语教材选词的依据，《大纲》确立的重要标准也是词频。但长期以来，有关词汇大纲的批评声音不绝于耳。《大纲》收录的一些词语在今天看完全过时了，如《大纲》收录了"根据地、牛鬼蛇神"等今天中国人很少使用的词汇，而今天我们经常使用的词语完全没有收录在其中。这是因为，完全依据词频也会出现一定的问题。因为以上大纲并不是从汉语作为第二语言教学的真实语料中选取的词汇，而且制定年代较早，不免会有相当多的过时词语。因此，我们应该明确：应该依据不同的研究需求确立常用词。比如王力在编写《古代汉语》时，他们在确定常用词的时候，并不是完全依据词频，而是从便于讲解的角度出发的。王力先生说："我们在编写古代汉语教材时，对于什么样的常用词能进入课本下了苦功。最开始想以频次为依据，比如若某词在某书中出现频次高，该词自然进入常用词之列。后来发现这种完全依靠频次的做法不很实用。有些常用词出现频次高，比如'人'，但学习者很容易掌握；有些词出现频次低，比如'捐'，学习者理解起来却很困难，所以非讲不可。"[①]

因此，我们可以看出，常用词研究虽然存在的问题比较多，我们基本可以确定：第一，常用词跟基本词不是一个概念。第二，词频是确定常用

---

① 王力：《古代汉语》编后记，中华书局 1980 年版。

词的一个重要指标。如果我们不依靠词频统计，那么常用词的确立具有极大的主观性。第三，我们不能完全依据词频。根据不同的研究需要，我们重点要考虑选取的语料是否适合研究需求。比如，从第二语言教学实际出发，完全从普通语文报刊材料、语文辞书中选取的词便未必适合；从母语教学实际出发，完全从第二语言教材中选取的词便未必适合。

从前面所介绍的研究成果也可以看出，"常用"、"非常用"的确是一组相对的概念，在不同的研究领域的词，其"常用"、"非常用"非常难说。举例来说，"甲骨文"是一个文字学里的常用词，但在现代汉语口语中"甲骨文"却是非常用词；"实数"是一个在数学领域里的常用词，但在现代日常生活中，人们并不刻意去谈"实数"。用单纯频度标准去决定本体角度确定的常用词，到了教学领域可能变成非常用词。教学领域的常用词，到了本体领域也可能变成非常用的了。这种情况启示我们，常用词的确立具有相对性。在实际研究过程中，"常用"与"非常用"并没有一个"死"的标准，应当根据研究的目的、需要等情况具体而定。

第三节　现代汉语常用文化词的提取原则

根据前面的讨论，我们基本可以确定现代汉语常用文化词的提取原则，主要是：基于实际从所需要的语料选词、考虑词频、借鉴已有研究成果、考虑词语的适用性、考虑词语的稳定性。

一　基于实际需要从所需要的语料选词

比如，母语学习词表与第二语言学习词表在性质与功能方面差异较大，面向汉语作为第二语言教学中提取常用文化词一定要首先依据第二语言学习者使用的语料，其次考虑母语者的语料。单一依靠母语语料如《现代汉语词典》或北大语料库很可能造成统计结果不能符合第二语言学习者的使用需求，而且忽视母语与目的语学习者的差异。

二　必须考虑词频

现代汉语常用文化词的确定不能完全依靠语感与主观经验，必须参考词语的频率。

三 借鉴已有研究成果

考察词频我们可以通过各种语料库，比如北大语料库等，它语料丰富、时效性强，内容广泛，可以作为词频考察的语料库。然则完全依靠北大语料库容易忽视母语与目的语学习者的差异。我们还需重点借鉴已有的词频统计结果，重点参考以下五个词表：

《现代汉语常用词表》（国家语委和国家教委 1988 年公布）

《汉语水平词汇与汉字等级大纲》（8822 个词汇，2905 个汉字，国家汉办汉语水平考试部 1992 年编制）

《高等学校外国留学生汉语言专业教学大纲》（含词汇 7554 个，汉字 2503 个，2002 年国家汉办编制）

以上词表中既有本体领域词频的研究成果，也有对外汉语教学领域词表的研究成果。足以给本研究的常用文化词词频方面带来借鉴。

四 考虑词语的适用性

根据词频统计结果确定的词汇应该具有一定的适用范围，即考虑不同年龄、不同国别的汉语学习者。所以，在词频统计而确定的词汇的基础上，还要分析这些词汇的适用范围。换句话说，就是用词汇的适用范围来调整由词频和词汇等级而确定的词表。这是由汉语文化词的通用性决定，文化词语的含义不仅被中国人所理解，还能被日本人、美国人所理解；不同文化背景、不同人群的社会环境都能够接受的词汇其通用性就强。

通过借鉴上述词汇表，并整合文化词词频统计的结果，我们可初步确定某文化词表应该包含的词汇范围。

五 考虑词语的稳定性

语言是在不断发展变化的。普通词汇与常用词汇可以互相渗透。如果统计频率较高，目前已不常使用的词，像"村长"、"根据地"等，则予以删除。对于因语料时代背景影响出现的高频词如"大字报"等也不适合纳入面向 TCSL 现代汉语常用文化词研究之列。因为我们在介绍中国文化时，应"以树立国人形象为务，力戒渲染消极文化"（赵金铭，1997）。至于"多子多福"、"君君臣臣"、"万岁"、"女子无才便是德"、"牛鬼蛇神"等词语即便频率很高，我们在最后人工干预时也得慎重考虑。

第四节　现代汉语常用文化词的提取步骤

我们分三步确立现代汉语常用文化词的提取步骤。

第一步，从大规模语料中筛选现代汉语文化词，初步建立一个面向研究需求的现代汉语文化词资源表。

第二步，统计频次。

严格地说，统计频度所用的语料库越多越好。而限于时间与精力，作为一本专著不可能完成超过亿万字的大规模语料统计。[①]本研究选取统计文化词频度的语料库主要有两个：CCL 语料库与国家语委语料库。

本书之所以选取上述两个语料库是有一定考虑的。

CCL 语料库是教育部重点人文社科研究中心北京大学汉语语言学研究中心所开发的语料库。该语料库为大多数语言研究者所检索、使用，所涵盖现代汉语语料 307,317,060 字数。语料容量较大，本书所选取的现代汉语文化词可以在该语料库中进行充分检索。

国家语委语料库是教育部语言文字应用研究所研发的语料库，语料库有现代汉语语料 2000 万字。该语料的一个突出特点是声称可以实现"自动分词"检索，这样就可以为文化词检索带来很大的方便。比如，我们在北大语料库中检索就会遇到如下问题。

在北大语料库中搜索"太极"时可能出现下列情况：

（1）昭陵是清太宗皇太极及其皇后的陵墓，在盛京三陵中规模最大，结构最完整。

（2）老太太极具幽默感——也许幽默使她心境宽松，直接或间接地促其长寿。

（3）芳契有点儿温馨的感觉，老太太极少把她看作投诉的对象，往往只把她当投诉的题材。

（4）要活下去可真难啊，有时我想，费了那么大的劲不大值得。反正那位老太太极有耐心。

"皇太极"里的"太极"，"老太太极"中的"太极"不予以考虑，因为这里面的"太极"不是一个词，在词频统计时应予以剔除。

[①] 《现代汉语常用词表》研发也仅仅统计了三个语料库，见《现代汉语常用词表》前言。

第四章　面向 TCSL 现代汉语常用文化词的提取　　　　259

搜索"人参"时可能出现下列情况：

（5）NASA 国际会议禁止中国人参与，美科学家集体抵制。

这里的"人参"不是词，应不予考虑。

然后我们依据词频对文化词出现的频次进行排序。

北大现代汉语语料库词次为 728,909,261。"孔子"作为一个词出现了 2632 次，则"孔子"这个词的频度（频次）是 2632，"孔子"这个词的频率则为 2632/728,909,261=0.0000036109。

因为频度和频率成正比，所以在同一语料中，采用频度或频率去进行比较，结果都一样。但是，为了避免频度数值过大，本书一律采用频率概念对三套教材共有词的每个词都计算频率。

北大语料库是不分词标注的。因此，虽然这个语料库规模较大，但是给统计带来了很大的麻烦。相对而言，国家语委语料库实现了自动分词标注，因此可以自动免去区分"太极"、"皇太极"与"老太太极"的麻烦。

在国家语委语料库中，检索"按劳分配"，其结果如下[①]：

（6）按劳分配是否包括按过去的劳动分配。

（7）有一种流行的看法，认为按劳分配中的劳动，除了当前提供的劳动以外，还包括过去的劳动。

（8）我认为，这种看法是不符合按劳分配原则的。

（9）从这段论述中，我们清楚地看到，按劳分配有两个显著的特点。

（10）首先，按劳分配中作为劳动尺度的劳动只能是劳动者当前提供的劳动，而决不包括过去的劳动。

（11）这是因为按劳分配通行的是商品等价交换的原则，即一种形式的一定量的劳动可以和另一种形式的同量劳动交换。

（12）按劳分配中的劳动既然是劳动者当前或现实提供的劳动，当然就不包括过去的劳动，因为劳动者过去的劳动，已经由过去的劳动报酬偿付了。

（13）在当前的劳动报酬中，如果包含着过去劳动的报酬，那就是一劳多酬，这是同按劳分配原则直接相抵触的。

---

① 国家语委语料库的地址：http://www.cncorpus.org/ccindex。

（14）其次，<u>按劳分配</u>是社会总产品作了各项扣除之后的个人消费品的分配。

（15）所以，不能用劳动者为社会提供的劳动（包括过去的和现在的），作为<u>按劳分配</u>的劳动尺度而得到报酬。

因此，用这个语料库检索看起来轻松了许多。但是实际操作时，也要十分注意。因为，"国家语委语料库"号称"分词标注"，其实在检索时也会遇到不是词的例子：

（16）黄书声<u>把酒</u>闯世界。
（17）他向波斯姑娘点了一下头，端起酒杯，<u>把酒</u>喝干了。
（18）波斯姑娘犹豫了一下，也<u>把酒</u>喝了。
（19）他现在真的<u>把酒</u>当作茶来喝了。

上述四个例证只能计算为一个。因为只有1句的"把酒"是词。
同样地，检索"海口"出现了这样的句子：

（20）律劳卑在9月5日命令英舰闯入<u>海口</u>，轰击虎门炮台，后又闯入黄浦，企图以武力威胁中国恢复贸易，因遭到中国军民的坚决抵抗，加之兵力不足，只得退回澳门，29日，中国解除贸易禁令。

因此，这些语料库研发过程中的纰漏给具体统计带来了麻烦，我们在统计过程中应严格注意。

第三步，计算平均频率。

为了使所统计的频率更加科学，单一利用某一语料的结果都可能存在一定的问题。因此，本书选取了两个语料库进行词频统计。将两个语料库的词频进行平均频率计算，这样的统计结果更加接近于科学。

第四步，人工干预。对比现有通用度统计结果，进行词频整合。最后考虑词语适用范围与年代。如果年代过于久远或反映的是糟粕文化，如"牛鬼蛇神"，那么这个词语应该剔除。

第五步，提取的结果与权威词表比较，重点包括《现代汉语常用词表》、《汉语水平词汇与汉字等级大纲》、《汉语国际教育用音节和汉字词汇等级划分》、《中国语言生活状况报告》等，发现权威词表存在的问题，并探析权威词表存在问题的原因。

以上是确立选取常用文化词的步骤。本书具体词频的确定需要一段相当长的时间与相当大的工作量，情况也可能远比这复杂。但需要说明的是，语料库的规模自然是越大越好，但作为一本专著不可能完成类似国家科委项目、历时6年的、参与共百人的项目"现代汉语常用词词频统计"，本书只是尽最大努力完成现代汉语常用文化词的定额数量，在后续研究中会使其日臻完善。

第五节 "面向TCSL现代汉语常用文化词提取"的总体建构模块

原则上，面向TCSL的现代汉语常用文化词表设计的直接目的是直接满足外国人学习汉语文化词的需要。我们所设计的词表收录文化词应该是常用的、高频的、最能影响外国人理解中华文化的那部分词语。而如何确立高频词汇？频度显然是一个重要指标。但频度不是唯一指标，同时还要人工干预。为此，我们首先需要提炼出一个面向TCSL的现代汉语文化词的资源表。只有当这个资源表确定了，才有可能谈得上进一步确立面向TCSL的现代汉语常用文化词表的问题。

因此，本章的总体建构模块有二：一是面向TCSL的现代汉语常用文化词资源表，二是面向TCSL的现代汉语常用文化词表（见图4-1）。

```
面向TCSL的现代汉语常用文化词语
          ↓
      借助词频统计
          ↓
       人工干预
          ↓
面向TCSL的现代汉语常用文化词表
```

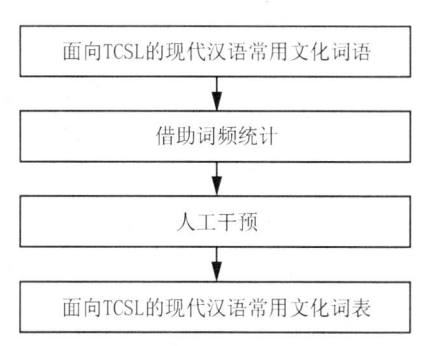

图4-1 面向TCSL现代汉语常用文化词表研究总体建构模块

第六节 "面向 TCSL 现代汉语常用文化词提取"的研究方法

"面向 TCSL 的现代汉语常用文化词表"是在牢固建立起现代汉语文化词的理论框架下研制出来的。在理论牢固建立的基础上，该表可以直接为 TCSL 教材编写、词汇教学、辞典编纂等提供参考。

本研究的基本建构框架主要是从现代汉语词汇学角度、汉语作为第二语言教学角度、对比语言教学角度、词频统计学角度和语料库语言学等角度运用定性和定量相结合集成方法设计出来的。

我们首先进行研究目标的定性。我们严格按照现代汉语文化词的定义与鉴别标准，从大规模的教材语料库进行穷尽性的定量选词，作为"面向 TCSL 现代汉语文化词资源表"的重要选词来源。

教材中穷尽性地选取现代汉语文化词仅仅是一种研究的预设。在研究工作没有正式开展与投入具体研究过程之前，我们无法确定本研究教材语料库中能提取出多少现代汉语文化词。

"结构—功能—文化"相结合是对外汉语教材编写的重要准则。虽然有学者（周质平，2013）认为过于强调文化会导致语言教学对结构的削弱，但语言教学与文化教学不存在强调 A 就削弱 B 的可能性，而是"一体两面"（one coin of two sides）的关系，这是由语言与文化密不可分的特性决定的。在科学地研究理论与细致地总结教学实践的前提下，实现语言要素教学与文化理解兼得是有可行性的。国际汉语教学的深刻内涵，正在于语言教学与文化教学密不可分（赵金铭，2012）。有些时候，文化的点拨还有助于加速语言习得的过程。我们不是说非要在第二语言教学中强调文化，而是文化的的确确就存在语言的系统尤其是词义系统之中。我们的文化词研究就说明了这个问题。所以，从某种意义上来说，教材中"结构"、"功能"、"文化"结合的好坏之一的表现就在于汉语教材中是否存在适合于外国人了解中华文化的现代汉语文化词及文化词在汉语教材中的呈现是否科学。因为已有的相关研究表明"对外汉语中级教材文化词收词普遍不足，且超纲词比例过大"（赵明，2010），我们无法准确预知汉语教材中的文化词能否代表了最典型的中华文化，我们也无法预知汉语教材中的文化词是否具有典型性与常用性[①]，所以，本书的词表研制工作必须有一定的参考语料。

一 自建大规模文化词语料库

建设大规模文化词语料库的目的是要建立一个基于统计的模型，运用这个模型对实际文化词进行词频统计。个人的语言实践经验（语言直觉）很重要，但有时容易产生不一致性，难以避免不确定性，难以判定哪个是"常用文化词"，哪个是"非常用文化词"。这就需要用客观的计算语言学的统计技术来验证。

面向 TCSL 现代汉语常用文化词表的研制工作可以按照"语言事实分析＋语言学专业人士的个人经验"的模式进行。首先看语言事实分析，即从本书所说的语料库中提取出大规模的现代汉语文化词语料库，按照音节排序；其次再利用词频统计技术，利用计算语言学原理得出词语频率，据此将文化词按照词频统计的结果进行排序。"语言事实分析"在这一过程中体现为从三个大规模的语料库提取出现代汉语文化词。"语言学专业人士的个人经验"指进行人工干预，因为我们必须重视有经验的对外汉语教师从多年教学实践中得来的经验。这样做的目的就是使最终得出的文化词词表尽量符合留学生学习汉语的需要，符合汉语使用的实际规律。

二 现代汉语文化词语料库的设计原则

语料库是存放语言材料的仓库，存放哪些语言材料就显得至关重要。"面向 TCSL 现代汉语文化词语料库"必须考虑文化词语料的以下几个特点。

（1）时代性。词汇系统时刻在动态变化中。如果要把文化词的发展变化在《词汇等级大纲》中反映出来，就必须考虑文化词的时代性问题。我们的原则是选取当下中国人在口语和书面语中经常使用的现代汉语文化词。对于反映某一特定时代生活的现实如"打倒、地主、解放区、社员、生产队"等，这类词所表现的常常是某个特定时代的生活现实。对于当下汉语教学来说，我们重点在于培养日常交际能力，因此这类词语可以被纳入语料库中，但作为常用词不一定合适。

---

① 譬如，我们在搜集语料的过程中发现了个别教材居然收录了"斩首"这样的词。

（2）规模性。文化词的特点是十分零散，主要以"散点透视"方式折射于中国人生活与思维的方方面面。因此，本研究文化词语料库语言材料的规模要大，因此在语料的来源上就要有足够的样本。我们首先要建立一个大规模的文化词语料资源库，使其能够为我们提供一个常用词筛选的可供选择的素材库。其次，按照词频统计从中选取符合我们研究目的常用文化词，构建一个"面向 TCSL 现代汉语常用文化词表"。

　　（3）普遍性。语料的数量多、规模大并不等于适用。因此，文化词语料库的语料必须具有较大的普遍性，或者说具有较大的覆盖面，从本书研究目的来说，本书选取文化词的来源不能全部是汉语教材，或者全部是当下中国人日常生活使用的真实语料。而必须在教材语料与真实语料中找到一个平衡点。

　　（4）适用性。适用性即所选语料要与使用目的一致，要为确定的目的所用。明确了使用目的，才能建立适用的语料库。我们建设"TCSL 现代汉语文化词语料库"的目的就是在语料库的基础上，完成"面向 TCSL 现代汉语常用文化词表"的研发工作，并进一步分析现代汉语常用文化词在 TCSL 应用中存在的问题；为中高级汉语词汇教学、教材编写、测试等提供进一步的理论支持，进一步提高文化词教与学的质量，以便进一步培养学习者地道使用汉语的能力。

三　现代汉语文化词语料来源与语料选取

　　我们的工作目标是在大规模的现代汉语文化词资源表的基础上建立面向 TCSL 现代汉语文化词常用词语表。语料选取主要从这几个方面考虑：成功的对外汉语教材、教参，TCSL 常用的词汇大纲，还有《现代汉语常用词表》。

（一）教材语料来源

　　首先，应综合考虑多种因素，确定所要考察的教材，教材选取标准应考虑典型性，其次应尽可能多地选取典型教材。最后，以这些教材中的文化词为语料来源，建立大规模的教材语料库；接着，参照现代汉语文化词的界定与分类框架，运用制定的原则和标准，对每一部教材中的文化词进行提取，如果一个文化词符合我们对现代汉语文化词的界定，满足相应的标准，那么就可以作为文化词被提取，反之，则被放弃，而对于个别不能确定的情况，则暂时保留；由此可以管窥汉语作为第二语言教学所需求的文化词的全貌。

　　教材选取三种：《博雅汉语》、《发展汉语》、《成功之路》。

为什么要选取以上三套教材？本书选取教材主要坚持三个标准：a. 广度教材；b. 深度教材；c. 系列教材。

a. 广度教材指我们需要选择影响力较大，使用人数较多的教材。

b. 深度教材指教材编写的质量，目前汉语教材市场上的教材质量可以说参差不齐，真正经得起读者考验的并不多，找到一本好用的教材也很困难。国内学者也指出了目前"国内外对我们现有的汉语教材很不满意"的现状，指出面对众多数量和类型的教材，"令人满意的却不多"（吴勇毅，1998），为此，我们的研究排除那些质量低劣的教材。

c. 系列教材指教材需涵盖精读、口语等较多种课型。

《博雅汉语》（李晓琪主编，北京大学出版社 2005 年版）全套共 9 册，共分四个级别——初级、准中级、中级和高级。《博雅》把汉语学习过程分解为"起步—加速—冲刺—飞翔"四个阶段，并把四个阶段的教材分别定名为《起步篇》、《加速篇》、《冲刺篇》和《飞翔篇》。这四个阶段分别与初级、准中级、中级和高级四个级别对应。生词阶梯大致为 1000、3000、5000 和 10000（参考李晓琪，2008）。该套教材当下使用普遍、广泛，具有代表性。因此在本书的选取之列。

《发展汉语》（第二版，李泉、幺书君等编著，北京语言大学出版社 2011 年版）为普通高等教育"十一五"国家级规划教材。《发展汉语》（第二版）在继承原版《发展汉语》良好架构的基础上，经重新设计、全面更新、精心编著而成，其体制和规模在迄今的对外汉语教材中尚不多见。《发展汉语》（第二版）主要供来华学习汉语的长期进修生使用，可满足初（含零起点）、中、高各层次主干课程的教学需要。其中，初、中、高各层次的教材也可供汉语言专业本科教学选用，亦可供海内外相关的培训课程及汉语自学者选用。该套教材是一套大规模、高水平的系列教材，涵盖了各种课型，因此，《发展汉语》（第二版）在本书的选取之列。

《成功之路》系列教材是由北京语言大学汉语进修学院最新编写的汉语综合课教材，是北京语言大学"十一五"重点教材规划项目、北京语言大学对外汉语教材研发中心规划项目，《成功之路》2008 年 8 月出版，其中《进步篇》至 2009 年 7 月才出版发行。《成功之路》是进阶式教材，全套教材共分为八篇，包括《入门篇》、《起步篇》、《顺利篇》和《进步篇》。该套教材最新入选我国高等教育"十二五"国家级规划教材。该套教材编写理念新、系统性强、编写水平高，因此，《成功之路》在本书的选取之列。

综合上述，本书选取的教材具体如下：

表 4-2　本研究教材选用清单

《博雅汉语》	《博雅汉语·初级起步篇》（Ⅰ、Ⅱ）任雪梅、徐晶凝编，北京大学出版社 2005 年版
	《博雅汉语·准中级加速篇Ⅰ》（Ⅰ、Ⅱ）李晓琪、黄立、钱旭菁编，北京大学出版社 2005 年版
	《博雅汉语·中级冲刺篇》（Ⅰ、Ⅱ）赵延风、张明莹编，北京大学出版社 2005 年版
	《博雅汉语·高级飞翔篇》（Ⅰ、Ⅱ、Ⅲ）李晓琪、金舒年、陈莉编，北京大学出版社 2005 年版
《发展汉语》	《初级汉语》（上），荣继华编著，北京语言大学出版社 2006 年版 《初级汉语》（下），徐桂梅编著，北京语言大学出版社 2012 年版 《初级汉语口语》（上），王淑红、么书君、严徲等编著，北京语言大学出版社 2012 年版 《初级汉语口语》（下），王淑红编，北京语言大学出版社 2012 年版 《初级汉语听力》（上），么书君等编著，北京语言大学出版社 2010 年版 《初级汉语听力》（下），张风格编著，北京语言大学出版社 2010
	《中级汉语》（上），徐桂梅编著，北京语言大学出版社 2005 年版 《中级汉语》（下），武惠华编著，北京语言大学出版社 2005 年版 《中级汉语口语》（上），路志英编著，北京语言大学出版社 2005 年版 《中级汉语口语》（下），王改改编著，北京语言大学出版社 2005 年版 《中级汉语听力》（上），傅由、杨一虹编著，北京语言大学出版社 2010 年版 《中级汉语听力》（下），傅由、王勤编著，北京语言大学出版社 2010 年版 《中级汉语阅读》（上），徐承伟编著，北京语言大学出版社 2004 年版 《中级汉语阅读》（下），张庆旭编著，北京语言大学出版社 2004 年版 《中级汉语写作》（上），罗青松编著，北京语言大学出版社 2006 年版 《中级汉语写作》（下），罗青松编著，北京语言大学出版社 2006 年版
	《高级汉语》（上），岑玉珍编著，北京语言大学出版社 2005 年版 《高级汉语》（下），高增霞、游舒编著，北京语言大学出版社 2012 年版 《高级汉语口语》（上），王淑红编著，北京语言大学出版社 2005 年版 《高级汉语口语》（下），李禄兴编著，北京语言大学出版社 2006 年版 《高级汉语听力》（上），么书君编著，北京语言大学出版社 2010 年版 《高级汉语听力》（下），田卫平编著，北京语言大学出版社 2010 年版 《高级汉语阅读》（上），罗青松编著，北京语言大学出版社 2005 年版 《高级汉语阅读》（下），薛侃编著，北京语言大学出版社 2005 年版 《高级汉语写作》（上），岑玉珍编著，北京语言大学出版社 2006 年版 《高级汉语写作》（下），岑玉珍编著，北京语言大学出版社 2006 年版

续表

《成功之路》	《成功之路·入门篇1》，邱军主编，北京语言大学出版社2008年版 《成功之路·入门篇2》，邱军主编，北京语言大学出版社2008年版 《成功之路·起步篇1》，杨楠编著，北京语言大学出版社2008年版 《成功之路·起步篇2》，邱军主编，北京语言大学出版社2008年版 《成功之路·顺利篇1》，邱军主编，北京语言大学出版社2008年版 《成功之路·顺利篇2》，张莉编著，北京语言大学出版社2008年版 《成功之路·进步篇1》，邱军主编，北京语言大学出版社2008年版 《成功之路·进步篇2》，张辉编著，北京语言大学出版社2008年版 《成功之路·进步篇3》，牟世荣、张辉编著，北京语言大学出版社2009年版 《成功之路·进步篇 读和写1》，邱军主编，北京语言大学出版社2008年版 《成功之路·进步篇 读和写2》，邱军主编，北京语言大学出版社2008年版 《成功之路·进步篇 听和说1》，邱军主编，北京语言大学出版社2008年版 《成功之路·进步篇 听和说2》，沈红丹编著，北京语言大学出版社2009年版

（二）TCSL 常用词汇大纲语料来源

《汉语水平词汇与汉字等级大纲》（以下简称《词汇大纲》）、《汉语国际教育用音节汉字词汇等级划分》（以下简称《等级划分》）、《高等学校外国留学生汉语言专业教学大纲》等各类大纲（尤其是《汉语水平词汇与汉字等级大纲》）是对外汉语教材选词的重要依据，本书所确定的现代汉语常用文化词也应该吸收各类词汇大纲中的文化词。这样的选取可以使本书所选用的文化词更为合理、丰富、全面。之所以选择以上三个大纲进行选取，理由主要如下：

第一，三个大纲基本是面向 TCSL 的常用词汇大纲，也是对外汉语教学进行总体设计、教材编写、课堂教学、命题测试等的主要依据和重要参考。而新出台不久的《等级划分》也声称"是一种标准化、系统化、规范化、精密化的等级水平划分"，"具有多种用途和广泛的适应性"。这三个大纲可能或多或少都存在一些问题，但就目前来说，它们的特殊性和权威性还很难有同类标准与之相比，也必然成为我们不能忽视的重要参考。

第二，三个大纲的研制依据以及方法、程序，也使它们成为信度、效度较高的语言材料依据。据称，《词汇大纲》和《教学大纲》的制定都遵循"多学科定量统计与群众性定性分析相结合"以及"语言学科学原则与对外汉语教学需要相结合"的原则，而《等级划分》的研制依据包括五个当代大型动态语料库的 30 多亿字次的语料以及十种"具有代表性、针对性的词典、词表、字表"，在研制过程中不仅运用了现代科技手段，同时还征询了海内外 100 位专家学者的意见。可以说，由此而来的语言项目，可以较为全面客观地反映出汉语语言面貌，具有较强的科学性和代表性。

（三）补充语料来源

再未证实提取文化词之前，我们也曾有过类似的预设。如果各类教材与大纲中的文化词收录不甚科学又怎么办？而且，无论教材还是大纲都存在"更新"慢的弊病。为了弥补这一点，我们可以从《现代汉语常用词表（草案）》中的语料中进行现代汉语常用文化词的补充。《现代汉语常用词表（草案）》（国家语委 2008 年公布）提出了现当代社会生活中比较稳定的、使用频率较高的汉语普通话常用词语 56008 个。《现代汉语常用词表（草案）》的词语收录，既注意词语的系统性，又注意词语在语用中的实用性。因此，在教材与大纲文化词收词不足的前提下，《现代汉语常用词表》中的高频文化词也应该被纳入"面向 TCSL 现代汉语文化词表"的范围之内。

四　研究的整体技术路线

本书所采用的整体技术路线如下：

第一，扎实的理论研究。只有从理论上把文化词与非文化词的区别真正说清楚，才能在应用层面解决现代汉语文化词鉴别的老大难题。本书先从理论上解决了一类词，在界定清晰的基础上对文化词进行了分门别类的分析，使我们更好地认识了这类词的性质和特点。

第二，系统地从教材中抽取现代汉语文化词，构建教材中文化词的语料库。教材语料库为"面向 TCSL 现代汉语文化词资源表"的重要来源。同时，选出教材中文化词的共核部分。教材中有共核文化词说明教材编者对现代汉语文化词的选取有一定的共识，一定是面向 TCSL 现代汉语文化词词表的重要来源。

第三，系统地从大纲语料库如《汉语水平词汇与汉字等级大纲》、《汉语国际教育用音节和汉字词汇等级划分》与参考语料库《现代汉语常用词表》中选取现代汉语文化词，尤其是《汉语水平词汇与汉字等级大纲》是汉语教材选词的重要依据，分析《汉语水平词汇与汉字等级大纲》对我们分析汉语教材中对文化词的处理有着十分重要的意义。

第四，整合文化词资源。将教材语料库中的现代汉语文化词与参考语料中的现代汉语文化词进行资源整合，即文化词来源 1+文化词来源 2+文化词来源 3=面向 TCSL 现代汉语文化词资源表。在得出该表格后，按照音序将文化词进行排列。

第五，进行面向 TCSL 现代汉语常用文化词的筛选工作。教材的共有文化词首先确立为常用文化词，其余在词频统计的基础上进行词语频度统计，然后计算两个语料库的平均频率，得到"面向 TCSL 现代汉语文化词频率表"（按照由高到低）。

第六，将教材共有文化词融入"面向 TCSL 现代汉语文化词频率表"。

第七，再次接受对外汉语专业人士的意见，对一些反应糟粕、落后的词语将进行人工剔除、词语等级顺序调整。

第八，词表研发工作完成。

第七节 研究流程图

整个研究过程流程可以用流程图表示如下：

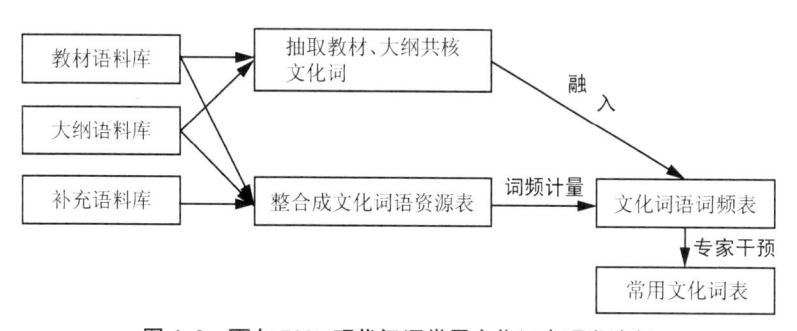

图 4-2 面向 TCSL 现代汉语常用文化词表研发流程

第八节 文化词筛选过程

我们分别从教材语料库、大纲语料库、补充语料库三个语料库中筛选现代汉语文化词。此次筛选以真实的现代汉语文化词为主，涵盖人名、地名等（地名在制表过程中在专家的建议下删除）。

一 教材语料中的现代汉语文化词

教材语料库主要包含《博雅汉语》、《发展汉语》与《成功之路》中的现代汉语文化词。

（一）《博雅汉语》中的现代汉语文化词

我们分层次地分别从《博雅汉语》的四级 9 本——《博雅汉语》初级起步篇（Ⅰ、Ⅱ）、《博雅汉语》准中级加速篇（Ⅰ、Ⅱ）、《博雅汉语》中级加速篇（Ⅰ、Ⅱ）、《博雅汉语》高级飞翔篇（Ⅰ、Ⅱ、Ⅲ）中提取现代汉语文化词。

1.《博雅汉语》初级起步篇（Ⅰ、Ⅱ）中的现代汉语文化词

《博雅汉语》初级起步篇（Ⅰ）

| 春节 | 饺子 | 太极拳 | 面子（特❷） |

《博雅汉语》初级起步篇（Ⅱ）

| 烙饼 | 简化字 | 普通话 |

2.《博雅汉语》准中级加速篇（Ⅰ、Ⅱ）中的现代汉语文化词

《博雅汉语》准中级加速篇（Ⅰ）

澳门	下水（xià shuǐ）	故宫	杭州
东北❷	县❶	广东	无锡
豆腐	北京	广州	柳州
肚 dǔ	长城	唐朝	西安
古老肉	山西	唐太宗	香山
老百姓	四川	唐高宗	秦始皇兵马俑
庙❶	苏州	哈尔滨	中华民国
普通话	孙中山（孙文、孙逸仙）	王皇后	
西红柿炒鸡蛋		武则天	

《博雅汉语》准中级加速篇（Ⅱ）

发火（特❷）	宣传	长江	汉（朝）
红包	真丝	春秋❸	黄帝
胡同	镇❺	邓小平	黄河
人民币	知识分子	故宫	江南
仁❶	字画	国内战争	抗日战争
太极拳	长安	海南	孔子

昆明	清（朝）	宋（朝）	云南
丽江	曲阜	孙子（sūn zǐ）	战国
鲁国	三国	唐人（街）	张厅
孟子	商朝	西藏	中国共产党
明朝	上海虹桥机场	西周	中华人民共和国
秦朝	沈厅	夏朝	周庄
青岛	双桥	元朝	

3.《博雅汉语》中级冲刺篇（Ⅰ、Ⅱ）中的现代汉语文化词

《博雅汉语》中级冲刺篇（Ⅰ）

白象街	假仁假义	天人合一	嫦娥
长亭	炉灶	天涯若比邻	孔子
醋❷	南国	田园诗	《尔雅》
大吉大利	七姑八姨	黄❷	关公
道教	七雄	无为	汉❸
耕读传家	腔调❶	五行	李白
耕战之术	秦俑	显灵	论语
观音岩	求签	新文化运动时期	司马光
好汉	儒家	以柔克刚	苏轼
华侨	生肖	知识分子	唐❷
己所不欲，勿施于人	四合院	中药铺	张艺谋
	算盘	子曰	
祭祀	太极拳	贬❶	

《博雅汉语》中级冲刺篇（Ⅱ）

爆竹	城隍庙	高堂（特❷）	回禄君
缠足	大户	公车上书	笺
长卷	大限	古文	脚夫
白干儿	独善其身	光宗耀祖	校勘
鼻烟壶	贩夫走卒	旱烟	旧历
大褂儿	扶老携幼	红包	举哀
插科打诨	泔水	呼天抢地	军阀
成家	高官厚禄	黄道吉日	口舌（特❷）

老子	骈俪	铜板	晓谕
棱角（特❷）	清明节	土地爷	宣纸
练摊儿	清一色❶	万寿无疆	砚台
临帖	十里洋场	温柔敦厚	阴间
流年（特❷）	市井	吴侬软语	银两
弄堂	私塾	西洋景❶	占卜
卖关子❶	算命	戏曲	掌灯
面子（特❷）	堂会	下海（特❺）	知县
南洋❶	天下兴之，匹夫	仙人	中原
牌位	有责	相命	粽子

4.《博雅汉语》高级飞翔篇（Ⅰ、Ⅱ、Ⅲ）中的现代汉语文化词

《博雅汉语》高级飞翔篇（Ⅰ）

法宝❷	击掌❷	孝敬	状元
擀面杖	仙果	孝心	作风
馄饨	孝❶	义气	

《博雅汉语》高级飞翔篇（Ⅱ）

非礼❶	吉日	清明	童贞
附庸风雅	郎中	仁厚	下人
苟且❸	里巷	上天[1]	县城
孤家寡人	临摹	上天[2]	小人❷
国防绿	奶油小生	天堑	灶
瓜皮帽子	女侠	天意	

《博雅汉语》高级飞翔篇（Ⅲ）

大侠	龙的传人	内地	秀才
大同	计划经济	神仙	炎黄子孙
道观	艰苦朴素	神韵	直辖市
个体经济	江湖	戏曲	"左"倾
户口	经史	下岗	
华夏儿女	门楣	乡土文化	

第四章　面向 TCSL 现代汉语常用文化词的提取　　273

5.《博雅汉语》现代汉语文化词整合

我们对《博雅汉语》中现代汉语文化词语料进行整合。有些词在《博雅汉语》初级篇出现了，在高级篇又出现了，如"太极拳"，这样的词语我们只计为一个。

（二）《发展汉语》中的现代汉语文化词

我们分层次地分别从《发展汉语》的 13 种 26 本——《初级汉语》（上、下）、《初级汉语口语》（上、下）、《初级汉语听力》（上、下）、《中级汉语》（上、下）、《中级汉语口语》（上、下）、《中级汉语听力》（上、下）、《中级汉语阅读》（上、下）、《中级汉语写作》（上、下）、《高级汉语》（上、下）、《高级汉语口语》（上、下）、《高级汉语听力》（上、下）、《高级汉语阅读》（上、下）、《高级汉语写作》（上、下）中提取现代汉语文化词。

1.《发展汉语》（初级）中的文化词
《发展汉语》初级汉语（上）

茶馆	北海（公园）	国庆节	上海
胡同	北京市	海淀区	泰山
京剧	北京外国语大学	河北省	天安门
烤鸭	北京晚报	老舍茶馆（儿）	西安
龙❶❷❸	北京音乐厅	琉璃厂	香山公园
馒头	长城❶	内蒙古	颐和园
四合院儿	长江	前门	圆明园
太极拳	承德	前门饭店	中关村
中国菜	工人体育场	青岛	中国人民大学
中国画儿	故宫	人民画报	中央美术学院

《发展汉语》初级汉语（下）

成语	高考	油条	毛泽东
豆浆	功夫	愚公移山	山东
烽火台	唐装	广东话	四川

《发展汉语》初级口语（上）

| 长城❶ | 铁饭碗 | 天安门 | 压岁钱 |

有缘	道教	甲子	太行山
浙江	占卜	赵国	
杭州	乡镇企业	广州	

《发展汉语》初级口语（下）

乡镇企业	相面	元旦	元气
下海（特❺）	月饼	中山装	纸老虎
人大	四合院	草书	敬酒
万福	内地	书法	面子（特❷）
拜年	除夕	小品	护身符
登高	中秋	太极拳	

《发展汉语》初级听力（上）

脆皮豆腐	旗袍	东北❷	王府井
豆腐	三环路	东方时空	夕阳红
二环路	四环路	故宫	香山
汉字	素菜	哈尔滨	小城故事
汉族	五环路	教师节	新闻联播
红烧豆腐	小卖部	经济半小时	颐和园
黄金周	阳历	景山公园	云南
饺子	阴历	昆明	中国人民大学
烤鸭	北京城	清华大学	中央电视台
老百姓	北京大学	上海	
麻婆豆腐	长城	唐朝	
馒头	春节	天安门	

《发展汉语》初级听力（下）

二胡	联欢会	旗袍	糖醋鱼
胡同	凉菜	烧茄子	小卖部
荤菜	麻婆豆腐	书法	鱼香肉丝
火锅	馒头	丝绸	中国画
京剧	毛笔	素菜	中医科
烤鸭	墨	太极拳	北京西站

第四章 面向 TCSL 现代汉语常用文化词的提取　　275

北京（东）站	昆明湖	四川	西单大木仓胡
朝阳区	《梁山伯与祝	42 式太极拳	同 16 号
对外语言文化	英台》	搜狐	新浪
学院	木兰	《甜蜜蜜》	颐和园
24 式太极拳	前门瑞蚨祥丝	王府井	赵云
海淀区	绸店	《我的中国心》	中国美术馆

　　2.《发展汉语》（中级）中的现代汉语文化词
《中级汉语》（上）

拜年	面子	新新人类
护身符	茉莉花茶	黄海
门面	旗袍	中华

《中级汉语》（下）

| 和尚 | 面子（特❷） | 团圆 | 粥 |

《中级汉语口语》（上）

烤鸭	粥	上海	扬州
凉菜	长江	西安	
肉饼	江苏	香港	
中国画	葡萄沟	新疆	

《中级汉语口语》（下）

火气	相亲	玉不琢，不成器	拉萨
炕	小字辈儿	长辈	丽江
蓝本	孝顺	作风	十滴水（药物）
人缘	孝子	长虹	西安
孙子	绣	杭州	
县城	与时俱进	昆明	

《中级汉语听力》（上）

| 除夕 | 东直门 | 独生子女 | 红包 |
| 成语 | 豆浆 | 锅碗瓢盆 | 海淀 |

建国门	面子（特❷）	绣花针	中秋节
金陵中学	深圳	下棋	
米粥	耍把戏	杨振宁	

《中级汉语听力》（下）

拜天地	好面子	结婚证	松花蛋
长城❶	和平共处	敬酒	馅饼
吃小灶	户口	开小灶	孝敬
出嫁	黄历	连环画	刑法
工会证	吉日	麻将	养儿防老
关门大吉	交杯酒	上台（特❷）	月饼

《中级汉语阅读》（上、下）与《中级汉语写作》（上、下）均无生词表，所以不在统计之列。

3.《发展汉语》（高级）中的现代汉语文化词

《高级汉语》（上）

拜堂	福礼	旧社会	复旦
爆栗子	府上	门槛	杭州
财礼	骨气	气节	梁园
称兄道弟	国营	五脏	鲁镇
成家	红包	轶文	深圳
搓麻将	祭祀	月老	温岭
繁体字	京腔	滨江路	浙
凤凰	酒楼	大明堂	

《高级汉语》（下）

碑林	礼教	门当户对	五花大绑
供奉	礼尚往来	门槛	戏曲
核雕	灵气	文人墨客	
口技	世交	宰相	

第四章 面向 TCSL 现代汉语常用文化词的提取

《高级汉语口语》（上）

| 榜首 | 腐乳 | 供养 | 铁哥们儿 |

《高级汉语口语》（下）

包工头儿	劳保	人大代表	特困户
报应	劳动模范	三甲	天伦
大锅饭	拼命三郎	上火	同工同酬
顶梁柱	铺盖卷儿	随大流	小康

《高级汉语听力》（上）

包工头儿	布达拉宫	金沙江	温州
出笼	曹植	京津塘	卧龙
对联	大渡河	京开	乌苏里江
君子	大理	京沈	西宁
炕	东岳	孔子	西藏
女红	杜甫	拉萨	香格里拉
食补	福建	乐山	襄樊
食疗	抚远县	李白	辛亥革命
素	格尔木	丽江	阳江
素食	广东省	凌云山	椰城
太祖	广西	茂名	叶城
天伦之乐	贵州	孟子	《一块红布》
文化人	国民党	岷江	《一无所有》
下海（特❺）	国庆节	纳西族	玉龙雪山
孝顺	海子	南海	玉泉营
孝心	海口	秦岭	粤
中国结	海通禅师	青衣江	云贵高原
中医药学	黑龙江	丝绸之路	云南
周游列海	黑龙江省	司马迁	藏族
状元	横断山脉	苏东坡	湛江市
北岛	湖南	台湾	张衡
北海市	《黄帝内经》	泰安市	张艺谋
北京交响乐团	姜文	天津	浙江

郑州	中央乐团	《自由风格》	
中国爱乐乐团	中原		

《高级汉语听力》（下）

板儿爷	太极拳	东营	沈从文
棒子面	丸药	格尔木	十五计划
草莽英雄	五行	国家计委	舒乙
大同	武侠剧	和珅	宋庆龄基金会
大爷（dà yé）	相夫教子	华容道	铁道部第二勘
大跃进	小字辈	黄龙沟	察设院
倒爷	压岁钱	纪晓岚	西祠胡同
道义	义举	解放军总参三部	忻州
烽火	油饼	孔子	新东方
闺房	玉佩	拉萨	《易经》
海派文化	元气	澜沧江	永和豆浆
横批	张灯结彩	老舍	运城
皇城	字画	丽江	赵本山
京味儿	粽子	林芝	中国国际工程
侃爷	祖宗	南开大学	咨询公司
灵丹妙药	作坊	倪萍	中国航天科技
煤油灯	澳门	怒江	集团
墨客	昌都	全国妇联	《走进法庭》
少爷	大理	青藏铁路	
太极	东城消协	《儒林外史》	

《高级汉语阅读》（上）、（下）与《高级汉语写作》（上）、（下）无生词表。

4.《发展汉语》现代汉语文化词整合

我们对《发展汉语》中现代汉语文化词语料进行整合。有些词在《发展汉语》初级篇出现过，在高级篇又出现了，如"馒头"、"长城"、"太极拳"、"中国画"、"面子"、"粥"、"烤鸭"、"凉菜"、"豆浆"、"炕"、"孝顺"等，这样的词语我们只计为一个。整合的结果为附录1-1-2。

第四章　面向 TCSL 现代汉语常用文化词的提取

（三）《成功之路》中的现代汉语文化词

我们分别从《成功之路·入门篇1》、《成功之路·入门篇2》、《成功之路·起步篇1》、《成功之路·起步篇2》、《成功之路·顺利篇1》、《成功之路·顺利篇2》、《成功之路·进步篇1》、《成功之路·进步篇2》、《成功之路·进步篇3》提取现代汉语文化词。

1. 《成功之路·入门篇》中的现代汉语文化词

《成功之路·入门篇1》、《成功之路·入门篇2》只收录了一个现代汉语文化词：太极拳。

2. 《成功之路·起步篇》中的现代汉语文化词

| 包子 | 书法 | 象棋 |
| 人民币 | 太极拳 | |

3. 《成功之路·顺利篇》中的现代汉语文化词

《成功之路·顺利篇1》

| 火锅 | 海南 | 四川 | 新疆 |
| 小卖部 | 九寨沟 | 天津 | |

《成功之路·顺利篇2》

| 鞭炮 | 春联 | 京剧 |
| 春节 | 胡同 | 脸谱 |

4. 《成功之路·进步篇》中的现代汉语文化词

《成功之路·进步篇1》

拜年	龙❶❷❸	曹操	孔子
成语	年糕	曹冲	舜
凤凰	武术	大禹	苏州
过年	中药	桂林	阳朔
号脉	中医	杭州	

《成功之路·进步篇2》

| 爱面子 | 鞭炮 | 半边天（特❷） | 茶馆儿 |
| 爆竹 | 八卦 | 长城 | 刺绣 |

春节	红包	麻将	儒家
除夕	胡同儿	庙会	儒学
醋（特❷）	京剧	马后炮	少林寺
豆腐	京戏	馒头	四合院
豆制品	饺子	茅台	算盘
灯笼	筷子	年夜饭	太极拳
大锅饭	烤鸭	年画	太极
大熊猫	龙❶❷❸	跑龙套❶	汤圆
端午节	老百姓	普通话	
国画	龙舟	旗袍	
红灯	腊月	清明节	

《成功之路·进步篇3》

端午	下台	穴位	中秋节
辞旧迎新	下海（特❺）	阎王	中医
挂年画	仙鹤	元宵节	针灸
扭秧歌	戏曲	愚公移山	粽子
糊窗花	相声	一锅粥	中药
武术	小康	月饼	中国画
下岗	小人❷	走过场	

《成功之路·进步篇 读和写1》、《成功之路·进步篇 读和写2》、《成功之路·进步篇 听和说1》、《成功之路·进步篇 听和说2》无生词表。

5. 《成功之路·进步篇》中的现代汉语文化词整合

我们对《成功之路》中现代汉语文化词语料进行整合。有些词在《成功之路》顺利篇出现了，在进步篇又出现了，如"年糕"等，这样的词语我们只计为一个。

（四）三套教材中的现代汉语文化词资源整合

1. 三套教材中现代汉语文化词资源表

我们已经充分提取出了三套系列教材中的现代汉语文化词，因此，教材中的现代汉语文化词可以进一步整合成为面向 TCSL 现代汉语文化词资源表的重要来源（见附表1-1）。

2. 三套教材中共有的现代汉语文化词

三套系列有一定量的共选词语，但比例不太高。从词语等级来看，共选词语主要集中在丁级词和超纲词语，等级相对集中。

三套教材共选词语（13 个）：长城❶、春节、豆腐、杭州、红包、胡同、饺子、孔子、老百姓、四合院儿、太极拳、戏曲、下海（特❺）。

两套教材共选词语（39 个）：长江、海南、李白、丽江、联欢会、清明节、儒家、算盘、孙子（sūn zǐ）、唐朝、五行、下岗、澳门、北京、除夕、成语、故宫、广州、广东、馒头、麻将、内地、旗袍、中秋节、爆竹、醋（特❷）、大锅饭、凤凰、火锅、京剧、烤鸭、龙❶❷❸、普通话、人民币、书法、大理、格尔木、哈尔滨、愚公移山。

可以看出：首先，三套教材都有一定数量的共选词语，说明虽然编写者不同，但对教材中文化内容的选择有大致相同的看法，具有达成进一步共识的基础。其次，三套教材共选词语过少，且侧重点略有不同。赵明（2010）研究过四套中级教材[①]文化词的选词情况，结论与我们的调查情况类似。不同之处是我们今天所选的是系列教材（包括《博雅汉语》9 本，《发展汉语》26 本，《成功之路》13 本），词汇量远比赵明（2010）所选的要大。因此，TCSL 词汇大纲对于汉语教材选词并没有起到应有的约束作用。教材编写者选择文化词时各行其是，没有一定约束。为什么会出现这样的窘态？这恐怕是由于"对外汉语文化教学等级大纲"迟迟不能出台，使得教材在词汇层面选择文化内容时无从遵循。最后，从共选词的等级来看，三套教材共选词更多集中于高级词汇（丁级词、三级词汇、高级词汇），因此，教材文化词选词乱象的根由恐怕不完全在教材编写者，而要归咎于 TCSL 各类词汇大纲。

二 大纲中的现代汉语文化词

《汉语水平词汇与汉字等级大纲》、《汉语国际教育用音节汉字词汇等级划分》、《高等学校外国留学生汉语教学大纲》是 TCSL 常用的三个词汇大纲，我们分别抽取它们当中的现代汉语文化词。

（一）《汉语水平词汇与汉字等级大纲》中的现代汉语文化词

《汉语水平词汇与汉字等级大纲》是对外汉语教材选词的重要依据，我们首先对《大纲》中所收的文化词进行了抽取，结果见附录 1-2-1。

---

① 陈灼主编：《桥梁——实用汉语中级教程》，北京语言文化大学出版社 1996 年版；杨寄洲主编：《登攀——中级汉语教程》，北京语言大学出版社 2005 年版；赵延凤、张明莹编：《博雅汉语》（中级冲刺篇），北京大学出版社 2005 年版；李炜东、白荃编：《汉语精读课本》，中国社会科学出版社 2006 年版。

（二）《汉语国际教育用音节汉字词汇等级划分》中的现代汉语文化词

2010 年出版的《汉语国际教育用音节汉字词汇等级划分》是面向全球汉语国际教育的国家标准，是一种标准化、系统化、规范化、精密化的等级水平划分。因此，本书选取具有权威性的《等级划分》作为语料来进行对外汉语文化词提取也具有代表性。《汉语国际教育用音节汉字词汇等级划分》中现代汉语文化词抽取的结果见附录1-2-2。

（三）《高等学校外国留学生汉语教学大纲》中的现代汉语文化词

《高等学校外国留学生汉语教学大纲》是为来华长期进修的留学生制定的，旨在明确对外汉语长期进修教学的性质和特点，规定其教学目标、等级结构、教学内容、教学原则，并对教学途径、教材编选以及测试进行指导。从初、中、高三级共计 7914 个词语中挑出的现代汉语文化词见附录1-2-3。

（四）三个 TCSL 词汇大纲中的现代汉语文化词资源整合

1. 三个 TCSL 词汇大纲中现代汉语文化词资源表

我们已经充分提取出了三套系列教材中的现代汉语文化词，因此，教材中的现代汉语文化词可以进一步整合成为面向 TCSL 现代汉语文化词资源表的重要来源（见附表 1-2）。

2. 大纲中共有的文化词

三套系列有一定量的共选词语，但比例不太高。

三部大纲共选文化词（19 个）：拜年、鞭炮、半边天（特❷）、除夕、成语、对联、繁体字、黑白（特❷）、胡同、简体字、饺子、京剧、门当户对、普通话、相声、元旦、元宵、中药、中秋节。

两部大纲共选文化词（44 个）：爱面子、爆竹、长征、春节、醋（特❷）、错别字、茶馆、党、党员、党性、党章、豆腐、倒儿爷、大锅饭、饭碗（特❷）、国庆节、干部、公仆、红包、解放军、京戏、老字号、腊月、老天爷、龙❶❷❸、茅台（酒）、庙❶、知识分子、馒头、帽子（特❷）、面子（特❷）、人民币、书法、算盘、太极拳、铁饭碗、武术、下海（特❺）、小康、孝敬、孝顺、中医、粥、作风。

可以看出：首先，三部大纲都有一定数量的共选词语，说明虽然 TCSL 词汇大纲研制的时代背景与编写者不同，但对现代汉语中常用的文化词的选择有大致相同的看法，具有达成进一步共识的基础。其次，三部大纲共选词语并不多，且侧重点略有不同；两部大纲共选词语略多。这说明 TCSL 词汇大纲在选择现代汉语文化词时有自己的个性考虑。

三 补充语料中的现代汉语文化词

从教材与大纲文化词选词情况来看，二者的文化词选词量并不是很足。为了满足外国学习者学习中华文化的需求，我们必须要从中国人日常生活实际中选择一定数量的现代汉语文化词，作为日后汉语教材和各类词汇大纲编纂的重要参考。《现代汉语常用词表》所选择的是中国人日常生活中比较稳定的、使用频率较高的 56008 个词语。因此，提取《现代汉语常用词表》中的现代汉语文化词，可以作为本研究的补充语料库。在顺利提取现代汉语文化词后，再与教材和大纲中的文化词进行比对，并进行人工干预。

具体统计值为附录 1-3。

第九节 面向 TCSL 现代汉语文化词资源表的构建

我们从教材语料库、大纲语料库与补充语料库中成功提取出的 2749 个现代汉语文化词即为面向 TCSL 现代汉语文化词资源表的来源，见附录 1（按照音序排列）。

第十节 面向 TCSL 现代汉语常用文化词表的构建

确定现代汉语文化词资源表主要把收集到的文化词按照音序排列即可。面向 TCSL 现代汉语常用文化词表的构建则需要考虑多重因素，进一步对现代汉语文化词资源表进行词频统计，在此基础上进行分类别、分层次的筛选，并经过人工干预，最后制定出"面向 TCSL 现代汉语常用文化词表"（以下简称"文化词表"）。具体包括以下几个步骤：

首先，对面向 TCSL 现代汉语文化词资源表进行词频统计，初步按照词频统计对"面向 TCSL 现代汉语文化词初表"进行词频排序（以下简称"常用文化词初表"）。

其次，对我们前面提取出的教材共选词与大纲共选词进行词频排序。然后对"常用文化词初表"进行人工干预，运用量表的形式进行问卷调查，请五十位对外汉语教学领域内的专家、专业人士对表中的词逐一进行判定。词频高并不一定是常用的，因此，在具体词目的选择时要充分考虑教材共选词与大纲共选词。教材与大纲都共选的文化词，一定是最常用的。两套教材与大纲共选的文化词，一定是次常用的。

最后，统计分析调查结果，对"常用文化词初表"进行删改、调整，最终形成"面向 TCSL 现代汉语常用文化词资源表"。

一 对"面向 TCSL 现代汉语文化词资源表"进行词频排序

我们首先对成功研制出的"面向 TCSL 现代文化词资源表"进行词频统计并排序，共计 2551 个文化词。

用来检测词频的语料库有两种：第一种是北京大学汉语语言学研究中心开发的"CCL 语料库"；第二种是国家语委开发的现代汉语语料库。分别统计两类语料库的词频后，统计通用频率。

CCL 语料库现代汉语语料字数为 307,317,060。进入 CCL 语料库检索具体文化词使用的频度，如"共产党员"在 307,317,060 次的语料中出现了 4967 次，那么"共产党员"在 CCL 语料库中出现的频度为 4967，我们把"4967"输入"共产党员"对应的 EXCEL 列中。同时，在检索的过程中要注意排除非词的项目，如"太极"与"老太太极"中"太极"的区别，得到了利用 CCL 语料库检索的现代汉语文化词频度表。

因为频度与频率成正比，在排序的过程中计算频度与频率的效度是相同的。因此，利用 CCL 语料库计算频度就可以了。具体现代汉语文化词频度表（利用 CCL 语料库检索）参见附录 1-2-1。

国家语委开发的现代汉语语料库字数是 2000,0000。这个语料库的突出特点是声称实现了"自动分词"目标，我们在实际检索的过程中发现这个目标其实并没有实现，因此具体非词项目还得自己筛去。同理，检索"共产党员"在 2000,0000 万的现代汉语语料中出现了 349 次，我们在 EXCEL 中标记"共产党员"的频度为 349，然后根据频度大小进行排序，这样得到了利用国家语委语料库进行现代汉语频度排序的结果。

其实本书利用 CCL 语料库进行频度排序就已经是相当大的工作量了。为了使文化词的词频统计更加接近于科学，本书选取了两个语料库。虽然频度不能简单相加，但是频率是可以取平均值的。比如：

"共产党员"在 CCL 语料库中出现的频度为 4967，"共产党员"在 CCL 语料库中出现的频率为 4967/307317060=0.0000161624610101372。小数点前超过 5 位的可以用科学计数法。所以"共产党员"在 CCL 语料库出现的频率为 1.61625E-05。

"共产党员"在国家语委语料库中出现的频度为 349，"共产党员"在国家语委语料库中出现的频率为 349/20000000=0.00001745。

这样,"共产党员"在两个语料库中出现的频率就可以取平均值,即1.61625E-05+0.00001745/2=1.68063E-05。

把所有现代汉语文化词的平均频率进行排序,得到了现代汉语文化词频率表。

最终结果参见附录1-2-3。

二 群体性人工干预

为了现代汉语常用文化词表更好地反映语言使用实际,也更好地服务于教学,笔者把"文化词频率表"发给10名对外汉语教学领域内的专业人士,征求他们对"文化词常用初表"的意见。文化词常用初表形成为附录1-2-4。

调查人员的反馈意见抽录如下:

"鬼子"虽然频率较高,但在语言类教材中不适合作为常用词进行教授。

政治色彩较浓重的词语如"中国共产党"、"支部"、"党支部"、"班子"、"党政"、"共产党员"、"共产党"、"党委"、"国民党"、"党员"、"党组"、"党组织"、"民主党派"、"党性"、"入党"、"党风"可以适当降低常用度。因为这类词大多在政论类语料中出现。

"四人帮"、"阎王"这类词语是否能考虑剔除?

"大王"(dài wáng)、"红卫兵"这类词语即使词频靠前,也应在附表中延后。

"八宝粥"比"八路军"排序低太多。日本人对"八路军"很敏感,抗日电视剧中"八格牙路"[①]的辱称随处可见。"八路军"这样的词汇敏感度较大,建议删除。

---

① "八格牙路"为日语"马鹿野郎"(ばかやろう)的发音,义为"愚蠢的人、笨蛋"。

政治色彩浓厚的词语如"八路军"、"右派"、"工农兵"、"游击战"应适当延后或不收。

反映思维模式的词语如"还情"、"帽子"（特❷）、"人情"，反映褒贬好恶的词语如"小人❷"、反映深层信仰"天国"、"护佑"是否应该考虑提前？

反映价值观的词语如"中庸"、"义气"因其代表了中华文化的精髓，应重点收录并适当提前。

"红包"比"红军"排序低太多。两个语料库的语料也有过于陈旧的问题。

地名、人名可否考虑单独附表？人名应该收录以人转指类转喻文化词，比如"曹操"、"诸葛亮"、"阿斗"、"红娘"、"伯乐"都具有稳固的文化意义。这类词语应该收录，"赵本山"、"倪萍"等人名应该删除。

"宫刑"、"炮烙"可以考虑收录，但要作为不太常用的词进入资源表。

地名能否考虑删除？如果收录地名，中国各省会、省市是不是都要收录？

教材中虽然收录"对外语言文化学院"，但这一词汇已经过时，进入词表应删去。

"同志"在今天的中国已经是一种完全过时的称谓，是否进入词表值得考虑。

旧时称谓"老爷"（lǎo ye❶❷）、"大爷"（dà yé）、"土匪"、"公子"、"丫头"❷、"秀才"可以考虑词频延后或者干脆不收。

反映历史事件的名词性文化词应该区别对待,不能以词频论常用。"长征"、"辛亥革命"可以作为常用词,"大跃进"应该适当延后。

能产性极强的核心文化词如"仁"、"义"、"道"等词也适当提前。

三　具体调整

"面向 TCSL 现代汉语常用文化词表"研发的对象是母语为非汉语的外国汉语学习者。表中"常用文化词"指的是当代中国人在日常生活经常使用、与中国人进行跨文化交际经常见到、了解中国文化必须要学会的那部分高频文化词。本词表要求给现代汉语中通用的、稳定性较强的、使用频率较高的文化词划出一个范围,作为现代汉语文化词的基干部分,从而为日后 TCSL 词汇大纲修订、专门文化词表研发、汉语教材选词、汉语测试与评估、课堂词汇教学提供切实可行的科学依据。因此,本词表除了依靠科学的筛选和严格的数理统计,还要有一个具体调整的过程,即既要注重书面词语的收集,又要兼顾常用口语词语的收集,还要收录一些不同语域间的词汇。根据业内人士的意见,以及 TCSL 的实际,具体调整原则如下:

1. 根据教材与大纲共选文化词的情况,适当做词汇等级调整。

第一,考虑到教材编写者的共识,三套系列教材都入选的词汇应适当提高等级。

教材编写者在选词方面有共识,说明该词汇得到了大多数教材编写者的认可,本研究三套教材共选的 13 个词语应该适当调整等级。

第二,考虑到大纲研发者的共识,三套词汇大纲都入选的词汇也应适当提高等级。词汇大纲是教材选词的重要依据,因此三部大纲共选文化词(19 个)也应该适当调整等级。

第三,考虑到教材编写者与大纲研发者的共识,三套教材与三套词汇大纲文化词的共核部分应该作为最常用的词汇出现。根据前文共选词的比对,我们整合出大纲与教材的共选词 2 个(饺子与胡同),这两个词的等级应该提前。

2. 根据词语构词活跃程度,适当做词汇等级调整。

第一,核心文化词在构词方面十分活跃,如"仁"、"义"、"孝"。因此,对于进入文化词语料库的核心文化词适当做词汇等级调整,以提高学习者对该类词汇的重视,扩大词汇量。

第二，一些复合词也带有词根性质，如"群众化"、"群众路线"、"群众性"中的"群众"，从词语构成的能产性考虑，有限收录带有词根性质的词语。

3. 根据词语的规范性，适当做词汇调整。

第一，可以拆用的四字以上的词语（多是八字熟语），原则上收录其完整形式，不再分别收录拆用形式。如"百花齐放，百家争鸣"不再分别收录"百花齐放"、"百家争鸣"，"己所不欲，勿施于人"不再分别收录"己所不欲"、"勿施于人"。

第二，对于缩略词语或简称及它们的原形词语，根据实际使用频次与规范程度作出不同的选择。如收录"中国人民大学"而不收录"人大"。

4. 反映文化糟粕与过于敏感的词语适当予以剔除与延后。

如"大字报"、"山大王"、"抗日"、"四人帮"、"抗战"、"抗日战争"、"文化大革命"、"鬼子"、"游击队"、"反动派"、"八路"、"新四军"、"八路军"、"右派"、"红卫兵"、"十年动乱"、"游击战"、"批斗"、"十年浩劫"、"地下党"、"阎王"、"又红又专"、"白色恐怖"、"武斗"等予以删除或者延后。

5. 对于人名、地名、朝代名、机关团体名根据实际情况予以收录。

第一，人名。人名只收录以人转指类转喻文化词及有较大文化影响的人物。比如，以人转指类转喻文化词多具有较为稳固文化意义，且使用频率较高，如"阿Q"（无能之人）、"伯乐"（善于挑选人才的人）、"诸葛亮"（智慧的人）、"曹操"（奸雄）。有较大文化影响的人物如"毛泽东"、"邓小平"、"孙中山"（孙文、孙逸仙）、"孙子"（sūn zǐ）、"老子"（lǎo zǐ）、"孔子"、"老舍"等。

第二，地名。地名都是概念空缺，但考虑到地名在教材中出现太多，如果收录地名，词表词条数量过于庞大，因此不予收录。

第三，我国各历史朝代的名称。只收录历史上影响较大、在当代经常使用的朝代名称。如"三国"、"宋（朝）"、"战国"、"西晋"、"西夏"、"清朝"、"明朝"、"唐朝"等。

第四，党、国家、社会团体、企事业单位的名称，只收录具有普遍性、高频且经常使用的，如"人民法院"、"县"❶、"县城"、"县委"、"镇"❺、"自治区"、"县政府"、"直辖市"、"事业单位"、"国家计委"、"党校"、"总工会"、"屯"❸，不收录特殊性的机构，如"对外语言文化学院"。

6. 艺术、文学作品的收录原则。对于影响较大、能积极反映中华文化特质的文学、艺术概念予以收录，如"唐诗"、"宋词"。对于在个别时期引起较大反响的、为某一人群喜欢的如《一块红布》、《一无所有》不予收录。

7. 新词、新语的收录原则。只收录融入中华民族的深层、经过历史的选择与淘汰、进入了民族基本词汇的语言事实。对于对现代汉语词汇系统造成一时冲击、不甚稳固的时髦词汇如"宅男"、"快女"、"80 后"、"新新人类"谨慎收录。对于一些在特定年代才使用的词汇如"三转一响"、"小皇帝"不予以收录。

8. 政治词语适当降低等级。"共产党"类词汇无论在国家语委语料库中，还是 CCL 语料库中均是高频词。但是，根据一些专家提出过"大华语"教学的概念（陆俭明，2005），TCSL 学习者所学习的词汇不仅能在大陆的汉语中经常使用，也在台湾华语、港式、澳式中文中使用。换言之，汉语学习者所学习的词汇能在汉语的各种地域变体使用，能与大陆、港、澳、台人群顺利交流。从这个角度来分析，"中国共产党"、"三个代表"这样的词语学习价值不太大。因此，上述词语虽然是高频词，我们也应该适当降低词语的排序，重点选择在"大华语"框架下具有稳定共同文化内核的词语。

9. 根据词语所反映时代生活的更新程度，对词语排序做适当调整。个别词语所反映的文化概念在新中国成立前存在，在新中国成立后、改革开放后、21 世纪后仅仅在影视剧、小说中存在，如"少爷"。这样的词语即使出现频率很高，我们也应适当降低词语的排序。另外，"同志"今天更常用的意义是"同性恋"（gay、lesbian），中国人互相称"××同志"已经较少，而且容易引起误会，词表不予收录。

根据以上调整原则，本书分为五个维度——最常用（1—500）、常用（501—1000）、中度常用（1001—1500）、次常用（1501—2000）、不太常用（2000—2270）得出面向 TCSL 现代汉语常用文化词表（草案）。具体见附录 1-2。

综合上述，本章共得出两个重要表格，每个表格包含 3 个子表，每个子表又附属若干子表，如下：

附录 1 面向 TCSL 现代汉语常用文化词资源表

附录 1-1 教材中的现代汉语文化词资源表

附录 1-2 TCSL 词汇大纲中的现代汉语文化词资源表

附录 1-2-1 《汉语水平词汇与汉字等级大纲》的现代汉语文化词

附录 1-2-2 《汉语国际教育音节与汉字等级划分》中的现代汉语文化词
附录 1-2-3 《高等学校外国留学生汉语教学大纲》中的现代汉语文化词
附录 1-3 补充语料中的现代汉语文化词资源表
附录 2 面向 TCSL 现代汉语常用文化词排序表
附录 2-1 北大语料库中现代汉语文化词频度分布
附录 2-2 国家语委语料库中现代汉语文化词频度分布
附录 2-3 面向 TCSL 现代汉语文化词平均频率分布
附录 2-4 面向 TCSL 现代汉语常用文化词初表

上述 15 个表格为第四章的重要成果（见附录）。①

---

① 附录 1-1-1、附录 1-1-2、附录 1-1-3、附录 1-3、附录 2-1、附录 2-2、附录 2-3 与附录 2-4 等所占篇幅极大，由于书稿版面有限，上述附录在本书末尾不做体现。

第五章　面向 TCSL 现代汉语常用文化词应用存在的问题

根据第四章得出的面向 TCSL 现代汉语常用文化词表，这里的"常用"包含了最常用、常用、中度常用、次常用 4 个维度。抛除最后不太常用的词语，本章以前高频 2000 词为例（最常用、常用、中度常用、次常用），分析 TCSL 教学文化词应用的两个最重要方面——TCSL 大纲与教材文化词应用存在的问题。

第一节　词汇大纲文化词应用存在的问题

这一部分主要分析 TSCL 常用的三个词汇大纲《汉语水平词汇与汉字等级大纲》、《汉语国际教育用音节汉字词汇等级划分》、《高等学校外国留学生汉语教学大纲》中的 243 个现代汉语常用文化词应用存在的问题。

一　收词量不足

《汉语水平词汇与汉字等级大纲》是对外汉语教材选词的重要依据，《大纲》中所收的现代汉语文化词数据请参看附录 1-2-1。根据这些数值，我们具体统计如表 5-1 所示①。

---

① 需要特别指出的是：由于 TCSL 词汇大纲自身研发的缺陷，笔者并没有把"红"、"一"这类典型的特殊文化含义词统计在 TCSL 词汇大纲中文化词之列，但这两个词在总附录中收录。人们可能会有疑问，为什么大纲有甲级词收录？笔者统计怎么没有？笔者原本收录了"红"、"一"，但经过慎重考虑，予以删除。主要原因是：甲级词主要为初级汉语学习者所使用的词，"红"义项有 6 个，（转下页）
（接上页）"一"义项有 10 个。"红"的❷、❸、❹义项与"一"的❹义项不可能在甲级词中出现。

表 5-1 《汉语水平词汇与汉字等级大纲》中现代汉语文化词分布

等级 项目	甲 数量(个)	%	乙 数量(个)	%	丙 数量(个)	%	丁 数量(个)	%	合计(个)	%
文化词	1	0.01	9	0.10	22	0.25	44	0.51	76	0.86

可以看出，《大纲》中现代汉语文化词收录的数量实在是少得可怜。《大纲》共收录文化词 76 个，只占大纲所收 8822 个词语总数的 0.86%，连 1% 都没有达到。我们用一个图来看更加清晰，如图 5-1 所示。

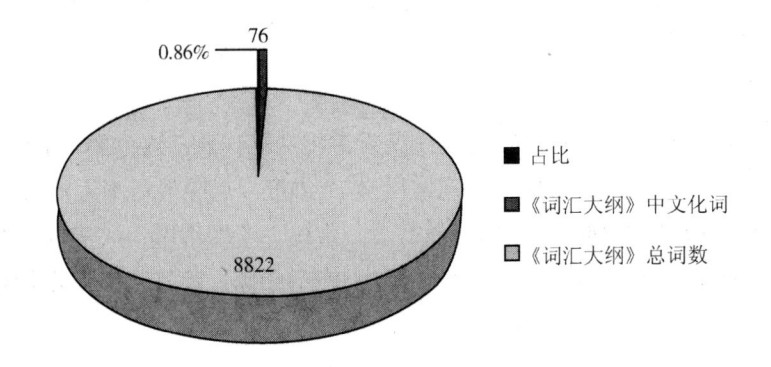

图 5-1 《汉语水平词汇与汉字等级大纲》现代汉语文化词分布

《词汇大纲》中词汇等级与文化词数量的关系是：词汇等级越低，文化词越少；词汇等级越高，文化词越多。词汇等级与文化词数量呈正相关。因此，《词汇大纲》这方面没有太大问题，基本符合第二语言教学规律（见图 5-2）。

为什么人们会产生这个疑问？这要归咎于大纲。大纲所有的词语都是不标注义项的。按照大纲的这种标注法，就意味着甲级词中的"红"的 6 个义项与"一"的 10 个义项全部要学会，这显然是不符合实际的。因为，大纲中的"红"应该是"红❶"，"一"也应该是"一❶"。也就是说，大纲甲级词要求学习者掌握的是"红"与"一"作为颜色与数目的概念义，不是文化意义。同理，下面两个大纲未收录"红"、"一"等形容词性文化词、数词性文化词。如果不这样操作，人们就会对词的文化意义在什么阶段教授产生疑问。

第五章 面向 TCSL 现代汉语常用文化词应用存在的问题 293

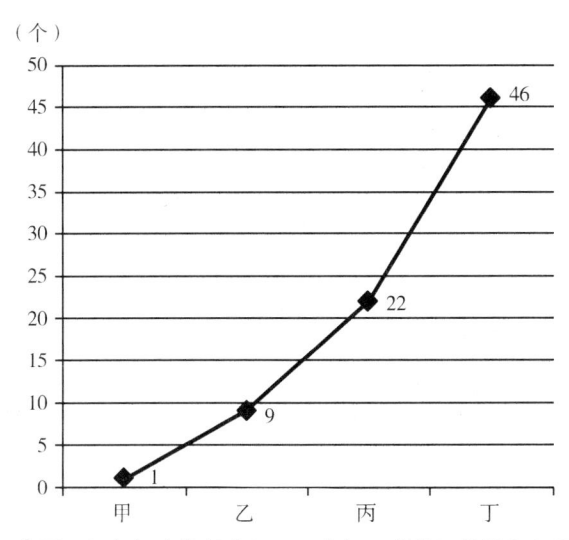

图 5-2 《汉语水平词汇与汉字等级大纲》现代汉语文化词收录与词语等级的关系

以上分析表明，《词汇大纲》在现代汉语文化词收录的"量"方面有很大不足，远远不能满足教学与教材编写的需要，从《词汇大纲》中文化词的等级分布可以预测，现有汉语教材中的词语，必定有许多超纲词。

《汉语国际教育用音节汉字词汇等级划分》是 2010 年出台的面向国际汉语教育的国家标准。《等级划分》研制的主要依据包括 30 多亿字次的当代大型动态语料库和多种具有代表性、针对性的词典、词表、字表。我们对《等级划分》中的现代汉语文化词也进行了提取，具体统计词数见附录 1-2-2。统计结果如表 5-2 所示。

表 5-2 《汉语国际教育用音节汉字词汇等级划分》中现代汉语文化词收录分布

等级 项目	一级词汇 （2245 个）		二级词汇 （3211 个）		三级词汇 （4175 个）		三级附录 词汇（1641 个）		合计 （11272 个）	%
	数量（个）	%	数量（个）	%	数量（个）	%	数量（个）	%		
文化词	13	0.58	24	0.75	68	1.63	32	1.95	137	1.22

可以看出，《等级划分》中现代汉语文化词收录的数量略高于《词汇大纲》，但也不是很多。《等级划分》共收录文化词 137 个，占大纲所收 11272 个词语总数的 1.22%，超过了 1%（见图 5-3）。

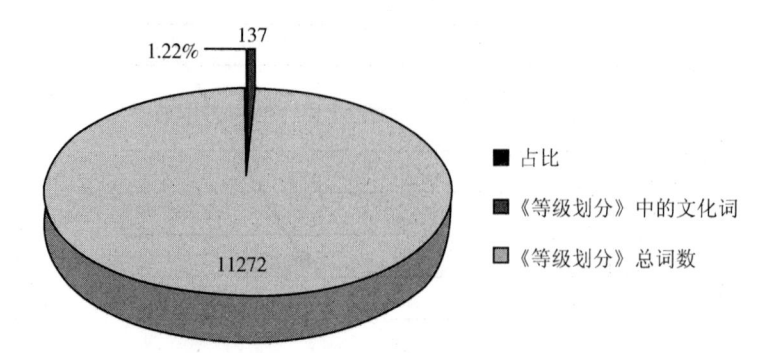

图 5-3 《汉语国际教育用音节汉字词汇等级划分》中现代汉语文化词收录分布

《等级划分》中词汇等级与文化词数量仍然呈正相关关系：词汇等级越低，文化词越少；词汇等级越高，文化词越多（见图 5-4）。

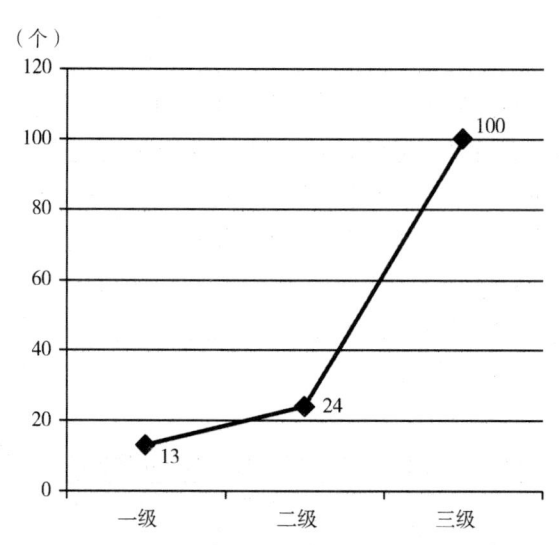

图 5-4 《汉语国际教育用音节汉字词汇等级划分》
现代汉语文化词收录与词语等级的关系

《高等学校外国留学生汉语教学大纲》是为来华长期进修的留学生制定的，旨在明确对外汉语长期进修教学的性质和特点，规定其教学目标、等级结构、教学内容、教学原则，并对教学途径、教材编选以及测试进行指导。《教学大纲》词汇等级分为初、中、高三个等级，初级阶段学生需掌握所规定的 2411 个初等阶段的词，中级阶段需学生掌握 2850 个左右中等阶段的词语以及相应的汉字，高级阶段学生需掌握 2800 个左右的高等阶段的词语。《教学大纲》现代汉语文化词统计数参见附录 1-2-3。具体统计见表 5-3。

表 5-3 《高等学校外国留学生汉语教学大纲》中现代汉语文化词收录分布

等级 项目	初等阶段词汇（最常用）		初等阶段词汇（次常用）		中等阶段词汇		高等阶段词汇		合计（个）	%
	数量（个）	%	数量（个）	%	数量（个）	%	数量（个）	%		
文化词	1	0.13	18	1.10	55	2.03	54	2.11	128	1.62

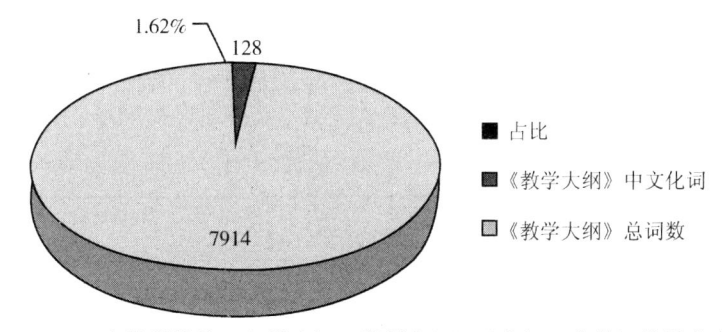

图 5-5 《高等学校外国留学生汉语教学大纲》现代汉语文化词收录分布

可以看出，《教学大纲》共收录文化词 128 个，占《教学大纲》总词数 7914 个的 1.62%。其文化词收录要比《词汇大纲》与《等级划分》多，但是仍略显不足。

《教学大纲》中词汇等级与文化词数量基本呈正相关关系。但高等阶段文化词汇略比中等阶段文化词汇要少，在以后的修订中应该微调（见图 5-6）。

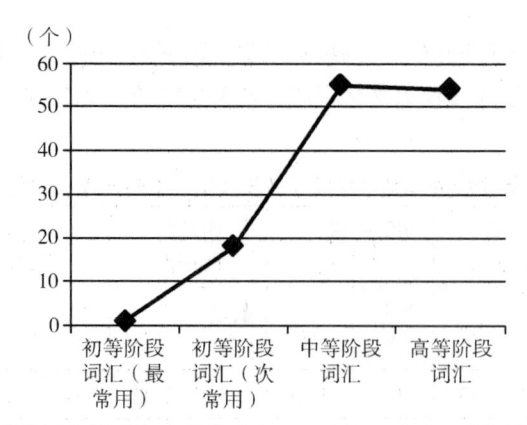

图 5-6 《高等学校外国留学生汉语教学大纲》现代汉语文化词收录与词语等级的关系

为了进一步看清楚三个大纲文化词所占的比例，我们又将数据整合成图 5-7。

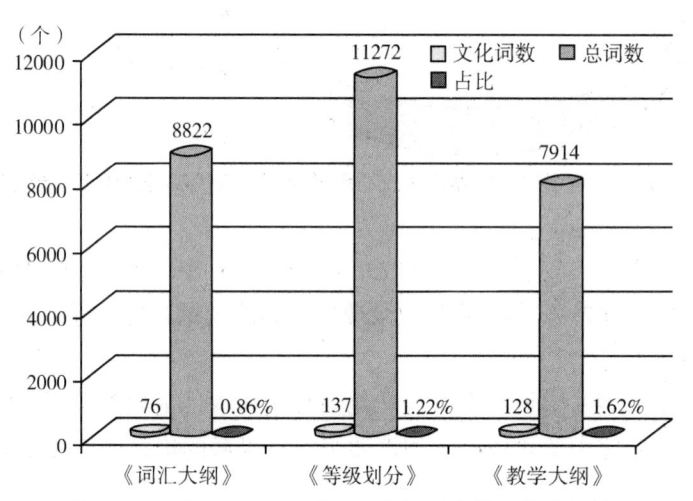

图 5-7 三部 TCSL 词汇大纲现代汉语文化词收录比较

从此图可以看出，《词汇大纲》中文化词 76 个，占《词汇大纲》总词数 8822 个的 0.86%；《等级划分》中文化词 137 个，占《等级大纲》总词数 11272 个的 1.22%；《教学大纲》中文化词 128 个，占《教学大纲》总词数 7914 个的 1.62%。

通过对 TSCL 常用的三个词汇大纲——《汉语水平词汇与汉字等级大纲》、《汉语国际教育用音节汉字词汇等级划分》、《高等学校外国留学生汉语教学大纲》中现代汉语文化词数目的分析，我们看出 TCSL 词汇大纲中文化词收录的确过少，并不能满足教学要求。作为语文性词表，TCSL应以收录普通词语为主，这是毫无疑问的。但 TCSL 词汇大纲不能忽视在当代中国人口语与书面语中经常使用的高频文化词汇，如果忽视这一点，显然是不符合第二语言学习词表制定规律的。人类语言具有共性，但"每一语言里都包含着一种独特的世界观"（洪堡特著，伍铁平译，1997：76），语言间的个性差异是不容忽视的。词汇层面也如是。语言间的词汇既有共性，也有个性。词汇间的共性主要表现为普遍词汇（核心词），个性主要表现就是空缺词汇。现代语言学学者已经对"空缺词汇"有了一些初步的认识并积极地提出一些新见解（Lado，1957；Stubbs，1986；Ю. А. Сорокин等，1989：103—104；徐通锵，1991；Werner Koller，1992；等等）。在汉语词汇层面，丁声树（1989）、许宝华（1988）、李如龙（2001a、b）、关英伟（2004）、刘俐李（2009）等曾就"特殊词汇"、"特殊词语"、"特征词语"、"特征词"等问题进行了探讨。第二语言教学词表不仅仅要收录核心词，也应该收录适量常用文化词，以满足第二语言学习者学习需要。国外的英语学习词表就有专门的文化词表。我们如果完全忽视文化词，学习者就会错误地认为每种语言间的词汇都可以在其心理词库中顺利提取，当与目的语国家人打交道时就会出现交际障碍。这是不容忽视的。

造成这种状况的原因是什么？TCSL 词汇大纲所依据的词表主要是在 20 世纪 90 年代前的语料基础上研制而成的，距今已有 20 年的历史，显得相对陈旧，已经不能很好地适应当前对外汉语教学的需要。此外，大纲整个研究的出发点似乎仍停留在以"教"为主的汉语教学理念之下，没有考虑到汉语学习者的背景差异以及在真实生活交际中理解和表达的需要。另外，《词汇大纲》没有充分利用词频统计技术进行词频统计。随着科学技术的进步，语言学与其他学科的结合，尤其是语料库语言学的崛起、词汇计量研究的深入，为教学词表的研制与动态更新提供了更为合理的支撑，国内汉语教学词表研制正朝着更加专业化、多元化的方向发展。

二 收词不能与时代生活常用词汇同步

"更新"慢是 TSCL 各类大纲的常用弊病，这与词汇系统变化的本质有密切关联。通过对 TCSL 三个常用词汇大纲的考察，我们发现大纲中所选的文化词都或多或少存在不能与时代生活同步的现象（见表 5-4）。

表 5-4　三个 TCSL 词汇大纲所收录的不合适的现代汉语文化词

	《汉语水平词汇与汉字等级大纲》	《汉语国际教育用音节汉字词汇等级划分》	《高等学校外国留学生汉语教学大纲》
政治色彩过于浓厚的词语	党员（乙） 共产党（乙） 国民党（乙） 党委（丙） 党性（丁） 党章（丁） 党中央（丁） 国务院（丙） 整风（丙） 毛泽东思想（丙） 共青团（丙） 根据地（丁） 公社（丁） 政协（丁） 支部（丁）		党（初等） 党员（中等） 无党派人士（中等） 中共中央（中等） 党风（附录） 党性（附录） 党章（附录）
过时的词语	百花齐放，百家争鸣（丁） 大锅饭（丁） 老爷（lǎoye）（丁）	同志（一级） 大锅饭（三级） 合作社（三级）	同志（初等） 大锅饭（中等） 精神文明（中等） 倒儿爷（附录）
反映封建糟粕、迷信的词语		阎王（三级）	
敏感词汇			抗战（附录） 汉奸（附录）

从这个表格可以看出，TCSL 收词并不能与时代同步。主要表现在：

第一，三个大纲均收录了一些政治色彩过于浓厚的词语。

这一点以《汉语水平词汇与汉字等级大纲》表现得尤为突出。如《汉语水平词汇与汉字等级大纲》收录了与中国共产党有关的词汇——"党员"（乙）、"共产党"（乙）、"国民党"（乙）、"党委"（丙）、"党性"（丁）、"党章"（丁）、"党中央"（丁），共计 7 个。而《词汇大纲》的文化词只有 76 个，换言之，学习者必须要掌握的文化词中，与中国共产党相关的国情文化就要占到 9.22%，接近十分之一。其他的与政治机构、团体密切相关词语如"国务院"（丙）、"政协"（丁）、"支部"（丙）、"共青团"（丙），与政治运动密切相关的词语如"整风"（丙），以及与中国政治理论相关的词汇"毛泽东思想"（丙）也在大纲中随处可见。我们不是说这些词一定是不能收的。而问题在于，《词汇大纲》是对外汉语教材选词的重要依据。如果把有限的词条都放在政治色彩过于浓厚的词语上，不仅是一种语言教学资源的浪费，而且会顾此失彼，导致该学会的词没有学会。我们以"整风"为例："整风"是大陆的中国共产党在全党范围内进行的普遍的马克思列宁主义的教育运动，曾在1942年、1950年、1957年进行过3次。"整风"的词义完全是一种中国国情知识。而《词汇大纲》把"整风"定为"丙"级词，也就是说这样的词要比"拜年"（丁）这类词更加常用，这显然是不符合实际的。而且"整风"这样的政治知识不可能作为外国汉语学习者学习汉语词汇的重要内容。

另如《高等学校外国留学生汉语教学大纲》收词也密切关注中国的政治文化，出现了较多的"中共词汇"，如"党"（初等）、"党员"（中等）、"无党派人士"（中等）、"中共中央"（中等）、"党风"（附录）、"党性"（附录）、"党章"（附录）。

TCSL词汇大纲是否该收录政治色彩过于浓重的词汇作为常用词。笔者认为，汉语词汇教学不是国情课。尤其对于常用词汇来讲，汉语教学词表所收录的应该是密切反映当下中国政治生活的词汇（如"春运"）与传承几千年中华文化精髓的词汇（如"仁"）。政治色彩过于浓厚的词汇在汉语教学中可以讲授，但是是高级阶段的词汇教学内容。如果把政治词汇定位为常用词汇，我们的"汉语国际推广"便蒙上了一层"推广政治"的色彩。

另外，从教材选词是否能吸引学习者的角度来看，一些学者对汉语教材幽默性、趣味性的地位及评价进行过充分讨论，认为趣味性是汉语教材中不可或缺的属性之一（刘颂浩，2006；刘颂浩、莫修云，2012）。根据他们的研究结论来看，上述词语对于学习者所用教材趣味性的增强是没有益处的。当然，我们不能认为上述词语完全没有趣味性。但如果我们认为"毛泽东思想"、"整风"这样的词语对留学生普遍感到有趣又是不符合实际的。

造成这种现象的原因是什么？这与词汇大纲出台的时代背景密切相关。我们注意到，2010年出台《汉语国际教育用音节汉字词汇等级划分》在这方面做得比较好，基本把政治色彩强的词汇排除在词表之外。《汉语水平词汇与汉字等级大纲》出台于1992年，政治空气与21年后的今天大不相同。因此，在第二语言教学词表方面也不可避免地收录了强化政治色彩的内容。《高等学校外国留学生汉语教学大纲》出台于《汉语水平词汇与汉字等级大纲》出台后的 10 年（2002 年），在政治色彩方面仍然没有做太多的松动。《汉语国际教育用音节汉字词汇等级划分》出台于 2010 年，在政治词汇方面已经不那么强调了。

可以看出，政治背景对二语词汇大纲的选词多少会造成一些影响。这三个大纲中，尤其是《汉语水平词汇与汉字等级大纲》是通用性的，是对外汉语教材选词的"纲领性文件"，我们非常有必要对《词汇大纲》的选词与分级的情况进行思考。《词汇大纲》的主要编制依据——七个词频统计词典、词表和字表都是 1990 年前后出版的，最早的是《现代汉语频率词典》（北京语言学院 1985 年版），最晚的是《北京口语调查》（北京语言学院 1991 年版），其最重要的参照是《现代汉语常用字表》（国家语委和国家教委 1988 年版），这些词表和字表所选取的统计语料则更早，而且所选取的语料范围也有一定的局限，因此《词汇大纲》的选词在词语的时代性与通用性方面确实存在一些不尽如人意之处。

第二，三个大纲均收录了一定的过时词语。

比如《汉语水平词汇与汉字等级大纲》所收录的"百花齐放，百家争鸣"（丁）、"大锅饭"（丁）、"老爷"lǎoye（丁）；《汉语国际教育用音节汉字词汇等级划分》所收录的"同志"（一级）、"大锅饭"（三级）、"合作社"（三级）；《高等学校外国留学生汉语教学大纲》所收录的"同志"（初等）、"大锅饭"（中等）、"精神文明"（中等）、"倒儿爷"（附录）等。"大锅饭"是三个 TCSL 词汇大纲均收录的词汇。"大锅饭"的概念，最早可追溯到 1958 年人民公社的出现，是与"大跃进"加速工业积累密切相关的。"大锅饭"的词义内容完全是一种方针政策知识。今天人们对其的使用也仅仅限定在特殊年代的语境中，因此，这类词语极有可能成为一种历史文化沉淀在汉语词汇系统中。

类似的词语如"百花齐放"、"百花争鸣"。"双百方针"是毛泽东 1956 年在中共中央政治局扩大会议上正式提出的，他指出，在科学文化工作中，实行"百花齐放，百家争鸣"的方针，即艺术问题上"百花齐放"，学术问题上"百家争鸣"。毛泽东在 1957 年的《关于正确处理人民内部矛盾的问题》中指出："百花齐放、百家争鸣的方针，是促进艺术发展和科学进步的方针，是促进我国的社会主义文化繁荣的方针。"我们很难认为这是个常用词，而这个词在《词汇大纲》中却为丁级词。

另如"老爷"是旧时对官绅及有权势的人的尊称,今天中国人交谈时基本不会称谁为"老爷",《词汇大纲》却将"老爷"订为"丁级词"。大纲收录的其他词语如"同志"已经是一种过时的称谓,有时乱叫还会产生"同性恋"的误会,"大锅饭"、"合作社"都是某一特殊年代的产物,今天我们很少使用它们。"倒儿爷"等代表的"北京爷文化"的文化词也仅仅限定在某一年代的某一地域,作为 TCSL 通用型词汇大纲收录这样的词语恐怕是不合适的。

的确,有些文化词就是实实在在的文化知识。可这些文化知识有的在当代已经不用了(如"作揖"、"叩首"),有的文化知识在当代仍然使用,如"红双喜字"、"饺子"。这类文化词具有沟通古今文化的作用,是第二语言词汇教学大纲应该收录的词语。另外一些反映当代中国文化的词语如"春运"、"黄金周"也应该被纳入词汇大纲之中,因为语言教材应着力反映当代中国社会生活及其文化(李泉,2011)。遗憾的是,大纲并没有收录这些当代生活文化词。

三 个别大纲收录了一些反映封建糟粕、敏感的词汇

类似"揪斗"、"牛鬼蛇神"、"阴间"等反映封建糟粕、敏感的词汇应该尽量排除在汉语教学之外。每个民族、每个国家的文化都是良莠并存的,对外汉语教学所教授的文化词应当具有积极的导向意义,学生通过学习能够了解汉语的巧妙,感受到中华文化的博大精深。那些封建文化的糟粕词语应当禁选,政治色彩浓厚的文化词更是不利于当下汉语国际传播的需要。从文化教学的角度来看,有选择的选取是指选其精华,弃其糟粕,即应该"以树立国人形象为务,力戒渲染消极文化"(赵金铭,1997)。

《汉语国际教育用音节汉字词汇等级划分》与《高等学校外国留学生汉语教学大纲》在个别词汇的处理上不太合适。比如,《汉语国际教育用音节汉字词汇等级划分》收录"阎王"一词,"阎(罗)王"是中国民间传说的阴间主宰,掌管人的生死和轮回。在中国古代的民间信仰里面,人死后要去阴间报到,接受阎王的审判。这样的词语收录显然带有迷信的色彩。

第二语言词汇大纲应该尽量避免出现一些敏感词汇。因为敏感词汇多少会引发一定的"文化冲突",甚至师生之间的冲突(赵明,2013)。《高等学校外国留学生汉语教学大纲》收录了"抗战"与"汉奸"两个词汇,

我们所说的"抗战"实指抗日战争（1931年9月18日—1945年8月15日），这个词汇对于日本学生会很敏感。

尤其值得注意的是，《教学大纲》收录了"汉奸"（附录）一词，这个词语意为投靠侵略者，通敌卖国，或者引诱异族侵略中国之人（原指汉族的叛徒）。对于外国人学习汉语来讲，这样的词汇是否应该呈现给外国汉语学习者还有待斟酌。学生不明白的是"什么是汉奸？""为什么是汉奸？"在汉民族的文化中，"汉奸"的词义是不容易理解的。收录这样的词汇进入汉语教学常用词表，学生不免要追问20世纪中日战争的历史，教师也远非三言两语能说明白。

虽然这类词语的出现是极个别的，但是第二语言通用型大纲在选词方面应该尤其注意。我们甚至可以预见，汉语教材中这类糟粕、敏感词汇是极有可能大量存在的。第二语言文化词汇教学处理不当就可能引发文化误解、冲撞，甚至是冲突（赵明，2013）。比如刘珣（1994）就谈道："由于文化的差异及语言水平的限制，中国的笑话或幽默有时未必能为外国学生所理解和欣赏。而且出乎我们意料的是中国传统笑话里出现的醉鬼、吸烟、吃狗肉、盲人、小老婆、打学生手心甚至涉及宗教的故事等等竟是美国中学教材的禁忌，成了美国的'青少年不宜'。"

因此，在TCSL文化词教学中应该努力多选取体现中国人积极向上的生活态度和精神面貌的词语，而且应该是活跃于我们语言中的词语。

四　大纲所收录的词语并不都是高频词

《汉语水平词汇与汉字等级大纲》所收录的词汇应该是常用词，即在研发的过程中应充分利用词频统计的成果，关于这一点已有专家进行过指正（赵金铭等，2003）。而我们根据第四章研制出来的高频词汇表，我们发现TCSL词汇大纲对现代中国人日常生活中常用的文化词仍收录太少，而现代汉语词汇中并不是没有这样的词。如果这种情况没有得到改善，作为对外汉语教材选词重要依据的词汇大纲在制定的导向性上就出现了一些问题。

五　TCSL词汇大纲对多义文化词不标注义项

朱志平（2013）、刘砉清（2013）都认为进行词汇大纲的编制、教材编写以及日常教学设计时，应当关注义项、义项数、义频。笔者认为，这个观点一针见血地指出了当下词汇大纲研制的缺陷。过于依据词形研发词汇大纲的确有一些问题值得商榷。现行的三个 TCSL 词汇大纲都没有给多义词区分义项，也没有按义项给词语定等级。根据我们第三章关于文化词分类的结论，许多现代汉语文化词都有很多不同的义项和用法，它们习得的难易程度也不同。比如"乌龟"有两个义项，义项❶是代指动物这种概念，另一个义项为讽喻妻子有外遇的人。大纲在收录这类词语究竟是哪个义项并没有说明，仅仅完全以一个词形"乌龟"收录到大纲之中，这就给第二语言词汇教学实际带来了不小的麻烦。再如，颜色词"红"、"白"在大纲的初级阶段就有出现，而初级阶段出现的颜色词是"红"❶和"白"❶，即"红"、"白"的概念意义，颜色词的文化意义一般在中高级阶段的词汇教学中才涉及。而大纲把"红"、"白"定为词汇大纲的初级阶段应该掌握的词汇显然是不合适的。因为，"红"有 6 个义项，"白"的义项数有 10 个之多。大纲这么制定，就意味着学习者在初级阶段要掌握"红"的 6 个义项，"白"的 10 个义项，这显然是不符合第二语言词汇学习规律的。初级水平颜色词一般只涉及概念意义，文化义往往是在中高级阶段。TCSL 大纲却仅仅用一个"红"概而言之。

因此，不标注义项对于词汇大纲编制的科学性产生了较大的影响。TCSL 词汇大纲中所收录的文化词并不都是单义文化词，也有部分多义文化词（见表 5-5）。

表 5-5 TCSL 词汇大纲中的多义项文化词

	《汉语水平词汇与汉字等级大纲》	《汉语国际教育用音节汉字词汇等级划分》	《高等学校外国留学生汉语教学大纲》
语义具有双层性的文化词	半边天（特❷） 黑白（特❷）	帽子（特❷） 饭碗（特❷）	黑白（特❷）
多义词中的一个/多个义项为概念空缺的文化词（义项≥3）	卜❶ 虚❼ 阳❶	团❽❾ 党❶	龙❶❷❸
多义词的一个/多个义项具有特殊文化含义的文化词（义项≥3）		面子（特❷） 下海（特❺）	红旗（特❷） 旗帜（特❷）
多义文化词（义项≥3）			

本书在表 5-5 中具体标注了文化词的文化义项，实际可在三个大纲中，"阳"的哪个义项需要学习者掌握，"团"的哪个义项是在初级阶段学习

的，大纲均没有标注。而我们只能凭感觉去预测，这就给第二语言教学的科学性带来了一些不可控的影响。因此，大纲中上述词语均应该标明义项，以便更好地发挥第二语言词汇大纲的科学引领作用。

六　在词语所反映的文化内容方面收词比例严重失衡

按照"文化四层次说"（参见张岱年、方克立，2005：3）对文化词进行分类，文化词可以分为物态文化词、制度文化词、行为文化词、心态文化词。物态文化词反映的是人类加工自然创制的各种器物，心态文化词是指一些反映人们的价值观念、审美情趣、思维方式、宗教感情、民族性格等方面的词语，属社会心理和意识形态范畴，是文化的核心部分。其中心态文化词是文化最深层的部分，而目前 TCSL 词汇大纲大部分词语仅仅停留在对中华表层物态文化的铺陈介绍上，行为文化词较少，尤其缺乏心态文化词。我们可以从三个 TCSL 词汇大纲中找出为数有限的心态文化词，如表 5-6 所示。

表 5-6　三个 TCSL 词汇大纲中的心态文化词

	《汉语水平词汇与汉字等级大纲》	《汉语国际教育用音节汉字词汇等级划分》	《高等学校外国留学生汉语教学大纲》
心态文化词		恩情（三级） 孝敬（三级） 缘分（三级） 爱面子（三级附录） 风水（三级附录） 艰苦奋斗（三级附录） 门当户对（三级附录） 太极（三级附录） 侠义（三级附录） 孝顺（三级附录） 中庸（三级附录）	面子（特❷，中等阶段词汇） 孝敬（中等阶段词汇） 孝顺（中等阶段词汇）

TCSL 文化教学所教授的都是文化器物的铺陈么？显然不是。因为每个国家的文化都有其足以骄傲的资本。在第二语言文化教学时，我们应该注重心态文化中的文化观念，并以文化观念为基，进一步沟通语言教学与文化理解之间的有机联系（赵明，2013）。因此，反映价值观、审美观、思维方式等方面的词语应该在教学中引起重视。而在 TCSL 词汇大纲中，这

类文化词收录明显不足。比如,《汉语水平词汇与汉字等级大纲》中的现代汉语文化词没有一个与心态文化相关。《汉语国际教育用音节汉字词汇等级划分》收录了 11 个心态文化词,占《等级划分》文化词总数的 8.5%。《高等学校外国留学生汉语教学大纲》收录了 3 个心态文化词,占《教学大纲》文化词总数的 2.3%。这说明,大纲似乎只关注到自己的文化产品,如汉字、古代科技、政治制度等,但是中国人的价值观却备受冷落,这导致了很多留学生在中国多年却不能理解中国文化的核心,听不懂中国人的幽默,以及中国话里面的深层含义和中国人做事的价值观,文化隔膜一直存在,不能对中国产生认同感。大纲在词语收录方面,却出现了明显的比例失衡。因此,这是一种严重的误导。

七　未收录核心文化词

在词语构词能力方面,TCSL 词汇大纲所收录的大部分是一般文化词,几乎没有收录核心文化词。

核心文化词代表的文化概念具有能产性,学习者如果能准确掌握核心文化词,那么有利于学习者从字义推知词义,从而扩大词汇量。如"仁"、"义"、"孝"、"礼"等中华核心文化的精髓至今在现代汉语词汇构词层面仍然十分活跃,属于核心文化词。而综观《汉语水平词汇与汉字等级大纲》中文化词的收录,没有一个词语所体现的文化是文化观念。这不能不说是一种语言教学资源的浪费。

类似地,词群"道场"、"道姑"、"道观"、"道行"、"道家"、"道教"、"道袍"、"道人"、"道士"中的"道","结义"、"仁义"、"侠义"、"义气"中的"义","上火"、"发火"、"虚火"、"火气"中的"火"都是具有较大能产性的核心词,而大纲基本没有收录。

第二节　教材文化词释义存在的问题

教材文化词应用是多方面的,我们不可能把教材文化词释义的应用方面一一考察到,这里主要选择释义作为主要考察方面。为什么要关注教材文化词的释义?释义并不是个小问题。根据相关研究,教材中的生词注释是学习者自学的依据及教师教学的参考,生词的注释方式、注释内容的准确与否都会对教材和教学产生影响(杨子菁、郑泽芝,2012)。国家语委还专门在厦门大学设立了教材语言检测中心来检测国内语文教材与对外汉语教材等的语言面貌，其中教材词语释义是一个重要的检测方面。这说明，汉语教材中词语释义的确不是一个可以忽略的方面。

为了进一步弄清教材文化词释义对学生习得文化词的影响，我们曾专门对留学生词语的掌握情况进行了抽样调查分析，重点选取初级汉语教材所出现的现代汉语文化词。调查人员是福建师范大学海外教育学院中级水平的留学生（107人，五个平行班），他们来自俄罗斯、美国、韩国、日本、印尼等国家。我们为了尽量排除被试学生语言能力的差异，被试的汉语水平只限定于中高级。① 由于调查对象数量有限，调查时间也不够长，只能以个案的方式来进行分析。结果发现词语全部正确的概率不足20%。在答错题目的81名同学中我们又进行了细致的统计分析，统计结果如图5-8所示。

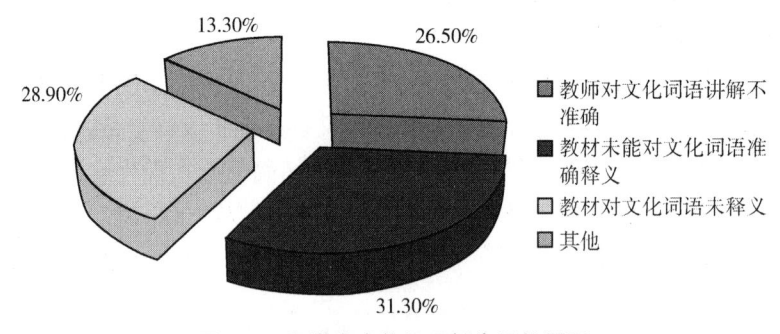

图 5-8　留学生文化词理解失误的原因

结果发现，教材文化词未释义或不能准确释义是学生文化词使用出现错误的主要原因，原因比约各占28.90%与31.30%。文化词理解障碍来源于教材注释处理失当是可以理解的，因为教师不可能把文化词都讲解到位，因此，教材文化词释义便成为他们学习词语的一个重要依据，绝对不可以出错。以"下海"为例，由于教学中词语的注释及语境设置较好，学生的回答也比较好，正确率达到了85%。而"闹新房"这个词语，由于教材没有设置相应的文化释义，所以学生的正确率竟不足15%。为此，对于教材中的文化词而言，教材释义若不呈现或不准确充分呈现文化信息，很有可

---

① 初级阶段的学生由于受语言能力的限制，词语文化方面的问题还不是十分突出，或者说不是其主要问题。

能影响外国学生对汉语词语的理解与使用。学生对文化词的理解与使用成功与否的重要原因之一在于教材文化词释义是否准确。教材文化词释义是 TCSL 文化词应用的一个非常重要的方面。

有汉语教学界的学者（叶军，2001）提到了教材文化词释义的必要性，目的是在语言课中实现"结构—功能—文化"三位一体的平衡（陈光磊，1992；沙平，2001）。因为文化因素如果在教材中呈现得不好或者老师在课堂上不去讲解文化因素，外国的学习汉语的人常会出洋相或闹笑话（王希杰，1995）。而文化词应该如何释义？文化词释义存在哪些问题？迄今为止，尚未有人做过系统的研究。

为此，我们拟系统分析三套教材文化词释义的情况。三套教材共收录了 766 个现代汉语文化词，下面将系统分析教材中 766 个现代汉语文化词的释义情况。

王汉卫（2009）曾认为，当前对外汉语教材的生词释义模式不外三种：其一，媒介语释义法（单、多语种外文翻译），主要用于初中级；其二，混合释义法（汉外混合解释），主要用于中高级；其三，目的语释义法（汉语解释），主要用于高级。这三种模式可以归结为一种，即从语言到语言，以语言解释语言。而实际上，我们所选择的是系列教材，教材文化词释义类型涵盖了上述三种模式，所以无法说具体是哪种释义模式（见表 5-7）。

表 5-7　三套系列教材文化词的释义模式分析

注释内容/教材	媒介语释义法	混合释义法	目的语释义
《博雅汉语》	√	√	√
《发展汉语》	√	√	√
《成功之路》	√	√	√

因此，王汉卫（2009）所概括的汉语教材生词释义模式并不适合本书的分析。本书从释义语与被释词的关系出发，将三套系列教材的注释模式大致分为四大类型："一对一"对译、近义词+描写说明、描写说明+例证、纯解释。目的是通过对释义模式的分析，找出释义所存在的问题及成因，以便进一步提出汉语教材文化词释义的改进建议。

一 "一对一"模式

"一对一"模式即词语注释本着精练的原则，以一个汉语词（语）对应一个英文词（语）的方式来进行释义。如：

（1）除夕 chú xī New Year's Eve（《成功之路·进步篇2》，第25课，第95页）

（2）春联 chūn lián Spring Restival Couplets（《成功之路·顺利篇2》，第25课，第95页）

（3）孔子 kǒng zǐ Confucious（《成功之路·进步篇1》，第12课，第149页）

"一对一"注释方法特点是：形式上简洁明了、节约空间，词的概念意义相当，基本可满足使用者的需要；而存在的问题主要是：由于汉英两种语言的文化差异，导致词义不完全对应的情况很多。即使概念意义一致，词语的文化意义也未必相同，另外存在使用搭配上的差异等，这些不同和差异造成了非完全对应情况的出现。从下面我们列举的情况可以看出"一对一"类型在注释上所存在的不足：

1. 因教材注解者对特殊文化含义词的文化意义不理解导致注释出现谬误

特殊文化含义词的重要特点是两种语言都有相同的概念，但受制于独特民族文化背景的影响，共有概念具有另一层特殊文化含义。这种文化含义往往是为母语者所习焉不察的，但对非母语者很容易构成理解障碍。如：

（4）面子 名（miàn·zi）face, reputation [《发展汉语·中级综合1》（第2版），第7课，第77页]

"面子"是个多义词。我们需要首先看教材语境下面子是哪个含义。教材课文名为："我在中国学'大方'"。例句为"我在中国待得时间长了，我和这里的人们一样，也越来越在乎面子了。现在，我也大方了起来。"

可以看出，课文语境下的"面子"实质是指"中国追求'大方'，追求表面虚荣的一种特殊文化心理"。

而在实际生活中，一些人认为"面子"经常被认为与英语中的"face"相对应。其实，"面子"实质是我们分析文化词的第二种基本类型——特殊文化含义词，与英语的"surface"相对应。如果我们不翻阅《现代汉语词典》（第 6 版），就很难理解这个词的文化意义。

【面子】miàn·zi 名 ❶物体的表面：被～｜这件袍子的～很好看。❷表面的虚荣：爱～｜要～｜你这话伤了他的～。❸情面：给～｜碍于～，只好答应了。

从《现代汉语词典》（第 6 版）对"面子"的释义来看，"面子"实际上是由"物体的表面"义引申而来的。❷义是面子的文化意义。《现代汉语词典》（第 6 版）关于"面子"的释义也很好地解释了"面子"与英语中"face"的差异。"面子"与"face"（脸面）都是维持社会关系和谐与稳定的工具性行为。但是中华文化中"面子"的❷义侧重于表面现象，中国人对"面子"的爱护说明"面子"在中国人社会生活中的重要性确是无与伦比的，"面子"时常支配和调节着中国人的社会行为。中国文化的"面子"受制于集体主义准则。西方文化的"face"（脸面）则是可能阻碍他人自由的言语行为、伤害他人的消极"面子"。在西方，个人自我实现的观念根深蒂固，人们强调个人的权利和自我行为的权利；厌恶对他人事务的干涉；尊重个人的隐私。西方文化的"face"受制于个人主义价值取向。

已故著名学者季羡林在经历了"文化大革命"后，以他自身的经历，写过《牛棚杂忆》一书。在书后附文《一个老知识分子的心声》中，季羡林（1998）认为，"面子"问题是中国特有的国粹。这个词外文没法翻译。季羡林（1998）又指出，同"面子"一样，"骨气"这个词也是无法译成外文的，也是中国的国粹。类似的词语还有"面子"、"缘分"、"骨气"、"义气"、"灵气"等。

如果我们从词汇学视角看季羡林（1998）的论述，这种看法实际指出了上述词语是概念空缺在词汇层面的反映。比如，我们每到名川大山中的寺庙旅游，导游人员总会说，从前，某某方丈神游到此，觉得此地很有灵气。又说，此庙确实很灵，或此庙确有灵气。又如某作家说，文章要写得有灵气，而不俗气，不但要求作者要有灵感，还要有灵气。"灵气"这个概念实际来自中国阴阳学，对于上述"灵气"在英语中就找不到对应词，要把这类词语译成准确的英语就不是一件易事。

但是，从两种语言之间的词汇意义转化角度来看，我们应该努力寻找翻译策略。但用"一对一"的形式肯定是不能解决问题的。

因此，教材词语注解者用"face"（脸面）、"reputation"（名誉）来对"面子"释义是极不准确的。学习者如果按照这个释义来理解"面子"，流毒无穷。当学习者日后发现中国文化中"面子"的真正含义时，还会对对外汉语教科书留下不科学、不正确、不严谨的负面印象。

2. 因教材注解者对概念空缺词的文化意义不理解导致注释出现谬误

概念空缺词所反映的概念在另一种语言的词汇层面不存在或似是而非。如果我们不弄清这似是而非的文化意义，教材注解者并不理解词义导致注解发生谬误。如：

（5）仁（rén）benevolent；kindhearted（《博雅汉语·准中级加速篇》，第14课，第206页）

"仁"是孔子学说的精华，也是中华文化中最核心、最深沉、最重要的心态文化之一。《博雅汉语》准中级加速篇的教材注解者把"仁"解释为"benevolent（慈善的）；kindhearted（好心的）"显然是一种谬误。

"仁"本义是"两个人在一起"，后来演变成为中国古代一种含义极广的道德范畴。孔子把"仁"作为最高的道德原则、道德标准和道德境界。"仁"是儒家思想的体系的重要内容，而"孝"、"悌"是仁的根本。概言之，儒学的思想内核在"仁"，由"仁"而趋"善"。我国传统思想文化中关于"民为邦本"、"重义轻利"、"杀身成仁"等思想都是围绕"仁爱"展开的。

"benevolent"源于西方的"博爱"文化。基督教从人有原罪出发，把行善动力归于上帝的启示。上帝是赏善罚恶的判决者，是人来世命运的直接决定者，爱上帝就要行善。因而慈善是一种他律诉求，它强化了慈善"benevolent"的责任和义务，并演绎为人的本能意识乃至生活常态。

因此，两种不同文化体系下的概念"仁"与"benevolent"绝不等同。我们说"这个人很仁义"绝对不能换成"这个人很慈善"。这两个句子的含义差别不可以道里计。而教材释义者却十分简单地用"一对一"的方式将"benevolent（慈善）；kindhearted（好心）"比附"仁"，这是十分荒谬的。

3. 被注解词是个特殊文化概念，教材注解者用一个实际上并不对等的词语加以解释

概念空缺词的重要特点是：一种语言中的词语 A 是这种语言民族的独特文化创造，在另一种语言中根本没有相应概念，因而无法简单对译。既然无法简单对译，在教材释义过程用就要用"纯解释"的方式进行说明，而无法采用"一对一"的方式进行释义。而下面教材词语的注解中却存在这个问题：

（6）龙 lóng dragon（《成功之路·进步篇1》，第9课，第108页）

我们在第三章已经分析过"龙"与dragon的显著差异。如果这样注解，学习者定会误解望子成龙中的"龙"为dragon（恶龙），中国人都是dragon（恶龙）的后代。

类似的问题也出现在赵明（2013）列举的教材词语释义"望子成龙"。关于"龙"这类问题引发的文化误解与文化冲撞是十分严重的，不容我们小觑。另如：

（7）凤凰 fèng huáng 名 phoenix（《成功之路·进步篇1》，第9课，第108页）

据《尔雅·释鸟》郭璞注，"凤凰"的特征是："鸡头、燕颔、蛇颈、龟背、鱼尾、五彩色，高六尺许。""凤凰"是中国古代传说中的百鸟之王，与龙同为汉族民族图腾。

"phoenix"却指"不死鸟"，又译"菲尼克斯"，是一种神话中的鸟类。从它的外观看来可归类为火鸟的一种。"不死鸟"可能是由埃及神话中的贝努传到希腊的（转引自陈晓丹，2009：41）。每隔五百年左右，不死鸟便会采集各种有香味的树枝或草叶，并将之叠起来后引火自焚，最后留下来的灰烬中会出现重生的幼鸟（转引自陈晓丹，2009：41）。"不死鸟"传到了恶魔学中成为了所罗门七十二柱魔神的其中一名，称为菲尼克斯（phenex/fenix）（转引自陈晓丹，2009：43）。

可以看出，"凤凰"与phoenix是两种文化来源的不同神话中的鸟类。把凤凰释义为"phoenix"是不合适的。这与今天一些翻译把"龙"等同于dragon（西方文化中的一种凶残的怪兽）的原理是相类似的。

因此，以上问题对学习者理解现代汉语文化词是十分严重的，因此问题不容忽视。如果我们简单地用"忽视"来解释，恐怕也难于自圆其说。无论怎样，教材释义者对于以上问题应该充分引起重视。

4. 因被注解文化词是多义的，在释义中仅解释了一个义项导致释义出现谬误

根据文化词义项的多寡，现代汉语文化词可以分为：单义文化词、双语义文化词、多义文化词、多义词的单个/多个义项构成的概念空缺的文化词、多义词的单个/多个具有特殊文化含义的文化词。对于多义项的文化词，

教材释义者要深入课文语境中了解词的文化意义能否与注解语义相符。有时，教材注解者对这方面理论认识不足，在释义中自然容易产生谬误。如：

（8）贬（biǎn）abase；devaluate[《博雅汉语·中级冲刺篇》（上），第6课，第23页]

而课文中关于"贬"的句子为："所以从广东把荔枝快运到长安，就成为奢侈的话题，而苏轼被贬到海南，也不像今天的旅游节目那么充满浪漫色彩。"

这个注释中英文的近义词 abase；devaluate（abase 意为"贬低、指出缺点"，devaluate 意为"货币贬值"）中没有表现课文例句中"贬"的"被降职并被派到离首都很远的地方去"的含义。贬官是中国封建社会历史上长期存在的文化现象，这种文化逐渐进入"贬"的多义系统之中并形成"贬"稳固的文化意义，而该注释中没有表现"贬"的这种文化意义。学生若按此注释理解句子和课文，结果自然是不知所云。

"一对一"释义模式是否适用于文化词的释义？我们根据上面分门别类的分析，总结了"一对一"释义模式存在的 4 个问题：

第一，因教材注解者对特殊文化含义词的文化意义不理解导致注释出现谬误。

第二，因教材注解者对概念空缺词的文化意义不理解导致注释出现谬误。

第三，被注解词是个特殊文化概念，教材注解者用一个实际上并不对等的词语加以解释。

第四，因被注解词是多义文化词，在释义中仅解释了一个义项导致释义出现谬误。

这 4 个问题的出现并不是偶然的，而是"一对一"释义模式本身不适用于文化词的缺陷导致的。因为，"一对一"注释的方式过于简单，没有将两种语言词义之间的差别深刻揭示出来，因此在大多数情况下不适合 TCSL 教材中文化词的释义。正如胡明扬（1990）所指出的："生词表上的注释应该一开头就让学生明白两种不同语言的语词之间不存在一对一的关系，碰到两种语言在语义或用法上有较大差别的词语应该适当讲解，讲清楚词语的特点，防止母语的干扰。"

心理词库理论也证明了"一对一"模式在大多数情况下都不适用于文化词的释义。心理词库/词典（mental lexicon）有时也被称为内部词汇/词典（internal lexicon）。它有两个特点：一是从内容上来说，心理词库容量大；二是从使用角度来说，心理词库从长时记忆中的提取速度非常快（Paivio, A. 1986）。心理词库中的"概念通达模式"认为，两种语言中共有的概念可以顺利建立一语与二语之间的联结（参见图5-9）。当两种语言之间词库的概念出现不对等甚至完全不相同时，一语与二语之间概念通达度就会逐渐减弱甚至是无法建立。

概念通达模式

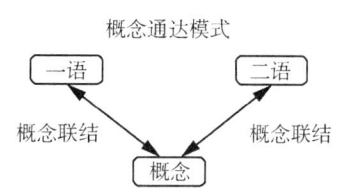

一语 ⇄ 二语

概念联结　　　概念联结

概念

图5-9　Paivio, A.（1986）关于一语与二语概念通达模式的建立

因此，对于文化词而言，在外语中根本没有一个对等的概念可以准确地翻译出其文化意义。根据心理词库的"概念通达模式"，从一语到二语的概念联结自然也就无法建立。因此，"一对一"模式是根本无法适用于文化词释义的。

二　近义词+描写说明

汉英两种语言的差异导致词语不对应的情况很多，找不到准确的对应词，而且一个词内部各义项之间的差异也较明显，这个时候如果加上一个近义词，限定了前一个词的意义，也就能让使用者明白词义。但这类释义模式对于文化词而言，也存在一些不容忽视的问题。

1. 近义词给的不准确

这类问题主要是在采用"近义词+描写说明"释义模式时，文化词因为在外语中很难找到对等概念，教材释义者给了一个并不正确的近义词加以解释。如：

（9）知识分子 zhī shí fèn zǐ 具有较高文化水平、从事脑力工作的人，例如从事文学和艺术工作的人 intellectual（《博雅汉语·中级冲刺篇1》第二版，第9课，第142页）

"知识分子"是一个历史文化范畴。汉语中知识分子一般包括"科学工作者"、"教师"、"医生"、"记者"、"工程师"等。[①] 19 世纪末 20 世纪初,由于受西学影响,朦胧地把知识分子与知识阶层区别开来。如称知识分子为"学界分子",称知识阶层为"知识界"等。直至 1921 年中国共产党成立,在《中国共产党章程》上才正式用"知识分子"。1933 年,中国共产党在革命根据地的中央工农民主政府明确规定知识分子是一个社会阶层,属于"脑力劳动者"。

目前,国内学术界一般认为,知识分子是具有较高文化水平的脑力劳动者。汉语中"知识分子"的范围要广泛得多,甚至只要肯读书的人就可以称为"知识分子"。

intellectual 专指 "a person who uses the mind creatively"(脑力创造者),在西方精英教育的理念下,只有人会创作文艺或掌握高等数学、做科学研究,才表示 intellectual。一个人只要不是呆子,就可以称他(或她)intelligent(有智能的),却未必 intellectual。只有那些实实在在能创造出科研成果的科研人士才可以被冠为"intellectual"。根据《韦伯斯特新国际词典》(第 3 版)对"intellectual"的解释,"intellectual"指:第一,智力超常的人;第二,指献身于心智事物方面尤其是文学与艺术领域的,特别是对巨大、深远或抽象问题进行研究、反思与推理的人们;第三,能创造出巨大科技财富的科研人士。

因此,汉语中的"知识分子"并不能用"intellectual"来翻译,而需要采用"准解释"的方式对"知识分子"进行说明。

2. 描写说明得不准确

有些文化词的文化内涵代表了中华文化的内核,并不是简单的几句话就能解释清楚的,而教材释义却不准确加以描写说明,导致释义出现谬误。如:

(10)愚公移山(Yúgōng yí shān)lunkhead,a foolish old man who removed the mountain—do things with dogged perseverance and fear no difficulty[《博雅汉语·高级飞翔篇》(上)第 9 课,第 118 页]

[①] 参照《现代汉语词典》(第 6 版)释义。

"愚公移山"所代表的文化体现了中华民族精神的内核。在教学中，很多留学生，尤其是西方学生不理解"愚公移山而不移家"，原因主要是愚公移山这个词语所反映的深层文化构成了学生的理解障碍。"愚公移山"至少代表了三个文化观念：其一，中国人安土重迁的观念；其二，中国家族本位文化；其三，中国人自强不息的精神。该词语英文释义过于简略，仅仅说明"愚蠢的老人想搬山，形容做事情有毅力并不怕困难"，并不能完全解决学生的困惑。

三　描写说明+例证

"描写说明+例证"是文化词常用的释义模式。因为文化词大都由实词充当，而且由于两种语言的跨文化比较，概念空缺词存在较多。采用这种释义模式的词语一般在英语中找不到相应的近义词，所以只能用词组或句子从意义、使用方法等方面对其进行描写说明。在这里我们强调这是一种"描写"，在"描写"中，不是直接给出词语的词义，而可能是对词义的理解，也可能从词语的语法作用进行说明。如：

（11）滚雪球（gǔn xuěqiú）雪球在雪中滚动，越滚越大。比喻增长很快 snowball 例证：困难如果不及时解决，就会像滚雪球一样越滚越大。（《博雅汉语·中级冲刺篇1》，第2课，第23页）

该释义解释了"滚雪球"的意义，例句中给出了用法。

上面的例子并不是文化词的释义，但采用了"描写说明+例证"的释义模式，更好地帮学习者理解了汉语词汇。

对于文化词而言，"描写说明+例证"的释义模式也存在若干问题，主要表现在：

1. 不明概念空缺词的准确词义导致"描写说明"不准确

同样，这类释义模式的问题也是由于对概念空缺词的准确词义缺乏正确的认识引起的。在采用"描写说明+例证"释义模式进行释义时，释义者并不能准确地翻译词义。如：

（12）宣传 xuān chuán disseminate；conduct propaganda：～国家的政策|为了～自己的商品，各个公司都给自己的产品做广告。（《博雅汉语·准中级加速篇2》，第14课，第206页）

教材释义者用 disseminate（散布，传播）、conduct propaganda（误导与传播欺骗性）释义"宣传"是不准确的。而我们在实际翻译时，"宣传"经常被认为与英语中的"propaganda"是等义词，其实，"宣传"是中国国情特有的概念。《现代汉语词典》（第6版）中"宣传"只收录了一个义项：

【宣传】xuānchuán 动 对群众说明讲解，使群众相信并跟着行动：~队｜~ 交通法规｜~ 自己的观点。

也就是说，现代汉语中"宣传"与"群众"这个概念密不可分，这与我党的意识形态建设有密切关系。如：

我们作宣传工作的同志有一个宣传马列主义的任务。这个宣传是逐步的，要宣传得好，使人愿意接受。（毛泽东《在中国共产党全国宣传工作会议上的讲话》）

她不管我懂不懂，这三天来就不断地向我宣传他们的理想，讲解那个运动的历史的发展。（巴金《利娜》）

上述两个句子中的"宣传"都是这个含义。

中国政府行政部门均设有"宣传部"，传达政治思想理论要用"宣传画"，中共高度重视"宣传工作"，上述句子中的"宣传"和"对群众讲解，使群众相信并跟着行动"都是这种政治文化的反映。

实际上，"宣传"本有"传播宣扬"之义，可这个含义一般在新中国成立前与新中国成立初期使用。如：

刘老头的确没替祥子宣传，可是骆驼的故事很快地由海甸传进城里来。（老舍《骆驼祥子》第五章）

刚才跑出去那个小闺女，跑到外边一宣传，说有个打官司的老婆，四十五岁了，擦着粉，穿着花鞋。邻近的女人们都跑来看。（赵树理《小二黑结婚》第十一章）

要自己不宣传，外人一辈子也不知道自己还有个媳妇。（赵树理《孟祥英翻身》第八章）

在新中国成立后,"宣传"词义发生了转移,似乎成了专用词汇,"传播宣扬"义越来越淡化。这是一个奇怪的现象,也是政治文化对词义专化的一个典型例证。

英语的 propaganda 除了少数作为"广告"的意思外,通常是一个贬义的和政治性的用词。查询《牛津高阶英汉双解词典》(第 3 版),我们可以看到这样的定义:misleading publicity:deceptive or distorted information that is systematically spread(有系统地误导和传播欺骗性和被曲解的信息)。为何 propaganda 会有这样的含义?这也与政治有密切关系。1933 年 3 月,希特勒在德国上台之后,在新政府中组建了"国民教育与宣传部"(Propaganda Ministerium),由戈培尔担任部长。在戈培尔和他的宣传部的操纵下,本来应该向公众传播事实、宣传真理和正义的德国新闻媒介却成为欺骗公众、制造谬论、蛊惑战争的工具,不断对德国老百姓洗脑,使他们成为法西斯战争的狂热支持者。

我们用表来分析"宣传"与"propaganda"可以看得更清楚(见表 5-8)。

表 5-8　宣传与 propaganda 的区别

	宣传	propaganda
词义差异	对群众说明讲解,使群众相信并跟着行动	有系统地误导和传播欺骗性和被曲解的信息
褒贬	褒义	贬义

因此,"宣传"无论如何不能翻译为 propaganda,对于"宣传思想工作"这个词组,新华社英文电讯稿中使用的翻译是"publicity and ideological work"(意识形态工作)。

2. 将被注释的词语表义直白化

一些文化词不能简单地按照字面意思直白翻译,而教材的一些注解却犯了这个毛病。如:

(13) 天涯若比邻 tiānyá ruò bǐ lín 住得很远,但好像离得很近 distance can't keep you two apart [《博雅汉语・中级冲刺篇》(Ⅰ),第 9 课,第 149 页]

课文中的例句是:"通过网络可以很方便地和国外的朋友联系,真是天涯若比邻。"

"天涯若比邻"出自唐代诗人王勃的《送杜少府之任蜀州》:"海内存知己,天涯若比邻。"意思是说:我们分手之后,虽然天各一方,但是不必悲伤。海内有知心的朋友,即使远隔天涯,也像是近邻一样。最后两句就此再推进一层说,突出了中国人的好交朋友、与邻为善的文化心理。而"住得很远,但好像离得很近"将该诗句中的意思过于直白化了。

(14)己所不欲,勿施于人 jǐ suǒ bú yù, wù shī yú rén 儒家重要的主张之一。自己不愿意承受的,不加在别人身上。Do not do to others what you don't want to be done to you.(《博雅汉语·中级冲刺篇》(Ⅰ),第10课,第171页)

"己所不欲,勿施于人"出于《论语·卫灵公篇》,是孔子经典文句之一,亦是儒家文化乃至整个中华文化的精华。这句话的含义很深,该注释存在一些值得商榷之处,比如欲是"希望"的意思,而并非"承受"之义。"勿"的"不要"义也没有突出出来,翻译成为"自己不希望要的,不要加给别人"似乎更加准确。

中国的《论语》是中国文化的重要代表。而注释中没有解释《论语》,更没有提到"孔子",这些信息有待补充。

四 纯解释

"纯解释"的释义模式主要用解释的方法来对文化词进行释义。主要有三种情况:纯英文解释;纯中文解释;英文与中文混合解释。

(一)纯英文解释

纯英文解释,顾名思义,就是教材释义者希望能用英语准确传达出汉语文化词的源义。如把"每逢佳节倍思亲"(měi féng jiā jié bèi sī qīn)释义成"feel doubly homesick on festive days; on every festive occasion I think all the more of my dear ones far away",把"金坚玉洁"(jīn jiān yù jié)释义成"as firm as gold and as pure as jade"等。但由于汉英两种语言文化词很难找到等价物,教材释义者又缺乏相应的文化图式概念,导致释义会出现多种问题。

一些纯英文解释过于简单,如:

（15）号脉 hào mài feel the pulse（《成功之路·进步篇1》，第2课，第17页）

"号脉"又称为"脉诊"，即切脉，俗称"号脉"。切脉诊病，由来已久，是中医的一种诊断疗法。为什么要通过脉来诊病？中医认为，脉象的产生与心脏的波动、心气的盛衰、气血的盈亏直接相关。所以，心、脉是形成脉象的主要脏器，气血是形成脉象的物质基础。

教材注解简单地用"feel the pulse"（摸脉搏）显然不能令人知其所云。教材注解至少应该包含以下信息："医生用手按在病人腕部的桡动脉上，根据脉搏的变化来诊断病情。"

（二）纯中文解释

（16）四合院儿（sì hé yuànér）北京传统的住宅形式，四边是房屋，中间是庭院。[《博雅汉语·中级冲刺篇》（I），第9课，第148页]

（17）秦俑（qínyǒng）全称秦始皇兵马俑，是中国第一个皇帝秦始皇的陪葬物陶制军马方阵。[《博雅汉语·中级冲刺篇》（I），第9课，第148页]

要学好一个民族的语言就应当对其文化有所了解，中国五千年的历史所负载的文化信息，就体现在浩如烟海的汉语词语当中。这些释义中承载着许多文化信息，在理解词义的同时，也能了解到中华民族的一些文化知识，对他们学习汉语是很有帮助的。当然，在纯中文解释文化信息的同时，不可避免地要出现一些问题。

1. 因注解者对转喻类文化词的转喻义认识有偏差导致释义出现谬误。

转喻类文化词的词义发生机制一定要受独特文化的影响。换言之，词的文化意义借助转喻机制生成的词汇即为转喻类文化词。转喻类文化词包含以物转指与以人转指两种基本类型。在纯中文解释时，有的注解容易忽略文化词的转喻机制，导致词语的语义、褒贬色彩等出现谬误。如：

（18）拼命三郎（名）拼命三郎指做事情不顾一切的人。[《发展汉语·高级汉语口语》（下），第1课，第8页]

"拼命三郎"《现代汉语词典》（第6版）失收，但《发展汉语 高级汉语口语》却把它收录进了生词表，这大概是受中国优秀长篇小说《水浒传》的影响，像"宋江"、"吴用"、"李逵"、"花荣"等讲究"忠义"的梁山好汉的形象至今在我们大多数中国人的心中还是耳熟能详的。根据我们前面对现代文化词基础理论中关于文化词类别的分析，"拼命三郎" 属于以人转指类转喻文化词。以人转指类转喻文化词的普遍特点是，人物是中华民族文学经典作品或为当代中国人所普遍熟知的人物，因为这类人物某类特点特别突出，从而成为了某类人的代名词。如"阿斗"、"红娘"、"陈世美"、"伯乐"、"诸葛亮"、"阿Q"、"包青天"、"曹操"等。

　　"拼命三郎"的含义有二。一即石秀。石秀的一个突出特点就是，虽然他身世让人同情，他自幼父母双亡，流落蓟州卖柴度日，但武艺高强，做起事来奋不顾身，甚至不在乎自己的性命也要追求中国文化中的兄弟之"义"。比如，在三打祝家庄时，石秀故意让孙立捉住，混入庄内做了内应。卢俊义被困大名府即将杀头，石秀一人跳楼劫法场，救了卢俊义的性命。因为不认识城中的道路，被梁中书所拿，与卢俊义一同被打入死牢。正因为石秀"做起事来奋不顾身"的突出特点，使得其得到了"拼命三郎"的称号。"拼命三郎"这样的词语不仅没有在明清之际消失，而且流传到了我们今天所使用的汉语当中。如：

　　贺福初"拼命三郎"的精神，源于他的"四个无愧于"。（1995年1月《中国改革报》）

　　金宇中是一位"拼命三郎"式的实干家，他根本没有"八小时"内外的概念。（1997年8月《中国改革报》）

　　柳青有特点鲜明的敢于拼搏、善于拼搏的泼辣球风，被球迷和新闻界誉以"拼命三郎"的美称。（1992年7月《中国体育报》）

　　来自上海的姑娘章旭飞赛后点出了比赛的转折点。之后，一副"拼命三郎"模样的中国队居然连胜3局，首次击败了世界排名第一的荷兰队。（2004年9月新华社新闻报道）

河北省组建轮椅网球队，董福利错过了选拔机会。她硬是凭着"<u>拼命三郎</u>"的劲儿从唐山追到石家庄，要求参选。（2005年3月新华社新闻报道）

"拼命三郎"石秀是中国人所熟知的"做起事来奋不顾身"最典型的人物。因此，"拼命三郎"也就成了"做起事来奋不顾身"的典型。这正符合认知语言学中"用显著的事物推导非显著的事物是人类认知的一般规律"（沈家煊，1999：36）。但是我们要注意的是，"拼命三郎"并非贬义词，而是带有褒扬、赞赏的色彩义。《发展汉语·高级汉语口语》（下）的释义者解释"拼命三郎"指做事情不顾一切的人，就把这个词语的色彩义引导向了褒贬未可知的状态。因为，"不顾一切"是"什么都不管不顾"，"奋不顾身"是"奋勇直前，不顾及自己的性命"，二者色彩义相差悬殊。

因此，《发展汉语·高级汉语口语》（下）对"拼命三郎"的注解是不准确的，它忽略了词语所使用的褒贬色彩。按照这个注解来学习词语，教师不加以解释，在一次课后的造句作业中教师就收集到了这样的谬误：

同时我也会继续支持着流行歌曲，支持我喜欢的歌手，但并非"疯狂"的"<u>拼命三郎</u>"，是理性的"喜欢"，"着迷"。

2. 因注解者对隐喻类文化词缺乏理解、望文生义导致释义出现谬误

所谓隐喻类文化词，指的是词义衍化受隐喻机制的作用，这种机制又与独特文化背景密切相关的那部分词语。隐喻类文化词更普遍使用经过隐喻后产生的义项。望文生义体现了注解者对特殊文化概念的无知，我们在中高级词汇教学中时时刻刻会遇到对文化的阐释。如果我们胡乱阐释，不仅难以让外国学生"知其然，并知其所以然"，连"知其然"的目标都难以达到。

（19）独善其身 dú shàn qí shēn（成）坐不上官，就搞好自身修养。[《博雅汉语·中级冲刺篇》（Ⅱ），第10课，第256页]

我们需要对"独善其身"在课文语境中的含义进行分析。课文题目为《狂放辜鸿铭》，课文中语境为：

在那样的一个时代里，只要你是一个中国人，你就只能是病弱的，任人宰割的。如果你是清醒的，你要抗争，你就离疯掉不远了。因为混在一堆快要烂掉的水果里，你<u>独善其身</u>是无法想象的。

"独善其身"指"修身养性，保全己身，不管世事"。现也指只顾自己好，不关心身外事。语出《孟子·尽心上》："穷则独善其身，达则兼善天下。"赵岐注："独治其身以立于世间，不失其操也。""做不上官就修养好自身"是最初的意思，人们现在更普遍使用的是其隐喻义"指在污浊的环境中能不受干扰地坚持自己的美好品格"。《博雅汉语·中级冲刺篇》（Ⅱ）的注解者将"独善其身"释义为"（成）坐不上官，就搞好自身修养"是错误的。

类似"独善其身"的隐喻类文化词，我们更加经常使用的往往是经过隐喻机制后发生的语义，如我们在第三章所列举的"烘托"与"卖关子"等。而我们如果忽略这一点，自然容易在释义中产生谬误。

3. **教材注解者注解概念空缺词时，用了另一个更难的概念空缺词来注解**

这类释义实际犯了"以难释难"的毛病，即用一个更令人费解的词语来解释一个新词。笔者（2010）即列举过《博雅汉语》中曾用"破绽"（更难词）来解释"露马脚"的误例。"破绽"是一个在"露马脚"之前未学过的词语。因此，这类释义就不容易让学习者理解。另如：

（20）上火（动）shàng huǒ 中医指大便干燥或口腔发炎、口干舌燥等毛病。[《发展汉语·高级汉语口语》（下），第1课，第8页]

"上火"是中医术语，意为人体阴阳失衡，内火旺盛。所谓的"火"是形容身体内某些热性的症状。而上火也就是人体阴阳失衡后出现的内热症。一般认为，"火"可以分为"实火"和"虚火"两大类，而常见的"上火"症状则有"心火"和"肝火"。解决方法为"去火"，可服用滋阴、清热、解毒消肿的药物，也可中医针灸、拔罐、推拿、按摩等。《发展汉语·高级汉语口语》（下）的教材注解者用"中医指大便干燥或口腔发炎、口干舌燥等毛病"是基本没有错误的，但"中医"这个词在之前课文中没有出现过。如果要准确解释"上火"，先要对"中医"的语义做略要说明。这些问题看似细微，实则会对学习者理解汉语词语产生不小的障碍，因此不容忽视。

另外，该注解没有说明"火"是中医特有的概念。在这种情况下，字义"火"的准确析出可以更好地帮助学习者掌握"虚火"、"消火"、"实火"、"心火"、"胃火"、"肾火"、"肺火"、"肝火"、"发火"、"火气"等一系列词汇。

（三）英文与中文混合解释

教材释义者用英文与中文混合解释，是为了用双语更好地传达文化信息。如释义"王母娘娘"（Wáng mǔ niángniáng）为"Queen Mother of the Western Heavens; popularly known as 西王母（Xī wáng mǔ）"。这种释义模式对于文化词的释义来讲是十分有效的。但"用语言解释另一种语言"并不是一件容易的事，实际操作起来，教材释义者仍然会出现部分释义的关键文化信息未能提供的问题。

英文与中文混合解释，目的是让目的语对源语的文化概念释义更为准确。要想达到这个目标，就需要对信息差异最大的关键文化信息进行阐释。而有的释义忽略了这一点：

（21）天津 tiān jīn，a city of China（中国的一个城市）[《博雅汉语·中级冲刺篇》（Ⅰ），第9课，第148页]

释义"天津"为"tiān jīn，a city of China（中国的一个城市）"，释义信息过于简略。

这4类注释基本涵盖了两套教材生词表中所有的注释类型。而且我们从对课本的分析中可以看到，在有对应词语的情况下，两部教材都以"例证+描写说明"和"纯释义"注释为主，主要针对解决汉英两种语言没有对应词语的情况而设置的；"一对一"与"用一个近义词"注释也很常见，"近义词+语法注释"类型最少，主要因为文化词没有那么多的语法规则。通过分析，我们将教材释义的问题总结如下表：

表5-9　三套教材现代汉语文化词释义存在的问题

释义模式	问题
"一对一释义"	a. 因教材注解者对特殊文化含义词的文化意义不理解导致注释出现谬误
	b. 因教材注解者对概念空缺词的文化意义不理解导致注释出现谬误

续表

释义模式		问题
"一对一释义"		c. 被注解词是个特殊文化概念，教材注解者用一个实际上并不对等的词语加以解释
		d. 因被注解词是多义文化词，在释义中仅解释了一个义项导致释义出现谬误
"近义词+描写说明"		e. 近义词给得不准确
		f. 描写说明得不准确
"描写说明+例证"		g. 不明概念空缺词的准确词义导致"描写说明"不准确
		h. 将被注释的词语表义直白化
"纯解释"	"纯英文解释"	i. 一些纯英文解释过于简单
	"纯中文解释"	j. 因注解者对转喻类文化词的转喻义认识有偏差导致释义出现谬误
		k. 因注解者对隐喻类文化词缺乏理解、望文生义导致释义出现谬误
		l. 教材注解者注解概念空缺词时，用了另一个更难的概念空缺词来注解
	"中文与英文混合解释"	m. 部分释义的关键文化信息未能提供

通过对此表的分析，本书认为，目前教材文化词释义的最主要问题还是对词语的文化意义把握不准确，不能准确地用母语或目的语翻译自身语言的问题。这还是理论层面——文化词本体研究不透彻的问题。而理论与应用是一种互动的关系，目前学术界对文化词本体理论研究得很不到位，从而导致在应用方面出现不小的偏差。

第三节　学习词典文化词应用存在的问题

教材词语释义与词典词语释义承载着不同的功能（MingZhao，2012）。教材词语释义需要结合课文语境来释词，而学习词典①词语释义的词条则应在适应学习者语言水平的前提下，尽可能地收录义项并做得更加完备、规

---

① 本小节中的学习词典指的是对外汉语学习词典。

范。文化词既然是汉语作为第二语言课堂词汇教学的一个重点与难点，对外汉语学习词典作为汉语学习者使用的重要学习工具，自然也是学习者习得文化词的一个重要途径。

近年来，对外汉语学习词典出版事业日益兴盛，比如目前出现一批以同义词、近义词辨析为主要目的的学习词典，具有代表性的有：张志毅主编的《简明同义词典》（1981）、刘叔新主编的《现代汉语同义词词典》（1987）、商务印书馆辞书研究中心主编的《新华同义词词典》（2003）等。近义词词典如刘淑娥、佟慧君、常敬宇、梅立崇等的《近义词辨析》（1983），邓守信的《汉英汉语近义词用法词典》（1994），刘乃叔、敖桂华的《近义词使用区别》（2003），马燕华、庄莹的《汉语近义词词典》（2004），杨寄洲、贾永芬的《1700 对近义词语用法对比》（2005）等。另有一些比较具有代表性的词典如《现代汉语学习词典》、《现代汉语常用词用法词典》、《汉语常用词用法词典》、《汉英双解词典》、《当代汉语学词典》、《商务馆学汉语词典》等，这些词典有个普遍的共性就是具有用户针对性。编写者将目光准确地定位在外国的汉语学习者身上。因而在收词和释义方面都有别于面向国内学习者的词典，根据外国人学习汉语的实际需求进行编纂，而专门供外国留学生学习汉语的文化词词典目前还没有。

适合外国人学习文化词的学习词典应该是专门的文化词词典，而目前国内 TCSL 界尚未完成这个工作。王德春先生 1990 年的《汉语国俗词典》（河海大学出版社）是对汉语文化词的一次集中聚合与诠释，有着"筚路蓝缕，以启山林"之功，然则《汉语国俗词典》并不适用于 TCSL，也并非对外汉语文化词学习词典，比如《汉语国俗词典》有很多上海方言词（如"阿拉"、"十三点"），还有一部分词语是来自"文革"的词语。值得玩味的是，西方汉学家博伊·拉菲特·德蒙特（Boye Lafayette De Mente）却已编写出二语文化词学习词典——《中国文化词词典》（*NTC's Dictionary of China's Cultural Code Words*，1996）。但《中国文化词词典》不足以为当下汉语教学所借鉴，因为作者对中国文化并不熟悉，因而词语释义错漏百出。这也给我们提出几个值得思考的问题：适合汉语教学的汉语文化词学习词典应该是中国人编写的，那么，究竟什么样的文化词适合外国留学生学习？带有地域特征的词语"日月潭"、"宝岛"、"台币"是不是合适的词条？对外汉语文化词学习词典文化词该如何释义？这是 TCSL 所无法回避的问题。带着这样的问题，本小节探索对外汉语学习词典中文化词应用存在的问题。

在本小节所列举的词典中，较新出版的是2009年的《商务馆学汉语词典》，这是一部多功能的外国人学汉语的词典，由长期从事对外汉语教学与研究的专家编写。收常用字2400个，词1000多条，显示搭配、用法的词组和例句近6000个。词条按义项排列，查字方法简单、直观，便于查字查词。用汉语解释，释义简明、易懂；例句丰富，贴近生活。设"注意"约800处，"近义词辨析"150多组，彩色插图约700幅。附录内容丰富，提供多种实用信息。版面活泼，四色套印，各项功能用不同颜色区别，适合中等汉语水平的外国学生使用。总体而言，这是一部成功的对外汉语学习词典，在文化词的处理方面也别具特色。《商务馆学汉语词典》利用文化词词条进行文化提示，在例句中体现文化传播，力求明确词义、体现语法，兼顾文化内涵，运用灵活的插图进行文化释义更是事半功倍，一些用文字描述起来较为烦琐的文化事物如"二胡"、"凤凰"等，通过插图则一目了然，而且帮助理解加深记忆。《商务馆学汉语词典》的读者定位是中级汉语学习者，而中级阶段是学习文化词的必然阶段。从所收文化词的信息文化角度看，《商务馆学汉语词典》主要收录了传统文化（对联、论语、传宗接代、农历、剪纸、京剧、年糕、繁体字），也适度收录现当代文化词。

但是，没有一部词典是毫无瑕疵的。《商务馆学汉语词典》在文化词处理方面会存在哪些问题？这些问题应该如何改进？对《商务馆学汉语词典》（下称《商务馆词典》）问题的分析足以为日后学习词典文化词处理所借鉴。

《商务馆词典》文化词的释义模式只有一种："纯解释+例证"。因而仅就这种释义模式而言，《商务馆词典》文化词的释义存在如下问题：

第一，部分文化词释义过于简单

《商务馆学汉语词典》中，一些文化词释义采用了"纯解释"的方式，但一些释义也略嫌简单：

【丝绸】sī chóu（名）一种纺织品，用丝织成：买几米丝绸|中国的丝绸闻名世界|妈妈戴着一条丝绸围巾|他有一件丝绸衬衫。

【绸子】chóu·zi（名）一种又薄又软的丝织品：买一块绸子|拿绸子做一条裙子|这绸子是杭州生产的|这块绸子不但颜色、花纹好，而且价钱也不贵。

对于外国汉语学习者来讲，上述两个释义过于简单，学习者无法分辨"丝绸"与"绸子"的具体区别。平常人们常说的"绫"、"罗"、"绸"、"缎"，其实分别是丝织物（俗称丝绸）的不同种类。"绸子"是"丝绸"的下位概念，但《商务馆词典》的释义过于简单，缺乏对同场义位区别的说明，因而外国人学习者也就无法分辨出两个词的词义区别。

第二，部分词的特殊文化含义未释义

前文已指出，词的特殊文化含义是词的文化意义的另一种类，这种文化意义一般从认知上难以解释，而需要从文化背景上寻求答案。中国人对汉语词的特殊文化含义可能习焉不察，但外国人却很难理解汉语词的特殊文化含义，因此在 TCSL 中值得特殊对待。对外汉语学习词典编纂的对象是外国人，更有必要在词典中对词的特殊文化含义加以释义。而《商务馆词典》一些词的特殊文化含义却未被释义，如：

【白色】bái sè（名）白颜色（和"黑色"相对）：这张纸是白色的|夏天很多人爱穿白色的衣服|白色是去年服装的流行色|门全部涂成白色。

【帽子】mào zi（名）戴在头上，用来保暖、遮太阳、防雨或装饰等的物品：一顶帽子|红帽子|毛线帽子|戴帽子|摘帽子|买了一顶新帽子|外边冷，戴上帽子吧|照相的时候请把帽子摘下来。

【醋】cù（名）一种有酸味的液体调味品，多用发酵的粮食制成：一瓶醋|买醋|做鱼的时候放点儿醋味道会更好|经常吃点儿醋对健康有好处|汤里醋放多了，太酸了。

上述三个词均具有特殊文化含义。

"白色"的特殊文化含义是"象征反动"。"白色政权"、"白色恐怖"中的"白色"是这个义位。

"帽子"的特殊文化含义是"比喻罪名或坏名义"，"扣帽子"、"戴大帽子"中的"帽子"是这个义位。

"醋"的特殊文化含义是"比喻嫉妒（多用于男女关系上）"，如"吃醋"、"醋意"、"醋坛子"中的"醋"都是这个义位。

词的特殊文化含义在词典释义中是极有可能被忽略的，这是因为词的特殊文化含义具有隐含性。对外汉语学习词典编纂要充分注意到这一点。区别于教材词语释义，词典释义更不能忽视词的特殊文化含义。上述三个例子中，"醋"的问题尤其严重，应该引起重视。

第三，部分文化词缺少相应字义的析出

调查、分析能否从字义析出词义的词汇是对外汉语词汇教学需要完成的重要课题（赵金铭，2012）。文化词有的是能从字义分析出词义的，有的则不能。如下列词汇中的字义可以充分析出：

【龙床】帝王所用的床。

【龙飞】帝王即位之时，后也比喻升官提职。

【龙衮】绣龙纹的古代帝王服。

【龙脉】指那些出过帝王（或有可能出帝王），或能够安葬帝王、护佑王室后裔的山水之脉。

【龙潜】帝王未即位之时。

【龙庭】帝王施政传旨的殿堂。

【龙颜】帝王的脸色、面部表情。

【龙驭】亦作"龙御"，指帝王车驾。

【龙种】帝王的子孙。

上述词汇中的"龙"均指"帝王"。

而下列词汇中的字义则不能充分析出。

【元龙】东汉末年广陵太守陈登的字。

【卧龙】诸葛亮的别称。

【龙阳】战国年间魏安釐王的男宠。

【鱼龙】一种古代杂技魔术的名称。

上述词汇中的"龙"及由上述词汇组成的成语"元龙高卧"、"伏龙凤雏"、"龙阳泣鱼"、"鱼龙曼衍"中的"龙"均与汉民族的图腾无关。

因此，对外汉语学习词典中文化词的释义应注意核心字在文化词词义形成中的作用。《商务馆词典》注意到了对字义的解释，但有时对字义的说明仍然有所疏漏，主要表现是字义析出得不准确。如：

【红旗】hóng qí（名）红色的旗子，也常常象征革命或表示先进：五星红旗｜一面红旗｜红旗飘飘｜走在队伍前面的人高高举着红旗｜老师给表现好的孩子插上小红旗。

《商务馆词典》对"红"的释义如下：

【红】hóng❶（形）像鲜血那样的颜色：红布｜红衣服｜鲜红｜大红｜红红的｜深红｜浅红｜红得像火｜姑娘爱穿红颜色的衣服｜只要喝一点儿酒，我的脸就发红。❷（形）象征成功或受人欢迎：红得发紫｜红遍全国｜她以前京戏并

不出名,现在唱歌唱红了|这位作家现在红极了,到处签名售书|这家商场营业的第一天就挤满了人,真是开门红。❸(素)红利。

前文已经分析过"红"与"red"分别代表"政治觉悟高"与"左翼激进分子"的不同政治色彩。这种非色彩义的差别主要是由政治文化造成的。"红旗"中的"红"指象征革命或政治觉悟高,"红军"、"又红又专"、"红心"、"红星"、"红领巾"、"红帽子"、"红卫兵"、"红小鬼"、"红头文件"中的"红"都是这个含义。"红"的这个义位还出现在一些革命小说中。如:

物到极时终必变,天翻地覆五洲红。(陈毅《三十五岁生日寄怀》)

萧队长笑着点头。他知道中国农村的特点,一家出了一个革命的,那一家子,就多少染红,甚至于全家革命。(周立波《暴风骤雨》第一部)

各色人等,是红是白,无从识别。(曹靖华《飞花集·风雨六十年》)

而"red"指极端、激进和进攻性等贬义色彩。《商务馆词典》对"红"的这个义位没有说明,学习者就无法依据《商务馆词典》中"红"的三个义位进一步析出"红旗"。

有的由文化词构成的非文化词在《商务馆词典》中也未能准确析出字义,如:

【一路平安】yí lù-píng'ān(成)在这个旅行过程中安全、顺利。这是对要出远门的人常说的祝福的话。也说一路顺风:祝你们一路平安。

【一】yī(数)数字"1",用作基数:一天|一年|十一|一块钱|一张嘴|一个人|一只老鼠。注意"一"字单用或在词、句子的末尾时念第一声,如"十一"、"第一"、"祖国统一";在第一声、第二声、第三声前念第四声,如"一支铅笔"、"一毛钱"、"一顶帽子";在第四声前念第二声,如"一个人"、"一块钱";但在有些词中例外,念原调第一声而不变,如"一流"、"一月"、"一一"等。

前文已经分析出"一"是特殊文化含义词,其具有特殊文化含义的义位是"开始"、"整体"。现代汉语词汇与短语如"一冬"、"一生"、

"一屋子人"、"一身的汗"、"一碧万顷"、"一力承当"、"一无所有"、"一应俱全"、"一表人才"中的"一"都是这个意思。陈绂（2009）指出，"整体"、"初治"是"一"的"文化指向"。其实，"一"的"文化指向"即"一"的特殊文化含义，"一"当指"开始"、"整体"时是一个特殊文化含义词，而"一"作为"特殊文化含义词"又具有较强的能产性，从而层层构词。上述分析是现代文化词本体领域的成果，在应用语言学（这里主要指在 TCSL 中），就有必要把本体的成果应用到第二语言教学当中去，在第二语言课堂教学、教材与词典编写中就需要突出"一"的特殊文化含义。而《商务馆词典》却仅仅给出了"一"的数目义，对"一"的特殊文化含义却未做任何说明。那么，学习者无法从"一路平安"准确地析出"一"的特殊文化含义；当学习者又遇到"一冬"、"一生"、"一年"、"一辈子"、"一表人才"等词时仍然无法理解其中"一"的语义。而一旦学习者了解到"一"的特殊文化含义，那么在理解"一碧万顷"、"一力承当"、"一无所有"、"一应俱全"、"一望无际"等词语时就仿佛是打开了一把语言学习的金钥匙，从而能更有效地扩大词汇量。

《商务馆词典》中有的词语中构词的字义未能进一步凸显，如：

【龙头】lóng tóu（名）❶自来水管上控制水流的开关：一个龙头｜水龙头｜厨房的龙头坏了，水流了一地｜这个龙头用了好几年了，该换个新的了。❷比喻领头的或起主要作用的事物：这家工厂每年产值达几亿，是这一地区工业方面的龙头企业｜这种产品是我们公司的龙头产品，销售额占整个公司销售额的一半以上｜以上海为龙头，把周围地区的经济带动起来。

【龙】lóng（名）中国古代传说中的一种神奇的动物。它身体像蛇，有鱼一样的鳞；头上有角；长着像鸟一样的爪；能飞，能走，能游泳，能降雨。也指像龙一样的东西：一条龙｜龙的传说｜在古代中国，龙被认为是最高权力的象征｜中国的皇帝都把自己说成龙｜在中国，龙被认为是一种吉祥的动物。

"龙头"❶是全世界语言共有的概念，但外国学生却不明白汉语中"龙头"的内在理据。在汉语课堂词汇教学中，有的学生提问：自来水的开关为什么叫作"水龙头"呢？它的形状明明像蛇。《商务馆词典》虽然指出"龙"能"降雨"，但还应该具体在"龙头"的释义中把"龙"作为是汉民族虚构出来动物，有降雨功能做适当说明。"龙"的出现一开始往往与水有关，"龙"在古代是卜问天气晴雨状况的重要事物，而中国古代的农业与水密不可分。说清了这一点，"龙头"的词义理据才会显豁。

第四，部分核心文化词释义不准确

【孝】xiào（素）孝顺。

【孝顺】xiào shùn ❶（动）顺从长（zhǎng）辈的意思，对长（zhǎng）辈很好：孝顺父母|孝顺老人|她不很孝顺公婆。❷（形）能对长辈孝顺的：他是一个孝顺的孩子|他们对父母很孝顺|一个对父母都不孝顺的人不可能得到别人的尊重|姐姐对她的公婆很孝顺。

《现代汉语词典》（第6版）对"孝顺"的释义如下：

【孝顺】xiào shùn 动 尽心奉养父母，顺从父母的意志：～双亲|他是个～的孩子。

仅以文化词词义传达的准确性而言，《现代汉语词典》做得相对完备。但《商务馆词典》与《现汉》对"孝"的释义准确性均需要进一步提高。前文已经分析出，汉传统文化里面的"孝"是以"敬"为前提的，对内心的"敬"最好的。对于这个"敬"的理解有两个层面：一是"敬父母"，二是"敬祖先"。"敬父母"要求以权利义务的法律形式明确子女与父母的赡养关系，"孝"绝不仅仅是对事不分好与坏的完全顺从，而是一种义务和责任。这一点《现汉》释义中"尽心奉养父母"已经做出提示，而《商务馆词典》却未做任何说明。"敬祖先"要求把子孙后代繁衍下去，这是一种民族的深层信仰，而这一层《商务馆词典》与《现汉》却都未能说清。这种释义导致的后果可能是：学习者不能理解中国人的行为模式，比如，什么是"不孝"？为什么"无后"是最不孝的？按照《商务馆词典》对"孝"的释义，"孝"不就是"顺从长（zhǎng）辈的意思，对长（zhǎng）辈很好"吗？为什么没有子女就变成了"不孝"？须知，"孝"的深层文化看似停留在古代，但却对现代中国人的行为模式有着极其深远的影响。2015年6月26日，美国的最高法院裁定同性婚姻在全美合法，但这在中国却不太可能，其重要原因之一在于"孝"的深层文化起着重要的作用。

又如：

【仁】rén（素）仁爱。

【仁爱】rén'ài（形）对人同情、友爱：提倡仁爱精神|对人要有仁爱之心|对坏人不能讲仁爱|我们班是一个充满仁爱的集体。

"仁"是中国儒家学派道德规范的最高原则，是孔子思想体系的理论核心，对中国社会产生了极其深远的影响。《商务馆词典》把"仁"释义为"仁爱"，又把"仁爱"释义为"对人同情、友爱"，释义过于简单。

TSCL学习者具有多元文化背景，在汉语词汇的学习过程中发生文化碰撞难以避免。因此，这类文化词释义看似无关宏旨，但贻害却是"细水长流"，不容忽视。

第五，部分例证缺少相应的文化背景提示

《商务馆学汉语词典》词语采用字母顺序排列，其优点是便于查检，但词与词之间意义上的有机联系被割裂开来，不利于系统学习与比较。不过，这一缺陷可以通过词典内部的例证的文化背景知识来加以弥补。词典中例证的文化背景知识若编排科学，往往可以使学习者建立两种语言词义的内在关联机制，从而使学习者举一反三，触类旁通，再现语义场，使读者触类旁通。同时，使学习者的词汇知识体系更加完备。如：

【春节】chūn Jié（名）中国最重要的传统节日，指农历的正月初一和之后的几天：过春节又叫过大年|春节是中国人最大的节日|春节期间，人们往往要互相拜年|今年春节，咱们还是放七天假吗？

上例为《商务馆词典》对"春节"的释义，该释义不仅解释了春节的语义，同时也给出春节相关的例句。该释义用"定义+例句"的模式更多地诠释了"春节"的文化背景知识，包括别称（过大年）、习俗（拜年）、生活（放假）。但是，与"春节"相应的文化背景知识仍嫌过少。中国人过"春节"必然与"拜年"、"春联"、"饺子"、"除夕"等词条有关《商务馆词典》对"春节"的释义例句中仅仅有"拜年"。上述相关的词汇若能在例句中补上，"春节"的词汇知识则更加完备。

相比较而言，《商务馆词典》对"中秋节"的例证的文化背景知识就描述得更加充足。

【中秋节】zhōngqiū jié（名）中国的传统节日，在农历的八月十五。这一天是中国农历秋天的中间，中国人认为是全家团圆的日子，有全家人在一起赏月、吃月饼等习俗：过中秋节|中秋节前夕|中秋节是中国一个重要的传统节日|今年的中秋节你打算怎么过？

该释义用"定义+例句"的模式更多地诠释了"中秋节"的文化背景知识，包括时间（农历的八月十五、秋天的中间）、习俗（赏月、吃月饼）、心态（全家团圆）。

《商务馆词典》有些文化词的全部例证都不承载文化信息，如：

第五章 面向 TCSL 现代汉语常用文化词应用存在的问题

【烧饼】shāo bǐng（名）一种食品，烤熟的面饼，圆形，上面有芝麻，一般做早点吃：一个烧饼｜买个烧饼｜烧饼还热着呢｜早上就吃了一个烧饼。

"烧饼"是中国特色烤烙面食。"烧饼"品种颇多，有十多种。如大饼、烤饼、缙云烧饼……中国各个地区都有烧饼，而吃法都有所差别。《商务馆词典》对"烧饼"的例证配备重在从语法角度解释"烧饼"的用法，而"烧饼"的例证的文化信息显得单薄。

【馄饨】hún tun（名）一种食物，用很薄的面片儿包上馅儿，煮熟带汤吃：一碗馄饨｜一碗馄饨有几个？｜馄饨是荤的还是素的？｜我早上喜欢吃馄饨｜这家餐馆的馄饨最为有名。

"馄饨"是中国汉族传统面食之一，用薄面皮包馅儿，通常为煮熟后带汤食用。源于中国北方。"馄饨"的做法亦花样繁多，有鲜肉馄饨、鲜虾馄饨、菜肉馄饨、红油抄手等。"馄饨"的例证都没有反映这种文化信息。

类似的例子还有：

【馒头】mán tou（名）一种食品，半球形，用面粉做成，蒸熟吃，是中国北方人的主要食品：一个馒头｜吃馒头｜做馒头｜蒸馒头｜他喜欢吃馒头，我喜欢吃米饭。

【窑洞】yáo dòng（名）中国西北一些地方在山上挖的洞，安上门窗，可以在里面住：一眼窑洞｜一间窑洞｜住窑洞也很舒服｜窑洞里冬天暖和（huo），夏天凉快。

【毛笔】máo bǐ（名）用羊等动物的毛制作的笔，是中国特有的一种写字和画画的工具：一支毛笔｜一管毛笔｜一杆毛笔｜写毛笔字｜他喜欢收集中国的毛笔｜他的毛笔字写得真漂亮。

【砚台】yàn tái（名）中国的一种磨墨用的工具，一般用石头制成：一方砚台｜砚台在中国的古代是一种重要的文具｜这个地方的砚台很有名｜现在使用砚台的人越来越少了。

文化词的语义类实质是一种文化知识。因而，正如同第三章所分析的那样，文化词从文化维度可以分为三种不同的文化词——产品/习俗/观念文化词、物态/制度/行为/心态文化词、成就/信息/行为文化词。无论从文化维度进行哪种划分，文化词的语义类均具有一定的系统性，尤其是信息文化词。因而，在对外汉语学习词典文化词的释义中，能否根据信息文化词的语义类（政治类、经济类、食品类、节日类、哲学思想类）等按专题进行释义？我们能否利用这样的系统性，在词典附录中加入这样的词表？这值得词典编纂者思考。

第六，部分文化词释义参数不统一

同语义类的词语在词典中应尽量具有统一的释义参数。比如，同属于"节日"类的词语，在词典中尽可能具有类同的释义模式。下面是《商务馆词典》对"节日"类词语的释义：

【元旦】yuán dàn（名）阳历新年的一天：庆祝元旦｜2005年元旦｜我们要举行一个元旦晚会｜元旦放假你有什么计划?

【元宵】yuán xiāo（名）❶农历正（zhēng）月十五晚上：元宵文艺演出已经开始了｜中国一些地方，元宵节要举行灯会，非常热闹。❷一种食品，用糯米粉等做成，球形，有馅儿，煮熟了吃：煮元宵｜现在元宵有各种馅儿｜正月十五吃元宵是中国的风俗｜元宵有象征家庭团圆的意思。

【除夕】chú xī（名）通常指农历新年前一天的晚上，或者农历一年的最后一天：除夕夜｜去年除夕我住在一个朋友家｜每年除夕，电视里都有很多大型联欢节目｜除夕夜一家人要在一起吃团圆饭。

【春节】chūn jié（名）中国最重要的传统节日，指农历的正月初一和之后的几天：过春节又叫过大年｜春节是中国人最大的节日｜春节期间，人们往往要互相拜年｜今年春节，咱们还是放七天假吗?

【清明】qīng míng❶（形）清澈而明亮：月色清明。❷（名）中国农历的二十四个节气之一，在4月4日和6日之间，民间习惯在这一天或前后几天去扫墓：清明是在四月吧?｜清明节快到了｜每年清明，他都去给父亲扫墓｜清明节那几天，去扫墓的人很多。

【端午节】duān wǔ jié（名）中国的传统节日，在农历五月初五：端午节到了｜端午节的时候中国人有吃粽子的习俗｜端午节的时候，很多地方有龙川比赛｜传说端午节是为了纪念中国古代的爱国诗人屈原（qū yuán）。

【中秋】zhōng qiū（名）中秋节：欢度中秋｜中秋月饼。

【中秋节】zhōng qiū jié（名）中国的传统节日，在农历的八月十五。这一天是中国农历秋天的中间，中国人认为是全家团圆的日子，有全家人在一起赏月、吃月饼等习俗：过中秋节｜中秋节前夕｜中秋节是中国一个重要的传统节日｜今年的中秋节你打算怎么过?

通过分析发现，《商务馆词典》中大部分节日类词语的释义参数只有时间。只有"中秋节"的释义中有"文化内容"的释义参数，提到了"中国人认为是全家团圆的日子，有全家人在一起赏月吃月饼等民俗"。虽然"中秋节"在中国人心中影响极大，但这并不代表其他节日不重要。如"春节"、"除夕"等释义参数只有时间，这显得过于简单了。以"春节"为例，最起码的下列文化内容如"忙年"、"吃饺子"、"合家团圆"、长辈给孩子们分发"压岁钱"、一家人团坐"守岁"、"放鞭炮"、"拜年"等信息应该补充。相比《朗文高阶英语词典》，《商务馆学汉语词典》"节日"类文化词应该完善以下释义参数：国家、性质、节日时间、节日习俗、节日意义等。

第四节 TCSL 文化词应用存在问题的成因

可以看出，TCSL 中文化词应用出现的问题是严重的，其成因是复杂的。具体而言，问题的成因主要在词汇、文化与主观层面。

一 词汇层面的原因

词汇层面的原因主要指 TCSL 从业人员对文化词这一词汇类型的特性缺乏充分认识，从而忽略了词的文化意义的隐含性。本书曾指出，词的文化意义是文化词界定操作的核心概念。词的文化意义的产生必然同一个民族的独特的思维方式、心理活动和表述形式紧密结合在一起，文化意义也就在词义中表现出隐含性特点，即具有文化意义的词从字面上很难理解或准确地理解它们的意思。这种词义隐含性主要来源于典故、语素的组合关系以及修辞手段的运用。

根据《现代汉语词典》（第 6 版），"典故"即诗文等作品中引用的古书中的故事或有出处的词句。现代汉语词汇中有相当一部分在形式、意义上与所用典故有联系。比如"东风"、"云雨"等词语，需要知道相关典故方可获得语义。以"云雨"为例，"楚王游高唐，梦见巫山神女荐枕席，自称：'旦为朝云，暮为行雨，朝朝暮暮，阳台之下。'"（见宋玉《高唐赋序》）后用"云雨"为男女欢合之典。这显然从字面上难以解释，"云收雨散"、"翻云覆雨"、"腻云滞雨"等词语都隐含着性的意蕴，与"云"和"雨"两种事物不再有字面上的关联。

一些词的文化意义还在语素的不同的组合关系中生成。同一个语素，在某些组合中没有特殊的文化意义，而在另一些组合中却形成了特殊文化意义，这使得语素在某些组合中的文化意义具有隐含性。比如"帽/帽子"本来指人们戴在头上的一种饰品，有"皮帽子"、"鸭舌帽"、"风雪帽"、"雨帽"、"太阳帽"、"防尘帽"、"安全帽"，同样还有"扣帽子"、

"戴帽子"、"绿帽子",但是后者与"帽子"的概念意义差别很大,获得了新的词义——文化意义。

某些修辞手段的运用,同样使词的文化意义具有隐含性,比喻和借代是常见的两种修辞手段,如"上风"本来指"风刮来的那个方向"。《庄子·天运》:"虫,雄鸣于上风,雌应于下风而风化。"现借助比喻修辞指"优势或有利的地位",如"国内反动势力占上风,一片乌烟瘴气"(巴金《谈我的短篇小说》)。

通过借代获得的新义,同样无法从字面上得到理解,例如,"红"、"白"不单是两种颜色,在特定的词语类聚中使用时,"红"指"结婚、做寿","白"指"丧事",并到一起说就是"红白喜事"。又如,词语具有隐含性的文化意义构成了与以概念为核心的词的基本意义相对立的语义系统,从两种语言的跨文化比较出发,这种隐含性往往导致了两种语言之间的词义存在较大的不对等。教材注解编写者如果不对这种不对等,尤其是文化意义的不对等进行细致的分析,那么在语言对译中就会产生"文化丢失",即"两种语言在转换过程中,蕴涵在语言中的文化因素没有被携带进来"(张英,2000)。

词汇层面的原因是 TCSL 文化词应用存在问题的主要原因。这也是词汇本体研究不到位留给应用研究(对外汉语词汇教学)的缺憾。

二 文化层面的原因

文化层面的原因主要指教材释义者忽略了文化层级性。

在词语注解中,释义者忽略了文化层级性,从而导致释义中文化信息的呈现没有侧重。

从认知角度看,文化的结构存在层级性,即文化可分为浅层文化与深层文化。浅层文化是文化中可以视听或具体感知的文化事象,比如服饰、器皿、建筑、饮食、自然地理等。深层文化是民族文化的灵魂、核心,它的精神总是投射到浅层(张岱年、方克立,1995:18)。深层文化是文化中最为抽象、也是最不容易理解的部分,它往往构成跨文化交际的障碍。

从理论上讲,隐含于词语中的文化因素可能是无穷无尽的,但语言教学中必须做出解释和说明的部分是有限的,因此,体现在教材之中词语的注解不可能面面俱到地将文化信息全部给出。反映浅层文化的词语注解的文化信息不必过深,反映深层文化的词语由于其体现了伦理观念、审美意识和哲学思想等社会交际规约的知识。因此汉语学习者要真正掌握汉语词语，应该而且必须全面了解汉语的语义，尤其是其中深层的文化意义。留学生能造出"老师，你跑得像狗一样快"的句子，这是因为他们在教材中看到的"狗"的对应的解释就是"dog"，原因也是教材中对于所有的词语未能从其深层的、汉民族对"狗"持有贬斥态度的深层民族文化心理上加以说明所致。

三　主观层面的原因

主观层面的原因主要指 TCSL 对文化词教学的重要性认识不足。

比如，各类词汇大纲文化词应用出现问题的成因主要在于大纲编写者对文化词这一词语类聚缺乏充分的认识，对汉语教学中文化词教学的重视程度不够。TCSL 作为外语/第二语言教学的一种形式，理应重视对学习者汉语文化的教学。而今天 TCSL 在文化教学方面却编写了大量文化课本。总体而言，这并非明智之举。文化类教材与语言类教材虽然均承担着培养第二语言学习者跨文化交际能力的重要任务，但当文化类的教材的难度不能与学习者的语言水平相衔接时，这种以专门的形式学习中国文化未必会达到让外国汉语学习者体认中华文化的良好效果。更科学的做法是在语言教材中努力实现语言与文化相融，在教材自身融入可供学习者理解的文化要素，增加教材的文化容量，同时引导学习者自己去发掘中华文化的内涵。因为具有实效的汉语文化教学是"润物细无声"的（赵金铭，2012）。从这个意义上说，各类大纲科学地收录文化词正是实现语言教学与文化理解兼得的重要途径。

从世界汉语教育史的角度来看，大纲适度收录文化词也是十分必要的。学界曾有一些学者认为，对外汉语初级阶段不要出现过多过难的词，因为过难的词容易让学习者对汉语学习丧失兴趣。但以日本明治时期著名汉语教材《官话急就篇》（1904 年，善邻书院版）为例，这部初级汉语会话速成教材在文化教学方面就首先从词汇入手，注重收录反映中国社会的文化词。比如，在"单语"部分，《急就篇》收录了大量专有名词，其中有很多是文化词，如"四书五经"、"红楼梦"、"康熙字典"、"绍兴酒"、"文庙"等。

文化词主要以"义类"的形式进行编排，如：

中国古代著名人物：尧、舜、文王、孔子、孟子、秦始皇、汉高祖、诸葛亮、曹操、陶渊明、李太白、白乐天、苏东坡、王阳明、曾文正公

古代文学典籍：四书五经、史书、唐诗、《水浒传》、《红楼梦》、《康熙字典》

汉字知识：点儿、沟、横、竖、三点水、草字头、走之儿、宝盖儿、提手

天干：甲、乙、丙、丁、戊、己、庚、辛、壬、癸

地支：子、丑、寅、卯、辰、巳、午、未、申、酉、戌、亥

地理：青岛、塘沽、山海关、哈尔滨、扬子江、黄河、汉水、黑龙江、洞庭湖、泰山、华山

初级速成会话教材对文化词的收录表明了教材编写者对中华文化在汉语学习过程中重要性的重视。学习者在掌握文化词的同时，自然而然就掌握了相关的文化知识。这种处理有助于在初级汉语教学阶段融入相关文化要素，实现语言教学与文化理解的有机融合。

《官话急就篇》自1904年初版至此后的40年间竟然再版170余次，曾被看成是"近代日本中国语教育史上教科书的典范"（安藤彦太郎，1991：51），其对文化词收录的宝贵经验足以为当下的汉语教学所借鉴。

因而，对外汉语各类词汇大纲需要重视文化词的收录，文化词教学具有帮助学习者扩大词汇量与理解中华文化的双重功效。在理论上需要进一步廓清文化词的外延、内涵与特性，从而在应用领域方不至于出现偏差。

另外，汉语教师在课堂上也在做着词语释义，但这仅仅是教师的个人行为，没有统一的规范。另外，教师本身的语言学、中国文化素养和语言教学经验参差不齐，从整体上讲，文化词释义做得还是不够规范，不够充分的。比如，通过本书所统计的教材中的注解发现，教材注释者不知道词语在教材中具体的使用情况，就词注词，忽略了文化词词义的多义性，从而使教材中文化词的释义出现谬误。另如，一些教材注释者想当然地用"一对一"模式对文化词进行释义，或将被注释的文化词表义直白化，这些做法都会使被注释的文化词词义不能准确地传达给汉语学习者，导致外国人不能很好地理解并使用汉语文化词。

TCSL编写者对词语注解中文化呈现的忽视是另一重要原因。比如，从教材中文化词收词量来看，中级教材中文化词收词普遍不足，且超纲词比例过大（赵明，2010），被学界视为最典型的中级教材之一的《桥梁——实用汉语中级教程》文化词收词也不足生词比例的1/5，这反映了当下TCSL教材编写者对文化词处理的漠视，甚至根本没有考虑教材编写过程中应该

对此有所注意，因此在教材文化词收词、释义等方面均有失偏颇；而在词语编排方面，词语文化因素编排不重视语境、不按照文化的内部逻辑分类进行词语编排（赵明，2010），以上问题均会对教材中词语的注解有所影响；从教材所选词语所反映的文化内容来看，各套教材均有少量不适合在汉语教材中出现的词语，主要指教材中出现了一些方言词、生僻词、政治色彩浓厚的词、反映中国封建糟粕文化的词及过时词语，这显然与"以树立国人形象为务，力戒渲染消极文化"（赵金铭，1997）的对外汉语教材编写理念有违。

值得注意的是，一些活跃在对外汉语教学第一线的专家型教师在写教案时，往往把文化词作为一个文化点写入教案中，并明确指出本课的教学也要求"了解本课涉及的文化词的含义"（李泉，2003：148）。既然作为一个文化点出现在教案当中，那么该课出现的文化词应属于"文化知识"教学所解决的问题。可以看出，文化词教学的实现手段是不同的。以上表明了对外汉语教学界对于词语文化因素呈现在教学实践方面的理性重视。

同时，二语教师缺少适当的汉外对比知识也是 TCSL 文化词应用失误的原因之一。汉英词语文化对比研究还有很多尚未解决的问题，从而制约了教材注解的发展。因此，汉语教材中使用范围较广的语种（如英、法、日、俄等），在教材编写中应该加强汉外对比研究，从而在教材编写中可考虑附上教学参考内容，使汉语教材在实际教学使用过程中，更加趋于规范化和系统化。

第五节　小结

本章系统分析了 TCSL 常用大纲、典型教材与对外汉语学习词典中现代汉语常用文化词应用方面的问题。本章的分析表明，TCSL 大纲现代汉语常用文化词应用的问题是十分关键的，因为 TCSL 大纲的导向性作用会导致 TCSL 方方面面对现代汉语常用文化词应用出现偏差。现代汉语常用文化词应用存在问题主要是由不能准确理解现代汉语常用文化词的文化意义、不能准确翻译自身语言导致的。这个问题会切实影响到学习者对汉语词语的理解与使用。因此，教材文化词应用的问题也不容忽视。对外汉语学习词典现代汉语常用文化词应用存在的问题也值得深思。造成上述问题的首要原因是学术界对文化词本体研究不到位,对文化词的概念与特性缺乏充分认识,其次,还有着文化与主观层面的原因。为此,我们必须对现代汉语常用文化词在 TCSL 中的应用现状有个较为明晰的认识。然后方可对症下药、有的放矢,从而进一步提出改进建议。

第六章 面向 TCSL 现代汉语常用文化词应用的改进建议

本章针对第五章中面向 TCSL 现代汉语文化词应用存在的问题，从 TCSL 词语表、教材与学习词典三方面对现代汉语常用文化词应用存在的问题有针对性地提出了改进建议。这些建议对学习者更好地掌握现代汉语文化词、更好地提高"教"与"学"的效率有着一定的借鉴意义。

第一节 关于词汇大纲文化词应用的改进建议

我们提出五大条目对 TCSL 词汇大纲中文化词应用进行改进。

一 应依据不同的用途设计 TCSL 词汇教学表

这里谈到的依据不同的用途，指的是第二语言学习者学习词汇的不同阶段有不同的学习任务。初级阶段二语学习者面临的大多是普遍词汇（common words）的学习，即两种语言词汇中的共核部分（common core），比如沙发、床、电视、图书馆、电脑、糖尿病、血小板、天空等，这类词语几乎不带文化色彩（Stubbs，1986）。任何一种语言习得与语言教学，无论是母语还是第二语言，可以说都是从普遍词汇开始的。普遍词汇往往是人类语言之间共同的基本概念、常见的形状和事物、直接的动作、性质和关系，不仅是一个人全部词汇量的基础，也是语言习得与语言教学的基础。因此，很多第二语言教育工作者在普遍词汇表的研发方面做了大量工作，如美国学者 Ogden 和 Richards 于 1930 年编制的《基础英语 850 词表》(Basic English 850)、Michael West 于 1953 年编制的《英语通用词表》(A General Service List of English Words) 等。

可是，随着第二语言学习者语言水平的加深，在二语学习过程中必然要涉及文化词的学习问题。能否准确地掌握文化词不仅是二语学习者语言水平是否"地道"（native speaker）的一个重要标志，而且这类词语一个突出的特点就是无法顺利在"心理词库"（mental lexicon）解码，因而成为二语学习者交际障碍的"导火索"，甚至是"冲突点"。同时，这类词汇的一个突出特点就是非常零散，而且动态"更新"较快。学习这类词汇的最好方式就是用专门的附表来学习。普遍词汇是词汇的核心，是语言研究的基础与对象，是语言调查词表编制的中心。而中高级水平的第二语言学习者词汇量如果想扩大，文化词的学习是一条必由之路。国外有的英语教学专家甚至认为，"词汇的学习主要涉及到词和外部世界的关系，以及词与词之间的关系"（D. A. Wilkins，伊秀波译，2004：15）。而目前我们在这个领域的理论与实践研究非常滞后，远远不能满足学习者的需求。

毋庸讳言，普遍词汇表与文化词表在第二语言词汇的学习过程中扮演着不同的角色。而学术界长期忽视后者，甚至是不研究，这是很不应该的。这种容易造成外国汉语学习者不能得体、地道、准确地运用汉语词汇的后果。

比如，2013 年第 6 届"汉语桥" 在华留学生汉语大赛——30 进 6 的复活赛中，有这样一道题考外国留学生：

题干：请将谚语补充完整：三百六十行，行行出＿＿＿＿。
A. 工作　　B. 新郎　　C. 状元　　D. 状况

尽管那个外国留学生汉语水平比较高，当场比赛不仅进入了前六名，最后还进入了三强，但他在做这道题时犹豫了半天，最后选择了"新郎"，可见，TCSL 界在汉语文化词教学方面并没有达到良好的效果，这不能不说是与文化词目前基础研究深度不够、不能形成科学的教学体系有关的。

"汉语桥"是孔子学院总部策划的汉语水平比赛，在这类比赛中，文化词掌握程度的好坏已成为判定一位汉语学习者汉语水平高低的重要标志之一。而在一种标准化、有影响的测试中，我们也可以看出文化词在汉语测试中的地位。以写作试题为例，美国大学理事会（College Board）所设置的"中文大学先修测验"（AP中文）考试中的题型有较多涉及文化词的理解与运用。AP中文阅卷部主任姚道中曾介绍道："中国文化是AP中文测试极为重要的部分，其中文化的测试很多是以文化词为形式进行考量的。"AP中文测试2007年写作题"转达电话留言中"提到了"京剧"，考生必须准确知道"京剧"是什么才能转述这项信息。2008年的写作题"转达电话留言"中提到了"春节晚会"，考生必须准确知道"春节"及"春节晚会"才能转述该信息。2008年的"看图写故事"描写的是几个人在中国餐馆吃饭时发生的事情。该作文的评分标准是：如果考生在叙述故事时指出故事发生的地点是中国餐馆，而且能够说出一两个菜名，就能显示他对中国餐馆有所了解（转引自姚道中，2013）。

美国大学理事会所公布的"AP中国语言文化课程概述"2007年有一道阅读题是一封书信。最后几行如下：

……明年春假，我要跟老师去中国旅行，我真想早日看到<u>长城</u>、<u>北京的故宫</u>、<u>河南的少林寺</u>、<u>四川的熊猫</u>保护基地，特别是<u>西安的兵马俑</u>。

祝

学习进步！

史大卫

七月十六日

这道题目不但提到了一些中国著名的旅游景点，还展示了中国信函应如何结尾。考生必须看得懂那些地名才能回答问题。

可以看出，AP中文测试是非常重视中华文化的。而考察中华文化大部分仍然是考察对文化的重要凝聚体——文化词的掌握程度。从AP中文测试对文化词的重视程度看，文化词在二语测试中也是重点考量的对象。

因此，虽然很多语言学家和语言教育学家对普遍词汇做了大量的研究，在充分考虑核心词汇地位的基础上，编制了很多语言教学词表和词典，对词汇（字）进行分类分级。但是，中高级阶段词汇的词汇教学重点已经不是普遍词汇问题，而是跟文化密切相关的一类词汇——文化词问题。文化词的学习目的重点是训练汉语学习者汉语表达的地道性，因此，文化词的专门学习问题必须排上日程，研究也亟待跟进。

因此，应依据不同的用途设计 TCSL 词汇教学表。在基本掌握普遍词汇的前提下，应该重点关注第二语言文化词表的设计问题并加以研究。本书所设计的面向 TCSL 现代汉语常用文化词表就是在这个领域进行的一个初步尝试。只有研发出适合外国学生使用的现代汉语文化词表，才可能进一步进行"汉语国俗词语词典"的开发工作（转引自赵金铭，2006：389），从而系统满足外国人学习中华文化的渴求。

二 通用型词表也应适当收录高频文化词

目前，TCSL 常见的通用性词表主要为《汉语水平词汇与汉字等级大纲》、《汉语国际教育用音节汉字词汇等级划分》、《高等学校外国留学生汉语教学大纲》等。通用性、语文性词表应以收录普通词语为主，这是没有问题的。可根据我们在第五章的研究结论，上述三个通用性词表在文化词收录方面的"量"居然仅为 0.87%、1.22% 和 1.68%，这显得有些过少了。有的学者可能认为文化词并不反映学习者的语言能力，这种看法是有失偏颇的。其实，一些初级汉语教材早就收录了"解放前我是一名小学老师"、"他对诸葛亮有了自己的理解"、"他父母望子成龙心切"这样涉及文化词的句子，在上述两个句子中，"解放"、"诸葛亮"、"龙"是整个语句语义理解的关键。因此，把文化词的掌握完全放在语言能力之外是完全没有道理的。语言与文化密不可分，只不过在语言学习的不同阶段中文化所占的比重不一样而已。

那么，通用型词表应该适当收录什么样的文化词？高频文化词是通用型词表收词时必须要考虑的对象。因为，高频文化词与当代中国人行为模式、思维方式密切相关，如果不懂这些最常用的文化词，学习者一来听不懂中国话语的言外之意，二来自己想使用却频频闹笑话（赵明，2013）。因此，本书第六章研发出的词表中前 500 个高频文化词可以作为以上三个通用型 TCSL 词表以后在选录文化词时重点考虑的标准。

三 应该充分考虑到文化词语域的平衡问题

语域（Register）这个概念最初是 Reid 在 1956 年研究双语现象时提出来的（转引自 Ure, J. & F. Ellis, 1977：198）。韩礼德（M. A. K. Halliday, 1985）认为，由用途区分的语言变体就是语域。语域（register）是语言使用的场合或领域的总称。语言使用的领域的种类很多，例如新闻广播、演说语言、广告语言、课堂用语、办公用语、家常谈话、与幼童谈话、与外国人谈话、口头自述等。在不同的领域使用的语言会有不同的语体。大纲在文化词收录时忽略了语域的平衡问题。比如"共产党"、"革命"等在政论语域中是高频词,在生活语域中却是低频词;相反,一些在生活语域中常用的词汇,在政治语域中却未必是高频词。而 TCSL 三个词汇大纲都是通用性的,因此在文化词选择时必须要注意到语域(register)的平衡问题。以《汉语水平词汇与汉字等级大纲》为例,《词汇大纲》就过于注重选取与政治语域相关的词汇。比如,《词汇大纲》收录了与中国共产党有关的词语——"党员"(乙)、"共产党"(乙)、"国民党"(乙)、"党委"(丙)、"党性"(丁)、"党章"(丁)、"党中央"(丁)共计 7 个;与政治机构、团体密切相关的词语——"国务院"(丙)、"政协"(丙)、"支部"(丙)、"共青团"(丙);与政治运动密切相关的词语——"整风"(丙);与中国特殊政治理论相关的词汇——毛泽东思想(丙)等。词汇大纲中的文化词仅有 76 个。政治语域的文化词就接近 1/5。

而且,TCSL 面对的学习者有着不同的政治体制、价值观念、经济制度、宗教信仰的多元文化背景,很多不同国家的学生在政治问题的认识上存在差异,意识形态的差异也导致教师在课堂教学、跨文化交际中对政治词语的解释存在不可避免的分歧。若 TCSL 通用型大纲收录过多的政治语域的词语,教师在课堂教学中又处理不当,就可能引发文化冲突。

四 反映封建糟粕文化的词汇应杜绝在大纲中出现,过于敏感的词汇在选入大纲时应慎重

每个民族、每个国家的文化都是多种多样的,对外汉语教材所选用的文化词应当具有积极的导向意义,那些代表封建文化糟粕的词语应当禁选,政治色彩浓厚的文化词更不利于当下汉语国际推广的需要。从文化教学的角度来看,应选其精华,弃其糟粕,如同赵金铭先生(1997)所指出的:"以树立国人形象为务,力戒渲染消极文化";这是 TCSL 的学科特点决定的,"对外汉语教学,更确切地说,是跟外国人打交道的工作"(陈绂,2005),那就要求我们在 TCSL 的方方面面中,必须尊重外国人的风俗与文化传统。"多子多福"、"君君臣臣"、"万岁"、"女子无才就是德"之类的糟粕落后的词语应该尽量少选或以合适的方式呈现在语言教学中,因为它们只是一种历史阶段的意识形态,并不能全面地代表汉民族人的生

活和思想。至于封建迷信的文化词"阴间"、"牛鬼蛇神"、"阎王"等更要严格排除在语言教学之外。从这个意义上说,"阎王"、"汉奸"、"抗战"这类词语进入大纲一定要慎之又慎。因为,词汇大纲的导向性非常强。一旦词汇大纲收录了这类词汇,我们可以预知汉语教材中这类词汇也不会少。

另外,如"打倒"、"地主"、"解放区"、"社员"、"生产队",这类词所表现的常常是某个特定时代的生活现实,而对中级阶段的学习者来说,重点在于培养日常交际能力,故应少选此类词语,可以在高级阶段的教材或者报刊课中有选择地出现。一些在中国人心中习焉不察的词语,在外国人看来很可能是忌讳,甚至会造成很大的麻烦。由于文化的差异及语言水平的限制,中国的笑话或幽默有时未必能为外国学生所理解和欣赏,教材里的"吃狗肉"、"打学生手心"和涉及宗教的故事有时候甚至会成为跨文化交际中的导火索。

词汇中往往有许多是伴随社会发展变化而产生的,这些词比较复杂,有的可能是规范的,有的则可能不规范;有的可能比较稳固,有的则可能不稳固甚至会迅速消失,不再流传。新词语是层出不穷的,它们可以构成对文化的一时冲击,但多数不能对文化的整体,特别是人的观念产生影响。所以,教材应该主要选择那些有可能长久反映社会生活的、公认的、稳定的语言事实,而"宅男"、"快女"、"80后"、"遛弯儿"、"苦逼"这些时髦的词汇,有的固然是稳固在词汇层级里了,有的能否作为一般词汇进入现代汉语词汇层还有待时间的检验。比如"三转一响","三转"指"自行车"、"缝纫机"、"手表","一响"指"收音机"。"三转一响"是20世纪六七十年代中国人民所能拥有的最高财富,反映出那个时代中国的经济状况和中国人民的生活水准。作为词汇大纲,对这类词要严格控制,慎重对待和处理,对于某些反映意识形态变化和新的理论观念的词语,更要谨慎再谨慎地对待。比如在特殊历史时期,三天两头都有新的文化词出现,如"赤脚医生"、"革委会"、"工宣队"、"黑帮"、"黑帮子弟"、"黑爬虫"、"黑五类"、"黑爪牙"、"红宝书"、"红海洋"、"红卫兵"、"红五类"、"红小兵"、"军宣队"、"牛鬼蛇神"、"五七战士"、"下放干部"、"样板戏"、"造反派"、"走资派"等。但是对于外国学生来讲,以上文化词却是不适合教授的,因此在词汇大纲中也应该尽量避免出现。

因此，在大纲中应该努力多选取体现中国人积极向上的生活态度和精神面貌的文化词，而且应该是活跃于现代汉语中的文化词。

五　借鉴词频与义频统计新成果，对大纲中的文化词进行义项标注与呈现

现行的三个 TCSL 词汇大纲没有给多义词区分义项，也没有按义项给词语定等级。现代汉语许多文化词都有很多不同的义项和用法，是混杂在词的多义系统内的。大纲既没标注哪个义项是词的文化意义，也没能标示词的文化义项习得的难易顺序。因此，在以后的大纲修订时，应该对多义文化词标注义项。

第二节　关于教材文化词释义存在问题的改进原则与建议

我们在第五章中分析了教材文化词释义的主要问题。我们发现，大部分释义谬误仍然是释义者不能准确理解自身语言造成的。换言之，在教材文化词释义时，必须准确地把文化词的文化意义传达给目的语学习者。而想要做到这一点，就必须深入了解文化词本体方面（如文化意义、文化词的概念及类别）的知识。文化词的文化意义对于母语者来说是习焉不察的，对外国人来说却是学习者理解的障碍所在。目前在第二语言教学研究中，学术界在文化词本体研究方面关注度不够，因此在应用领域（如教学、释义等）才会出现较大的问题，这是不容忽视的。我们在充分研究本体的基础上方可进一步提出策略，以便顺利实现两种语言词汇之间的语义转换。

我们在这里再次强调教材中文化词准确释义的重要性。就目前外语词汇学习的大部分研究成果而言，较为公认的一个研究结论是：通过阅读来掌握词汇是一种有效的学习方式。而文化词在词汇中有其特殊性。文化词存在两个重要特性：概念义在外语中不存在；或概念义在外语中存在，而文化义似是而非或不存在。因此，单独靠在语境中猜测词义根本无法让学习者自动获取文化词的准确意义，教材文化词释义就必须准确并且有效。而有关二语词汇习得的研究成果也表明：单词注释能够引起学习者的有意注意，而只有经过有意注意的语言输入，才可能为学习者吸收（Robinson,

1995：283）。为此，我们提出教材文化词释义的几条基本原则，进而提出改进建议。

一　教材文化词释义的改进原则

TCSL 教材现代汉语文化词释义至少应该遵循这样的原则：适度、有效、优先、多维。

（一）适度呈现文化因素

所谓适度呈现，就是根据文化的层级性对释义进行有所侧重的处理。

教材中词语注解与第二语言学习词典中的词语注解不同。教材中词语注解不必面面俱到，将隐藏于词语背后的文化信息全部挖掘出来。而词语注解的文化信息应以何为凭据？首先应该依据词语所反映文化的层级性做出不同的侧重。

文化并不是在一个层面的东西，亦存在表层结构和深层结构，无论是"文化三角形"还是"文化四层次说"都区分了"表层文化"和"深层文化"这两个概念。表层文化指我们日常所见到的交际文化现象、习惯和变化规则，如打招呼、送礼和批评别人等，深层文化是人类在社会实践和思想意识活动中长期育化出来的价值观念、审美情趣、思维方式、道德情操、宗教信仰、民族性格等主体因素；深层文化之所以"深"，是因为它是民族文化的灵魂、核心，它的精神总是投射到浅层。对于体现浅层文化的词语，如"月台"（建筑）、"茴香豆"（饮食）、"砚"（器具）、"冠冕"（服饰）、"八角街"（自然地理）等，在注解时不必面面俱到，将隐含于词语中的文化因素全部体现到教材之中。而对于体现深层文化的词语，在注解过程中应适当增加文化因素的含量，如"愚公移山"、"己所不欲，勿施于人"的注解。

（二）有效呈现文化因素

所谓有效呈现，即根据课文语境中词语的具体意义来呈现文化因素的处理。

通过对词语注解"就词注词"问题的分析，我们发现，教材编写者在文化词注解时不能深入课文语境中了解词语的具体意义是概念意义还是文化意义。笔者认为，虽然词语注解时不必将词语的文化信息全部呈现，但是如果课文语境交代了某个词语的文化意义，那么词语注解时一定要将课文语境下词语的文化因素相关联并交代清楚。如"贬"的释义，正确的做法应该是根据"贬"在课文语境下呈现的义项来注解，如果"贬"在课文语境下是含有文化因素的义项，那么在注解时一定要呈现课文语境下的义项，否则教材词语注解对学习者理解词义没有帮助。

（三）优先呈现文化因素

所谓优先呈现，即根据优先呈现汉外文化信息差异的关键点的处理。

对于涉及中外文化信息差异较大的词语，应优先呈现最能影响学习者对词语理解与使用的文化。这方面往往对词语注解者的文化功底要求较强，要求注解者对文化差异的关键点把握清楚。而我们的注解者往往忽略这一特点。比如对"愚公移山"的注解应优先把握住"安土重迁"的观念，而我们的教材注解者却突出"自强不息"这一理念。而"安土重迁"所代表的"中国人喜欢安定、追求安稳的文化未做任何交代，这属于"舍本逐末"了。

（四）多维呈现文化因素

所谓多维呈现，即可以采用多种呈现方式的处理。

一些词语的注解可以采用与传统不同的注解方式。有一部分教材在专名后又列出"文化注释"一项。在编写说明中，有学者指出："不能对译的、有独特文化内涵的词语，编入文化注释中"，这属于单独对"文化词"的注解。[1]另外，有些词语的注解甚至利用图片，这样反而更加直观、有效。

二 教材文化词释义的改进建议

教材词语释义实际是一种翻译活动，其本质是将一种语言的信息用另一种语言表达出来。翻译涉及的不仅有语言内部要素的转码，同时又有文化信息的传达。奈达（Nida，1964：72）曾指出："接受者和译文之间的关系应该和原文接受者和原文信息之间的关系基本相同。"因此，理想的、完美的翻译是不存在的，但翻译要追求一种"动态对等"，即在最大限度上在目的语翻译中反映源语的文化信息，其最低限度是不能出现谬误。在第二语言教材编写中，如果教材词语释义出现谬误，那么教材词语注解就不能准确传达目的语的语义，学习者在二语学习过程中也不能在母语和外语之间建立起联系，这种恶果不容小觑。为此，教材编写者必须针对词汇要素的不同特点对教材释义做出相应的改进。根据

---

[1] 比如，刘元满主编的《走进中国》（高级本）采用了这种专门文化注释的形式。

第五章分析出的文化词释义存在的问题，本章有针对性地提出相关改进建议。

（一）摒弃"一对一"与"近义词+描写说明"的释义模式。

无论是概念空缺词还是特殊文化含义词，二者的一个重要特征都是无法从心理词库（mental lexicon）中顺利提取。因此，文化词根本没有对等词或近义词。对于文化词而言，采用"一对一"或"近义词+描写说明"的释义模式都是不成功的。下面列举一些释义例子：

本命年 this animal year of sb
道 Daosim
功夫 kungfu
叩头 kowtow
龙 dragon
牌楼 pai-loo
仁 benevolent；kindhearted
双喜 double happiness
五行说 Theory of Five Elements
武术 wushu
相声 cross-talk
小品 witty skits
虚无 nothingness
宣纸 rice paper
衙门 yamen
中庸 harmony

上述释义的突出特点都是用了实际上并不对等的词语或者词组来解释汉语词，导致释义出现了偏差。对于释义者来说，释义者想当然地认为 dragon 与"龙"对等，benevolent/kindhearted 与"仁"对等，而实际上，英文词或词组根本无法对译汉语文化词，一些释义如 this animal year of sb 甚至是荒谬的。奈达（Nida，1964：35）在论及"语言具有同等的表达力"时曾提出过"零位信息"（zero message）的概念。钮马克（Newmark，1969：34）对"零位信息"做了进一步阐释，从而提出了"文化词"这一概念。无论是"零位信息"还是"文化词"，二者的共同点是由于文化差异导致一种语言的概念系统在另一种语言中"你有我无"或"我有你无"。换言之，由于文化词在语义上具有"概念空缺"

的特征,"一对一"与"近义词+描写说明"对于文化词释义来讲基本是不成功的。教材词语释义者如果不理解这一点而强行找对等词或近义词,结果会造成两种文化体系的概念无法被准确翻译理解,从而形成谬误,甚至闹出笑话。比如:

压岁钱:gift money

对于"压岁钱"这样的与民俗密切相关的文化词,在两种语言的翻译里根本没有对等词,从而造成了翻译最大的困难,即在汉民族文化里"压岁钱"的语义对本族人是不言而喻、习焉不察的,对母语为英语者却需要下大力气解释。因此,"压岁钱"这样的词绝不能采用"一对一"释义的方式。无论是将"压岁钱"翻译为 lucky money、New Year gift-money、wish-penny 还是 New-Year money,均不能准确传达"压岁钱"的语义。这时,有必要使用"纯解释"或者"描写说明+例证"的方法,通过解释向学习者提供必要的民俗文化背景知识。

还有一种拼音释义。目的是最大限度地保留源语的传统文化特色和民族语言的风格。如:

豆腐　toufu

风水　fengshui

功夫　kungfu

馄饨　wonton

饺子　jiaozi

馒头　mantou

旗袍　qipao

太极　taiji

阴阳　yang and yin

昭奚恤　Zhao xixu

大月氏　Dayuezhi

新疆　Xinjiang

这种释义模式也不甚妥当,因为这样做仅仅是标注了一个没有声调的拼音或根据拼音生造出英文单词而已。

另有一种"创词型释义"的做法。这种释义方式主要是创造一个新的外语词来对应文化词,释义者显然认识到了文化词在语言词汇系统的特殊性,于是在目的语中创造一个新词来表达源语的文化词。在网络发达的今天,"创词型释义"已经越来越普遍。比如,汉语的"龙"与西方的"dragon"

完全是两个不对等的概念，于是就有人把汉语"龙"翻译为"Loong"。之所以如此翻译，一是对应了"龙"的语音，二是借鉴了汉字作为表意文字的特点。"Loong"的两个"o"字母就像"龙"的两只大眼睛；Loong 在文字上又和"long"相近，给人"长"的感觉，但若采用"long"则有"独眼龙"之嫌。类似的例子还有"麻将"（mah-jong）、"太极"（Tai Chi）、"豆腐"（tofu）、"厦门"（Amoy）等。

"创词型释义"所创造的新词实质是外来词，创词式的新外来词多以语音形式引入，这种外来词在词汇系统中的存在是否具有稳定性还需要观察。因此，虽然这种创词法式的释义已屡见不鲜，但是仍有必要加以注释说明。

（二）采用"描写说明+例证"与"纯解释"的释义模式

"描写说明+例证"与"纯解释"的释义模式适合文化词的释义。"描写说明+例证"主要对词义进行分析描写，后补充例句说明词在具体环境的用法。"纯解释"主要对目的语词的语义进行解说与描述。对于汉语教材中的现代汉语文化词，中国人可以用自己所熟识的文化背景知识去理解词义，但是外国人缺乏这种文化背景知识，因此需要先对被译词进行释译，当释译词无法解释被译词的文化背景时候，要通过加注的方式，对该被译词做进一步解释说明。

试比较：

五行：The five elements

五行：The five elements（metal, wood, water, fire and earth, held by the ancients to compose the physical universe and later used in traditional Chinese medicine to explain various physiological and pathological phenomena）

外国人缺乏相应的中华文化背景知识，若只释义"五行"为"The five elements"（五种元素），外国人仍然难以理解"五行"的具体含义所指，因而后附英文解释来说明"五行"是指木、火、土、金、水五种构成世界的基本元素。中国古代哲学家用"五行"理论来说明世界万物的形成及其相互关系。这种解释是极其必要的。

具体而言，"描写说明+例证"与"纯解释"两种释义模式哪种更适合文化词的释义？笔者认为是"描写说明+例证"。"描写说明+例证"释义模式的例证有利于说明词语的用法，避免学习者在词语使用过程中出错。"纯解释"的信息则可能很冗长，但在缺乏语境的情况下，学习者仍然很难了解这些信息的真正含义，而且可能望文生义，从而解释得不正确，这种不足正好可以用"例证"来弥补。

试比较：

吃醋：be jealous

吃醋：be jealous（usu. of a rival in love）；jealousness 当他发现她爱别人的时候，他吃醋了。

桃李：one's pupils or disciples

桃李：one's pupils or disciples（written language）良师育英才，桃李满天下

上述两个释义提供例证的好处是：避免学生因不了解词的具体用法，从而造出谬误的句子。我们在课堂教学中得到验证，试图只给出"吃醋：be jealous"、"桃李：one's pupils or disciples"两个释义，结果学生造出下列病句：

（1）当然，时间流逝，我已可以在爷爷的朋友前夸耀一番，也可以和爷爷的朋友聊一下，吹几个小小的牛皮，但常让我<u>吃醋</u>的是："××，真有你的，孙子的汉语说得那么漂亮。"

（2）我是李老师的<u>桃李</u>，我每年9月都去看李老师。

学生之所以对"吃醋"、"桃李"两个词使用出现谬误，重要原因在于对"吃醋"、"桃李"的具体用法没有掌握。"吃醋"虽然表示嫉妒，但主要指因男女之间的感情而嫉妒，"桃李"虽然指学生，但一般不用于口语，而主要在书面语体中出现。而教材词语释义者只给出"嫉妒"、"学生"的语义，在这种情况下，教师如果缺乏词汇语用的教学理念，学生造出上述病句显然是不足为奇了。

恰当地提供例证的好处就是可以提供词的具体用法。因为，"只教给学生怎样说一个词是不够的，必须同时也教给他们该词可以在何种情况下使用，在何种情况下又必须避免使用"（Seelye，1976：15）。"造成中外学生用词不当的最主要的一个原因，就是学生对所学的词语只是一般地了解、掌握其基本意义，而没有确切了解所学的词语在什么场合能用，在什么场合不能用……"（陆俭明，2006）词语使用的语义背景问题确实至今没有引起汉语词汇学界、辞书编纂者和汉语教学界的充分注意。陆俭明先

生（2006）的看法主要是对虚词而言的。其实，这条原则对于实词同样适用。如：

拜寿：祝贺寿辰。

在《现代汉语词典》中，"拜寿"释义为"祝贺寿辰"是恰当的，但若在汉语教材中释义"拜寿"为"祝贺寿辰"则缺乏相关语用信息的提示。按照这条释义让学生在课堂中造句，结果学习者造出的句子为"我宣布，我们给寿星何海崴拜寿！"[①]由此可以看出，在文化词释义中缺乏相应语用信息的后果是严重的。学习者并不知道何时可以使用这个词。

因此，教材中"拜寿"的释义可以采用"描写说明+例证"的释义模式。

拜寿：长辈过生日时，晚辈向长辈祝贺。例句：中秋前天，老王特意赶回老家给父亲～。

教材文化词的例证还能提供语法的使用规则。

办喜事：喜事指婚嫁。例句：家里刚办完喜事，小姑就怀孕了。

该例句表明"办"和"喜事"之间可以加一些诸如"了"、"完"等成分。这种做法的好处是能在具体语境中教会汉语学习者语法知识。

有的文化词则适用于"纯解释"的方式来释义：

盖头：bridal veil（red silk veil with which to cover the head of a bride at the wedding; an old Chinese custom）

有的"纯解释"还可以考虑英文与中文混合解释。如：

孝道：Filial piety，"孝道"是儒家思想的组成部分，儒家提倡"百善孝为先"（filial piety is one of the virtues to be held above all else），强调照顾、尊敬并顺从父母之责（the responsibility to care for, respect, and obey parents）。"孝"的重要表现之一是要有子女。

（三）区分能否从字义析出词义并进行不同的释义

从字义析出词义是汉语学习者词汇量扩大的一种方式。目前有必要研究在汉语教材中哪些字是需要从词中析出的（赵金铭，2012）。对于文化词而言，有的文化词可以从字义析出词义，有的则不能。汉语教材文化词的释义也应该区分这两类不同的文化词并采用不同的释义方式。

有些文化词绝对不能从字义析出词义。这类词在教材释义时也不能从字的层面去解释：

白象（电池名）white elephant

[①] 何海崴是年轻的美国留学生，曾于 2012 年 9 月至 12 月在北京大学学习汉语，笔者为其授课教师。

红楼梦 Dream of the Red Chamber

这两个释义都犯了用"字"释义的毛病。"白象"作为电池名不应该被释义为"white elephant"（白色的象），"white"在英语中的特殊文化含义是"大而无用的"。试问谁会买大而无用的东西呢？这种依据字义释义带来的误区是不容小觑的。中国生产的"白象"电池出口到西方国家大量滞销的重要原因之一便是"白象"被翻译为"white elephant"（大而无用的东西）。《红楼梦》翻译成为"Dream of the Red Chamber"也是不准确的，这种释义忽略了"红"与"red"作为特殊文化含义词的文化意义不对等性。汉语中的"红"的特殊文化含义有：

❷象征喜庆的红布：披～｜挂～。

❸ 形 象征顺利、成功或受人重视：～运｜开门～｜满堂～｜他唱戏唱～了。

❹象征革命或政治觉悟高：～军｜又～又专。

英语中"red"的特殊文化含义有：

❻N-COUNT 共产党员；社会主义者；左翼思想者

❽PHRASE （突然）发怒；震怒

❾like a red rag to a bull→see: rag（刺激挑衅）

因此，汉语中的"红"与英语中的"red"概念意义相同，但是特殊文化含义相差很大。"红楼梦"若被释义为"Dream of the Red Chamber"则让西方人想到暴力、流血，不是一个准确的释义。

比如，一些释义者把《红楼梦》中的人物"黛玉"释义如下：

黛玉：Black Jade；黑色的玉

把"黛玉"翻译成 Black Jade，虽然字面上的翻译的理解是"黛"/"玉"（"黑色的"/"玉"），这还说得过去，但是释义者却不顾这个名称在英语中的文化意义。"Black Jade"除了有字面义"黑色的玉"外，还有"荡妇"的文化意义。这种释义把多情、多才、多思，（命途）却多舛的潇湘妃子翻译成了"荡妇"，这对外国人理解汉语文化词会造成极大的误解与不利的影响。

再如：

大锅饭：meal in a big pot（英文翻译：大锅里的饭）

春秋战国：the Spring and Autumn Period / the Warring States Period（英文翻译：春天和秋天的时期/战争的时期）

上述两个释义都是错的。对于不能从字义析出词义的文化词而言，试图从"字"上释义文化词总是失败的，教材词语释义者切忌"望字生义"。

但文化词并不是都不能从字面推导语义的。对于由核心文化词构成的词群，核心文化词往往也是构词的核心字，应充分、准确析出字义。比如：

【邪】xié ❸中医指引起疾病的环境因素。❹迷信的人指鬼神给予的灾祸。

"邪"在义项❸上构成下列词：

【邪气】名 中医指人生病的致病因素。
【寒邪】名 凡致病具有寒冷、凝结、收引特性的外邪。
【邪火】名 中医指引起疾病的因素。亦指体弱引起的虚火。

"邪"在义项❹上构成下列词：

【邪魔】名 妖魔。
【邪祟】名 指邪恶而作祟的事物。
【中邪】动 迷信的人指被鬼怪迷住而言行反常。

因此，在"寒邪❸"、"邪❸火"、"邪❸气"的释义中应该重点突出"邪❸"义。在"中邪❹"、"邪❹魔"、"邪❹祟"的释义中应重点突出"邪❹"义。

【火】huǒ ❸火气。

"火❸"是个中医概念。中医用自然界的"火"打比方，说明人的生命活动和病理现象。由"火❸"构成的词群有：

上火❸、发火❸、败火❸、虚火❸、消火❸

【禅】（chán）佛教用语，指排除杂念，静坐。由此指与佛教有关的事物。

"禅"（chán）本是印度佛教的一系列的修行仪式，主要为静坐默念（deep meditation）。但印度佛教进入中国之后经历了一个文化同化的过程。季羡林（1988）曾认为，禅是佛教中国化的产物，禅是融合了道教智慧的产物。禅宗（又名佛心宗）正是中国特色的本土佛教——汉族佛教。佛教进入中国之后，在众多的佛教宗派中，别的宗派大多销声匿迹，唯独禅宗的寿命最长。而且，禅宗越向前发展，越脱离印度的传统，因此季羡林（1988）说禅宗是中国的创造，汉语里的"禅"具有本土特色。

由"禅"构成的词群有：

禅房、禅机、禅理、禅林、禅门、禅让、禅师、禅堂、禅悟、禅学、禅院、禅杖、禅宗

【道】❼属于道教的，也指道教徒。

由"道❼"构成的词群有：

道❼场、道❼姑、道❼观、道❼行、道❼家、道❼教、道❼袍、道❼人、道❼士、道❼藏

【党】❶ 名 政党，在我国特指中国共产党。

由"党❶"构成的词群有：

党❶八股、党❶报、党❶代表、党❶费、党❶风、党❶纲、党❶规、党❶棍、党❶徽、党❶籍、党❶纪、党❶建、党❶刊、党❶课、党❶魁、党❶龄、党❶史、党❶委、党❶务、党❶校、党❶性、党❶员、党❶章、党❶证、党❶政、党❶政工团、党❶支部、党❶中央、党❶总支、党❶组、党❶组织

【礼】❶社会生活中，由于道德观念和风俗习惯而形成的仪式。

中华"礼"文化源远流长。"礼"本是会意字。从示，从豊（lǐ）。"豊"是行礼之器，在字中也兼表字音。"礼"的本义是举行仪礼，祭神求福。《说文》："禮，履也。所以事神致福也。"在中国儒家思想的影响下，"礼"已经成为制约着中国人的思想与行动的价值信条。中国古来被称为"衣冠上国，礼仪之邦"，人与人的交往注重"礼尚往来"。重礼仪、守礼法、行礼教、遵礼仪已经内化为一种深层民族文化心理。在这种民族文化心理的影响下，汉语中含有"礼"的词汇特别多，由"礼❶"构成的系列词汇有：

礼❶法、礼❶教、礼❶让、礼❶尚往来、礼❶数、礼❶俗、礼❶贤下士、礼❶制

【龙】lóng ❶ 名 我国古代传说中的神异动物，身体长，有麟，有角，有脚，能走，能飞，能游泳，能兴云降雨。❷中国封建时代用龙作为帝王的象征，也用来指帝王使用的东西：～颜｜～庭｜～袍｜～床。❸形状像龙的或装有龙图案的：～舟｜～灯｜～车｜～旗。

"龙"在义项❶上构成下列词汇：

龙❶宫、龙❶飞凤舞、龙❶凤呈祥、龙❶王、龙❶王庙、虎踞龙❶盘

"龙"在义项❷上构成下列词汇：

龙❷颜、龙❷庭、龙❷袍、龙❷床、龙❷种、望子成龙❷、卧虎藏龙❷、龙❷的传人

"龙"在义项❸上构成下列词汇：

龙❸船、龙❸舟、龙❸灯、龙❸车、龙❸旗、龙❸套

因此，在释义含有"龙"字的词语，应突出"龙"在不同义项上的注释，让学生知道了"龙"在汉民族心中有褒扬、赞美的含义，反映出汉民族对古老图腾崇拜的文化心理。

类似的核心文化词构成的词群还有许多：

【徽】❷指徽州（旧府名，府治在今安徽歙县）。

由"徽❷"构成的词群有：

徽❷菜、徽❷调、徽❷剧、徽❷墨、徽❷章

【炕】kàng ❶ 名 北方人用土坯或砖砌成的睡觉用的长方台，上面铺席，下面有孔道，跟烟囱相通，可以烧火取暖。

由"炕❶"构成的词群有：

炕❶洞、炕❶几、炕❶梢、炕❶头、炕❶席、炕❶沿、炕❶桌

【闽】❷福建的别称。

由"闽❷"构成的词汇有：

闽❷菜、闽❷剧、闽❷语、闽❷方言

【气】qì ⓭ 名 中医指人体内能使各器官正常发挥功能的原动力。⓮ 名 中医指某种病象。

由"气⓭"构成的词汇有：

元气⓭、正气⓭、气⓭功、气⓭虚、气⓭血

由"气⓮"构成的词汇有：

湿气⓮、痰气⓮、火气⓮

【儒】❶指儒家。

由"儒❶"构成的词汇有：

大儒❶、名儒❶、儒❶生、儒❶学

【仁】❶仁爱。

"仁"是中国古代影响极深的价值信条之一，也是儒家思想的精髓。"仁"在中国古代影响极广，含义极深。其核心义指人与人相亲互爱。《说文》："仁，亲也。"《春初·元命苞》："仁者，情志好生爱人，故立字二人为仁。"《礼记·经解》："上下相亲谓之仁。"孔子以"仁"作为最高的道德标准。以"仁"为核心的伦理思想结构（包括孝、弟/悌、忠、恕、礼、知、勇、恭、宽、信、敏、惠等内容），是中国传统文化最为精深也是最不易理解的部分。正因为"仁"的影响力极大，由"仁❶"构成的词汇主要有：

志士仁❶人/仁❶人志士、不仁❶、假仁❶假义、仁❶爱、仁❶厚、仁❶人君子、仁❶义、仁❶义道德、仁❶义之师、仁❶政、仁❶至义尽、杀身成仁❶

【唐】² ❷朝代。公元618—907年，李渊和他的儿子李世民所建，建都长安（今陕西西安）。

由唐 ²❷构成的词汇有：

唐❷² 朝、唐❷² 高宗、唐❷² 三彩、唐❷² 诗、唐❷² 太宗、唐❷² 装

【团】❽ 名 青少年的政治性组织，如儿童团、青年团等，在我国特指中国共产主义青年团。

由"团❽"构成的词汇有：

入团❽、团❽费、团❽歌、团❽徽、团❽章、团❽中央

【侠】❶侠客。❷侠义。

"侠文化"是中国文化体系中不可缺少的组成部分。"侠"最初见于《韩非子》一书，儒家所崇尚的舍身取义，正是"侠"的灵魂与根本。

由"侠❶"构成的词汇有：

游侠❶、大侠❶、豪侠❶、剑侠❶、女侠❶、武侠❶、武侠❶剧、侠❶气

由"侠❷"构成的词汇有：

侠❷士、行侠❷仗义、侠❷肝义胆

【县】 名 ❶行政区划单位，由省、自治区、直辖市或自治州、省辖市领导。

由"县❶"构成的词汇有：

县❶城、县❶府、县❶官、县❶级市、县❶界、县❶立、县❶委、县❶长、县❶政府、县❶志、县❶治

【湘】❷ 名 湖南的别称。

由"湘❷"构成的词汇有：

湘❷菜、湘❷方言、湘❷剧、湘❷绣

【阴】❿指属于鬼神的；阴间的（迷信）。

由"阴❿"构成的词群有：

阴❿曹、阴❿德、阴❿功、阴❿魂、阴❿司

【灶】❶ 名 用砖、坯、金属等制成的生火做饭的设备。

由"灶❶"构成的词群有：

灶❶火、灶❶间、灶❶具、灶❶君、灶❶神、灶❶台、灶❶膛、灶❶头、灶❶王爷、灶❶屋

【篆】❶汉字形体的一种。

由"篆❶"构成的词汇有：

小篆❶、大❶篆、篆❶书、篆❶体、篆❶文、篆❶字

……

在由字义析出词义时要注意词项的多义性，有的词汇其字义并不能充分析出，如"鬼画符"中的"鬼"与"鬼子"的"鬼"义不同，"龙阳"中"龙"与"龙颜"、"望子成龙"中的"龙"不同。

（四）构建面向 TCSL 非抽象物态文化词释义图片资源库

文化词有许多是物态的、直观可感的。心理词典理论（mental lexicon theory）认为，对于直观可感的词语，给予相应情境信息更有助于认知的深化（Treisman, 1960）。对于一些直观可感的文化词，可以用插图（illustration）的方式进行释义。插图具有一目了然的特点，比起文字更生动形象。由于文化差异，目的语学习者对文化词所传递的概念较为陌生，用插图进行释义在很多时候有利于目的语学习者理解文化词。试比较：

甲子：中国传统的计算年月的办法，用天干"甲、乙、丙、丁、戊、己、庚、辛、壬、癸"十个字和"子、丑、寅、卯、辰、巳、午、未、申、酉、戌、亥"十二个字轮流搭配表示年份（例如，甲子、乙丑、丙寅等）。全部轮流一遍共是六十年，也叫作一个"甲子"。In the Chinese lunar calendar , the 10 Heavenly Stems（jiǎ yǐ bǐng dīng wù jǐ gēng xīn rén guǐ）and the 12 Earthly Branches（zǐ chǒu yín mǎo chén sì wǔ wèi shēn yǒu xū hài）are used to form a system for designating years .Each Heavenly Stem pairs up alternatively with each of the Earthly Braches to form 60 pairs that are used in a recurrent cycle to designate years, which begins from "甲子"and ends with "癸亥"、"甲子"also means the cycle of 60 years [《汉语精读课本》（下），第 12 课，第 214 页]。

对于以上注释方式，如果采用图 6-1 配合说明，更容易令学习者明白。

另外一些产物文化词（Cultural Product）大多是直观的、具体而感的，这类词语可以采用形象的直观法，也可以用图片来注释，如"剪纸"与"财神"便可以采用如图 6-2 和图 6-3 的注释方式：

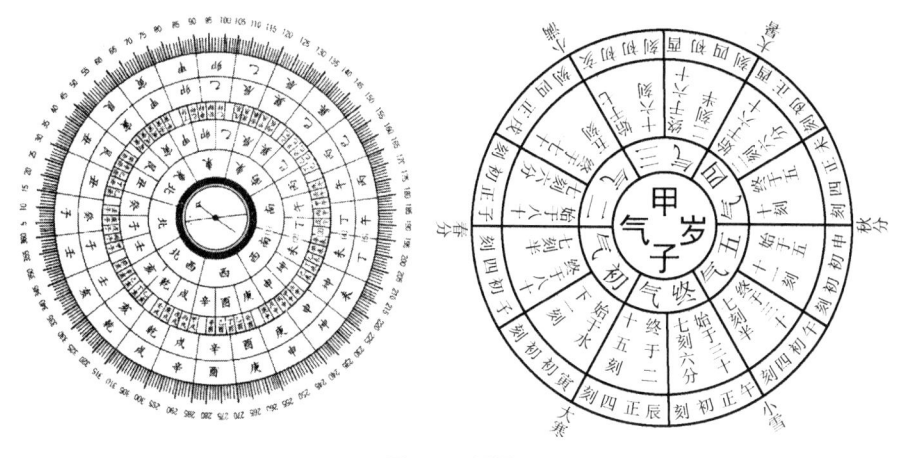

图 6-1　甲子

图 6-2　剪纸　　　　图 6-3　财神

因此，有必要建立面向 TCSL 非抽象物态文化词的图片释义资源库，以便系统地帮助汉语学习者掌握汉语物态文化词。

（五）利用义差

双语词典的基本任务是研究两种语言在词汇体系中存在的差异。正因为如此，双语词典也被称为"义差词典"（黄建华，1997：103）。文化语义差存在于各种类型的义类差中，并不限于某种词性。所以，利用文化义差来进行词义训释是解释词义的一种有效手段（王宁，1993）。比如对"愚公移山"的注解：

"愚公移山"所代表的文化观念：
a. 中国人安土重迁的观念
b. 中国家族本位文化
c. 中国人自强不息的精神

d. 知其不可为而为之的大智大勇

e. 不怕困难的精神

"愚公移山"这一词语属于在外语中无法找到对等词的词语，属于典型的"概念空缺"。我们假设可以预先的注解为 f，那么，"愚公移山"与预先注解 f 的文化义差关系为：

a>b>c>f

d

e

那么，在注解时应优先把握住 a，因为 a 的文化义差值最大，而 TCSL 教材释义者却突出"自强不息"这一文化观念。而实际上，"自强不息"是全世界共有的文化理念，恐怕没有哪个国家或民族的文化以懒惰为荣。如果释义仅仅把握住"自强不息"，那么这种释义方式等于顾此失彼、没有抓住要害。因为，愚公的这种举动在西方人看来是愚蠢的。那么，愚公为什么坚决移山而不搬家呢？固然，"愚公移山"体现了坚持不懈、自强不息的品质；更重要的是，愚公移山而不搬家体现了中国人的一种"安土重迁"、"扎根"的思想。古代中国人固有的一种历史文化心理——安土重迁，使中国人有一种强烈的土地崇拜意识和根深蒂固的安土重迁观念。中国自古有"落叶归根"、"相安无事"等稳中求生存的思想和语言表达。集体主义的影响范式之下，中国俗语有"宁恋家乡一抔土，莫恋他乡万两金"，中国人离开故土在外漂泊，没有定下来的生活充满变数，总会让人担心和忧虑。现在中国人坚持买房子，一辈子一定追求要有一个固定的居住寓所，也是这种深层文化观念在起作用。

相比之下，外向型思维导致了西方人有求新、求变的性格。西方人把创新和变化作为一种追求，求"变"胜过求"稳"。他们对待生活中的一切，无论是职业还是住所，甚至是人与人之间的关系，都处在不断的变化中。在个人主义影响范式之下，西方人大多数人都认为愚公应该"搬家"而并非"搬山"。这种价值观在西方语言上也有所表现。如：

pull up one's roots[喻]离开原居地、原单位，另谋生活。

put down new roots[喻]另起炉灶；或到一个新地方。

类似"愚公移山"这样的词，其释义具有相当大的文化含量。教材注解编写者是否具有跨文化教学意识是注解能否准确编写的关键之处。

总之，TCSL 教材现代汉语文化词释义要根据文化词的不同特点采用不同的释义方式，以求更好地帮助外国学习者掌握现代汉语文化词、进一步扩大词汇量。

第三节　关于学习词典文化词释义的改进建议

对外汉语学习词典也是学习者自主学习文化词的一个重要途径，其释义可以从以下几个方面进行改进：

一　提高释义的准确性

准确释义是词典编写的灵魂所在，释义是否准确直接影响着词典的质量。文化词包含了民族文化传统、价值观念、意识形态、道德规范、宗教信仰等各方面的文化因素，在学习词典的释义中想做到完全准确的确是个难题，而一些习焉不察的小问题，对中国人可能在理解上并不会造成偏差，但对外国人来讲却可能是理解的难点。因而，词典编写者需要努力匡正失误，以求词典编写质量的进一步提高。如《商务馆》对"丝绸"与"缎子"的释义并未准确区分两个词汇，这类失误应该在以后的词典编纂中避免。

二　不能忽视词的特殊文化含义

词的特殊文化含义是词的文化意义的一个种类，而词的文化意义是从语言与文化关系角度出发划分的词义新种类。传统词义学认为，词义包括词的词汇意义、语法意义和色彩意义三个部分（葛本仪，2001：185）。这种对词义的分类是基于一般词的理解。而对于文化词来说，这种分类显然不是很合适。因为，词语的文化意义不能简单地处理为涵盖在色彩意义之中。有学者甚至认为文化意义包含于色彩意义之中（孟子敏，1997）。文化词的文化意义具有隐含性，主要指文化意义多与字面的意义无关，或与原来的意义无关。比如"皮帽子"与"高帽子"、"绿帽子"中的"帽子"截然不同，这种特殊的文化含义在母语为汉语者的心中可能习焉不察，但对外国人却会造成极大的理解障碍。因此，在学习词典中文化词的处理过程中不能忽略这种特殊文化含义。而《商务馆词典》对"帽子"的特殊文化含义未做任何释义，那么学习者再看到"扣帽子"、"高帽子"等词汇时,其心理词典就无法准确地激活"帽子"的特殊文化语义,这种失误应该避免。类似的词汇还有"醋"、"白色"、"红"等。

三 注重字义在文化词释义中的作用

有学者指出词典释义应该尽量以词为基本单位,注释的语言系统应该与被释系统相对应,使两种语言基本单位对应(李开,1990:23)。就对外汉语教材而言,其中汉语的编排是以词为基本单位的,有少量的"语",所以教材中称为"生词"或"生词语",对外汉语学习词典也是如此。因此,主张在教材与学习词典中注释的语言也要尽量以词作为基本注释单位是有一定道理的。而实际上,汉语的字与词存在错综复杂的关系,字义与词义也有着不可分割的联系。文化词同样存在可以从字义析出词义与不可从字义析出词义两种。对于文化词来说,单纯采用"词本位"的观点注释并不能使人信服。当使用词注释词的方法存在困难的时候,便应该选择"字"处理。比如,"龙"是一个汉语文化词,"望子成龙"部分词典释义成"want to see his son to succeed in his life",这样解释了成语的整体意义,"龙"的文化义没有突出出来。学生再看到"卧虎藏龙"、"车水马龙"仍无法继续类推,而如果学生知道了"龙"在汉民族心中有褒扬、赞美的含义,反映了汉族人民对古老图腾崇拜的文化心理,便可以简驭繁,扩大词汇量,比如中华民族自比为"东方巨龙",中华民族是"龙的传人",中国的父母都"望子成龙"。汉语与"龙"相搭配的成语也非常多,又最为群众所喜闻乐见,并经常被运用到各种社会生活中。如"龙"象征贵人、大人物、有权势的人、身居高位的人的成语有"攀龙附凤"、"望子成龙"、"白龙鱼服"、"亢龙有悔"、"云龙井蛙"等;"龙"象征帝王的成语有"日角龙庭"、"鼎湖龙去"、"龙飞凤翔"等;"龙"象征有才能的人的成语有"龙盘凤逸"、"龙兴鸾集"、"龙跃凤鸣"、"潜龙伏虎"、"潜龙勿用"、"龙驹凤雏"等;"龙"象征仪表出众的人的成语有"龙眉凤目"、"龙虎之姿"、"龙虎之威"、"龙章凤姿"等;"龙"象征贤良、贤者、强者、杰出的人物、英雄豪杰的成语有"麟凤龟龙"("龟龙麟凤")、"龙蛇混杂"、"一龙一猪"、"云起龙骧"、"人中之龙"、"卧虎藏龙"、"龙争虎斗"、"龙游浅滩"等;"龙"象征佳婿、家长等的成语有"乘龙快婿"、"一龙九种"、"龙生九子"等;"龙"象征快速地飞黄腾达的成语有"一登龙门"、"（鲤）鱼跃龙门"等；"龙"象征珍稀、互为感应的事物的成语有"凤髓龙肝"、"龙肝豹胎"、"炮凤烹龙"、"龙吟虎啸"等；"龙"象征书法、作文、刺绣、乐曲的形势的成语有"龙飞凤舞"、"翔龙舞凤"、"浮云惊龙"、"游云惊龙"、"矫若惊龙"、"笔走龙蛇"、"龙蛇飞动"、"画龙点睛"、"文炳雕龙"（"文擅雕龙"）、"绣虎雕龙"、"雕龙绣虎"、"神龙见首不见尾"、"活龙活现"、"虎略龙韬"、"描龙绣凤"。虽然上述成语并非都是文化词，但"龙"作为一个单音节文化词（同时也是一个字）的词义若能充分说明，便可以简驭繁地扩大词汇量。类似的例子如"灶"指"用砖、坯、金属等制成的生火做饭的设备"，由"灶"构成的文化词词群有："灶火"、"灶间"、"灶具"、"灶君"、"灶神"、"灶台"、"灶头"、"灶王爷"、"灶屋"……

可以认为，对外汉语学习词典目前较少有体现"字"的释义，甚至没有把"字"作为一个单位纳入释义体系，在词典释义中应适度分析"字"义，在释义的时候尽量体现词汇的系统性，从而为学习者学习新词提供了捷径。

四　提高例证的文化信息含量

对外汉语学习词典中文化词的释义应该达到通过词汇学习使学习者了解中国文化的重要目的。因而，除了语言解释文化词的词义外，词典中的配例起着佐证释义的作用，而且可以给释文提供语境，帮助读者准确运用词语。而目前对外汉语学习词典部分例证的文化信息含量略显不足。例如"春节"这一义项，《商务馆词典》提供与文化相关的例证有："过春节又叫过大年｜春节是中国人最大的节日｜春节期间，人们往往要互相拜年｜今年春节，咱们还是放七天假吗？"

而《汉语水平考试词典》关于"春节"提供了两个例证："大家正在大扫除，准备迎接～的到来。｜～期间一般放假三天。"

这些例证中并没有表现出太多的春节相关文化，只是说春节作为一个假期的性质。实际上，"春节"最重要的文化信息是反映了中国人的"团圆观"，这种"团圆观"反映在其他文化习俗上的表现有"春运"、"包饺子"、"年夜饭"、"守岁"等。因而，这种文化观念是需要在例证中重点反映出来的。

因而，在学习词典中文化词释义所给的例证的过程中，应该增加词语使用相关的文化信息的比重，与目的词同属一个语义场，或者与目的词是同义词、有相关性的词条，皆可放在参见系统中，即给出其他相关的词（包括文化词）进行"互参"释义，如：

【端午】中国、粽子、龙舟、踏青、辟邪、艾蒿、初始、香包

【出嫁】新郎、新娘、拜堂、嫁妆、红双喜、娶亲、娘家、亲家

【中医】中药、穴位、气虚、阴阳、中药、针灸、推拿、按摩、拔罐、气功、食疗

这些涉及的词条有的可以单独立目，有的在释义时可以注明参见【春节】、【端午】、【中医】、【中药】等。如在释义"红白喜事"之后，可备注参见【红喜事】、【白喜事】；"乞巧"可备注参见【七夕】等。

五 统一释义参数

《商务馆词典》部分同语义类的词群释义参数不一致，这种现象应该修正。比如，同属于"节日"类的词语，"元旦"、"元宵"、"中秋"、"除夕"、"春节"、"清明"、"端午"的释义参数就很不一致。有的文化词的释义参数对节日的深层文化蕴含做了说明，有的文化词的释义参数则仅仅提到了时间。有的说明了节日是中国独有的，有的则未说明。对外汉语学习词典文化词释义对同语义类的文化词需要设立一致的释义参数，包括：语义类别、用法、搭配、例证、文化蕴含、参见系统等。这些问题有必要在日后学习词典的编纂中进一步完善。

六 文化词可按"义类"编排释义

语言的词汇系统可分为不同的次系统，"义类"实质是语言词义的系统性的另一表现。"义类"在词义体系的构建中发挥着举足轻重的作用。词义系统的构建成果之一——"义类"通常以词典的形式体现，比如中国古代的《尔雅》在严格意义上来说虽然是"物类"而非"义类"词典，但却为现代"义类"词典的滥觞。现代的《同义词词林》、《现代汉语语义分类词典》、《现代汉语分类词典》以及国外的《朗文多功能分类词典》、《英语词典宝库》、《简明义类分类词典》正是现代"义类"词典的代表，但汉语学习词典中"义类"的成果尚不多见。利用"义类"进行汉语词汇

教学有助于进一步帮助第二语言学习者扩大词汇量。文化词也适合借助"义类"来学习。如"绘画"类文化词"白描"、"彩绘"、"渲染"、"山水画"、"水墨画"、"花鸟画"、"中国画"等,戏曲"京剧"、"粤剧"、"吕剧"、"花鼓"、"扬剧"、"黄梅戏"、"京派"、"快板儿"、"曲艺"、"相声"、"快书"、"评弹"在词典中适合以"义类"的形式进行编排并按照统一的释义参数进行释义。事实上,《商务馆》已收录了附录词表:一、现代汉语语法要点;二、中国历代纪元表;三、中国行政区划表;四、世界主要国家和地区简表;五、干支次序表;六、二十四节气表;七、中国民族名称表;八、中国最常见的200个姓;九、汉语亲属称谓表;十、常用量词用法表;十一、中文标点符号用法;十二、汉语拼音方案。其中,二、三、五、六、七、八均属于文化词词表。其他语义类的文化词是否也可以用附表的方式呈现在词典中?这在词典编写中并不是一件容易的事,重要原因在于"义类"的分类自身就容易有交叉与空缺,从而会影响"义类"排列的准确性,但是这些建议值得深入探讨。

七 双义文化词应将概念意义与文化意义同时释义

双义文化词主要指语具有双层性的文化词。这类文化词有两个义项,其中有一个或两个义项构成概念空缺,或有一个义项具有特殊文化含义。这类文化词应该将两个义项同时释义并适当突出词义引申的制约点。比如"朱门"由"红漆的大门"引申为"富贵人家"。

"朱门"由"红漆的大门"引申为"富贵人家"的制约点在于中国的制度文化——我国古代的官场制度对红色有着特殊的偏好,因此,在释义中应该适当突出文化对词义引申的制约。

又如,"高堂"由"高大的厅堂"转指为"父母"原因在于中国以"礼"为核心的伦理秩序。中国以"礼"为核心的伦理秩序强调中国传统居住建筑严格以等级区分,不同身份的人有严格的活动范围和区域。在古代的家庭里,父母的居室一般被称为堂屋,是处于一家正中的位置,而堂屋的屋顶相对其他房间要高一些,所以古代的子辈为尊重父母,在外人面前不直说父母而叫"高堂"。因此,在释义中应该适当突出中国"礼"文化对词义引申的制约。

总体来看,《商务馆词典》文化词释义存在一些问题,这些问题有望在日后学习词典的编纂中进一步完善。而从世界汉语教学的良好形势来说，在学生的自主学习中，依赖词典（不单指对外汉语学习词典）进行词汇学习是常见的途径。专门的 TCSL 文化词学习词典的编纂势在必行。上述问题及解决建议的提出，定会给文化词学习词典的编纂提供一定的借鉴。

结　　语

本书围绕文化词这个核心概念，以现代汉语中的文化词为语料，从本体和应用两方面对其进行了考察，在已有研究成果的基础上，借鉴多学科理论，围绕面向 TCSL 现代汉语常用文化词的提取与应用，主要做了以下工作。如下图所示：

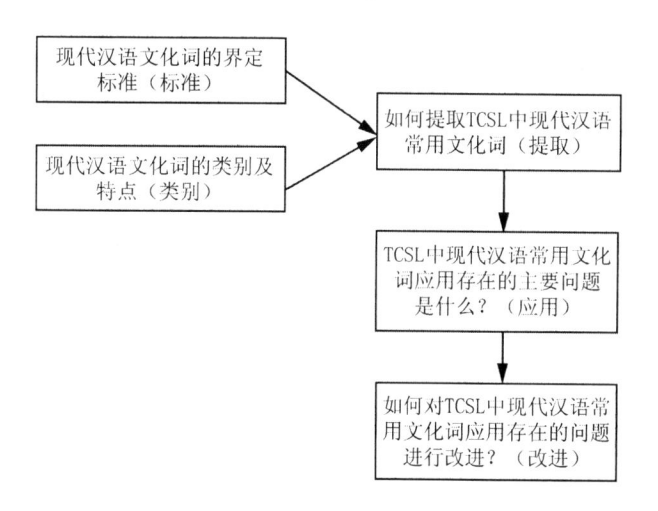

```
现代汉语文化词的界定
标准（标准）  ────┐
                  ├──→  如何提取TCSL中现代汉语
现代汉语文化词的类别及      常用文化词（提取）
特点（类别）  ────┘              │
                                 ↓
                         TCSL中现代汉语常用文化
                         词应用存在的主要问题
                         是什么？（应用）
                                 │
                                 ↓
                         如何对TCSL中现代汉语常
                         用文化词应用存在的问题
                         进行改进？（改进）
```

因此，本书围绕"标准—类别—提取—应用—改进"的思路，主要的研究工作包括：

（1）概览文化词理论的发展历程及研究成果。

本书回顾、梳理、评述了国内外文化词理论研究的发展及基本主张、有代表性的探讨及成果，指出了其中研究的创新之处与不足，并借鉴了国外的研究方法。这有助于全面、深入地认识文化词对第二语言研究和教学的意义，有助于科学合理地借鉴文化词理论进行相关探索。

从文化词理论的发展历程可以看出，从"文化词"语言学事实被提出到对其进行语言学意义上的描述、界定，再到文化词理论的形成，这中间的历程是与人们对语言与文化关系认识的逐渐深入密不可分的。因此，文化词研究主要在"外部语言学"的学科中进行，如社会语言学、语言国情学、文化语言学等。另外，人们对"空缺现象"的认识也会使人们对文化词产生兴趣。从第二语言教学角度出发，"文化词"概念的引入的重要性在于，这一概念有助于探索语言内部文化因素的教学，使语言教学与文化理解融为一体。虽然第二语言教学中这些有关文化词的讨论在很多方面尚未取得一致性认识，一些问题也尚未得到有效解决，但对于深化对文化词的认识、对文化词进行界定和分类都具有很好的启发意义。

（2）提出了一个可供分析的文化词鉴别标准。

文化词在各种语言中都存在，但是如何对其进行界定一直是学界的一个难题。本书提出，放置于词汇语义学视角下的文化词判定具有较强的操作性，同时也有助于人们进一步探索文化与语义之间的内部规律。因此，本书首先提出词的文化意义概念，在此基础上根据文化对词义的显性影响（概念空缺词：概念义=文化义）与隐性影响（特殊文化含义词：概念义相同，文化义有较大差异）所提出的现代汉语文化词的界定标准不仅仅适用于汉语，对于其他语言也适用；不仅仅适用于 TCSL，对现代汉语本体研究也适用。因此，这一标准为学术界以后进一步研究文化词提供了一个可操作的依据，为文化词研究及应用探索做了充分的理论准备。

（3）探讨了现代汉语文化词的类型及特点等问题。

本书结合汉语的特点，通过对汉语文化词的基本类型与其他类型进行深入剖析，本书提出了一系列文化词的类别如概念空缺词与特殊文化含义词、隐喻类文化词与转喻类文化词、核心文化词与一般文化词等，系统勾勒出文化词的可能的类别。在系统认识了文化词"大家族"内部成员之后，我们以此为依据得出本书关于汉语文化词的不同特点。然后以此为基础，根据教学的需要，对 TCSL 中文化词进行了提取。本书关于文化词类别的分析有助于进一步探索文化词在汉语教学中的各种应用。除此之外，本书对文化词类别的分析也为文化词汇学学科创建提供了一系列的研究术语。以上各种类别的文化词还可以进行更加深远的研究，从而为进一步探索词汇与文化之间的内在关联提供借鉴。

（4）探索了常用词与现代汉语常用文化词选取的基本理论。

为汉语教学提取现代汉语常用文化词，需要论证常用词的基本理论。本书在对学术界对常用词认识的基础上，指出"常用"与"非常用"其实是一对相对的标准，我们应该依据不同的需要提取常用词。在此基础上，本书提出了面向 TCSL 文化词提取的基本原则，为应用部分做了铺垫。

（5）运用标准选取教材、大纲与补充语料中的现代汉语文化词。

本书对三套系列教材（45 本）、三套大纲与《现代汉语常用词表》中的现代汉语文化词进行穷尽性考察，逐一分析、梳理、提取并整合，形成"面向 TCSL 现代汉语文化词资源表"（详见附录1）。在此基础上，按照本书分析的常用词提取的基本理论以及提取原则，本书进一步依照词频统计的基本知识对文化词的常用度进行了分析，并最终根据专家与专业人士的意见，对不合适的词语进行剔除、调整，最终形成"面向 TCSL 现代汉语常用文化词表"（详见附录2）。上述两个表格是首次从汉语作为第二语言教学视角对现代汉语常用文化词进行的归纳整理，可以直接为大纲研制、教材编写、课堂教学、辞典编纂提供必要的参考。

（6）系统地探索了面向 TCSL 文化词应用的问题，并提出改进建议。

本书从大纲、教材与学习词典三方面探索了 TCSL 现代汉语常用文化词应用的问题，并提出了相关的改进建议，可以为以后 TCSL 现代汉语常用文化词应用提供宝贵的借鉴。其中大纲现代汉语常用文化词应用存在的问题是不容忽视的，因为大纲是教材编写、课堂教学、语言测试与评估等多方面的重要依据，具有较强的导向性。因此大纲中现代汉语常用文化词应用存在的问题亟待修正。而教材与学习词典文化词释义存在的问题也不容忽视。本书针对教材与学习词典文化词释义问题提出的改进建议，有助于为汉语教材与学习词典编写中文化词释义准确性的提高提供必要的帮助。

本书重要的创新性结论有：

（1）关于现代汉语文化词的判定。前人对文化词的界定往往注意到词汇蕴含着丰富的文化因素，认为只要蕴含丰富文化的词语就是文化词，而这个定义既含糊又无法操作。本书指出，文化词是文化对词义系统影响形成的概念，而不涉及词构、词源、语用、编码度等其他方面。因此，文化词并非"蕴含（或携带）文化的词语"，而是需要在"蕴含（携带）文化的词语"中从共时词义的层面进行重新分析的那部分词。"文化词"与"词文化"二者并不在一个层面上，"文化词"与"蕴含丰富文化信息的词"

的关系是前者从属于后者。如果对后者进行具体分析，我们会发现前者仅仅是后者理论体系的一个具体表现。因此，文化词的界定应放置于词汇语义学视角下，从文化对词义的系统影响进行判定。

文化对共时词义的系统影响主要有两类：一是显性影响，使得词本身的概念就是一种特殊的文化。二是隐性影响，使得两种语言中共有的概念因为文化差异内涵所指大不相同。在此基础上，本章给出文化词定义操作的核心概念——词的文化意义。接着详述现代汉语文化词的两种基本类型——概念空缺词（概念义=文化义）与特殊文化含义词（概念义相同，文化义有较大差异）的定义及鉴别标准，最后论述了文化影响词汇的其他术语（文化背景词、文化伴随意义词、典故词、同实异名词、熟语、外来词），进一步澄清了文化词与非文化词的区别。

（2）关于现代汉语文化词内部成员的认识。分类在任何科学研究当中都不是一件容易的事，而学术界目前对文化词分类含混不清的重要原因除了界定没有解决外，缺少客观而有效的维度是造成分类具有交叉项的另外一个原因。本书从分类的多重性（multiplicity）角度出发，依据不同的维度将文化词分出清晰而有效的类别。本书认为，文化词的分类有三个基本维度：从语言与文化的交叉关系分、从语言维度分、从语言所体现的文化维度分。第一种维度——从语言与文化的交叉关系分，我们已经详细阐述了从文化对词义的隐性与显性影响对文化词进行的分类——概念空缺词与特殊文化含义词。第二种维度（语言维度）可以继续划分出五小类：从词的语法功能分、从词的义项数分、从词义认知方式分、从构词活跃度分、从词的社交功用分。第三种维度（文化维度）也可以继续划分出两小类：借鉴"文化三角形"分、借鉴"文化四层次说"分。这样分类就较为清晰地勾勒出现代汉语文化词的可能类别。在此基础上，根据不同类别的文化词探索其特点，不仅有助于了解现代汉语文化词"大家族"成员的个性，也有助于从整体上把握现代汉语文化词这一词语类聚的共性特征。

（3）关于现代汉语常用文化词的提取。现代汉语常用文化词的提取必须牢固建立在（1）与（2）问题解决的基础上。在此基础上，可以运用标准与类别进行操作。本书在回顾常用词研究概貌的基础上，指出学术界所谓的"常用"、"非常用"是一对相对的概念，词频是一个相对的标准，并不是唯一的提取标准。在不同的研究领域，应根据不同的研究目的提取常用词。从 TCSL 视角提取常用词要充分考虑面向汉语教学的语料特点。在此基础上本书构建了大规模的现代汉语常用文化词语料库，语料库的来源主要包括：有影响的汉语系列教材、权威的汉语词汇教学大纲、补充语料（《现代汉语常用词表》）。在此基础上本书对三类语料库进行穷尽性的整合，共整合 2270 个现代汉语常用文化词。之后运用词汇计量学知识对 2270 个现代汉语常用文化词进行词的频度与频率统计，之后接受汉语教学专业人士的干预，最终整合为面向 TCSL 现代汉语常用文化词资源表（含有 3 个子附录）与面向 TCSL 现代汉语常用文化词排序表（含有 4 个子附录）。

（4）关于现代汉语常用文化词应用的探索。本书根据所得出的面向 TCSL 现代汉语常用文化词表，这里的"常用"包含了最常用、常用、中度常用、次常用 4 个维度。抛除最后不太常用的词语，本书以前高频 2000 词为例（最常用、常用、中度常用、次常用），分析 TCSL 教学文化词应用的几个方面——TCSL 大纲、教材与学习词典文化词应用存在的问题。TSCL 常用的三个词汇大纲《汉语水平词汇与汉字等级大纲》、《汉语国际教育用音节汉字词汇等级划分》、《高等学校外国留学生汉语教学大纲》在现代汉语常用文化词应用上主要存在收词量不足、收词不能与时代生活常用词汇同步、个别大纲收录了一些反映封建糟粕和敏感信息的词汇、所收录的词语并非都是高频词、对多义文化词不标注义项、在词语反映文化内容方面收词比例严重失衡、未收录核心文化词等问题。本书指出，词汇大纲是汉语教材选词、汉语测试、课堂词汇教学、学习词典编纂的重要依据，上述问题的明显谬误会对汉语教学带来极不利的影响，因此亟待修订。教材现代汉语文化词释义可以从"一对一"、"近义词+描写说明"、"描写说明+例证"、"纯解释"四类释义模式进行分析。具体而言，存在 13 类释义谬误。对外汉语学习词典中文化词应用存在的问题主要包括部分文化词释义过于简单、部分词的特殊文化含义未释义、部分文化词缺少相应字义的提示、部分核心文化词释义不准确、部分例证缺少相应的文化背景提示、部分文化词释义参数不统一等问题。本书同时指出，以上问题产生的原因是十分复杂的，其中最关键还是对词语的文化意义把握不准确、不能准确地用母语或目的语翻译自身语言的问题。这还是理论层面——我们对什么是词的文化意义不了解、对文化词的类别与特点不清楚造成的。

（5）关于现代汉语常用文化词应用改进建议的提出。关于 TCSL 大纲现代汉语常用文化词应用的改进建议，本书主张：应依据不同的用途设计 TCSL 词汇教学表、通用型词表也应该适当收录高频文化词、应充分考虑文化词语域的平衡问题、反映封建糟粕文化与敏感信息的词汇进入大纲应该慎重、应借鉴词频与义频统计新成果对大纲文化词进行义项标注与呈现。关于 TCSL 教材现代汉语常用文化词应用的改进建议，本书主张：在释义原则上应该遵守适度、有效、优先、多维呈现文化因素的原则。在具体做法上应该摒弃"一对一"与"近义词+描写说明"的释义模式，尽量采用"描写说明+例证"或"纯解释"的释义模式。同时，注意区分可从字面推导语义（核心文化词）与不可从字义析出词义（一般文化词）两类不同性质的文化词并采用不同的释义方式。另外，对于知识性较强、直观可感的文化词，应该构建面向 TCSL 非抽象物态文化词释义图片资源库。部分文化词的释义也可以采用"义差"释义的方式。关于对外汉语学习词典文化词应用的改进建议，本书主张：应提高释义的准确性、不能忽视词的特殊文化含义、应注重字义在文化词释义中的作用、应提高例证的文化信息含量、应统一释义参数、应按"义类"编排释义、双义文化词应将概念意义与文化意义同时释义。

本书的研究成果可以有以下几个方面的应用：

（1）可以直接帮助汉语作为第二语言学习者扩大词汇量。词汇无疑是体现文化差异最重要的语言要素，文化词又是词汇与文化联系最为紧密的部分，因此是词汇学习的难点。进入中高级阶段的汉语学习者如果不能准确掌握文化词，就很可能词不达意，甚至闹出笑话。如本书绪论中举过的例子：

你女朋友是什么动物？

在这个例子中，学习者很想用"生肖"表达相应概念，不过他却不知道"生肖"怎么说。

目前 TCSL 可资借鉴的汉语文化词库资料基本没有。本书穷尽性地从教材、大纲等搜集到的现代汉语常用文化词资源及研发出的现代汉语常用文化词排序表可以直接为汉语教学提供参考，帮助学习者进一步扩大词汇量。

（2）可以直接应用于汉语作为第二语言教学中的文化教学。目前国际汉语教学中的文化教学，多少带有"为文化而介绍文化"的倾向（赵金铭，2012）。换言之，目前国际汉语教学中的文化教学多少带有一些炫耀汉文化的成分，这是不足取的。第二语言文化教学的最佳状态本在于语言教学与文化教学融为一体。本书的研究成果表明，现代汉语中有丰富的文化词，这些词语或者概念本身就是文化，或者是文化作用于词义的生成。如果学习者能把这些词语都掌握好了，或许可以真正实现语言教学与文化理解"兼得"。比如学习者如果真正理解了"孝"、"义"、"仁"及由"孝"、"义"、"仁"文化内核构成的词群，是否就不必进行专门的文化课教学了呢？上述观点虽然值得进一步商讨，但是可以肯定的是，文化词的研究成果对第二语言文化教学有切实的帮助。再如本书绪论中所举的例子：葡萄牙语中"roxo"（紫色）与汉语中"绿帽子"都是特殊文化含义词，学习者或教师如果处理不好就会造成课堂文化冲突或跨文化交际失败。而学习者或教师如果真正理解这些词的特殊文化含义，从某种程度上也会提高他们自身的跨文化交际能力。

（3）为面向留学生的现代汉语文化词典编纂铺路。留学生最迫切需要的是一部收录现代汉语常用文化词的词典。而完成这个工作首先要弄清的问题是：什么是文化词？文化词有哪些类别与特点？面向TCSL的现代汉语常用文化词有哪些？只有上述三个问题得到解决后，我们才可以进一步设计"现代汉语常用文化词词典"的编纂体例、释义模式等。本书为现代汉语文化词理论的垫铺与词表的研发可以直接为文化词词典的研发提供必要的理论铺垫与应用借鉴。

（4）除了应用于汉语作为第二语言教学外，本书的研究成果还有助于中文信息处理两种语言中词汇的解码、翻译等。中文信息处理/翻译不仅是语言的转换，也是文化信息的传递。语言的转换只是翻译的表层，根据实际情况，如何灵活处理汉语文化词（尤其是概念空缺词）的翻译问题是中文信息处理与翻译的"瓶颈"问题之一。本书的词表研发与教材中词语释义策略的提出可以为这个领域提供一些适当的参考。

当然，本书的研究定然存在继续拓展的空间。比如，TCSL现代汉语常用文化词的应用是方方面面的。如文化词的课堂教学、习得、偏误分析等都是文化词应用的重要方面。而本书不可能一次性解决那么多问题，因此这些问题的研究可以继续拓展。再如，怎样处理文化词在留学生心理词库的动态提取过程？这一点心理学家已经指出来了，但是问题仅仅是刚刚提出。这中间反映的不仅仅是词汇学的问题，还有大脑对概念信息进行加工处理过程中的一些问题，因此是个相当错综复杂却又十分有魅力的课题。又如，本书对文化词的理论分析是列举性的，后面提取出的面向TCSL现代汉语文化词是定量的。对于现代汉语文化词在现代汉语词汇系统中究竟有多少？文化词在词汇动态演变过程中又会有怎样的变化？本书大多没有给出细致的分析。另外，对于外国汉语学习者来讲，如果能编纂出现代汉语文化词学习词典，可能会为他们系统掌握汉语文化词提供更多的方便，从而真正推动对外汉语词汇教学的进展。因此，本书为未来的"外国人用汉语文化词词典"编纂起到重要奠基作用。限于学识，不足之处尚盼前辈专家学者与同行指正。

参考文献

阿兰·巴纳德（Alan Barnard）：《人类学历史与理论》，王建民等译，华夏出版社 2006 年版。

爱德华·萨丕尔：《语言论》，陆卓元译，商务印书馆 1964 年版。

安藤彦太郎：《中国语与近代日本》，卞立强译，北京大学出版社 1991 年版。

白寿彝主编：《中国通史》第一卷，上海人民出版社 1990 年版。

毕继万、张德鑫：《对外汉语教学中语言文化研究的问题》，《语言文字应用》1994 年第 2 期。

毕继万：《"礼貌的语用悖论"与礼貌的文化差异》，《语文建设》1996 年第 6 期。

蔡基刚：《英汉隐喻词构成与比例比较研究》，《外语教学与研究》2008 年第 4 期。

蔡振生：《国俗语义与对外汉语教学》，《世界汉语教学》1997 年第 2 期。

蔡振生：《汉字词语国俗语义的文化透析》，《语言文字应用》1999 年第 4 期。

岑麒祥：《汉语外来语词典》，商务印书馆 1990 年版。

常敬宇：《汉语词汇与文化》，北京大学出版社 1995 年版。

常敬宇：《汉语词汇文化》（增订本），北京大学出版社 2009 年版。

柴广育：《上党梆子：从多声腔到梆子腔探析》，《音乐研究》2011 年第 2 期。

陈保亚：《语言文化论》，云南大学出版社 1993 年版。

陈绂：《谈对外汉语硕士生的知识结构》，《语言文字应用》2005 年增刊。

陈绂：《浅析嵌有数字的成语——兼谈对外汉语文化教学的内容》，《语言文字应用》2009 年第 4 期。

陈绂：《面向对外汉语教学的词汇研究》，"国际汉语教学理念与模式创新"国际学术研讨会论文摘要，厦门大学人文学院 2010 年版。

陈光磊：《语言教学中的文化导入》，《语言教学与研究》1999 年第 2 期。

陈建民：《中国语言和中国社会》，广东教育出版社 1999 年版。

陈建民：《香港文化词汇是如何融入普通话的》，《语文建设》1999年第4期。

陈建生、夏晓燕、姚尧：《认知词汇学》，光明日报出版社2011年版。

陈申：《多元文化背景下的师资培训》，不同环境下的汉语教学国际学术研讨会发言，北京师范大学珠海分校，2008年。

陈晓丹编著：《世界文化博览》，中国戏剧出版社2009年版。

陈原：《社会语言学》，学林出版社1983年版。

戴卫平、斐文斌：《英汉文化词语研究》，科学出版社2008年版。

戴昭铭：《文化语言学导论》，语文出版社1996年版。

戴昭铭：《中国东北的婚丧习俗和民俗词语》，《汉语学习》1996年第6期。

戴昭铭：《国情词与国情语义背景分析——以"南巡"、"农民工"等词为例》，"海峡两岸三地现代汉语问题研讨会"论文，香港理工大学，2013年。

丁昕：《语言国情学的出路——文化语言学》，《解放军外国语学院学报》1997年第1期。

丁崇明：《汉语国际教育硕士汉语本体课程建设刍议》，《国际汉语教育人才培养论丛》（第二辑），北京大学出版社2010年版。

丁声树：《方言调查词汇手册》，《方言》1989年第4期。

戴庆厦、关辛秋：《第二语言习得中的语法"空缺"》，《语言教学与研究》2002年第6期。

董秀芳：《词语隐喻义的释义问题》，《辞书研究》2005年第4期。

冯胜利：《论汉语词的多维性》，《当代语言学》2001年第3期。

冯志伟：《应用语言学中的语料库》导读，世界图书出版公司2006年版。

符淮青：《现代汉语词汇》，北京大学出版社1985年版。

符淮青：《义项的性质与分合》，《辞书研究》1981年第1期。

甘瑞瑗：《"国别化"对外汉语教学用词表制定的研究》，北京大学出版社2006年版。

高名凯、刘正埮：《现代汉语外来词研究》，中国文字改革出版社1958年版。

高名凯：《语言论》，商务印书馆1995年版。

葛本仪：《现代汉语词汇学》，山东大学出版社2004年版。

关世杰：《跨文化交流学》，北京大学出版社1996年版。

关英伟：《跨文化理解的障碍——文化空缺词》，《玉林师范学院学报》2004年第1期。

郭锡良、李玲璞主编：《古代汉语》，语文出版社1992年版。

桂诗春、宁春岩：《语言学方法论》，外语教学出版社1998年版。

哈维兰：《文化人类学》（第十版），瞿铁鹏、张钰译，上海社会科学院出版社2006年版。

韩立红：《日本文化概论》，南开大学出版社2003年版。

胡翔：《海峡两岸词语差异及其原因——基于〈两岸现代汉语常用词典〉的词汇对比研究》，载赵金铭主编《对外汉语教学的全方位探索——对外汉语研究学术讨论会论文集》，商务印书馆2005年版。

中共湖南省委写作小组：《充分发挥妇女在革命与建设中的作用》，《红旗》1971年第10期。

黄伯荣、廖序东：《现代汉语》，高等教育出版社2003年版。

黄河清：《外汉词典中的"释义词"和"释义语"》，（香港）《词库建设通讯》1995年第1期。

黄金贵：《论古代文化词语的训释》，《天津师范大学学报》1993年第2期。

黄金贵：《古代文化词语考论》，浙江大学出版社1995年版。

侯敏等：《基于口语度的口语词语自动提取研究》，载《中国计算语言学研究前沿进展》，清华大学出版社2009年版。

胡翠娜：《洪堡特关于语言民族特性的研究》，《陕西师范大学学报》（哲学社会科学版）2006年第6期。

胡明扬：《外语教学的几个理论问题》，《语言教学与研究》1990年第4期。

胡明扬：《对外汉语教学中的文化因素》，《语言文字应用》1993年第3期。

胡明扬：《语汇教学的若干问题》，载《第五届国际汉语教学讨论会论文选》，北京语言学院出版社1996年版。

胡明扬：《说"词语"》，《语言文字应用》1999年第3期。

胡秋原：《古代中国文化与中国知识分子》，中华书局2010年版。

胡文仲：《跨文化交际学在美国》，《外语研究》1992年第1期。

胡文仲：《文化与交际》，外语教学与研究出版社1994年版。

洪堡特：《论人类语言结构的差异及其对人类精神发展的影响》，伍铁平译，载胡明扬主编《西方语言学名著选读》，中国人民大学出版社1989年版。

贾彦德：《汉语语义学》，北京大学出版社1999年版。

纪希晨：《史无前例的年代》，人民日报出版社2001年版。

季羡林：《禅是佛教中国化的产物》，载于《季羡林谈佛》，武汉出版社1988年版。

季羡林：《东方不亮西方亮——在北京外国语大学的演讲》，《中国文化研究》1995年第4期。

季羡林：《牛棚杂忆》，中共中央党校出版社1998年版。

克罗伯：《文化：概念和定义的批判性回顾》，浙江教育出版社1999年版。

梅立崇：《汉语国俗词语刍议》，《世界汉语教学》1993年第1期。

梅耶：《历史语言学中的比较方法》，岑麒详译，科学出版社 1957 年版。

解海江、章黎平：《汉语词汇比较研究》，中国社会科学出版社 2008 年版。

拉迪斯拉夫·兹古斯塔：《词典学概论》，林书武等译，商务印书馆 1983 年版。

连淑能：《英汉对比研究》，高等教育出版社 1993 年版。

李大农：《韩国学生"文化词"学习特点探析——兼论对韩国留学生的汉语词汇教学》，《汉语学习》2000 年第 6 期。

李红印：《汉语中的颜色词》，载张英等编《中国语言文化讲座》2008 年第一辑。

李国林：《汉译外：传播中国文化的媒介——浅谈杨译〈儒林外史〉英文本对文化词语的翻译》，《中国翻译》1997 年第 2 期。

李开：《现代词典学教程》，南京大学出版社 1990 年版。

李泉：《读万卷书，行万里路》，载陈宏、吴勇毅主编《对外汉语教学课堂教案设计》，华语教学出版社 2003 年版。

李泉：《文化内容呈现方式与呈现心态》，《世界汉语教学》2011 年第 3 期。

李如龙：《论汉语方言比较研究——世纪之交谈汉语方言学》，《语文研究》2000 年第 1 期。

李如龙：《二十世纪汉语方言学的经验值得总结》，《语言研究》2001a 年第 1 期。

李如龙：《论汉语方言特征词》，《中国语言学报》2001b 年总第 10 期。

李晓琪：《〈博雅汉语〉的编写理念与实践》，《第八届国际汉语教学研讨会论文选》，高等教育出版社 2008 年版。

李晓钰：《语言模因认知论与对外汉语非显性文化词语教学策略》，《湖南医科大学学报》（社会科学版）2010 年第 3 期。

李行健：《河北方言词典》，河北人民出版社 1997 年版。

李行健、仇志群：《两岸词典中差异词的界定及其处理——两岸合编语文词典中的新问题》，《语言文字应用》2012 年第 4 期。

李钟恒：《韩国政治史》，台北博英社 1963 年版。

李宇明：《儿童语言的发展》，华中师范大学出版社 2006 年版。

李宇明：《教育部向新闻界介绍 2005 年中国语言生活状况并答记者问》，http://news.xinhuanet.com/edu/2006-05/22/content_4584591_1.htm，2006。

李宗江：《汉语常用词演变研究》，汉语大词典出版社 1999 年版。

林大津：《跨文化交际学》，福建人民出版社 2006 年版。

林杏光：《词汇语义和计算语言学》，语文出版社 1999 年版。

刘俐李：《同源异境三方言核心词和特征词比较》，《语言研究》2009 年第 2 期。

刘珣：《新一代对外汉语教材的展望——再谈汉语教材的编写原则》，《世界汉语教学》1994年第1期。

蒋绍愚：《打击类动词的词义分析》，《中国语文》2007年第5期。

罗常培：《语言与文化》，语文出版社1950年版。

陆俭明：《关于建立"大华语"概念的建议》，《汉语教学学刊》2005年第1辑。

陆俭明：《词汇与词汇教学研究之管见》，《江苏大学学报》2006年第1期。

陆俭明：《汉语作为第二语言的本体研究与汉语本体研究》，《世界汉语教学》2007年第3期。

陆俭明：《隐喻、转喻散议》，《外国语》（上海外国语大学学报）2009年第1期。

陆国强：《现代英语词汇学》，上海外语教育出版社2007年版。

吕必松：《对外汉语教学概论（讲义续十七）》，《世界汉语教学》1997年第1期。

吕叔湘：《语法学习》，中国青年出版社1954年版。

吕叔湘：《通过对比研究语法》，载赵永新主编《汉外语言文化对比与对外汉语教学》，北京语言文化大学出版社1977年版。

吕叔湘：《南北朝人名与佛教》，《中国语文》1988年第1期。

林宝卿：《汉语与中国文化》，科学出版社2000年版。

刘长征：《对外汉语教学用词表的多元化与动态更新》，《语言文字应用》2008年第2期。

刘丹青：《语言类型学PPT》，北大中文系讲稿2011年版。

刘柯薪：《漫谈文化局限词》，《厦门教育学院学报》2002年第1期。

刘彗清：《对外汉语教学语料库与〈等级大纲〉的修订》，《对外汉语研究》第九辑，商务印书馆2013年版。

刘叔新：《汉语描写词汇学》，商务印书馆2005年版。

刘森：《宋金纸币史》，中国金融出版社1993年版。

刘颂浩：《我们的教材为什么缺乏趣味性》，《暨南大学华文学院学报》2006年第1期。

刘颂浩、莫修云：《对外汉语教材幽默性评价研究——以〈很好〉为例》，《汉语教学学刊》2013年第8辑。

刘颂浩：《新浪博客：我的语言教学理论》，http://blog.sina.com.cn/u/ 3248452982，2013。

马清华：《文化语义学》，江西教育出版社2000年版。

麦耘：《广州方言文化词两则》，《中国方言学报》第1期，商务印书馆2006年版。

孟子敏：《文化依附与对外汉语教学》，《语言教学与研究》1996年第2期。

孟子敏：《对外汉语教学中的文化词语》，载陈建民、谭志明主编《语言与文化多边研究》，北京语言学院出版社1997年版。

孟柱亿：《韩中文化差异引起的交际障碍及解决方案》，《国际汉语》2012年第2期。

毛远明：《汉语文化词语释义问题》，《辞书研究》2004年第3期。

欧洲理事会文化合作教育委员会：《欧洲语言共同参考框架：学习、教学、评估》，外语教学与研究出版社2008年版。

潘允中：《汉语词汇史概要》，上海古籍出版社1989年版。

季纳：《新约圣经背景注释》，刘良淑译，中央编译出版社2013年版。

曲彦斌：《中国民俗语言学》，辽宁教育出版社1996年版。

潘克栋、曾剑平：《文化词语的异化翻译》，《江西社会科学》2009年第9期。

任继愈主编：《中国道教史》，上海人民出版社1989年版。

沙平：《论第二语言教学的文化导入》，《福建师范大学学报》1999年第1期。

诗桂春、宁春岩：《语言学方法论》，外语教学与研究出版社1997年版。

史有为：《外来词：异文化的使者》，上海辞书出版社1991年版。

斯卡佛（Schafer, D. P.）：《文化引导未来》，许春山、朱邦俊译，社会科学文献出版社2008年版。

束定芳：《认知语义学》，上海外语教育出版社2008年版。

宋永培：《中国文化词汇学的基本特征》，《汉字文化》1990年第2期。

苏宝荣：《词的语言意义、文化意义与辞书编纂》，《辞书研究》1996年第4期。

苏新春：《文化词语词典的收词与释义》，《辞书研究》1996年第6期。

索绪尔：《普通语言学教程》，高名凯译，商务印书馆1982年版。

孙常叙：《汉语词汇》，吉林人民出版社1956年版。

孙德金主编：《对外汉语词汇及词汇教学研究》，商务印书馆2006年版。

谭汝为主编：《民俗文化语汇通论》，天津古籍出版社2004年版。

陶振孝：《翻译过程中文化词语的选择——以〈雪国〉的译本为例》，《日语学习与研究》2006年第1期。

田小琳：《社区词》，《第五届国际汉语教学讨论会论文选》，北京大学出版社1996年版。

田小琳：《香港社区词研究》，《语言科学》2004年第3期。

汪榕培：《英语词汇学高级教程》，上海外语教育出版社2002年版。

汪维辉：《东汉——隋常用词演变研究》，南京大学出版社2002年版。

王还：《由编汉语汉英双解词典看到的词典释义问题》，《世界汉语教学》预刊1987年。

王德春：《汉语国俗词典》，河海大学出版社 1990 年版。

王德春：《国俗语义学略论》，《中国对外汉语教学学会第四次学术讨论会论文选》，北京语言学院出版社 1994 年版。

王国安：《论汉语文化词和文化意义》，载《中国对外汉语教学学会第五次学术讨论会论文选》，北京语言学院出版社 1996 年版。

王光汉：《论典故词的词义特征》，《古汉语研究》1996 年第 4 期。

王汉卫：《试论对外汉语教材生词释义模式》，《语言文字应用》2009 年第 2 期。

王力：《中国语法理论》，商务印书馆 1947 年版。

王力：《词和仂语的界限问题》，《中国语文》1953 年第 6 期。

王力：《汉语史稿》，科学出版社 1957 年版。

王力：《古代汉语》，中华书局 1980 年版。

王宁：《汉语词义的类聚和分析》，《超星学术视频》2011 年。

王宁：《论词语的语言意义及特性》，《北京师范大学学报》2011 年第 1 期。

王宗炎：《英汉应用语言学词典》，湖南教育出版社 1988 年版。

王寅：《简明语义学辞典》，山东人民出版社 1993 年版。

王希杰：《汉语修辞学》，商务印书馆 2004 年版。

王祥兵：《论〈时代〉周刊中国报道文章对汉语文化词语的翻译》，《上海科技翻译》2002 年第 2 期。

王希杰：《关于词义层次性问题的思考》，《汉语学习》1995 年第 3 期。

王永阳：《国际汉语教学传播与跨文化交际第三空间模式》，《云南师范大学学报》（对外汉语教学与研究版）2013 年第 1 期。

王治敏：《汉语常用名词的自动提取研究——兼论"汉语水平词汇与汉字等级大纲"的词语更新问题》，载《全国第十届计算语言学学术会议论文集》（CNCCL），清华大学出版社 2009 年版。

王治敏：《汉语名词短句隐喻识别研究》，北京语言大学出版社 2010 年版。

威尔金斯：《语言学与语言教学》，伊秀波译，吉林大学出版社 2004 年版。

卫乃兴：《词语学要义》，上海外语教育出版社 2011 年版。

吴国华：《文化词汇学》，黑龙江人民出版社 1989 年版。

吴国华：《对民族文化语义研究的几点思考》，《外语学刊》1993 年第 6 期。

吴静：《对"打"多义性的认知分析》，《现代外语》2008 年第 4 期。

吴勇毅：《关于研究成果的借鉴与吸收》，《世界汉语教学》1998 年第 2 期。

吴勇毅：《汉语作为第二语言教学与汉语作为外语教学》，《汉语教学学刊》2005 年第 2 辑。

吴平：《文化模式与对外汉语词语教学》，博士论文，中央民族大学，2000年。
魏春木：《跨文化交际中的语义位移研究》，《南京大学学报》（哲学社会科学版）1993年第4期。
钱玉莲：《现代汉语词汇讲义》，北京大学出版社2006年版。
齐沪扬：《现代汉语词汇讲义》序，北京大学出版社2006年版。
吴慕迦、高天锡编：《圣经旧约原文——希伯来文课本》，宗教文化出版社2011年版。
《现代汉语常用词表》课题组：《现代汉语常用词表（草案）》，商务印书馆2008年版。
邢福义主编：《文化语言学》（增订本），湖北教育出版社2000年版。
徐慈华、黄华新：《汉语隐喻的语用综观探析》，《浙江大学学报》（人文社会科学版）2008年第4期。
徐通锵：《历史语言学》，商务印书馆1991年版。
许宝华：《加强汉语方言词汇研究》，《方言》1988年第1期。
许威汉：《汉语词汇学引论》，商务印书馆1992年版。
许迎春：《新加坡华语特色词语考察》，硕士学位论文，暨南大学，2006年。
邵敬敏：《说中国文化语言学的三大流派》，《汉语学习》1991年第2期。
邵敬敏：《关于中国文化语言学的反思》，《语言文字应用》1992年第2期。
邵敬敏编：《文化语言学中国潮》，语文出版社1996年版。
沈家煊：《不对称和标记论》，江西教育出版社1999年版。
沈孟璎：《现代汉语理论与应用》，南京师范大学出版社1999年版。
许国璋：《Culturally-loaded Words and English Language Teaching（文化词语与英语教学）》，《现代外语》1986年第1期，又收入胡文仲主编《跨文化交际与英语学习》，外语教学出版社1988年版。
严中平：《中国棉纺织史稿》，科学出版社1955年版。
杨大方：《混沌学与文化词语教学》，载张公瑾主编《混沌学与语言文化研究新收获》，中央民族大学出版社2006年版。
杨德峰：《汉语与文化交际》，商务印书馆2012年版。
杨琳：《汉语词汇与华夏文化》，语文出版社1996年版。
杨秀杰：《语言文化学的观念范畴研究》，黑龙江人民出版社2007年版。
杨子菁、郑泽芝：《对外汉语中高级综合性教材中动词注释问题探讨》，《国际汉语学报》2012年第1期。
姚道中：《谈谈AP中文测试的文化部分》，《汉语国际传播研究》2013年第1期。
姚小平：《洪堡特与人类语言学》，《外语教学与研究》1995年第2期。
叶蜚声、徐通锵：《语言学纲要》，王洪君、李娟修订，北京大学出版社1997年版。

尹斌庸、方世增：《词频统计的新概念和新方法》，《语言文字应用》1994年第2期。

叶军：《词语的文化释义系统》，《海外华文教育》2001年第4期。

游汝杰：《方言与中国文化》，《复旦学报》1985年第3期。

翟颖华：《面向第二语言教学的现代汉语核心词研究》，博士学位论文，武汉大学，2012年。

张博：《现代汉语同形词与多音多义词的区分原则与方法》，《语言教学与研究》2004年第4期。

张博：《汉语词义衍化的微观研究及其在二语教学中的应用》，《世界汉语教学》2009年第4期。

张岱年、方克立主编：《中国文化概论》，北京师范大学出版社1995年版。

张德鑫：《汉英词语文化上的不对应》，《世界汉语教学》1994年第1期。

张高翔：《对外汉语教学中的文化词语》，《云南师范大学学报》（对外汉语教学与研究版）2003年第3期。

张公瑾：《文化语言学发凡》，云南人民出版社1994年版。

张公瑾、丁石庆主编：《文化语言学教程》，教育科学出版社2004年版。

张公瑾：《混沌学与语言文化研究新收获》，中央民族大学出版社2006年版。

张宏彦：《中国史前考古学导论》，科学出版社2011年版。

张慧晶：《试论汉语词语的文化附加义》，《汉语学习》2003年第3期。

张仕海：《汉字圈与非汉字圈留学生文化词习得比较研究》，《云南师范大学学报》（对外汉语教学与研究版）2012年第6期。

张清常：《汉语的15个数词》，《语言教学与研究》1990年第4期。

张清常：《汉语的颜色词（大纲）》，《语言教学与研究》1991年第3期。

张业菊：《词汇文化语义：民族性和动态性》，《外语与外语教学》2001年第4期。

张燕琴：《汉英植物词语的联想意义浅析》，《成都教育学院学报》2006年第7期。

张英：《文化学与对外汉语文化教学》，《汉语教学学刊》2004年第一辑。

张英：《对外汉语文化因素与文化知识教学研究》，《汉语学习》2006年第6期。

张英：《对外汉语文化大纲基础研究》，《汉语学习》2009年第5期。

张英：《中国文化与世界》，《对外汉语教学与研究》第1期，南京大学出版社2012年版。

张占一：《汉语个别教学及其教材》，《语言教学与研究》1984年第3期。

张占一：《试议交际文化和知识文化》，《语言教学与研究》1991年第3期。

张志公：《现代汉语》，人民教育出版社1985年版。

张志强：《双语词典中文化词语的释义》，《四川外语学院学报》2002年第6期。

张志毅、张庆云：《词汇语义学》，商务印书馆2001年版。

章黎平、解海江：《汉语文化词典收词的科学性原则》，《辞书研究》2008 年第 4 期。

赵金铭：《对外汉语教学与研究的现状与前瞻》，《中国语文》1996 年第 6 期。

赵金铭：《对外汉语教材创新略论》，《世界汉语教学》1997 年第 2 期。

赵金铭：《论对外汉语教材评估》，《语言教学与研究》1998 年第 3 期。

赵金铭等：《关于修订〈汉语水平词汇与汉字等级大纲〉的意见》，《世界汉语教学》2003 年第 3 期。

赵金铭：《对外汉语教学概论》，商务印书馆 2006 年版。

赵金铭：《国际汉语教学的本旨是汉语教学》，《汉语应用语言学研究》，商务印书馆 2012 年版。

赵金铭：《现代汉语词中字义的析出与教学》，《世界汉语教学》2012 年第 3 期。

赵金铭：《国际汉语教育的跨文化思考》，《语言教学与研究》2014 年第 6 期。

赵明：《汉语禁忌语词的类聚所指与构词特征》，《语文学刊》2009 年第 4 期。

赵明：《对外汉语中级教材中文化词语收词的定量研究》，《海外华文教育》2010 年第 1 期。

赵明：《论曹植诗中的侠》，《世界文学评论》2010 年第 1 期。

赵明：《中级精读教材中文化词语呈现方式与练习设置考察》，《云南师范大学学报》（对外汉语教学与研究版）2010 年第 6 期。

赵明：《从文化冲突案例入手谈国际汉语教师跨文化能力的培养》，《第十一届国际汉语教学研讨会论文选》，高等教育出版社 2013 年版。

赵明：《试论对外汉语教学中文化词语的界定与教学》，《中国文字研究》2013 年第十八辑。

赵明：《对外汉语文化教学的误区与目标》，《云南师范大学学报》（对外汉语教学与研究版）2013 年第 3 期。

赵元任：《汉语词的概念及其结构和节奏》，载《赵元任语言学论文选》，清华大学出版社 1992 年版。

周光庆：《中华文化关键词研究刍议》，《华中师范大学学报》（人文社会科学版）2009 年第 5 期。

周荐：《基本词汇与一般词汇划分刍议》，《南开学报》（哲学社会科学版）1987 年第 3 期。

周小兵：《对外汉语教学中的跨文化交际》，《中山大学学报》1996 年第 6 期。

周绪全、王澄愚：《古汉语常用词通释》，重庆出版社 1988 年版。

周祖谟：《汉语词汇与文化》序，北京大学出版社 1995 年版。

周崇发：《论中华龙文化的起源》，《江汉考古》2000 年第 1 期。

周质平：《结构—功能—文化三者的偏重及误导》，首届国际汉语教学研讨会论文，香港大学，2013年。

周祖谟：《汉语词汇讲话》，人民教育出版社1959年版。

朱晓琳：《法国教材特色词语翻译研究》，载潘文国、陈勤建主编《中文研究与国际传播》第1辑，华东师范大学出版社2011年版。

朱志平：《汉语二语教学词汇计量的维度》，《语言文字应用》2013年第2期。

Abrate, J. Standards for Teaching Cultures: The National Standards and the AATF framework. In D. Alley & P. Heusinkveld (eds.), Communications, Cultures, Connections, Comparisons, Communities (Dimension' 98). Atlanta, GA: Southern Conference on Language Teaching, 1998: 19-25.

Allen, E. D. and Valette, R. M. Classroom Techniques: Foreign Languages and English as a Second Language. New York: Harcourt Brace Jovanovich, 1977: 325-326.

Boas, F. Race, Language and Culture. NY: Macmillan, 1940.

Braisted, Paul J. Cultural Cooperation: Keynote of the Coming Age. New Haven: The Edward W. Hazen, 1945.

Boye Laffayette De Mennte, NTC's Dictionary of China's Cultural Code Words. NTC Publishing Group, 1996.

Byram, M. Teaching and Assessing Intercultural Communicative Competence. Cleveland: Multilingual Matters, 1997.

Crowley, S. & Hawhee, D. Ancient Rhetorics for Contemporary Students. Needham Heights: Macmillan College Company, 1994.

Crystal, D. The Cambridge Encyclopedia of Language. Cambridge University Press, 1987.

Deena R. Levine, Mara B., Adeliman. Beyond Language International Communication for English as a Second Language, Prentice Hall. Inc., Englewood Cliffs, N. J., 1982.

Evans & Tyler. The Structure of Time: Language, Meaning and Temporal Cognition. Diss: Georgetown University, 2003.

Hymes, D. On Communication Competence. In Pride, J. B. & Holmes, J. (eds.), Sociolinguistics. Harmondsworth: Penguin, 1972.

Inglis, F. Culture. Cambridge, UK: Polity, 2004.

Dirven R., Verspoor M. Cognitive Exploration of Language and Linguistics, John Benjamins Publishing Company, 1998.

Firth, J. R. Papers in Linguistics: 1934-1957. London: Oxford University Press, 1957.

H. Ned Seelye. Teaching Culture, Strategies for Foreign Language Educators, Skokie Illinois: National Textbook Company, 1976.

Halliday, M. A. K. An Introduction to Functional Grammer, London, Edward, Arnold, 1985.

H. Henson. British Social Anthropologists and Language, Clarendon Press, Oxford, 1974.

Henriksen B. Three Dimensions of Vocabulary Development. Studies in Second Language Acquisition, 1999.

Labov, W. Sociolinguistic Patterns, Philadelphia: University of Pennsylvania Press, 1972.

Lakoff G & M. Johnson. Metaphors We Live by. Chicago: Chicago University Press, 1980.

Lado, R. Linguistics across Culture. Ann Arbor, MI: University of Michigan Press, 1957.

Lorand, B. Szalay, Glen H. Fisher. Toward Internationalism: Readings in Cross Cultural Communication, Newbury House Publishers, 1976.

Louw, B. Irony in the Text or Insincerity in the Writer? The Diagnostic Potential of Semantic Prosodies. In M. Baker, G. Francis & E. Tognini-Bonelli (eds.), Text and Technology: In Honour of John Sinclair, Amsterdam: John Benjamins, 1993: 157-176.

Ming Zhao, Cultural Interpretation of Words in Textbooks of Chinese as a Second Language, CASLAR, Degruyter Mouton, 2012（2）.

Miller, George A. & Philip. Johnson-Laird, Language and Perception. Massachusetts: The Belknap Press of Harvard University Press, 1976.

Moran, P. R. Teaching Culture: Perspectives in Practice. Boston: Heinle & Heinle, 2001.

Newmark P. Text Book of Translation, Prentice Hall, 1988.

Nida, Eugene A. Towards a Science of Translation. Leiden, The Netherlands: E. J. Brill, 1964.

Ogden. Richards, The Meaning of Meaning. Harcourt, Brace & World, Inc., New York, 1923.

Paivio, A. Metal Representation. A Duel-Coding Approach. New York: Oxford University Press, 1986.

Robinson, P. Review Article: Attention Memory and the "Noticing" Hypothesis. Language Learning, 1995（2）: 283.

Sapir, Edward. The Grammarian and His Language. American Mercury: 149-155 Reprinted in D.G. Mandelbaum (ed.), 1958.

Schmidt, R. The Role of Consciousness in Second Language Learning. Applied Linguistics, 1990.

Selected Writings of Edward Sapir in Language, Culture and Personality: 7-32, Berkeley/Angeles: University of California Press, 1924.

Standards for Teaching Cultures: The National Standards and the ACTFL framework. In D. Alley & P. Heusinkveld(eds.), Communications, Cultures, Connections, Comparisons, Communities (Dimension '98). Atlanta, GA: Southern Conference on Language Teaching, 1998: 19-25.

Schulz, R. A. The Challenge of Assessing Cultural Understanding in the Context of Foreign Language Instruction. Foreign Language Annals, 2007 (1): 9-26.

Stubbs, M. Language Development, Lexical Competence and Nuclear Vocabulary. Educational Linguistics, Blackwell, 1986.

Stubbs, M. Text and Corpus Analysis. Oxford: Blackwell Publishers, 1996.

Stubbs, M. Words and Phrases: Corpus Studies of Lexical Semantics, New York: Blackwell, 2001.

Tang, Y. F. Beyond Behavior: Goals of Cultural Learning in the Second Language Classroom. The Modern Language Journal, 2006 (1).

Treisman, A. M. Contextual Cues in Selective Listening. Quarterly Journal of Experimental Psychology, 1960 (12): 242-248.

Tyler. A. & V. Evans. Reconsidering Prepositional Polysemy Networks: The Case of over. Language, 2001 (4): 724-765.

Tyler. A. & V. Evans The Semantics of English Prepositions. Cambridge: Cambridge University Press, 2003.

Ungerer, F. & H. J. Schmid. An Introduction to Cognitive Linguistics. London: Addison Wesley Longman Limited, 1996.

Ure, J. & F. Ellis, Register in Descriptive Linguistics and Linguistic Society, Issues in Sociolinguistics, Mouton Publishers, 1977.

Walker, G. Performed Culture: Learning to Participate in Another Culture. In R. D. Lambert & E. Shohamy (ed.), 1967 Language Policy and Pedagogy. Philadelphia: John Benjamins, 2000: 223-238.

Webster's Third New International Dictionary, Chicago: Encyclopaedia Britannia Inc., 1981.

Werner Koller. Einfuehrung in die Uebersetzung Swissenschaft. Heidelberg. Wiesbaden: Quelle & Meyer, 1992.

Williams, R. The Country and the City. London: Chatto & Windus, 1973.

Williams, R. Keywords: A Vocabulary of Culture and Society. London: Fontana, 1976.

Williams, R. Mining the Meaning: Key Words in the Miners' Strike. New Socialist, March, 1985.

Верещагин Е. М. Костомаров В. Г. Лингвострановедческая теория слова. M. Brate, J., 1971.

附录导读

1. 本附表的收录与第四章的内容紧密相关,实际上,所有附表都是第四章的重要内容。因此,附表可与第四章参照阅读。

2. 本附录主要内容是关于 TCSL 中的现代汉语常用文化词,内含有 2 个主表:附录 1(面向 TCSL 现代汉语常用文化词资源表)与附录 2(面向 TCSL 现代汉语常用文化词排序表)。

3. 主表附录 1(面向 TCSL 现代汉语常用文化词资源表)包含三个子表——附录 1-1(教材中现代汉语文化词资源表)、附录 1-2(大纲中现代汉语文化词资源表)与附录 1-3(补充语料中现代汉语常用文化词资源表)。子表附录 1-1(教材中的现代汉语文化词资源表)包含三个次子表(附录 1-1-1《博雅汉语》中的现代汉语文化词;附录 1-1-2《发展汉语》中的现代汉语文化词;附录 1-1-3《成功之路中的现代汉语文化词》),附录 1-2(TCSL 词汇大纲中的现代汉语文化词资源表)也包含三个次子表。

4. 主表附录 2(面向 TCSL 现代汉语常用文化词排序表)包含四个子表:附录 2-1(北大语料库中现代汉语文化词频度分布)、附录 2-2(国家语委语料库中现代汉语文化词频度分布)、附录 2-3(面向 TCSL 现代汉语文化词平均频率分布)、附录 2-4(面向 TCSL 现代汉语文化词初表)。

5. 主表附录 1(面向 TCSL 现代汉语常用文化词资源表)与主表附录 2(面向 TCSL 现代汉语常用文化词排序表)为经过人工干预或者词频统计后的数值。比如,附录 1 删除了大部分地名,附录 2 在附录 1 的基础上进行词频统计并人工干预。附录 1 的子表与次子表为数值的原始统计记录。比如,地名、人名只要在教材中出现就原始记录在子表中。

6. 关于概念空缺词与特殊文化含义词的标记。概念空缺词不特殊说明,特殊文化含义词在词形后附(特)。如:新房(特❷)。

7. 关于同形词的标记。同形词参照《现代汉语词典》的标记格式，在词形右上角用 1、2 标记。比如：

【上天】¹ shàng tiān 动 ❶上升到天空：人造卫星～。❷迷信的人指到神佛仙所在地方。也用作婉辞，指人死亡。

【上天】² shàng tiān 名 ❶迷信的人指主宰自然和人类的天：～保佑。下同。

8. 关于大纲的多义词收录。这里需要做一点特殊说明，由于 TCSL 词汇大纲本身研发的缺陷，笔者并没有把"红"、"一"这类典型的特殊文化含义词统计在 TCSL 词汇大纲中文化词之列，而在主表中进行了选录。原因是大纲把这类词算作甲级词收录，而甲级词一般是最基础的词，并不涉及文化意义。因此，根据大纲编写者的意图，大纲甲级词中"红"是"红❶"，"一"也应该是"一❶"。

9. 由于书稿篇幅的关系，部分子附录占据的篇幅极大，故不能完全给出，读者可与正文互相参照。

附录1 面向TCSL现代汉语常用文化词资源表

（共2270个，音序排列）

阿Q	八旗	白话文
艾窝窝	八仙	白酒
爱面子	八仙过海	白面书生
安民告示	八仙桌	白色（特❷）
安贫乐道	八一	白色恐怖
安土重迁	八月节	白斩鸡
庵❷	八字	百花奖
庵堂	巴山蜀水	百花齐放
按劳分配	拔罐子	百家姓
案牍	拔火罐	百家争鸣
八拜之交	把兄弟	摆酒
八宝饭	霸王❶	摆擂台
八宝粥	霸王鞭[1]	败火
八股	白丁	败类
八卦	白干儿	拜把子
八卦掌	白骨精	拜官
八路	白话	拜年
八路军	白话诗	拜寿

拜堂	北京晚报	不成器
拜天地	北京鸭	不仁❶
班子❶	北京音乐厅	不肖
板儿爷	北京猿人	不肖子
板鸭	北曲	不孝
板子❷	北宋	不信邪
办年货	北魏	不正之风
半边天（特❷）	北洋军阀	布达拉宫
梆子	北周	布鞋
榜书	辈分	布衣
棒子面	辈数儿	布阵
包工头儿	奔丧	部首
包公	本命年	才子
包饺子	本县	才子佳人
包身工	本字	财礼
包子	鼻烟壶	财神
宝岛	笔画	财神爷
宝号	闭关锁国	彩旦
报恩	闭关自守	彩墨画
报丧	婢女	彩釉
报应	碧螺春	菜篮子
爆肚儿	避讳❶	菜篮子工程
爆栗子	煸	藏族
爆竹	鞭炮	曹操
悲秋	瘪三	曹冲
碑记	卜❶	曹植
碑林	卜辞	草莽英雄
碑帖	卜卦	草书
碑亭	卜居	草台班子
碑座	卜筮	草体
北汉	补血	草字头
北京交响乐团	补养	叉烧
北京人	补药	插科打诨

附录1　面向 TCSL 现代汉语常用文化词资源表

茶点	陈世美	酬宾
茶馆	谶语	酬唱
茶话会	撑门面	臭豆腐
茶会	成家	臭皮囊
茶叶蛋	成器	出道
拆迁户	成语	出份子
拆字	丞相	出阁
禅	城隍庙	出家人
禅房	吃醋（特）	出嫁
禅机	吃大锅饭	出九
禅理	吃大户	出笼❶
禅林	吃豆腐❸	初二
禅门	吃皇粮	初伏
禅让	吃荤	初六
禅师	吃饺子	初七
禅堂	吃劳保	初三
禅悟	吃年夜饭	初十
禅学	吃素	初四
禅院	吃小灶	初五
禅杖	吃斋	初夏
禅宗	吃长斋	初一
缠足	魑魅魍魉	除夕
蟾宫	赤脚医生	除夕夜
嫦娥	赤眉	楚剧
唱本	赤卫队	川贝
唱段	赤子	川菜
唱功	敕封	川剧
唱和	敕令	穿孝
唱腔	敕书	传家宝
唱戏	冲喜	传宗接代
潮剧	春	串联❶
炒鱿鱼	春米	闯关东
陈酒	绸子	闯江湖

吹拉弹唱	打内战	大小姐
炊饼	打算盘	大刑
炊事班	打太极拳	大雄宝殿
炊事员	打头阵	大熊猫
春饼	打小算盘	大爷（dà ye）
春宫	打牙祭	大禹
春节	打烊	大跃进
春联	打油诗	大杂院
春秋❸	大都（dà dū）	大灶
春秋笔法	大渡河	大丈夫
词❷	大盖帽	大篆
词牌	大鼓	大字报
祠堂	大褂儿	玳瑁
辞赋	大锅饭	戴孝
辞旧迎新	大后方	丹青
辞令	大吉大利	担担面
辞岁	大家闺秀	单干户
刺绣	大陆（❷）	单口
凑份子	大明堂	单口相声
粗茶淡饭	大年	单弦儿
醋（特❷）	大年三十	单姓
氽	大年夜	单字❶
催命鬼	大排档	蛋炒饭
脆皮豆腐	大儒	党八股
搓麻将	大少爷	党报
错别字	大是大非	党代表
达官贵人	大寿	党费
答礼	大团结（钞票）	党风
打板子	大团圆	党纲
打卦	大碗儿茶	党规
打鬼	大王（dài wáng）	党棍
打擂	大侠	党徽
打擂台	大限	党籍

附录1 面向TCSL现代汉语常用文化词资源表

党纪	道教	锭❶
党建	道袍	东方时空
党刊	道人	东风（特❷）
党课	道士	东宫
党魁	道学先生	东郭先生
党龄	的确良	东汉
党史	灯笼	东家
党委	登高	东晋
党务	邓小平	东魏
党校	邓小平理论	东西（特❷）
党性	嫡出	东岳
党员	嫡传	东周
党章	嫡派	动肝火
党证	嫡亲	冻豆腐
党政	嫡长子	洞房
党政工团	嫡子	洞房花烛
党支部	地方戏	豆瓣儿
党中央	地宫	豆包
党总支	地灵人杰	豆饼
党组	地下（dìxià，特❷）	豆豉
党组织	地下党	豆粉
刀马旦	地主	豆腐
刀削面	第三者（特❷）	豆腐干儿
倒插门	点金术	豆腐脑儿
倒爷	殿试	豆腐皮儿
盗汗	吊祭	豆腐乳
道❼	吊死鬼	豆腐渣
道藏	吊孝	豆腐渣工程
道场	跌打丸	豆花儿
道姑	顶梁柱	豆浆
道观	钉子户	豆沙
道行	定亲	豆制品
道家	定心丸	独立自主

独善其身	法宝❷	福寿
杜甫	繁体	福无双至
杜康	繁体字	福相
肚（dǔ）	反动派	福星
肚兜	反腐倡廉	府上
端午	反切	腐乳
端午节	饭碗（特❷）	讣告
端砚	贩夫走卒	附庸风雅
端阳	方丈	改革开放
端阳节	坊间	盖印
断子绝孙	仿宋体	盖章
缎子	飞天	泔水
对口相声	飞天奖	赶考
对联	妃子	擀面杖
对台戏	非礼❶	干部
对仗	焚书坑儒	高风亮节
对症	粉皮	高考
对症下药	份子	高粱米
对子	份子钱	高粱面
多劳多得	风水	高山流水
《尔雅》	封妻荫子	高士
耳报神	烽火	高堂
二百五（特）	烽火台	给红包
二房	凤凰	给压岁钱
二伏	夫唱妇随	根据地
二鬼子	夫子	耕读传家
二锅头	扶老携幼	耕战之术
二胡	扶正祛邪	工会证
二人转	拂尘	工龄
二十四节气	符咒	工农
二线（特❷）	福礼	工农兵
二一添作五	福气	工人体育场
发火（特❷）	福如东海	公车上书

附录 1　面向 TCSL 现代汉语常用文化词资源表

公仆	古文献	鬼门关
公社	骨气	鬼神
公子	鼓楼	鬼子
公子哥儿	鼓书	桂皮
功夫	故宫	滚刀肉
宫刑	瓜皮帽子	锅贴儿
共产党	刮痧	锅碗瓢盆
共产党员	剐❶	国产
共青团	卦	国防绿
共青团员	挂彩❶	国画
贡缎	挂红	国家计委
贡奉	挂幌子❶	国库券
贡酒	挂年画	国民党
贡品	挂孝	国内战争
供奉	挂职❶	国庆
供果	褂子	国庆节
供品	关东糖	国务院
供销	关公	国学
供销社	关门大吉	国药
供养	关子	国医
供桌	观音岩	国语❶
苟且❸	官窑	裹脚
狗（特）	光宗耀祖	裹脚布
狗皮膏药	广东话	过门儿
狗屎（特）	广东音乐	过年
孤家寡人	广寒宫	还礼
古风	广交会	还情
古汉语	闺房	海内
古话	闺阁	海内外
古籍	闺门	海派文化
古老肉	闺女	海外
古体诗	鬼怪	海外关系
古文	鬼画符	海碗

亥	河清海晏	洪帮
亥时	荷包	洪福
寒食	荷包蛋	鸿门宴
寒士	核雕	鸿儒
汉❸❹	贺礼	后妃
汉朝	贺年	后金
汉奸	贺年卡	后台（特❹）
汉剧	贺年片	后魏
汉民	贺岁片	后赵
汉人	黑白（特❷）	后周
汉姓	哼哈二将	厚葬
《汉语拼音方案》	横联	呼天抢地
汉语水平考试	横批	狐狸精
汉字	烘托❶	狐媚
汉族	红（特❷❸❹）	狐仙
汗衫	红案	胡服骑射
旱烟	红白喜事	胡同
行宫	红榜	湖笔
行楷	红包	糊窗花
行善	红军	虎踞龙盘
行书	红领巾	户口
豪侠	红娘	护法❷
好汉	红旗（特❸）	护身
好面子	红旗手	护身符
号脉	红区	护佑
合子	红烧	沪剧
合纵连横	红烧豆腐	花旦
合作社	红烧肉	花鼓
和光同尘	红卫兵	花鼓戏
和面	红小鬼	花红
和平共处	红星	花脸
河北梆子	红颜薄命	花鸟画
河南梆子	红缨枪	花炮

附录1　面向 TCSL 现代汉语常用文化词资源表

花拳	黄色（特❷）	吉日
花拳绣腿	徽剧	吉星
华盖	徽墨	籍贯
华侨	徽调	己所不欲，勿施于人
华容道	徽章	
华文	回拜	计划经济
华夏	回锅	计划生育
华夏儿女	回锅肉	纪委
华语	回礼	济世
华章	回笼	祭❶
画舫	回禄君	祭拜
画廊	回马枪	祭奠
画眉	回娘家	祭告
话本儿	烩	祭灵
淮剧	烩饼	祭品
坏分子	荤菜	祭器
宦官	婚姻法	祭扫
皇城	婚姻介绍所	祭祀
皇天后土	馄饨	祭坛
黄（特❹❺❻）	混沌❶	祭文
黄表纸	混世魔王	祭灶
黄道吉日	火罐儿	祭祖
黄帝	火锅	家祠
《黄帝内经》	火气	家天下
黄河	伙计	家庭妇女
黄花闺女	击掌（特❷）	甲骨文
黄金周	鸡肋（特）	甲子
黄酒	鸡内金	假道学
黄历	积德	假仁假义
黄梅戏	稽首	艰苦奋斗
黄皮书	及时雨（特❷）	艰苦朴素
黄芪	吉剧	兼爱
黄泉	吉人天相	笺❶

煎饼	解放区	精忠
煎炒	解放鞋	景泰蓝
煎药	金榜题名	敬酒
剪纸	金銮殿	镜花水月
简牍	金缕玉衣	纠风
简化字	金盆洗手	阄儿
简体	锦旗	揪斗
简体字	尽孝	九鼎
建功立业	进补	九九归一
建国❶	进士	九泉
建军节	近体诗	九州
剑客	京城	九族
剑舞	京官	酒楼
剑侠	京畿	旧历
箭楼	京郊	旧社会
江湖	京津塘	旧体诗
江湖骗子	京剧	居丧
江米	京派	举哀
江米酒	京腔	举案齐眉
降服	京师	句读
酱豆腐	京味儿	绢本
交杯酒	京戏	绢花
饺子	京韵大鼓	绢画
脚夫	经传	军阀
教师节	经济半小时	军令状
接班	经济特区	君子
街坊	经络	开发区
结拜	经脉	开小灶
结婚证	经史	楷模
结义	经穴	楷书
解放❷	惊堂木	楷体
解放军	精神文明	侃爷
解放军总参三部	精卫填海	抗日

抗日战争	醪糟	礼让
抗战	老白干儿	礼尚往来
炕	老百姓	礼数
炕洞	老北京	礼俗
炕几	老表	礼贤下士
炕梢	老旦	礼制
炕头	老东西	李白
炕席	老豆腐	里巷
炕沿	老夫子	立春
炕桌	老干部	立冬
烤鸭	老革命	立秋
空城计	老姑娘	立夏
孔夫子	老黄历	立业
孔庙	老黄牛	连环画
孔融	老江湖	连环计
孔子	老窖	连珠炮
口技	老酒	联欢
扣帽子	老舍	联欢会
哭丧	老舍茶馆（儿）	廉洁奉公
哭丧棒	老天爷	廉政
苦丁茶	老爷（lǎo ye，❶❷）	廉政建设
昆剧	老油条	脸谱
昆腔	老子（lǎo zǐ）	练功
昆曲	老字号	练摊儿
拉洋片	老祖宗	炼丹
腊八	烙饼	凉菜
腊八粥	棱角（特❷）	凉粉
腊月	冷宫	凉面
蓝青官话	离休	梁山伯与祝英台
郎中	梨园	梁园
浪子	梨园戏	两弹一星
劳保	礼法	列国
劳动模范	礼教	列祖列宗

烈酒	龙舟	茅台（酒）
烈女	镂花	帽子（特❷）
烈士	镂刻	梅花奖
临摹	炉灶	梅雨
临帖	鲁班	煤油灯
灵丹妙药	鲁菜	美猴儿王
灵符	伦常	门当户对
灵气	《论语》	门第
灵堂	络子	门槛（特❷）
灵位	落水狗（特）	门楣
流年（特❷）	驴打滚	门面
琉璃厂	吕剧	孟子
柳琴	绿林	米袋子
六朝	绿帽子（特）	米豆腐
六畜	妈祖	米糕
六腑	麻豆腐	米酒
六甲	麻花	米汤
六亲	麻将	米线
六书	麻婆豆腐	米粥
六艺	麻糖	秘方
龙❶❷❸	马褂	绵纸
龙船	马后炮	面馆
龙的传人	卖唱	面筋
龙灯	卖关子❶	面片儿
龙飞凤舞	卖身契	面汤
龙凤呈祥	馒头	面子（特❷）
龙宫	满族	庙❶❷❸❹❺
龙虎斗	毛笔	庙会
龙井茶	毛笔字	民主党派
龙门阵	毛边	民族共同语
龙套	毛边纸	民族自治权
龙王	毛泽东	闽方言
龙王庙	毛泽东思想	闽剧

附录 1　面向 TCSL 现代汉语常用文化词资源表

名儒	年关	贫下中农
明朝	年画	平头百姓
明媒正娶	年货	凭吊
茉莉花茶	年夜	破落户
墨❶	年夜饭	破五
墨宝	娘子军	铺盖卷儿
墨笔	扭秧歌	普洱茶
墨盒	农历	普通话
墨客	弄堂	七姑八姨
墨水（特❷）	女红	七绝
墨汁	女娲	七夕
母夜叉	女侠	七雄
哪吒	女相	七言诗
纳西族	牌匾	七一
奶豆腐	牌坊	祈福
奶油小生	牌楼	旗袍
南国	盘古	旗人
南宋	蟠桃	旗帜（特❷）
南戏	跑江湖	气功
南洋	跑龙套	气节
闹新房	跑堂儿	气虚
内当家	炮烙	气血
内地	炮竹	千刀万剐
内功	陪酒	千里驹
内宅	佩刀	谦谦君子
能掐会算	佩剑	乾坤
尼姑	批斗	枪杆子
尼姑庵	披麻戴孝	腔调❶
泥菩萨	皮影戏	亲家
逆子	偏殿	亲家公
年❽	骈俪	亲家母
年糕	片儿汤	秦❸
年庚	拼命三郎	秦朝

秦晋之好	人大代表	儒者
秦腔	人民币	孺子可教
秦始皇兵马俑	人民代表大会	孺子牛
秦俑	人民法院	入党
青藏铁路	人民公社	入魔
青铜	人民画报	入世
青铜器	人民检察院	入团
青衣	人民团体	入伍
清朝	人民战争	入邪
清炖	人民政府	入药
清规	人情❷	闰
清火	人情世故	闰年
清明	人缘	闰日
清明节	仁❶	闰月
清水衙门	仁爱	三从四德
清一色❶	仁厚	三伏
请安	仁人君子	三伏天
琼剧	仁人志士	三纲五常
秋分	仁义	三个代表
秋风（特❷）	仁义道德	三姑六婆
求签	仁义之师	三顾茅庐
曲牌	仁政	三国
取保候审	仁至义尽	三好生
全国妇联	肉饼	三皇五帝
全武行	儒家	三甲
全运会	儒教	三教九流
裙带关系	儒林	三九
群口相声	儒林外史	三九天
群众	儒生	三军
群众关系	儒释道	三民主义
群众路线	儒术	三农
群众运动	儒学	三七
群众组织	儒医	三元

附录1　面向 TCSL 现代汉语常用文化词资源表　　407

三月三	上家	圣旨
三字经	上声	失道寡助
丧服	上寿	师表
丧门星	上台（特❷）	师道尊严
丧事	上天¹（特❷）	诗词
丧葬	上天²	诗史
扫黄	上元节	十八般武艺
扫黄打非	上中农	十滴水（药物）
扫盲	尚方宝剑	十二生肖
扫墓	烧高香	十里洋场
扫帚星（特）	烧茄子	十年动乱
色酒	烧纸	十年浩劫
色子	艄公	十三陵
杀身成仁	少东家	十五计划
砂锅	少林拳	石舫
山大王	少林寺	识大体
山东快书	少年宫	实事求是
山炮	少年先锋队	食补
山水画	少先队	食疗
山西梆子	少爷	士大夫
善报	绍剧	士绅
善男信女	身外之物	世交
善事	深明大义	仕女
伤痕文学	神龛	仕途
商朝	神来之笔	市井
赏菊	神灵	事业单位
赏钱	神农氏	侍女
赏月	神女	侍卫
上坟	神仙	守灵
上纲上线	神韵	守岁
上岗	生辰八字	守孝
上行下效	生肖	首善之区
上火❶	圣贤	首长

首座❶	宋庆龄基金会	太上皇
寿比南山	宋体字	太师椅
寿酒	送人情	太虚
寿礼	送灶	太祖
寿面	搜狐	泰山
寿桃	苏东坡	坛子
寿星	苏轼	汤药
书法	素❸	汤圆
书记	素菜	唐❷
书卷气	素食	唐朝
书香门第	算卦	唐高宗
蜀汉	算命	唐三彩
蜀锦	算盘	唐诗
耍把戏	算盘珠	唐太宗
涮锅子	算术	唐装
涮肉	随份子	堂会
涮羊肉	孙中山（孙文、孙逸仙）	糖醋鱼
双桥		糖衣炮弹
水彩画	孙子（sūn zǐ）	桃符
舜	唢呐	桃李（特）
丝绸	台柱	特困户
丝绸之路	台柱子	天安门
私塾	抬轿	天兵
四个现代化	抬轿子	天兵天将
四合院	太白星	天帝
四化	太公	天府之国
四人帮	太湖石	天公
四世同堂	太极	天宫
四书	太极剑	天国
四书五经	太极拳	天经地义
四言诗	太极图	天理
松花蛋	太监	天伦
宋（朝）	太庙	天伦之乐

天堑	统一战线	丸❷
天人合一	筒子楼	丸剂
天神	土地改革	丸散膏丹
天书	土地庙	丸药
天条	土地爷	丸子
天庭	土地证	完璧归赵
天王	土匪	挽联
天下兴之，匹夫有责	土老帽儿	晚节
	土葬	万代
天仙	吐故纳新	万福
天涯若比邻	兔儿爷	万户侯
天意	团❽	万家灯火
天子	团代会	万里长城
天作之合	团费	万里长征
田园诗	团歌	万事大吉
挑灯	团徽	万事亨通
贴饼子	团圆	万事如意
贴对联	团圆饭	万寿无疆
铁窗（特）	团圆节	王八（特❷❸）
铁饭碗	团章	王母娘娘
铁哥们儿	团中央	王孙
铁观音	退堂鼓	王爷
听戏	屯❸	魍魉
通用字	屯兵	伪君子
同工同酬	屯粮	卫道士
同宗	屯守	魏
铜板	屯田	魏碑
铜版	托门子	温柔敦厚
铜版画	托梦	文辞
铜版纸	托人情	文房四宝
铜币	脱贫致富	文工团
铜鼓	歪风邪气	文化大革命
童养媳	豌豆黄	文化宫

文化人	五花大绑	西风（特❸）
文化站	五讲四美	西汉
文明人	五粮液	西红柿炒鸡蛋
文人墨客	五马分尸	西晋
文人相轻	五七干校	西天
文史馆	五四青年节	西王母
文字改革	五四运动	西魏
文字狱	五味子	西夏
刎颈交	五星红旗	西洋景
问卜	五言诗	西域
卧龙	五月节	西周
乌龟（特❷）	五岳	希望工程
乌龙茶	五脏	锡剧
乌纱帽	五脏六腑	檄文
无党派人士	武昌鱼	喜事
无名氏	武丑	喜糖
无情无义	武打	喜帖
无妄之灾	武旦	戏班
无为	武斗	戏本
无为而治	武工队	戏词
吴侬软语	武功	戏单
五爱	武林	戏法
五保	武术	戏服
五保户	武戏	戏楼
五代	武侠	戏迷
五代十国	武侠剧	戏票
五帝	武艺	戏评
五毒	武则天	戏曲
五方	舞剑	戏曲界
五谷	物质文明	戏曲片
五谷丰登	婺剧	戏台
五谷杂粮	夕阳红	戏文
五行	西祠	戏衣

戏园子	仙果	相亲
戏院	仙鹤	相生相克
戏妆	仙女	相声
戏子	仙人	相术
系铃人	仙子	香灰
侠肝义胆	先烈	香火
侠客	先秦	香炉
侠气	先天不足	香纸
侠义	鲜卑	厢房
下风（特❷）	贤妻良母	湘菜
下岗	显灵	湘方言
下馆子	县❶	湘剧
下跪	县城	湘绣
下海（特❺）	县府	祥云
下嫁	县官	巷
下九流	县级市	巷口
下酒	县界	巷子
下酒菜	县立	象棋
下里巴人	县太爷	消灾
下联	县委	消夜
下棋	县长	小白脸儿
下人	县政府	小辫子（特❷）
下三滥	县志	小旦
下水（xià shuǐ）	县治	小刀会
下台（特❷）	现代戏	小褂
下中农	现世报	小鬼❶
夏朝	馅儿饼	小户人家
夏种	乡亲	小皇帝
仙❶	乡土文化	小家碧玉
仙丹	乡镇企业	小九九
仙方	相夫教子	小楷
仙风道骨	相面	小康
仙姑	相命	小令

小卖部	鞋拔子	宣传队
小品	谢天谢地	宣传画
小品文	谢仪	宣纸
小曲儿	心火	玄武
小人❷	辛亥革命	玄之又玄
小人得志	新东方	悬棺
小人儿书	新房（特❷）	穴❹
小生	新华社	穴位
小市民	新浪	学潮
小算盘	新四军	学究
小灶	新文化运动时期	学究气
小注	新闻联播	训诂
小篆	新新人类	丫环
小字辈儿	新长征	丫头❷
晓谕	信天游	压岁钱
孝❶❷❸	信用社	压轴
孝道	星火计划	压轴戏
孝服	匈奴	押韵（压韵）
孝敬	雄黄酒	鸦片战争
孝廉	秀才	衙门
孝女	绣	雅量
孝顺	绣房	雅言
孝悌	绣花	烟袋
孝心	绣花鞋	烟袋锅
孝衣	绣花针	烟馆
孝子	绣花枕头	烟鬼
孝子贤孙	绣球	烟锅
校勘	绣鞋	阉人
邪❸❹	虚❼	炎帝
邪火	虚火	炎黄
邪门歪道	虚胖	炎黄子孙
邪气	虚岁	阎王
邪祟	宣传	阎王殿

砚台	一（特❹）	吟风弄月
秧歌	一二·九运动	吟诗
秧歌剧	一锅粥	银两
阳❶	一国两制	银票
阳间	衣冠冢	寅
阳历	衣锦还乡	寅时
阳历年	姨太太	印玺
阳世	颐和园	印子钱
阳虚	以柔克刚	迎亲
养儿防老	义❷	楹联
样板❸	义和团	硬笔书法
样板戏	义举	硬功夫
妖❶	义旗	永和豆浆
妖法	义气	优生
妖怪	义士	油饼
妖精	义务教育	油茶
妖魔鬼怪	义学	油灯
妖孽	义勇军	油豆腐
腰眼	义冢	油条
腰斩	易经	油盐酱醋
尧舜	轶文	油脂麻花
尧天舜日	阴❶	游击队
窑洞	阴曹	游击战
窑姐儿	阴风	游侠
窑坑	阴功	有生之年
药补	阴魂	有缘
药草	阴间	酉
药茶	阴历	酉时
药罐子	阴司	又红又专
药面	阴虚	右派
药引子	阴阳	右倾
要面子	阴阳先生	迂夫子
叶韵	阴宅	鱼米之乡

鱼香肉丝	粤菜	战国
愚公移山	粤剧	张灯结彩
与时俱进	云片糕	章回体
羽扇纶巾	云雨（特❷）	章回小说
玉不琢，不成器	砸饭碗	长辈
玉皇大帝	宰相	长城❶
玉佩	在岗	长工
预卜	在天之灵	长虹
御笔	灶	长假❶
御赐	灶火	长江
御花园	灶间	长卷
御驾	灶具	长明灯
御医	灶君	长命锁
御苑	灶神	长袍
御制	灶台	长衫
鸳鸯楼	灶膛	长蛇阵
元宝	灶头	长生
元朝	灶王爷	长亭
元旦	灶屋	长袖
元气	造纸术	长斋
元曲	宅邸	长征❷
元宵	宅门	掌灯
元宵节	宅院	仗义
元月	宅子	仗义疏财
圆明园	寨❸	仗义执言
缘分	寨主	招女婿
月饼	寨子	赵公元帅
月宫	占卜	赵国
月桂	占卦	照葫芦画瓢
月老	占山为王	照妖镜
月票	栈道	折子
月下老人	栈房	折子戏
岳庙	栈桥	贞操

贞节	纸老虎	中药店
贞洁	指腹为婚	中药房
贞烈	指南针	中药铺
针灸	志士	中医
针线活儿	志士仁人	中医科
真丝	治国安邦	中医师
镇❺	中草药	中医药
蒸饺	中成药	中医药学
整党	中共中央	中医院
整风	中国菜	中庸
正大光明	中国共产党	中庸之道
正殿	中国画	忠臣
正宫	中国话	忠骨
正楷	中国结	忠魂
正气	中国人民解放军	忠良
正人君子	中华	忠恕
正日子	中华民国	忠孝
正月	中华民族	忠义
政协	中华人民共和国	终身大事
政治文明	中楷	钟鼎
政治协商会议	中考	钟鼎文
之乎者也	中魔	钟楼
支部	中秋	重孝
支书	中秋节	重阳
芝麻官	中山服	重阳节
知青	中山狼	周游列海
知识分子	中山装	粥
知县	中邪	朱门（特）
知遇	中央电视台	朱雀
知遇之恩	中央乐团	朱文
织女	中央银行	诸葛亮
执牛耳	中药	诸公
直辖市	中药材	诸侯

诸子	状元	走火入魔
诸子百家	状子	走江湖
猪八戒	赘婿	走亲戚
祝酒	子丑寅卯	祖宗
祝酒词	子弟兵	"左"倾
祝寿	子曰	作坊
抓典型	自力更生	作风
专业户	自治区	坐禅
篆刻	字画	坐月子
篆刻家	字正腔圆	做满月
篆书	总工会	做媒
篆体	总书记	做人情
篆文	粽子	做寿
篆字	走过场	

附录1-1　教材中的现代汉语文化词

（共701个，音序排列）

24式太极拳	北京交响乐团	成语
42式太极拳	北京市	承德
爱面子	北京外国语大学	城隍庙
澳门	北京晚报	吃小灶
八卦	北京西站	出嫁
白干儿	北京音乐厅	出笼
白象街	鼻烟壶	除夕
拜年	鞭炮	春节
拜堂	滨江路	春联
拜天地	兵马俑	春秋❸
板儿爷	布达拉宫	辞旧迎新
半边天（特❷）	财礼	刺绣
棒子面	藏族	醋（特❷）
包工头儿	曹操	脆皮豆腐
包子	曹冲	搓麻将
宝地	曹植	大渡河
报应	草莽英雄	大褂儿
爆栗子	草书	大锅饭
爆竹	插科打诨	大户
碑林	茶馆	大吉大利
北岛	缠足	大理
北海（公园）	昌都	大明堂
北海市	嫦娥	大排档
北京	朝阳区	大同
北京（东）站	称兄道弟	大侠
北京城	成家	大限
北京大学	成器	大熊猫

大爷（dà yé）	贩夫走卒	故宫
大禹	非礼❶	瓜皮帽子
大跃进	烽火	挂年画
倒爷	烽火台	关公
道观	凤凰	关门大吉
豆腐	扶老携幼	观音岩
道教	福建	光宗耀祖
道义	福礼	广东
灯笼	抚远县	广东话
登高	府上	广东省
邓小平	腐乳	广西
顶梁柱	附庸风雅	广州
东北❷	复旦	闺房
东城消协	泔水	贵州
东方时空	擀面杖	桂林
东营	高官厚禄	锅碗瓢盆
东岳	高考	国防绿
东直门	高堂	国画
豆浆	格尔木	国家计委
豆制品	个体经济	国民党
独善其身	耕读传家	国内战争
独生子女	耕战之术	国庆节
杜甫	工会证	国营
肚（dǔ）	工人体育场	过年
端午	公车上书	哈尔滨
端午节	功夫	海淀
对联	供奉	海淀区
对外语言文化学院	供养	海口
二胡	苟且❸	海南
二环路	孤家寡人	海派文化
发火（特❷）	古老肉	海通禅师
法宝❷	古文	海子
繁体字	骨气	汉❸❹

附录1　面向TCSL现代汉语常用文化词资源表　　419

汉朝	黄河	金沙江
汉字	黄金周	京津塘
汉族	黄历	京剧
旱烟	黄龙沟	京开
杭州	回禄君	京腔
好汉	荤菜	京沈
好面子	馄饨	京味儿
号脉	火锅	京戏
和平共处	火气	经济半小时
和尚	火土	经史
和珅	击掌❷	景山公园
河北省	吉日	敬酒
核雕	己所不欲，勿施于人	九寨沟
黑龙江	计划经济	酒楼
黑龙江省	纪晓岚	旧历
横断山脉	祭祀	旧社会
横批	甲子	举哀
红包	假仁假义	军阀
红灯	艰苦朴素	君子
红烧豆腐	笺	开小灶
呼天抢地	简化字	侃爷
胡同儿	建国门	抗日战争
湖南	江湖	炕
糊窗花	江南	烤鸭
户口	江苏	孔融
护身符	姜文	孔子
华侨	交杯酒	口技
华容道	饺子	口舌（特❷）
华夏儿女	脚夫	昆明
皇城	教师节	昆明湖
黄道吉日	结婚证	拉萨
黄帝	解放军总参三部	腊月
黄海	金陵中学	蓝本

澜沧江	炉灶	南洋
郎中	鲁国	内地
劳保	鲁镇	内蒙古
劳动模范	麻将	倪萍
老百姓	麻婆豆腐	年糕
老舍	马后炮	年画
老舍茶馆（儿）	卖关子	年夜饭
老子（lǎo zǐ）	馒头	扭秧歌
烙饼	毛笔	弄堂
乐山	毛泽东	怒江
棱角（特❷）	茅台	女红
礼教	茂名	女侠
礼尚往来	煤油灯	牌位
李白	门当户对	跑龙套
里巷	门槛	骈俪
丽江	门楣	拼命三郎
连环画	门面	铺盖卷儿
联欢会	孟子	葡萄沟
脸谱	米粥	普通话
练摊儿	面子（特❷）	七姑八姨
凉菜	庙	七雄
梁园	庙会	旗袍
林芝	岷江	气节
临摹	明朝	前门
临帖	茉莉花茶	前门饭店
灵丹妙药	墨	前门瑞蚨祥丝绸店
灵气	墨客	腔调❶
凌云山	木兰	秦朝
流年（特❷）	纳西族	秦岭
琉璃厂	奶油小生	秦始皇
龙❶❷❸	南国	秦俑
龙的传人	南海	青藏铁路
龙舟	南开大学	青岛

附录1 面向TCSL现代汉语常用文化词资源表 421

青衣江	深圳	素
清朝	神仙	素菜
清华大学	神韵	算命
清明	沈从文	算盘
清明节	沈厅	随大流
清一色	生肖	孙中山（孙文、孙逸仙）
求签	十滴水（药物）	
曲阜	十里洋场	孙子（sūn zǐ）
全国妇联	十五计划	台湾
人大	食补	太行山
人大代表	食疗	太极
人民币	世交	太极拳
人民画报	市井	太祖
人缘	书法	泰安市
仁❶	舒乙	泰山
仁厚	耍把戏	坛子
肉饼	双桥	汤圆
儒家	舜	唐
儒学	司马光	唐朝
三国	司马迁	唐高宗
三环路	丝绸	唐太宗
三甲	丝绸之路	唐装
山东	私塾	堂会
山西	四川	糖醋鱼
商朝	四合院	特困户
上海	四环路	天安门
上海虹桥机场	松花蛋	天津
上火	宋（朝）	天伦
上台	宋庆龄基金会	天伦之乐
上天¹（特❷）	搜狐	天堑
烧茄子	苏东坡	天人合一
少林寺	苏轼	天下兴之，匹夫有责
少爷	苏州	天涯若比邻

天意	武侠剧	相声
田园诗	武则天	香港
铁道部第二勘察设	夕阳红	香格里拉
计院	西安	香山
铁饭碗	西藏	香山公园
铁哥们儿	西祠	襄樊
同工同酬	西单大木仓胡同 16	象棋
铜板	号	消灾
童贞	西红柿炒鸡蛋	小城故事
土地爷	西宁	小康
团圆	西洋景	小卖部
丸药	西周	小品
万福	戏曲	小人❷
万寿无疆	下岗	小字辈儿
王府井	下海（特❺）	晓谕
王皇后	下棋	孝❶
温岭	下人	孝敬
温柔敦厚	下水（xià shuǐ）	孝顺
温州	下台	孝心
文辞	夏朝	孝子
文化人	仙果	校勘
文人墨客	仙鹤	辛亥革命
卧龙	仙人	忻州
乌龟（特❷）	显灵	新东方
乌苏里江	县❶	新疆
无为	县城	新浪
无锡	馅饼	新文化运动时期
吴侬软语	乡土文化	新闻联播
五行	乡镇企业	新新人类
五花大绑	相夫教子	刑法
五环路	相面	秀才
五脏	相命	绣花针
武术	相亲	宣传

宣纸	玉不琢，不成器	赵本山
穴位	玉龙雪山	赵国
压岁钱	玉佩	赵云
炎黄子孙	玉泉营	浙
阎王	元朝	浙江
砚台	元旦	针灸
扬州	元气	真丝
羊肉串	元宵节	镇
阳江	圆明园	郑州
阳历	月饼	知识分子
阳朔	月老	知县
杨振宁	粤	直辖市
养儿防老	云贵高原	纸老虎
椰城	云南	中关村
叶城	运城	中国爱乐乐团
一把手	宰相	中国菜
一锅粥	灶	中国共产党
颐和园	占卜	中国国际工程咨询
以柔克刚	战国	公司
义举	湛江市	中国航天科技集团
义气	张灯结彩	中国画
轶文	张衡	中国结
阴❶	张厅	中国美术馆
阴间	张艺谋	中国人民大学
阴历	长安	中华
银两	长辈	中华民国
永和豆浆	长城	中华人民共和国
油饼	长虹	中秋
油条	长江	中秋节
有缘	长卷	中山装
鱼香肉丝	长亭	中央电视台
愚公移山	掌灯	中央乐团
与时俱进	爪牙	中央美术学院

中药	子曰	《梁山伯与祝英台》
中药铺	字画	《论语》
中医	粽子	《儒林外史》
中医科	走过场	《甜蜜蜜》
中医药学	祖宗	《我的中国心》
中原	左倾	《一块红布》
周游列海	作坊	《一无所有》
周庄	作风❶	《易经》
粥	《尔雅》	《自由风格》
状元	《黄帝内经》	《走进法庭》

附录 1-2　TCSL 词汇大纲中的现代汉语文化词

（共 243 个，音序排列）

爱面子	错别字	改组
按劳分配	大锅饭	干部
八卦	党	高考
白酒	党风	个体户
百花齐放	党委	根据地
拜年	党性	工龄
班子	党员	公仆
包子	党章	公社
爆竹	党中央	共产党
奔丧	倒爷	共青团
本钱	道教	狗（特）
笔画	灯笼	古文
闭关自守	地主	骨气
避讳	豆腐	闺女
鞭炮	豆浆	国产
卜❶	豆制品	国画
不正之风	独立自主	国库券
部首	独生子女	国民党
茶馆	端午节	国庆节
禅杖	缎子	国务院
嫦娥	对联	国营
炒鱿鱼	多劳多得	过年
成语	繁体字	汉奸
绸子	风水	合作社
除夕	凤凰	和平共处
春节	改革	红包
刺绣	改革开放	红灯

红领巾	麻将	太极
红娘	马后炮	太极拳
后勤	馒头	铁饭碗
后台	帽子（特❷）	同志
胡同儿	门当户对	团❽
华夏	门面	团员
回笼	秘方	丸❷
伙计	年画	文化宫
籍贯	年夜饭	文言
计划经济	农历	武术
祭祀	跑龙套	喜事
艰苦奋斗	普通话	喜糖
简体字	气功	戏曲
建国❶	清明节	侠义
饺子	人民币	下岗
接班	儒家	仙鹤
街坊	儒学	仙女
解放	扫黄	乡亲
解放军	扫盲	相声
锦旗	扫墓	象棋
京剧	上火	小康
京戏	少林寺	小曲儿
精神文明	少先队	小人❷
敬酒	神仙	孝敬
酒楼	圣贤	孝顺
君子	首长	新华社
楷模	书法	刑法
抗战	书记	虚❼
烤鸭	丝绸	宣传
腊月	四合院	穴位
老字号	素	丫头
离休	素食	阎王
龙舟	算盘	阳❶

附录 1 面向 TCSL 现代汉语常用文化词资源表

一国两制	镇	中药
优生	整风	中医
愚公移山	正气	中庸
元旦	正月	中原
元宵	政协	粥
元宵节	支部	专业户
缘分	知识分子	自力更生
月饼	直辖市	自治区
月票	指南针	粽子
造纸术	中共中央	祖宗
占卜	中国画	作风
张灯结彩	中华民族	
长征	中秋节	

附录 1-2-1　《汉语水平词汇与汉字等级大纲》中的现代汉语文化词

甲级词汇
饺子

乙级词汇

春节	国民党	龙❶ ❷ ❸
党员	京剧	武术
共产党	京戏	中药

丙级词汇

成语	国务院	相声
党委	国营	元旦
地主	胡同	元宵
多劳多得	解放军	整风
个体户	毛泽东思想	指南针
工龄	茅台酒	自治区
共青团	普通话	
国庆节	少先队	

丁级词汇

按劳分配	党性	公社
百花齐放，百家争鸣	党章	古文
拜年	党中央	和平共处
半边天（特❷）	倒爷	黑白（特❷）
鞭炮	独立自主	红领巾
卜❶	对联	伙计
长征	繁体字	简体字
除夕	凤凰	腊月
大锅饭	根据地	老天爷

附录1 面向TCSL现代汉语常用文化词资源表

老爷（lǎo ye）	押韵/压韵	直辖市
门当户对	阳❶	中秋
铁饭碗	正月	中原
喜事	正气	专业户
仙女	政协	自力更生
虚❼	支部	

附录 1-2-2 《汉语国际教育用音节汉字词汇等级划分》中的现代汉语文化词

一级（初级）词汇

包子	普通话	宣传
白酒	人民币	中华民族
饺子	同志	中医
京剧	团❽	
京戏	武术	

二级（中级）词汇

成语	端午节	戏曲
除夕	国产	相声
醋（特❷）	胡同儿	元旦
大都（dà dū）	馒头	月饼
党❶	帽子（特❷）	镇❺
道教	面子（特❷）	中秋节
豆腐	清明节	中药
豆制品	书法	粥

三级（高级）词汇

八卦	改革开放	锦旗
拜年	干部	酒楼
爆竹	公仆	君子
鞭炮	国画	烤鸭
茶馆儿	国务院	腊月
灯笼	黑白（特❷）	老字号
豆浆	红包	龙舟
对联	红娘	茅台（酒）
繁体字	红灯	门槛
饭碗（特❷）	简体字	庙

附录1　面向 TCSL 现代汉语常用文化词资源表　　　431

年画	四合院	刑法
年夜饭	素	穴位
年终	素食	丫头
农历	太极拳	元宵节
儒家	丸❷	缘分
儒学	下岗	月票
扫墓	仙女	占卜
上火	乡亲	知识分子
少林寺	小康	指南针
神仙	小人❷	中国画
圣贤	小字辈	祖宗
书记	孝敬	作风
丝绸	新房（特❷）	

三级（附录）词汇

爱面子	敬酒	下海（特❺）
半边天（特❷）	楷模	仙鹤
禅杖	麻将	小曲儿
嫦娥	马后炮	孝顺
刺绣	门当户对	阎王
大锅饭	秘方	愚公移山
风水	跑龙套	造纸术
骨气	旗袍	张灯结彩
合作社	算盘	中庸
祭祀	太极	粽子
艰苦奋斗	侠义	

附录 1-2-3 《高等学校外国留学生汉语教学大纲》中的现代汉语文化词

初等阶段词汇（最常用）

饺子

初等阶段词汇（次常用）

春节	狗（特）	帽子（特❷）
醋（特❷）	过年	人民币
错字	胡同	同志
党	京剧	元旦
豆腐	龙❶ ❷ ❸	中药
改革	馒头	中医

中等阶段词汇

爱面子	干部	书记
拜年	国庆节	太极拳
鞭炮	红包	特别行政区
部首	红旗（特❸）	铁饭碗
茶馆	计划经济	团员
炒鱿鱼	建国❶	文化宫
成语	解放	无党派人士
吃醋（特）	解放军	喜糖
除夕	精神文明	下岗
错别字	面子（特❷）	下海（特❺）
大锅饭	庙	相声
大爷（dà yé）	普通话	小康
党员	旗帜（特❷）	孝敬
独生子女	气功	孝顺
对联儿	神仙	新华社
繁体字	书法	夜宵

一国两制	中共中央	作风
元宵	中秋节	
知识分子	粥	

高等阶段词汇

百花齐放	缎子	接班
百家争鸣	二百五（特）	街坊
班子	饭碗（特❷）	抗战
半边天（特❷）	改组	腊月
爆竹	高考	老天爷
奔丧	高堂	老字号
笔画	公仆	离休
闭关自守	闺女	门当户对
避讳	国库券	门路
不正之风	汉奸	门面
长征	黑白（特❷）	扫黄
绸子	红娘	扫盲
党风	后勤	首长
党性	后台（特❷）	算盘
党纲	华夏	文言
党章	回笼	象棋
倒儿爷	籍贯	优生
第三者（特❷）	简体字	直辖市

附录2　面向 TCSL 现代汉语常用文化词排序表

最常用 1—500

1	新华社	20	阳❶
2	群众	21	党委
3	干部	22	国民党
4	书记	23	乡镇企业
5	红（特❷❸❹）	24	阴❶
6	国务院	25	党员
7	解放❷	26	狗（特）
8	县❶	27	自治区
9	宣传	28	仁❶
10	龙❶❷❸	29	长江
11	中华	30	精神文明
12	义❶	31	中国共产党
13	毛泽东	32	中华人民共和国
14	共产党	33	党中央
15	改革开放	34	中共中央
16	汉❸❹	35	海外
17	邓小平	36	政协
18	镇❺	37	地主
19	黄（特❹❺❻）	38	知识分子

附录2 面向TCSL现代汉语常用文化词排序表

39	作风	72	党支部
40	人民币	73	人民代表大会
41	年❽	74	祭❶
42	一❹	75	秦❸
43	戏曲	76	总书记
44	解放军	77	党组
45	红军	78	华侨
46	建国❶	79	中医
47	人民政府	80	魏
48	墨❶	81	计划经济
49	唐❷	82	长城❶
50	人民法院	83	党组织
51	黄河	84	巷
52	春节	85	军阀
53	大陆（特❷）	86	词❷
54	县委	87	帽子（特❷）
55	中华民族	88	合作社
56	功夫	89	艰苦奋斗
57	老百姓	90	京剧
58	庙	91	计划生育
59	团❽	92	道❼
60	支部	93	京城
61	公社	94	汉族
62	开发区	95	首长
63	党政	96	毛泽东思想
64	共产党员	97	事业单位
65	工农	98	老爷（lǎo ye）❶❷
66	根据地	99	孙中山(孙文、孙逸仙)
67	小康	100	汉字
68	白色❷	101	邪❸❹
69	班子❶	102	县长
70	实事求是	103	海内
71	县城	104	绣

105	海内外		138	禅
106	直辖市		139	宋（朝）
107	按劳分配		140	过年
108	游击队		141	公子
109	炕		142	四化
110	供销		143	户口
111	书法		144	入党
112	长征❷		145	支书
113	地下（dìxià，特❷）		146	君子
114	孔子		147	藏族
115	孝❶❷❸		148	共青团
116	人情❷		149	中央电视台
117	内地		150	红旗（特❸）
118	上台（特❷）		151	不正之风
119	烈士		152	寨❸
120	大爷（dà yé）		153	民主党派
121	物质文明		154	北京人
122	八一		155	廉政
123	统一战线		156	自力更生
124	国庆		157	元旦
125	乡亲		158	胡同
126	县政府		159	党性
127	儒家		160	祖宗
128	灶		161	伙计
129	三国		162	粥
130	丝绸		163	满族
131	中药		164	武术
132	战国		165	普通话
133	人民检察院		166	中国人民解放军
134	人大代表		167	纪委
135	豆腐		168	四个现代化
136	祭祀		169	劳动模范
137	少爷		170	国画

附录2 面向 TCSL 现代汉语常用文化词排序表

171	面子（特❷）		204	清朝
172	经济特区		205	一国两制
173	老子（lǎo zǐ）		206	古籍
174	江湖		207	西夏
175	堂会		208	茶馆
176	国家计委		209	曹操
177	明朝		210	供销社
178	黑白（特❷）		211	仙❶
179	党校		212	希望工程
180	闺女		213	虚❼
181	穴❹		214	高考
182	馒头		215	鞭炮
183	天安门		216	菜篮子
184	凤凰		217	唐朝
185	老干部		218	成语
186	东西（特❷）		219	辛亥革命
187	党风		220	青铜
188	专业户		221	诸葛亮
189	正气		222	和平共处
190	独立自主		223	正月
191	国学		224	丸❷
192	义务教育		225	入伍
193	春秋❸		226	旗帜（特❷）
194	黄色（特❷）		227	初一
195	丫头❷		228	农历
196	阴阳		229	人民公社
197	小人❷		230	总工会
198	诗词		231	屯❸
199	道教		232	油灯
200	妖❶		233	廉政建设
201	脱贫致富		234	泰山
202	中国画		235	太监
203	神仙		236	串联❶

237	道士		270	大年
238	衙门		271	知青
239	秀才		272	状元
240	对联		273	饭碗（特❷）
241	团中央		274	下台（特❷）
242	象棋		275	小品
243	华文		276	土地改革
244	老舍		277	国库券
245	作坊		278	京师
246	灯笼		279	联欢
247	针灸		280	南洋
248	婚姻法		281	天子
249	下海（特❺）		282	算术
250	华夏		283	杜甫
251	诸侯		284	大锅饭
252	中央银行		285	国产
253	素❸		286	离休
254	古文		287	后台（特❹）
255	东汉		288	供养
256	算盘		289	公仆
257	长辈		290	包子
258	除夕		291	下岗
259	汉人		292	气功
260	庵❷		293	好汉
261	中秋		294	信用社
262	神灵		295	西域
263	清明		296	相声
264	群众路线		297	元月
265	白话		298	党建
266	孟子		299	新房（特❷）
267	出嫁		300	鬼神
268	故宫		301	李白
269	宰相		302	国语❶

303	鸦片战争		336	易经
304	武功		337	供奉
305	全运会		338	腊月
306	卦		339	字画
307	小生		340	醋（特❷）
308	乌龟（特❷）		341	孙子（sūn zǐ）
309	寅		342	唱腔
310	大都（dà dū）		343	楷模
311	士大夫		344	丝绸之路
312	西汉		345	经络
313	唐太宗		346	白酒
314	喜事		347	中华民国
315	南国		348	气血
316	麻将		349	唱戏
317	爆竹		350	论语
318	烟袋		351	长袍
319	南宋		352	党纪
320	八字		353	旗袍
321	长工		354	党代表
322	团圆		355	门面
323	禅宗		356	门槛（特❷）
324	义和团		357	夫子
325	先秦		358	第三者（特）
326	上岗		359	中医药
327	大熊猫		360	西周
328	样板❸		361	亲家
329	饺子		362	儒学
330	老天爷		363	福气
331	窑洞		364	法宝❷
332	拜年		365	下棋
333	唐诗		366	成家
334	绣花		367	群众运动
335	现代戏		368	道家

369	炊事员		402	立业
370	整党		403	志士
371	丧事		404	天神
372	东家		405	无为
373	全国妇联		406	五星红旗
374	党史		407	亥
375	西风（特❸）		408	东风（特❷）
376	京郊		409	戏台
377	党报		410	酒楼
378	元气		411	戏院
379	五四运动		412	嫦娥
380	玳瑁		413	山水画
381	炎黄		414	报应
382	风水		415	祠堂
383	接班		416	小鬼❶
384	进士		417	神韵
385	铜鼓		418	北魏
386	厢房		419	国庆节
387	红星		420	政治协商会议
388	文化人		421	文工团
389	党章		422	毛笔
390	妖精		423	太极
391	匈奴		424	甲骨文
392	初夏		425	仙人
393	北洋军阀		426	算命
394	苏东坡		427	卜❶
395	刺绣		428	少先队
396	练功		429	锭❶
397	元朝		430	党籍
398	红娘		431	发火（特❷）
399	扫盲		432	炼丹
400	秧歌		433	街坊
401	仙女		434	武林

附录2 面向TCSL现代汉语常用文化词排序表

435	火气		468	财神
436	长生		469	内功
437	共青团员		470	昆曲
438	红领巾		471	中秋节
439	武艺		472	八旗
440	登高		473	礼教
441	大鼓		474	黄帝
442	上天[1]（特❷）		475	画廊
443	仁义		476	锦旗
444	布达拉宫		477	香炉
445	初三		478	丞相
446	邓小平理论		479	梨园
447	黄金周		480	长虹
448	青铜器		481	笺❶
449	三个代表		482	五行
450	人民团体		483	中草药
451	炎黄子孙		484	庙会
452	龙王		485	党总支
453	中庸		486	天国
454	建功立业		487	烘托❶
455	颐和园		488	中国话
456	五代		489	粽子
457	列国		490	寨子
458	长衫		491	气节
459	板子❷		492	烽火
460	炕沿		493	经脉
461	布鞋		494	子弟兵
462	五脏		495	义勇军
463	孝敬		496	天王
464	私塾		497	孝子
465	东晋		498	仕女
466	扫黄		499	侍女
467	文化宫		500	铁饭碗

常用 501—1000

501	经传		533	弄堂
502	苏轼		534	端午
503	反腐倡廉		535	秘方
504	才子		536	先烈
505	剪纸		537	份子
506	宣传队		538	百家争鸣
507	初二		539	廉洁奉公
508	西天		540	褂子
509	汉朝		541	白话文
510	炉灶		542	舜
511	布衣		543	圆明园
512	七一		544	中药材
513	祭祖		545	生肖
514	武侠		546	王爷
515	香火		547	训诂
516	临摹		548	回娘家
517	老祖宗		549	义气
518	青衣		550	占卜
519	老革命		551	八股
520	子曰		552	唢呐
521	洞房		553	油条
522	祭坛		554	北宋
523	邪气		555	诸子
524	上天[2]		556	宦官
525	八卦		557	元宵
526	天经地义		558	有缘
527	丧葬		559	二胡
528	少年宫		560	红包
529	星火计划		561	优生
530	孝顺		562	广交会
531	元宝		563	党务
532	巷子		564	和面

565	天宫		598	阴间
566	关公		599	不孝
567	入药		600	肚（dǔ）
568	茅台（酒）		601	老字号
569	西晋		602	鲜卑
570	清一色❶		603	年货
571	旱烟		604	龙舟
572	牌坊		605	花脸
573	篆刻		606	重阳
574	三民主义		607	太极拳
575	百花齐放		608	荷包
576	四合院		609	护法❷
577	清明节		610	老夫子
578	六朝		611	大丈夫
579	真丝		612	茶点
580	古汉语		613	圣贤
581	人民战争		614	茶话会
582	行善		615	年画
583	八仙		616	知县
584	大少爷		617	乾坤
585	阴历		618	群众组织
586	联欢会		619	笔画
587	梅雨		620	缎子
588	五谷		621	赤子
589	太祖		622	鼓楼
590	赵国		623	天理
591	馄饨		624	月饼
592	尼姑		625	连环画
593	京戏		626	火锅
594	王八（特❷❸）		627	炕头
595	姨太太		628	指南针
596	阴虚		629	端午节
597	旗人		630	灵气

631	武则天		664	卧龙
632	闭关自守		665	妖怪
633	仙鹤		666	煤油灯
634	天书		667	对症下药
635	小算盘		668	艰苦朴素
636	戏法		669	骨气
637	桃李（特）		670	下水（xià shuǐ）
638	气虚		671	相亲
639	盖章		672	阿Q
640	万里长城		673	吟诗
641	闰		674	红旗手
642	禅师		675	无党派人士
643	凭吊		676	宝岛
644	谢天谢地		677	祝寿
645	忠臣		678	豆浆
646	少林寺		679	下跪
647	道人		680	豆饼
648	龙灯		681	"左"倾
649	穴位		682	新长征
650	武打		683	梆子
651	铜板		684	圣旨
652	鬼怪		685	天意
653	工龄		686	祝酒
654	本县		687	脸谱
655	人缘		688	织女
656	铜版		689	祭奠
657	门第		690	武工队
658	马褂		691	牌楼
659	敬酒		692	对症
660	挂职❶		693	出笼❶
661	旧历		694	宅子
662	戏子		695	在岗
663	戏班		696	地方戏

附录2　面向 TCSL 现代汉语常用文化词排序表

697	后金	730	教师节
698	四书	731	下风（特❷）
699	祭品	732	大渡河
700	春联	733	宣传画
701	秋风（特❷）	734	油茶
702	市井	735	大限
703	川剧	736	仙子
704	仁爱	737	灵堂
705	忠义	738	伪君子
706	混沌❶	739	秦腔
707	劳保	740	钟楼
708	飞天	741	家庭妇女
709	中成药	742	食疗
710	青藏铁路	743	郎中
711	赤卫队	744	仗义
712	不仁❶	745	大小姐
713	护身	746	煎饼
714	县官	747	腔调❶
715	铁窗（特）	748	回笼
716	绿林	749	先天不足
717	缘分	750	酉
718	八仙桌	751	长卷
719	城隍庙	752	三军
720	大侠	753	神龛
721	妃子	754	北京晚报
722	宅院	755	红烧
723	炊事班	756	天公
724	三农	757	九州
725	菜篮子工程	758	古话
726	十三陵	759	迎亲
727	绸子	760	宣纸
728	部首	761	米汤
729	汉民	762	中央乐团

763	小市民		796	中山装
764	府上		797	学究
765	吃醋（特）		798	灶火
766	过门儿		799	童养媳
767	阳历		800	入世
768	烤鸭		801	道场
769	汗衫		802	米袋子
770	天伦		803	花旦
771	有生之年		804	忠孝
772	花鸟画		805	五保
773	贞操		806	戏迷
774	猪八戒		807	特困户
775	上火❶		808	压岁钱
776	婢女		809	大团结（钞票）
777	赤脚医生		810	贺年
778	大后方		811	唱和
779	灵丹妙药		812	春
780	坛子		813	拜堂
781	仕途		814	小褂
782	不肖		815	文化站
783	下人		816	包饺子
784	包公		817	多劳多得
785	儒教		818	砂锅
786	校勘		819	正殿
787	秋分		820	入团
788	画眉		821	佩剑
789	押韵（压韵）		822	吉日
790	吃大锅饭		823	古风
791	礼法		824	籍贯
792	大年三十		825	学潮
793	县志		826	孔夫子
794	霸王❶		827	护身符
795	挽联		828	黄泉

附录2　面向 TCSL 现代汉语常用文化词排序表

829	昆剧		862	寿星
830	天仙		863	曲牌
831	素食		864	太公
832	五脏六腑		865	龙船
833	肉饼		866	徽章
834	正人君子		867	与时俱进
835	黄芪		868	道行
836	秦朝		869	国药
837	八仙过海		870	折子
838	女娲		871	丹青
839	扫墓		872	达官贵人
840	败类		873	礼让
841	土葬		874	浪子
842	错别字		875	老北京
843	元宵节		876	银两
844	墨汁		877	侍卫
845	东周		878	吃素
846	阳虚		879	听戏
847	坏分子		880	纳西族
848	绣球		881	万代
849	义举		882	阳间
850	请安		883	粤剧
851	大禹		884	煎药
852	豆制品		885	张灯结彩
853	出道		886	砚台
854	大寿		887	方丈
855	草书		888	栈道
856	县级市		889	避讳❶
857	牌匾		890	五毒
858	结婚证		891	脚夫
859	天伦之乐		892	贞节
860	剑客		893	重阳节
861	对子		894	纠风

895	闭关锁国	928	高风亮节
896	半边天（特❷）	929	老东西
897	文明人	930	走过场
898	孝心	931	年关
899	水彩画	932	上坟
900	文辞	933	大团圆
901	中医院	934	士绅
902	党纲	935	中考
903	九泉	936	道观
904	显灵	937	尧舜
905	秦俑	938	义旗
906	文字狱	939	击掌（特❷）
907	旧体诗	940	五味子
908	小品文	941	的确良
909	赏月	942	济世
910	丸子	943	皇城
911	初七	944	同宗
912	歪风邪气	945	倒爷
913	黄酒	946	玄武
914	花鼓	947	北京音乐厅
915	贞洁	948	三九
916	长假❶	949	下中农
917	善事	950	讣告
918	行书	951	鱼米之乡
919	五粮液	952	炕桌
920	烧纸	953	祈福
921	娘子军	954	国医
922	烟锅	955	愚公移山
923	门当户对	956	心火
924	枪杆子	957	太师椅
925	繁体	958	华语
926	初四	959	红白喜事
927	扫黄打非	960	传宗接代

961	老黄牛		981	贡品
962	伦常		982	天庭
963	初五		983	补血
964	礼俗		984	端阳
965	三字经		985	繁体字
966	炎帝		986	话本儿
967	汤药		987	终身大事
968	鬼门关		988	天人合一
969	屯田		989	党刊
970	扶老携幼		990	诸公
971	门楣		991	行宫
972	空城计		992	玉皇大帝
973	还礼		993	楹联
974	党课		994	花炮
975	龙套		995	军令状
976	年糕		996	老酒
977	传家宝		997	龙宫
978	哭丧		998	太虚
979	老表		999	广东话
980	善男信女		1000	三月三

中度常用 1001—1500

1001	《尔雅》		1012	定心丸
1002	儒生		1013	报恩
1003	下酒		1014	巷口
1004	财礼		1015	补药
1005	唱段		1016	婚姻介绍所
1006	算盘珠		1017	贺年片
1007	北周		1018	琉璃厂
1008	河北梆子		1019	甲子
1009	三教九流		1020	烙饼
1010	棱角（特❷）		1021	侠义
1011	十二生肖		1022	米酒

1023	碑林		1056	闺房
1024	朱雀		1057	剐❶
1025	戏文		1058	乌纱帽
1026	党费		1059	孔庙
1027	京官		1060	贤妻良母
1028	同工同酬		1061	硬功夫
1029	楷书		1062	仁人志士
1030	天帝		1063	月票
1031	米粥		1064	屯兵
1032	丫环		1065	小灶
1033	麻花		1066	苟且❸
1034	打油诗		1067	盗汗
1035	三七		1068	三从四德
1036	小白脸儿		1069	武戏
1037	北京鸭		1070	对仗
1038	县太爷		1071	相面
1039	在天之灵		1072	红缨枪
1040	出家人		1073	立秋
1041	成器		1074	五花大绑
1042	妈祖		1075	除夕夜
1043	消灾		1076	扣帽子
1044	豆腐干儿		1077	辞令
1045	立春		1078	丧服
1046	年夜		1079	走亲戚
1047	大是大非		1080	辈分
1048	缠足		1081	阴风
1049	四世同堂		1082	五岳
1050	义士		1083	包工头儿
1051	文房四宝		1084	黄帝内经
1052	素菜		1085	祥云
1053	供品		1086	小旦
1054	檄文		1087	灶间
1055	算卦		1088	粗茶淡饭

附录2　面向TCSL现代汉语常用文化词排序表

1089	五谷丰登		1122	端砚
1090	天堑		1123	万事如意
1091	栈桥		1124	太上皇
1092	茶会		1125	揪斗
1093	黄梅戏		1126	补养
1094	政治文明		1127	贺年卡
1095	京畿		1128	东宫
1096	入魔		1129	烈酒
1097	新闻联播		1130	无名氏
1098	坐月子		1131	二百五（特）
1099	拂尘		1132	泔水
1100	毛笔字		1133	七绝
1101	三伏		1134	碧螺春
1102	九族		1135	朱门（特）
1103	积德		1136	田园诗
1104	小皇帝		1137	万事大吉
1105	赶考		1138	戏曲界
1106	五保户		1139	万家灯火
1107	仙姑		1140	龙井茶
1108	打内战		1141	墨客
1109	降服		1142	财神爷
1110	福寿		1143	西魏
1111	鲁班		1144	布阵
1112	大儒		1145	忠魂
1113	打头阵		1146	人情世故
1114	识大体		1147	年夜饭
1115	小卖部		1148	符咒
1116	上声		1149	爱面子
1117	五讲四美		1150	墨水（特❷）
1118	中庸之道		1151	立夏
1119	孝道		1152	初六
1120	北京猿人		1153	出阁
1121	三元		1154	土地庙

1155	西王母		1188	清规
1156	状子		1189	寨主
1157	六腑		1190	仙丹
1158	结拜		1191	大杂院
1159	二人转		1192	卖唱
1160	志士仁人		1193	简化字
1161	寒食		1194	儒者
1162	祭扫		1195	仁政
1163	定亲		1196	红烧肉
1164	县府		1197	龙的传人
1165	禅学		1198	篆字
1166	掌灯		1199	正大光明
1167	蟠桃		1200	初十
1168	沪剧		1201	碑帖
1169	礼制		1202	戏票
1170	阴魂		1203	仁厚
1171	中国菜		1204	狐狸精
1172	书卷气		1205	川菜
1173	扭秧歌		1206	尽孝
1174	盘古		1207	油饼
1175	云雨（特）		1208	曹植
1176	龙王庙		1209	灶具
1177	工人体育场		1210	折子戏
1178	烩		1211	油盐酱醋
1179	元曲		1212	一锅粥
1180	太极图		1213	党龄
1181	辞旧迎新		1214	御医
1182	汤圆		1215	地宫
1183	贺礼		1216	后妃
1184	守灵		1217	扶正祛邪
1185	老旦		1218	关子
1186	仁义道德		1219	团圆饭
1187	孺子牛		1220	福星

附录 2　面向 TCSL 现代汉语常用文化词排序表　　453

1221	女红	1254	祭文
1222	灶台	1255	建军节
1223	义学	1256	打鬼
1224	报丧	1257	道藏
1225	汉剧	1258	天府之国
1226	戏楼	1259	挑灯
1227	炕席	1260	回马枪
1228	居丧	1261	泥菩萨
1229	杜康	1262	不信邪
1230	中山服	1263	长明灯
1231	无为而治	1264	晓谕
1232	做寿	1265	身外之物
1233	碑亭	1266	小辫子（特❷）
1234	打太极拳	1267	三顾茅庐
1235	游侠	1268	晚节
1236	武旦	1269	做媒
1237	打算盘	1270	五方
1238	烟袋锅	1271	书香门第
1239	王母娘娘	1272	银票
1240	宅邸	1273	后周
1241	压轴	1274	妖魔鬼怪
1242	百家姓	1275	华盖
1243	下联	1276	台柱
1244	经史	1277	赏钱
1245	长袖	1278	荷包蛋
1246	忠良	1279	六亲
1247	小楷	1280	宅门
1248	九鼎	1281	京津塘
1249	五代十国	1282	求签
1250	侠客	1283	结义
1251	花红	1284	文人墨客
1252	万福	1285	篆书
1253	县立	1286	二锅头

1287	小家碧玉		1320	尚方宝剑
1288	戏园子		1321	连珠炮
1289	仗义执言		1322	东方时空
1290	高士		1323	党八股
1291	七夕		1324	把兄弟
1292	烟鬼		1325	单干户
1293	单字❶		1326	豆包
1294	墨笔		1327	绣花针
1295	闰月		1328	儒术
1296	诸子百家		1329	豆腐脑儿
1297	灶头		1330	纸老虎
1298	顶梁柱		1331	师表
1299	附庸风雅		1332	绣花鞋
1300	墨宝		1333	栈房
1301	鸿儒		1334	宋庆龄基金会
1302	海外关系		1335	立冬
1303	烟馆		1336	粤菜
1304	景泰蓝		1337	凉粉
1305	下嫁		1338	摆酒
1306	祭拜		1339	月桂
1307	京腔		1340	世交
1308	灶神		1341	灶膛
1309	生辰八字		1342	舂米
1310	及时雨（特❷）		1343	天兵
1311	老姑娘		1344	米线
1312	蜀汉		1345	五帝
1313	单弦儿		1346	要面子
1314	虚火		1347	儒林外史
1315	新浪		1348	瘪三
1316	吃斋		1349	跑江湖
1317	奔丧		1350	神女
1318	精忠		1351	拜天地
1319	非礼❶		1352	退堂鼓

1353	抓典型		1386	闰年
1354	湘绣		1387	梅花奖
1355	锅碗瓢盆		1388	信天游
1356	走火入魔		1389	唱本
1357	喜糖		1390	焚书坑儒
1358	预卜		1391	月宫
1359	长蛇阵		1392	四书五经
1360	上家		1393	烽火台
1361	拜寿		1394	中医药学
1362	知遇		1395	万里长征
1363	大家闺秀		1396	豆沙
1364	绣鞋		1397	金榜题名
1365	酬宾		1398	高粱米
1366	二线（特❷）		1399	光宗耀祖
1367	口技		1400	裹脚
1368	夏朝		1401	占卦
1369	嫡长子		1402	大吉大利
1370	孝服		1403	不成器
1371	灶王爷		1404	下里巴人
1372	横批		1405	孝子贤孙
1373	深明大义		1406	京派
1374	抬轿		1407	豆豉
1375	取保候审		1408	白话诗
1376	龙凤呈祥		1409	道袍
1377	吕剧		1410	善报
1378	卜辞		1411	墨盒
1379	吉星		1412	简体
1380	腰斩		1413	陈世美
1381	闯关东		1414	三伏天
1382	狗屎（特）		1415	川贝
1383	艄公		1416	王孙
1384	挂彩❶		1417	无情无义
1385	拼命三郎		1418	香灰

1419	花鼓戏		1452	凉菜
1420	太庙		1453	陪酒
1421	唱功		1454	华章
1422	刀马旦		1455	衣锦还乡
1423	六艺		1456	小户人家
1424	冷宫		1457	道姑
1425	礼尚往来		1458	家天下
1426	龙门阵		1459	十八般武艺
1427	老豆腐		1460	炒鱿鱼
1428	高堂		1461	国内战争
1429	诗史		1462	贡酒
1430	长亭		1463	丸药
1431	万寿无疆		1464	土地爷
1432	解放鞋		1465	孤家寡人
1433	跑龙套		1466	打烊
1434	走江湖		1467	秦始皇兵马俑
1435	八宝粥		1468	臭豆腐
1436	五谷杂粮		1469	大年夜
1437	才子佳人		1470	假仁假义
1438	飞天奖		1471	嫡传
1439	皮影戏		1472	唐高宗
1440	铜币		1473	章回小说
1441	毛边		1474	六书
1442	糖衣炮弹		1475	狐仙
1443	二房		1476	三皇五帝
1444	老窖		1477	邪火
1445	流年（特❷）		1478	商朝
1446	官窑		1479	佩刀
1447	独善其身		1480	卜卦
1448	寒士		1481	打牙祭
1449	台柱子		1482	厚葬
1450	句读		1483	简体字
1451	对台戏		1484	大盖帽

1485	完璧归赵		1493	插科打诨
1486	陈酒		1494	钟鼎
1487	兼爱		1495	海碗
1488	荤菜		1496	孔融
1489	五七干校		1497	百花奖
1490	呼天抢地		1498	正楷
1491	坐禅		1499	雅量
1492	礼数		1500	简牍

次常用 1501—2000

1501	敕令		1524	上纲上线
1502	面汤		1525	茶叶蛋
1503	白面书生		1526	东魏
1504	本字		1527	守岁
1505	执牛耳		1528	清炖
1506	御花园		1529	中国结
1507	烈女		1530	禅机
1508	碑记		1531	棒子面
1509	列祖列宗		1532	公子哥儿
1510	白骨精		1533	广寒宫
1511	少年先锋队		1534	打擂
1512	鸿门宴		1535	擀面杖
1513	美猴儿王		1536	腊八粥
1514	耍把戏		1537	动肝火
1515	托梦		1538	洞房花烛
1516	吃饺子		1539	小字辈儿
1517	断子绝孙		1540	回礼
1518	六甲		1541	仁至义尽
1519	神来之笔		1542	乌龙茶
1520	天兵天将		1543	治国安邦
1521	系铃人		1544	绢花
1522	殿试		1545	黄花闺女
1523	龙飞凤舞		1546	江米

1547	县治		1580	禅房
1548	文史馆		1581	合子
1549	舞剑		1582	谶语
1550	潮剧		1583	面馆
1551	消夜		1584	供桌
1552	东岳		1585	骈俪
1553	内宅		1586	大刑
1554	豆腐渣		1587	裙带关系
1555	尼姑庵		1588	岳庙
1556	拆迁户		1589	贩夫走卒
1557	抬轿子		1590	祝酒词
1558	白丁		1591	闺门
1559	高山流水		1592	搓麻将
1560	豆粉		1593	少东家
1561	药草		1594	禅让
1562	答礼		1595	戴孝
1563	党魁		1596	兔儿爷
1564	假道学		1597	楷体
1565	二十四节气		1598	秧歌剧
1566	老舍茶馆（儿）		1599	黄道吉日
1567	破落户		1600	鼻烟壶
1568	孝衣		1601	坊间
1569	夕阳红		1602	庵堂
1570	五爱		1603	下九流
1571	豪侠		1604	朱文
1572	压轴戏		1605	春宫
1573	词牌		1606	学究气
1574	两弹一星		1607	阴曹
1575	明媒正娶		1608	杀身成仁
1576	上行下效		1609	虚岁
1577	寿桃		1610	金銮殿
1578	双桥		1611	山炮
1579	腐乳		1612	箭楼

1613	下酒菜		1646	家祠
1614	孝悌		1647	吃荤
1615	小篆		1648	开小灶
1616	灵位		1649	占山为王
1617	赤眉		1650	党政工团
1618	巴山蜀水		1651	闺阁
1619	神农氏		1652	南戏
1620	镂刻		1653	小令
1621	三好生		1654	梁山伯与祝英台
1622	里巷		1655	月老
1623	御制		1656	禅堂
1624	吉剧		1657	中邪
1625	涮羊肉		1658	人民画报
1626	文人相轻		1659	蛋炒饭
1627	绿帽子（特）		1660	嫡亲
1628	月下老人		1661	盖印
1629	炮竹		1662	千刀万剐
1630	小九九		1663	哪吒
1631	温柔敦厚		1664	小刀会
1632	打擂台		1665	吊孝
1633	党徽		1666	京韵大鼓
1634	平头百姓		1667	面筋
1635	寿礼		1668	小注
1636	字正腔圆		1669	麻婆豆腐
1637	己所不欲，勿施于人		1670	端阳节
1638	唐三彩		1671	孝廉
1639	大灶		1672	中医师
1640	关门大吉		1673	阴阳先生
1641	礼贤下士		1674	古文献
1642	福相		1675	破五
1643	马后炮		1676	中医科
1644	天条		1677	吃皇粮
1645	土地证		1678	钉子户

1679	孝女		1712	阳世
1680	大雄宝殿		1713	仗义疏财
1681	祭器		1714	女侠
1682	忠恕		1715	天涯若比邻
1683	安贫乐道		1716	板鸭
1684	鼓书		1717	卖关子❶
1685	洪福		1718	扫帚星（特）
1686	食补		1719	太湖石
1687	画舫		1720	彩釉
1688	交杯酒		1721	养儿防老
1689	腊八		1722	道学先生
1690	后赵		1723	御驾
1691	县界		1724	合纵连横
1692	灶君		1725	大碗儿茶
1693	清火		1726	鸡肋（特）
1694	群众关系		1727	敕书
1695	亲家母		1728	鲁菜
1696	党规		1729	谦谦君子
1697	团费		1730	首善之区
1698	造纸术		1731	十里洋场
1699	冲喜		1732	文字改革
1700	守孝		1733	安民告示
1701	北汉		1734	蟾宫
1702	下馆子		1735	挂红
1703	臭皮囊		1736	湘剧
1704	落水狗（特）		1737	毛边纸
1705	吊祭		1738	逆子
1706	三甲		1739	炕梢
1707	本命年		1740	喜帖
1708	山大王		1741	药罐子
1709	御笔		1742	硬笔书法
1710	药面		1743	号脉
1711	腰眼		1744	醪糟

附录2　面向 TCSL 现代汉语常用文化词排序表

1745	卖身契		1778	驴打滚
1746	闯江湖		1779	披麻戴孝
1747	夫唱妇随		1780	西洋景
1748	芝麻官		1781	御赐
1749	回锅		1782	卜筮
1750	秦晋之好		1783	吃年夜饭
1751	相生相克		1784	肚兜
1752	阎王殿		1785	锡剧
1753	豆瓣儿		1786	以柔克刚
1754	妖孽		1787	办年货
1755	之乎者也		1788	进补
1756	华容道		1789	草莽英雄
1757	蜀锦		1790	撑门面
1758	印玺		1791	女相
1759	剑侠		1792	伤痕文学
1760	六畜		1793	知遇之恩
1761	拜把子		1794	八宝饭
1762	剑舞		1795	霸王鞭[1]
1763	绍剧		1796	狐媚
1764	武丑		1797	古体诗
1765	正宫		1798	五月节
1766	黄历		1799	中药店
1767	普洱茶		1800	鸡内金
1768	夏种		1801	首座❶
1769	母夜叉		1802	吹拉弹唱
1770	不肖子		1803	酬唱
1771	徽剧		1804	大篆
1772	江湖骗子		1805	湘菜
1773	三纲五常		1806	禅门
1774	灵符		1807	举哀
1775	卫道士		1808	戏本
1776	淮剧		1809	惊堂木
1777	镂花		1810	中药铺

1811	祭灶		1844	红小鬼
1812	侠气		1845	篆刻家
1813	药茶		1846	党棍
1814	阴功		1847	镜花水月
1815	狗皮膏药		1848	铺盖卷儿
1816	茉莉花茶		1849	米糕
1817	寿面		1850	广东音乐
1818	徽调		1851	华夏儿女
1819	照妖镜		1852	京味儿
1820	粉皮		1853	搜狐
1821	红颜薄命		1854	唐装
1822	铁观音		1855	筒子楼
1823	小曲儿		1856	回拜
1824	桂皮		1857	五言诗
1825	铜版纸		1858	昆腔
1826	魍魉		1859	寿比南山
1827	针线活儿		1860	辞赋
1828	绣房		1861	花拳
1829	酉时		1862	山东快书
1830	倒插门		1863	重孝
1831	仿宋体		1864	八卦掌
1832	哭丧棒		1865	精卫填海
1833	三九天		1866	楚剧
1834	单口		1867	打卦
1835	汉语水平考试		1868	铁哥们儿
1836	少林拳		1869	武昌鱼
1837	魏碑		1870	卜居
1838	魑魅魍魉		1871	护佑
1839	偏殿		1872	贴饼子
1840	绣花枕头		1873	玉佩
1841	点金术		1874	北曲
1842	儒释道		1875	还情
1843	篆文		1876	相夫教子

1877	黄表纸		1910	红区
1878	吉人天相		1911	色酒
1879	祭告		1912	松花蛋
1880	问卜		1913	仙风道骨
1881	指腹为婚		1914	忠骨
1882	失道寡助		1915	嫡派
1883	包身工		1916	后魏
1884	悲秋		1917	馅儿饼
1885	敕封		1918	相术
1886	老江湖		1919	贺岁片
1887	赏菊		1920	清水衙门
1888	乡土文化		1921	柳琴
1889	十滴水（药物）		1922	麻糖
1890	绢画		1923	五马分尸
1891	印子钱		1924	中魔
1892	吊死鬼		1925	做人情
1893	戏词		1926	近体诗
1894	河南梆子		1927	铜版画
1895	团代会		1928	吴侬软语
1896	中药房		1929	炕洞
1897	稽首		1930	七言诗
1898	名儒		1931	仙方
1899	团章		1932	回锅肉
1900	戏服		1933	无妄之灾
1901	悬棺		1934	碑座
1902	章回体		1935	穿孝
1903	天作之合		1936	刮痧
1904	小人得志		1937	行楷
1905	御苑		1938	儒林
1906	拆字		1939	混世魔王
1907	托人情		1940	二鬼子
1908	彩旦		1941	滚刀肉
1909	跑堂儿		1942	金缕玉衣

1943	绵纸		1972	单口相声
1944	七雄		1973	拉洋片
1945	吐故纳新		1974	妖法
1946	篆体		1975	子丑寅卯
1947	辈数儿		1976	二一添作五
1948	奶油小生		1977	亥时
1949	上元节		1978	禅林
1950	吟风弄月		1979	嫡子
1951	北京交响乐团		1980	宫刑
1952	好面子		1981	国防绿
1953	龙虎斗		1982	煎炒
1954	宋体字		1983	临帖
1955	送人情		1984	寅时
1956	团歌		1985	孺子可教
1957	团徽		1986	五四青年节
1958	灶屋		1987	摆擂台
1959	春饼		1988	叉烧
1960	老油条		1989	出九
1961	山西梆子		1990	豆腐乳
1962	窑姐儿		1991	红榜
1963	八月节		1992	黄皮书
1964	吃大户		1993	举案齐眉
1965	党证		1994	师道尊严
1966	色子		1995	皇天后土
1967	戏曲片		1996	案牍
1968	药补		1997	禅院
1969	长斋		1998	经济半小时
1970	苦丁茶		1999	炮烙
1971	仁人君子		2000	入邪

不太常用 2001—2270

2001	丸剂		2033	样板戏
2002	抗日		2034	武斗
2003	四人帮		2035	阴司
2004	抗战		2036	戏单
2005	鬼子		2037	虚胖
2006	抗日战争		2038	长命锁
2007	文化大革命		2039	上中农
2008	旧社会		2040	彩墨画
2009	反动派		2041	反切
2010	八路		2042	汉语拼音方案
2011	新四军		2043	花拳绣腿
2012	汉奸		2044	闽方言
2013	八路军		2045	太极剑
2014	解放区		2046	侠肝义胆
2015	土匪		2047	衣冠冢
2016	右派		2048	赵公元帅
2017	贫下中农		2049	八拜之交
2018	大跃进		2050	丧门星
2019	大王（dài wáng）		2051	太白星
2020	红卫兵		2052	吃小灶
2021	整风		2053	年庚
2022	右倾		2054	药引子
2023	十年动乱		2055	白干儿
2024	大字报		2056	涮锅子
2025	工农兵		2057	草体
2026	游击战		2058	湖笔
2027	批斗		2059	金盆洗手
2028	十年浩劫		2060	老黄历
2029	地下党		2061	桃符
2030	阎王		2062	邪门歪道
2031	又红又专		2063	新东方
2032	白色恐怖		2064	邪祟

2065	打板子		2098	侃爷
2066	福如东海		2099	米豆腐
2067	公车上书		2100	闽剧
2068	裹脚布		2101	相命
2069	徽墨		2102	雅言
2070	闹新房		2103	草台班子
2071	四言诗		2104	初伏
2072	万户侯		2105	凑份子
2073	戏衣		2106	供果
2074	照葫芦画瓢		2107	海派文化
2075	土老帽儿		2108	洪帮
2076	拔火罐		2109	梁园
2077	练摊儿		2110	闰日
2078	仁义之师		2111	寿酒
2079	贴对联		2112	招女婿
2080	雄黄酒		2113	煸
2081	玄之又玄		2114	单姓
2082	随份子		2115	地灵人杰
2083	叶韵		2116	东郭先生
2084	高粱面		2117	耕读传家
2085	哼哈二将		2118	贡缎
2086	红案		2119	送灶
2087	千里驹		2120	阳历年
2088	豆腐皮儿		2121	羽扇纶巾
2089	涮肉		2122	鸳鸯楼
2090	钟鼎文		2123	禅杖
2091	中楷		2124	担担面
2092	败火		2125	胡服骑射
2093	禅理		2126	绢本
2094	春秋笔法		2127	奶豆腐
2095	福无双至		2128	全武行
2096	鬼画符		2129	豌豆黄
2097	九九归一		2130	阉人

2131	贞烈		2164	贡奉
2132	安土重迁		2165	内当家
2133	刀削面		2166	琼剧
2134	汉姓		2167	丸散膏丹
2135	祭灵		2168	婺剧
2136	酱豆腐		2169	谢仪
2137	阉儿		2170	新新人类
2138	民族共同语		2171	一二·九运动
2139	托门子		2172	中山狼
2140	万事亨通		2173	冻豆腐
2141	下三滥		2174	儒医
2142	香纸		2175	石舫
2143	油豆腐		2176	现世报
2144	迂夫子		2177	艾窝窝
2145	榜书		2178	打小算盘
2146	嫡出		2179	观音岩
2147	横联		2180	和光同尘
2148	虎踞龙盘		2181	火罐儿
2149	梨园戏		2182	连环计
2150	武侠剧		2183	糖醋鱼
2151	义冢		2184	屯粮
2152	辞岁		2185	西红柿炒鸡蛋
2153	江米酒		2186	戏评
2154	三姑六婆		2187	蒸饺
2155	团圆节		2188	正日子
2156	窑坑		2189	吃长斋
2157	鱼香肉丝		2190	对口相声
2158	砸饭碗		2191	二伏
2159	白斩鸡		2192	封妻荫子
2160	宝号		2193	凉面
2161	草字头		2194	麻豆腐
2162	禅悟		2195	亲家公
2163	份子钱		2196	烧高香

2197	做满月		2230	工会证
2198	板儿爷		2231	炕几
2199	曹冲		2232	七姑八姨
2200	吃劳保		2233	新文化运动时期
2201	给压岁钱		2234	瓜皮帽子
2202	关东糖		2235	挂年画
2203	核雕		2236	锅贴儿
2204	蓝青官话		2237	民族自治权
2205	络子		2238	拜官
2206	能掐会算		2239	跌打丸
2207	通用字		2240	豆花儿
2208	阴宅		2241	古老肉
2209	佘		2242	红烧豆腐
2210	耳报神		2243	老白干儿
2211	经穴		2244	面片儿
2212	片儿汤		2245	永和豆浆
2213	仙果		2246	爆栗子
2214	小人儿书		2247	出份子
2215	鞋拔子		2248	大排档
2216	玉不琢，不成器		2249	挂幌子❶
2217	赘婿		2250	烧茄子
2218	拔罐子		2251	西祠
2219	大褂儿		2252	戏妆
2220	挂孝		2253	大明堂
2221	河清海晏		2254	福礼
2222	群口相声		2255	给红包
2223	十五计划		2256	耕战之术
2224	湘方言		2257	回禄君
2225	云片糕		2258	烩饼
2226	爆肚儿		2259	上寿
2227	炊饼		2260	屯守
2228	催命鬼		2261	刎颈交
2229	豆腐渣工程		2262	尧天舜日

2263	轶文	2267	糊窗花
2264	油脂麻花	2268	解放军总参三部
2265	吃豆腐❸	2269	天下兴之，匹夫有责
2266	脆皮豆腐	2270	周游列海

附录3　重要术语索引

3P 文化，233，236
背景义素，95
编码度，2，62，65，66，117，371
产品类文化词，236，237，238，241
常用词，3，4，3，10，12，152，158，251，252，253，254，255，256，257，258，260，261，263，264，267，268，283，285，287，297，299，301，302，325，371，372，373，379，380，382，384，386
常用文化词，3，4，5，6，2，4，9，12，13，23，24，250，251，252，256，257，258，261，262，263，264，267，268，269，283，284，285，287，289，290，291，297，339，341，344，369，371，372，373，374，375，391，393
成就文化词，244，245
创词型释义，351，352
词的搭配意义，81

词的概念意义，46，47，49，67，73，74，81，101，308
词的特殊文化含义，5，81，84，86，88，117，118，121，122，149，150，327，363，373，374，375
词的文化伴随意义，149，150，151
词的文化意义，2，46，47，48，49，57，67，71，72，73，74，75，76，77，81，83，84，86，88，89，90，91，92，93，95，96，98，117，118，126，141，197，213，292，303，308，309，310，312，319，323，327，335，336，340，347，355，363，370，372，373
词的语言意义，59，67，73，382
词汇的对应性与差异性，1，25，28，30
词汇空缺，30，31，33，66，85，97，98，100，117，144，171
词频，3，4，5，12，251，252，253，254，255，256，257，258，259，260，261，262，263，264，269，283，284，285，

286, 287, 290, 297, 300, 302, 347, 371, 372, 374, 385, 391

词项空缺, 31, 33

词义文化, 20, 64, 66, 69, 198

从字义析出词义, 101, 175, 328, 354, 355, 364, 374

大华语, 289, 381

大写 C 文化, 231, 233

单义文化词, 178, 193, 303, 311

典故词, 2, 59, 142, 151, 158, 160, 372, 383

动词性文化词, 171, 175, 176, 177

对比语言学, 10, 11, 31, 51

对外汉语教学中的文化因素, 18, 50, 379

对应词, 4, 5, 7, 11, 31, 38, 83, 85, 98, 101, 113, 126, 160, 178, 309, 313, 323

多义文化词, 4, 178, 186, 188, 189, 302, 303, 311, 312, 324, 347, 373

分类的多重性, 3, 169, 170, 372

概念, 1, 2, 5, 2, 1, 2, 4, 5, 6, 7, 9, 11, 14, 16, 18, 20, 25, 26, 29, 30, 31, 32, 33, 36, 37, 38, 39, 43, 44, 45, 46, 47, 48, 49, 52, 53, 57, 59, 60, 62, 64, 65, 66, 67, 68, 70, 71, 72, 73, 74, 75, 76, 77, 78, 79, 80, 81, 82, 83, 84, 85, 86, 88, 89, 90, 92, 95, 97, 98, 99, 100, 101, 102, 103, 104, 105, 106, 107,

108, 110, 111, 112, 113, 117, 118, 119, 120, 121, 123, 126, 127, 128, 132, 133, 138, 139, 140, 141, 142, 143, 144, 147, 150, 152, 153, 156, 157, 169, 170, 171, 173, 178, 181, 182, 184, 186, 187, 188, 190, 191, 192, 194, 195, 196, 197, 198, 200, 201, 202, 205, 206, 207, 209, 213, 214, 215, 216, 217, 218, 219, 220, 225, 231, 233, 243, 245, 251, 252, 253, 255, 256, 259, 288, 289, 292, 300, 303, 305, 308, 309, 310, 311, 312, 313, 316, 318, 320, 321, 322, 323, 324, 327, 330, 335, 336, 340, 341, 344, 347, 348, 350, 352, 355, 356, 360, 362, 367, 369, 370, 371, 372, 374, 375, 379, 381, 385, 386, 391

概念空缺, 2, 7, 8, 9, 20, 22, 29, 31, 33, 57, 66, 76, 79, 80, 82, 84, 85, 86, 93, 94, 97, 98, 99, 100, 101, 102, 103, 104, 105, 106, 108, 110, 112, 113, 117, 141, 142, 144, 153, 156, 170, 171, 176, 177, 178, 181, 186, 188, 189, 191, 192, 194, 195, 196, 197, 209, 213, 218, 288, 303, 309, 310, 311, 312, 315,

322，323，324，350，362，367，
370，372，375，391
概念空缺词，2，7，8，9，20，22，29，
33，57，84，97，98，99，100，101，
102，103，104，105，106，108，112，
113，117，141，142，170，176，177，
181，189，191，192，194，195，196，
197，213，310，312，315，322，323，
324，350，370，372，375，391
概念空缺义项，80，93，94，178，181，
213
广义外来词，157
广义文化，231
国俗词语，2，4，7，32，41，42，43，
53，58，61，160，344，379
哈默利模式，3，231，233，244
核心文化词，4，213，215，216，219，
287，305，331，356，358，370，373，
374
交际文化，14，18，46，174，232，233，
348，385
焦点词，35，52
禁忌词语，220
禁忌文化词，219，220，221
空缺词汇，28，30，31，32，53，97，297
礼貌文化词，219，230
詈骂文化词，219，222，223，224，225，
226，227，228，229
民族文化观念词，43

名词性文化词，171，172，173，174，177，
287
平均频率，252，260，269，285，290，
391
普遍词汇，15，28，33，98，101，157，
297，341，342，343，344
社会文化关键词，36，37，52
社会语言学，2，13，34，36，37，44，
51，53，54，55，370，378
释义参数，5，334，366，367，373，374
熟语，3，142，153，154，155，156，158，
160，161，168，288，372
数词性文化词，171，177，178，292
双语义文化词，311
特殊文化含义词，2，4，7，9，20，22，
38，57，76，81，97，117，118，121，
122，123，126，127，133，138，139，
140，141，142，149，170，177，181，
191，197，200，201，213，223，224，
225，291，308，309，312，323，329，
355，370，372，375，391，392
特殊文化义项，94，141
通义词语，14，47，59
同实异名词，3，142，152，372
TCSL，3，4，5，6，3，6，8，9，10，
12，13，15，24，56，232，251，
257，261，262，263，264，267，
268，269，280，281，282，283，
284，287，289，290，291，296，
297，298，299，300，301，302，

303，304，305，307，312，325，327，330，335，336，337，339，341，342，344，345，347，348，360，361，362，363，368，369，370，371，372，373，374，375，391，392，393，425，434

外部语言学，27，34，370

外来词，3，106，111，142，146，156，157，158，169，352，372，378，382

维度，3，2，159，170，171，178，189，213，219，230，233，238，241，244，289，291，333，372，373，387

文化伴随意义词，2，142，147，148，149，151，158，372

文化背景词，2，142，143，145，146，147，158，372

文化产物，234

文化关键词，36，37，43，52，216，386

文化观念，23，41，42，43，129，130，183，215，232，233，234，236，239，240，241，243，244，304，305，315，361，362，365

文化观念词，41，42

文化三角形，3，232，233，236，241，244，348，372

文化释放，81

文化四层次说，3，233，241，244，304，348，372

文化习俗，175，232，234，236，241，365

文化限制词，4，38，39

文化义素，93，94，95，96，97，149

文化义位，93，96

文化义项，93，94，96，141，149，303，347

文化语言学，2，4，10，13，14，15，18，27，31，34，42，43，44，46，48，49，51，52，54，55，62，67，69，121，370，378，384，385

文化语义学，43，71，381

物态文化词，18，165，172，236，241，242，304，360，361，374

习俗类文化词，238，241

狭义外来词，157

小写c文化，231，233

心理词库，2，29，30，32，33，38，78，84，98，100，101，184，297，313，342，350，375

心态文化词，165，169，236，242，243，244，304，305，333

信息文化词，245，246，247，248，333

行为文化词，165，169，236，242，248，304，333

形容词性文化词，171，177，292

一般隐喻词，190

义差，88，140，198，317，336，361，362，374

义类，5，67，68，69，70，75，81，118，171，230，307，333，334，337，361，366，374

义素，68，92，93，94，95，96，97，149

隐喻，51，77，86，87，88，118，120，121，122，123，128，141，143，176，179，181，184，189，190，191，192，193，194，195，196，213，232，321，322，324，370，377，378，381，383，384

隐喻词，118，189，190，191，377

隐喻类文化词，189，190，191，213，233，321，322，324，370

语法空缺，32，171

语言的文化价值，25

语言的文化性质，25

语言国情学，2，4，7，34，41，42，43，44，51，55，95，370，378

语言文化学，41，42，43，275，286，288，384，418

语言与文化的可融性，1，25，28

语音空缺，32

语域，5，28，65，287，344，345，374

知识文化，174，232，233，385

制度文化词，165，236，242，304

转喻，77，88，118，121，122，123，141，181，189，196，197，200，201，202，203，206，207，208，209，211，212，213，286，288，319，320，324，370，381

转喻类文化词，189，196，197，201，203，213，319，324，370